Metin Karatas

Eigene KI-Anwendungen programmieren

Rheinwerk
Computing

Liebe Leserin, lieber Leser,

herzlich willkommen zu diesem praktischen Lehrbuch über Künstliche Intelligenz und ihre Implementierung!

Ich freue mich, Ihnen dieses besondere Buch vorstellen zu können. Es bietet zweierlei: Erstens Antworten auf die Frage, was bei Künstlicher Intelligenz unter der Haube steckt. Und zweitens – was mich besonders begeistert – zu jedem der vorgestellten Verfahren eine Implementierung, die Sie selbst vornehmen können. Auf diese Weise lernen Sie verschiedene professionelle KI-Werkzeuge kennen und programmieren sowohl visuell als auch mit Python. Das heißt, Sie verwenden Tools, die sich im realen Projekteinsatz bewährt haben, mit Beispielen, die sich zum Einsteigen und Lernen eignen.

Wir möchten nicht nur gute Bücher machen, sondern immer bessere. Wir hoffen dazu beizutragen, dass Sie so lernen können, wie Sie es sich wünschen – effizient, mit Spaß, in einem angenehmen Tempo ... was immer Ihnen wichtig ist. Und wer könnte besser sagen, ob uns das gelungen ist und was wir noch verbessern könnten, als Sie?

Also, wenn Sie Feedback für uns haben, freuen wir uns!

Falls einmal etwas nicht so funktioniert wie erwartet oder Fragen offen geblieben sind, zögern Sie bitte auch nicht, mir eine E-Mail zu schreiben. Sowohl der Autor als auch wir im Verlag helfen gern weiter, wenn wir können.

Und auch sonst sind wir gern im Austausch: Gibt es ein IT-Thema, zu dem Sie ein Buch am Markt vermissen? Etwa, weil es zu einer Veranstaltung an der Hochschule keine genau passende Literatur gibt, oder weil Sie sich in ein neues Framework einarbeiten möchten? Dann melden Sie sich gern – vielleicht ist es uns nicht möglich, noch während Sie lernen, ein passendes Buch zu verlegen, aber Sie helfen damit möglicherweise späteren Lesern, ein passendes Buch am Markt vorzufinden.

Und nun viel Spaß und Erfolg mit Ihren eigenen KI-Anwendungen!

Ihre Almut Poll
Lektorat Rheinwerk Computing

almut.poll@rheinwerk-verlag.de
www.rheinwerk-verlag.de
Rheinwerk Verlag · Rheinwerkallee 4 · 53227 Bonn

Auf einen Blick

Wir hoffen, dass Sie Freude an diesem Buch haben und sich Ihre Erwartungen erfüllen. Ihre Anregungen und Kommentare sind uns jederzeit willkommen. Bitte bewerten Sie doch das Buch auf unserer Website unter **www.rheinwerk-verlag.de/feedback**.

An diesem Buch haben viele mitgewirkt, insbesondere:

Lektorat Almut Poll
Korrektorat Anna Krepper, Rommerskirchen
Fachgutachten Torsten T. Will
Herstellung Nadine Preyl
Typografie und Layout Vera Brauner
Einbandgestaltung Mai Loan Nguyen Duy
Satz III-Satz, Kiel, gesetzt aus der TheAntiquaB (9,35/13,7 pt) in FrameMaker
Druck und Bindung mediaprint solutions, Paderborn

PEFC
PEFC/04-31-0810

Dieses Buch wurde mit mineralölfreien Farben auf chlorfrei gebleichtem und PEFC®-zertifiziertem Offsetpapier (90 g/m²) gedruckt.

Der Umwelt zuliebe wurde auf die Einschweißfolie verzichtet.

Hergestellt in Deutschland.

Bibliografische Information der Deutschen Nationalbibliothek:
Die Deutsche Nationalbibliothek verzeichnet diese Publikation in der Deutschen Nationalbibliografie; detaillierte bibliografische Daten sind im Internet über *http://dnb.dnb.de* abrufbar.

ISBN 978-3-8362-9763-9

1. Auflage 2024, 1. Nachdruck 2024

Informationen zu unserem Verlag und Kontaktmöglichkeiten finden Sie auf unserer Verlagswebsite **www.rheinwerk-verlag.de**. Dort können Sie sich auch umfassend über unser aktuelles Programm informieren und unsere Bücher und E-Books bestellen.

Inhalt

Anhang 409

Materialien zum Buch

Auf der Webseite zu diesem Buch stehen folgende Materialien für Sie zum Download bereit:

- **alle Codebeispiele aus dem Buch**

Gehen Sie auf *www.rheinwerk-verlag.de/5783*. Klicken Sie auf den Reiter MATERIALIEN. Sie sehen die herunterladbaren Dateien samt einer Kurzbeschreibung des Dateiinhalts. Klicken Sie auf den Button HERUNTERLADEN, um den Download zu starten, oder nutzen Sie den Link zum GitHub-Repository.

Kapitel 1
Einleitung

Sie haben also beschlossen, sich mit dem Thema »Künstliche Intelligenz« vertraut zu machen? Eine sehr gute Idee! Verschaffen wir uns in diesem Kapitel erstmal einen Überblick.

Worum geht es in diesem Kapitel?

- Warum sind Kenntnisse im Bereich der künstlichen Intelligenz (KI) so wichtig?
- Können Programmieranfänger*innen KI-Programme entwickeln?
- Was ist eine künstliche Intelligenz?
- Welche Unterkategorien gibt es?
- ein kurzer Überblick über die Geschichte der KI
- Vorstellung der verwendeten Werkzeuge

Künstliche Intelligenz hat schon vollends Einzug gehalten in unser tägliches Leben. Sei es in der Medizin, Qualitätssicherung, Kunst oder aber in der Werbung – um einige Bereiche exemplarisch aufzuzählen. Und alle Zeichen deuten darauf hin, dass die KI zukünftig noch wichtiger wird. Sie, liebe Leserin bzw. lieber Leser, haben das offensichtlich erkannt. Ob in der Schule oder Ausbildung, im Studium oder Beruf: Überall werden Sie der künstlichen Intelligenz begegnen.

Wenn Sie verstehen, wie diese Technologie funktioniert, können Sie neue Einsatzmöglichkeiten in Ihrem Umfeld identifizieren. Vielleicht liegen bereits viele Daten vor (z. B. Excel), und die KI kann diese für Sie auswerten, gruppieren, klassifizieren oder einen Hinweis für zukünftige Ereignisse liefern. Sie kann Ihnen Arbeit abnehmen oder Sie bei der täglichen Arbeit unterstützen.

Selbst wenn Sie nicht beruflich KIs entwickeln sollten, sind Kenntnisse in diesem Bereich sehr hilfreich. Sie sind dann in der Lage, in Projekten zu erkennen, wann und wie eine künstliche Intelligenz Einsatz finden könnte. Sie können auch Vorschläge von KIs besser einordnen, da Sie das »System« dahinter kennen. Nicht zu vergessen: Es macht einfach sehr viel Spaß, Programme zu entwickeln, die den Anschein von Intelligenz haben.

1.1 Was bietet dieses Buch?

Was ist die richtige Strategie, um Interessierte in dieses Themengebiet einzuführen? Sollte erst eine gründliche Einführung in Python erfolgen? Mit allen benötigten Modulen? Meine Erfahrungen aus dem Lehrbetrieb an der Technikerschule (Fachbereiche Maschinenbautechnik, Mechatroniktechnik und Wirtschaftsinformatik) haben gezeigt: Nein, das ist nicht notwendig. Auch angehende Maschinenbautechniker*innen, die kaum oder gar keine Programmierkenntnisse hatten, konnten im Verlaufe des Unterrichtes Datensätze aus dem Internet herunterladen und KIs dazu programmieren. Wobei das Wort »programmieren« es nicht ganz trifft, man könnte hier eher von »konfigurieren« sprechen.

Wir werden uns gleich zu Beginn ein fertiges Python-Programm für eine bestimme Problemstellung anschauen und intensiv besprechen. Im Anschluss werden wir dieses Programm derart ändern, dass wir damit andere Problemstellungen lösen können. Auf diese Art und Weise werden wir fortfahren. Einige Aufgaben werden wir zusätzlich mit der Software KNIME mittels grafischer Bausteine lösen. Sie müssen also keine Programme von Grund auf neu schreiben.

Es geht nicht darum, Sie umfänglich in die Programmiersprache Python oder die verwendeten Module einzuführen. Vielmehr sind Sie nach der Lektüre in der Lage, z. B. Datensätze aus dem Internet herunterzuladen und KIs dazu zu entwickeln bzw. Ihre vorhandenen Programme dafür anzupassen. Das ist ein sehr pragmatischer Ansatz. Die Programmiersprache ist nur Mittel zum Zweck. Wenn Sie das Buch durchgearbeitet haben und Ihre Kenntnisse in diesem Bereich weiter vertiefen wollen, empfehle ich Ihnen aber, die Programmiersprache Python zu erlernen.

Die hier besprochenen Programme können Sie herunterladen, analysieren und ausführen. Trauen Sie sich, diese auch zu verändern und die Ergebnisse kritisch zu betrachten. Die Kapitel enthalten auch Übungen, an denen Sie das Erlernte gleich anwenden können. Nehmen Sie sich Zeit für diese Übungen. Sie können zur Lösung ein vorhandenes, hier besprochenes Programm kopieren und anpassen. Wichtig ist, dass Sie sich nicht gleich die Musterlösung anschauen. Es wird viel mehr hängenbleiben, wenn Sie sich erst einmal selbst daran versuchen. Dann werden Fragen auftauchen, die Sie sich sonst nie gestellt hätten. Die Analyse der Musterlösung wird auch dann den Lernprozess unterstützen, wenn Sie das Programm nicht fehlerfrei erstellen konnten.

Natürlich ist es legitim, bei offenen Fragen im Internet zu recherchieren. Machen Sie aber nicht den Fehler, Codezeilen einfach zu kopieren, ohne ihre Funktionalität zu verstehen. Passen Sie die Codezeilen an Ihr Programm an. Die Struktur und Variablennamen Ihres Programmes sollten z. B. von Ihnen stammen. Verändern Sie die übernommenen Codezeilen so, dass sie zu Ihrem Programm passen. Übernehmen Sie keine Zeile, ohne zu verstehen, was sie eigentlich macht.

Durch Lesen allein werden Sie weder KI-Entwicklung noch Programmierung lernen. Sie würden auch nicht auf die Idee kommen, nur durch ein Buch die französische Sprache zu erlernen. Lesen, analysieren, verändern, hinterfragen und an neue Aufgabenstellungen anpassen – diese Vorgehensweise wird in diesem Themengebiet zum Erfolg führen.

Es ist leider die harte Wahrheit, dass Sie auch dann kein KI-Profi werden, wenn Sie das Buch gewissenhaft durcharbeiten. Sie haben aber somit die Grundlagen verstanden und können schon eigene KIs entwickeln. Der weitere Lernprozess wird mehr Spaß machen, da Sie sich nicht nur mit der trockenen Theorie auseinandersetzen müssen. Außerdem können Sie das Erlernte gleich an neuen Programmen anwenden.

Rückmeldungen von vielen Schülerinnen und Schüler haben gezeigt, dass die visuelle Programmierung mit KNIME besonders viel Spaß macht. Das KI-Programm wird mittels grafischer Bausteine wie ein Puzzle zusammengesetzt. Und das ist keine Spielerei, vielmehr ist KNIME in der professionellen Entwicklung weit verbreitet.

Sie werden keine Veranstaltung zu KI erleben, welche ohne ChatGPT und DALL-E auskommt. Kein Wunder, insbesondere ChatGPT dominiert die Berichterstattung, wenn es um KIs geht. Wir werden uns diese Tools nicht nur anschauen, sondern auch ihre Programmierschnittstellen verwenden, sodass Sie ganz leicht eigene Anwendungen programmieren können, die im Stande sind, Beeindruckendes zu leisten.

1.2 Was ist eine »künstliche Intelligenz«?

Die Encyclopedia Britannica (*www.britannica.com*) definiert die KI bzw. AI (Artificial Intelligence) folgendermaßen:

> *»Artificial intelligence (AI) is the ability of a computer or a robot controlled by a computer to do tasks that are usually done by humans because they require human intelligence and discernment. Although there are no AIs that can perform the wide variety of tasks an ordinary human can do, some AIs can match humans in specific tasks.«*

Die Webseite des Europäischen Parlaments (*www.europarl.europa.eu*) hat auch eine Definition dafür:

> *»Künstliche Intelligenz ist die Fähigkeit einer Maschine, menschliche Fähigkeiten wie logisches Denken, Lernen, Planen und Kreativität zu imitieren.«*

Auch in der Literatur finden Sie ähnliche Formulierungen. Nach diesen Definitionen kann man somit auch das Navigationsgerät im Auto als künstliche Intelligenz interpretieren. Es ist in der Tat nicht einfach, die KI eindeutig zu definieren. Das kann schon ein gewiefter Algorithmus sein, um den schnellsten Weg von A nach B zu finden. Wir können aber festhalten, dass es darum geht, menschliche Intelligenz in irgendeiner Form zu imitieren.

Das maschinelle Lernen (*Machine Learning*, ML) ist eine Teilmenge der künstlichen Intelligenz. Darunter fallen selbstlernende Programme ohne vorgegebenen Algorithmus. Wir wollen das an einem Beispiel verdeutlichen: Sie trainieren ein Programm, die Summe zweier Zahlen zu berechnen. Dazu geben Sie viele mögliche Kombinationen nacheinander ein, z. B. $1+3=4$, $2+2=4$, $2+6=8$ usw. Das Programm versucht schon während der Eingabe der Summanden, eine Verknüpfung zu finden und das von Ihnen eingegebene Ergebnis noch vor dem Eintippen vorherzusehen. Jedes Mal, wenn Sie schließlich das Ergebnis eingeben, wird kontrolliert, ob die Vorhersage richtig war (Trainingsphase). Wenn schließlich irgendwann eine korrekte Verknüpfung gefunden wird und diese sich auch für weitere Summanden als richtig erweist (Testphase), ist das ML-Programm so weit. Jetzt müssen nur die Summanden eingegeben werden, das Ergebnis wird automatisch ermittelt. Bei diesem Ansatz muss also kein Algorithmus eingeben werden, um eine Summe zu berechnen. Die KI erlernt mithilfe der Trainings- und Testdaten selbst die richtige Verknüpfung.

Das maschinelle Lernen lässt sich je nach Fachliteratur in verschiedene Unterkategorien einordnen. Wir wollen uns hier auf drei Unterkategorien einigen.

- *Supervised Learning*
  Das überwachte Lernen braucht Trainingsdaten, um zu lernen. Beispiel: Sie haben Bilder von Hunden und Katzen. Eine Person hat im Vorfeld alle vorhandenen Bilder richtig zugeordnet (man spricht hier von »labeln«). Die Trainingsdaten bestehen also aus Bildern und den zugehörigen Labeln. Sie trainieren mit diesen Trainingsdaten das Programm. Anschließend ist das Programm selbst in der Lage, neue Bilder von Hunden und Katzen richtig zuzuordnen. Auch das weiter oben beschriebene Beispiel mit den Summanden fällt unter diese Kategorie.
- *Unsupervised Learning*
  Das unüberwachte Lernen wird oft verwendet, um in großen Datenmengen nach Mustern zu suchen und diese zu klassifizieren. Aus den Sensordaten einer Maschine können z. B. die Zustände »kritisch« oder »unkritisch« abgeleitet werden.
- *Reinforcement Learning*
  Das verstärkende Lernen findet z. B. in Spielen bzw. beim Testen von Spielen Anwendung. Eine Figur lernt selbstständig richtige Spielzüge. Bei falschen Spielzügen erfolgt

eine Bestrafung (z. B. Punktabzug), bei richtigen eine Belohnung. Mit der Zeit lernt die Figur die richtigen Spielzüge und kommt immer weiter voran.

Wir werden uns in diesem Buch mit allen drei Unterkategorien des maschinellen Lernens beschäftigen. Die Begriffsdefinitionen ließen sich hier noch lange fortführen (z. B. künstliches neuronales Netz, Entscheidungsbäume, Deep Learning), darauf soll an dieser Stelle aber verzichtet werden. Vielmehr wollen wir erst darauf eingehen, wenn an entsprechender Stelle auch die Programme dazu entwickelt werden.

1.3 Geschichte der KI – ein kurzer Überblick

Schon seit langer Zeit befassen sich die Menschen mit der Idee von Maschinen, die menschliche Fähigkeiten besitzen. Der griechische Philosoph Aristoteles (334–322 v. Chr.) hat in seinem Werk »Politik« geschrieben, dass eines Tages Automaten die Sklaven ersetzen könnten:

> *Denn wenn es möglich wäre, dass jedes Werkzeug auf Geheiss oder vorbewusst sein Werk vollbringen könnte, wie angeblich die Statuen des Dädalos oder die Dreifüsse des Hephästos, von denen der Dichter sagt, dass sie von selbst sich in die Versammlung der Götter begeben hätten und wenn so auch das Weberschiff von selbst webte und die Zither von selbst spielte, so bedürften weder die Künstler der Gehilfen, noch die Herren der Sklaven.*

Der Universalgelehrte Ismael al-Dschazari (1136–1206) hat für seine Dienstherren einige mechanische Apparate konstruiert, wie z. B. einen von Wasser angetriebenen Pfau oder musizierende Automaten mit wechselnden Gesichtsausdrücken. Es existieren auch Skizzen von Leonardo da Vinci (1452–1519) über Roboterritter mit Gelenkverbindungen aus Flaschenzügen. Beachtlich, welche Visionen diese Vordenker*innen (und es gab noch viele weitere) zu ihrer Zeit hatten.

Einige wichtige Meilensteine in der Moderne zeigen die rasante Entwicklung seit den 1940ern:

- Die 1943 veröffentlichte Arbeit »A Logical Calculus oft the Ideas Immanent in Nervous Activity« vom Neuropsychologen Warren McCulloch und dem Logiker Walter Pitts. Diese bahnbrechende Veröffentlichung kann als Grundlage für das Prinzip der künstlichen neuronalen Netze angesehen werden, welche wir im Verlauf dieses Buches noch kennenlernen werden.
- Im Jahre 1956 fand in den USA eine Konferenz mit dem Titel »The Darthmouth Summer Research Project on Artificial Intelligence« statt, wo sich Forscher zu dem The-

mengebiet austauschen konnten und der Begriff »künstliche Intelligenz« zum ersten Mal schriftlich festgehalten wurde.

- Der Ingenieur Arthur Samuel sorgte 1959 mit der Veröffentlichung seines Aufsatzes »Some Studies in Machine Learning Using the Game Checkers« für die Geburtsstunde des Begriffes »Machine Learning«. Das von ihm entwickelte Programm, welche auf ML basierte, konnte gegen Menschen und sich selbst Dame spielen.
- Das Programm BKG 9.8 von Hans Berliner (Wissenschaftler an der Carnegie Mellon University Pittsburgh) besiegte 1979 den damals amtierenden Weltmeister in Backgammon. Das war das erste Mal, dass ein Weltmeister bzw. eine Weltmeisterin von einem Computerprogramm besiegt wurde.
- 1997 schlug IBMs Computer Deep Blue den damaligen Schachweltmeister Garri Kasparow. Deep Blue konnte bis zu 200 Millionen Schachstellungen pro Sekunde und über sechs Züge im Voraus berechnen.
- Das Programm AlphaGo der Firma DeepMind schlug 2016 im Spiel Go den damaligen Weltmeister Lee Sedol. Die Anzahl möglicher Züge in diesem Spiel ist größer als die Anzahl der Atome im Universum.
- 2022 veröffentlichte die Firma OpenAI den Chatbot ChatGPT, eine KI von ganz neuer Qualität. Mit diesem Chatbot kann man Konversation wie mit einem Menschen führen. ChatGPT kann z. B. vereinfachen, zusammenfassen, komponieren, programmieren und philosophieren. Sie kann sogar Kurse an Elite-Universitäten bestehen, wie Tests gezeigt haben.

Die Entwicklung der letzten 80 Jahre ist bemerkenswert, und die KI leistet in vielen Bereichen, wie z. B. der Medizin, große Dienste. Die Nachteile darf man aber nicht aus den Augen verlieren. In sozialen Medien wird mithilfe dieser Technologie dafür gesorgt, dass User für sie gezielt ausgewählte Nachrichten bzw. Inhalte präsentiert bekommen. Kann man noch von freiem Willen sprechen, wenn man seit der frühen Jugend in dieser Nachrichtenblase lebt? Ist man in seinen Entscheidungen objektiv und kann jahrelangen, gezielten Nachrichtenfluss wirklich ausblenden? Wollen wir zulassen, dass die KI uns Menschen klassifiziert und bewertet, z. B. bei Bewerbungen? Das hat nämlich oft nichts mit Objektivität zu tun, wie Sie noch sehen werden, wenn wir in Kapitel 3, »Das künstliche neuronale Netz« über Korrelation und Kausalität sprechen. Diese sind nur einige Punkte, welche die Gefahren aufzeigen sollen.

Nichtsdestotrotz darf man die Augen nicht verschließen und denken, dass das alles nur eine Modeerscheinung ist. Die Entwicklung wird sich nicht aufhalten lassen und bietet große Chancen. Die KI ist mittlerweile in allen Industriezweigen angekommen. Konzentrieren wir uns auf die positiven Aspekte. Das Wissen in diesem Bereich wird auch Ihr Urteilsvermögen über diese Technologien stärken.

1.4 Verwendete Werkzeuge

Es stehen viele Programmiersprachen, Bibliotheken und Tools zur Verfügung, um KIs zu entwickeln. Hier soll eine kurze Vorstellung über die Auswahl erfolgen, die in diesem Buch Anwendung findet. Es wird noch nichts installiert oder programmiert.

1.4.1 Python

Die Programmiersprache Python ist eine sehr einfach zu erlernende, aber gleichzeitig sehr mächtige Sprache. Schon bei der Entwicklung wurde Wert auf Lesbarkeit, Plattformunabhängigkeit und einfache Strukturen gelegt. Auch wenn Sie unter Windows programmieren, ist das Programm anschließend auf einem Linux-Rechner oder macOS lauffähig. Diese Vorteile haben dazu geführt, dass sie mittlerweile eine der beliebtesten Programmiersprachen überhaupt ist. In der Welt der Data Science und KI hat sie sich als De-facto-Standard durchgesetzt. Wie schon erwähnt, soll dieses Buch keine Einführung in die Programmiersprache Python sein. Für uns ist sie nur Mittel zum Zweck. Die folgenden Python-Anweisungen sollen die Einfachheit verdeutlichen. Wir werden mit der Programmierung erst beginnen, nachdem im nächsten Kapitel die Installation erfolgt ist.

Das obligatorische »Hallo Welt«-Beispiel sieht folgendermaßen aus:

```
print("Hallo Welt!")
```

Mit der `print`-Funktion können Daten in der Konsole ausgegeben werden, in diesem Falle »Hallo Welt!«. Wir können diese Zeichenkombination (Datentyp String) auch erst in einer Variable speichern und danach ausgeben:

```
ausgabe = "Hallo Welt!"
print(ausgabe)
```

Datentypen

Die elementarsten Datentypen in Python sind

- Strings (Zeichenketten), welche in einfachen oder doppelten Anführungszeichen geschrieben werden (z. B. »Hallo Welt!«),
- Integer (Ganzzahlen, z. B. 72) und
- Float (Fließkommazahlen, z. B. 3,14).

Je nach Datentyp sind bestimmte Operationen möglich. String-Daten wie »Hallo« und »Welt« können zu »Hallo Welt« zusammengefügt werden. Integer- oder Float-Daten können miteinander verrechnet werden, z. B. 3×8.

> Weitere Datentypen werden wir erst vorstellen, wenn sie zur Lösung einer bestimmten Aufgabenstellung benötigt werden.

Dieselbe Variable kann auch für eine Ganzzahl (Datentyp Integer) oder Fließkommazahl (Datentyp Float) wiederverwendet werden. In Python-Variablen können Daten beliebigen Typs gespeichert werden.

```
ausgabe = "Hallo Welt!"
print(ausgabe)

ausgabe = 42
print(ausgabe)

ausgabe = 42.2
print(ausgabe)
```

Hier wird nacheinander »Hallo Welt!«, 42 und 42.2 ausgegeben. Sehen wir uns nun ein vermeintlich komplizierteres Programm an:

```
# Festlegung des Alters auf 20
alter = 20
# Abfrage, ob eine Volljährigkeit vorliegt
if alter >= 18:
    print("Du bist volljährig!")
else:
    print("Du bist noch nicht volljährig!")
```

Das #-Zeichen leitet Kommentare ein, die beim Lesen des Codes helfen können, diese Zeilen werden nicht ausgeführt. In der Variablen `alter` wird die Zahl 20 gespeichert. Danach kommt eine Abfrage, ob das Alter größer oder gleich 18 ist. Trifft das zu (wie in diesem Beispiel der Fall), erfolgt die entsprechende Ausgabe. Der `else`-Zweig wird übersprungen und das Programm beendet. Klären wir folgende Fragen:

1. Welche Auswirkung hätte es, wenn in der Variable `alter` der Wert 16 gespeichert werden würde? Antwort: Der `if`-Zweig würde übersprungen und der `else`-Zweig ausgeführt werden. Die Ausgabe wäre »Du bist noch nicht volljährig!«
2. In manchen Ländern ist man erst mit 21 volljährig. Welche Änderung ist an diesem Programm dafür notwendig? Antwort: Bei der `if`-Abfrage erfolgt der Vergleich mit der Zahl 21 statt mit 18.

3. Kann man die oben durchgeführte Änderung für die Abfrage der Volljährigkeit als »Programmierung« bezeichnen? Oder als »Konfiguration«? Darüber kann man streiten, wenn man nichts Besseres zu tun hat.

Wie Sie sehen, ist es in Python recht einfach, den Quellcode nachzuvollziehen.

1.4.2 Jupyter Notebook

Wir benötigen eine Software, in welche wir die Python-Befehle eintippen können. Mithilfe dieser Software soll programmiert, ausgeführt und getestet werden. Software dieser Art nennt man *integrierte Entwicklungsumgebung* (*IDE, Integrated Development Environment*). Für Python gibt es eine Reihe von sehr guten Entwicklungsumgebungen. In Data Science und KI-Entwicklung haben sich jedoch einfache Jupyter Notebooks (open source) etabliert. Hier wird im Browser programmiert, meist besteht das Programm aus einer einzigen Datei. Um Python sowie Jupyter Notebook (und bei Bedarf viele weitere Tools) zu installieren und zu konfigurieren, werden wir die kostenlose, für diesen Einsatzzweck entwickelte Anaconda-Distribution verwenden. Diese gibt es für Windows, Linux und macOS. Mit Anaconda können Sie einfache Entwicklungsumgebungen lokal am PC oder zentral auf einem Server einrichten. Der Vorteil der Servervariante ist, dass man von mehreren Clients aus einfach per Browser mit Jupyter Notebook programmieren kann. An diesen Clients ist keine weitere Installation notwendig. Wenn Sie hingegen keinen eigenen Server benutzen wollen, sondern einen von Anaconda in der Cloud zur Verfügung gestellten, kostet es Geld.

Entwicklungsumgebung

Eine integrierte Entwicklungsumgebung (IDE, Integrated Development Environment) stellt wichtige Werkzeuge zur Verfügung, welche Sie bei der Programmierung unterstützen. Dazu gehören das automatische Erkennen und Vervollständigen von Befehlen, Autokorrektur sowie hilfreiche Hinweise bei Programmierfehlern.

1.4.3 KNIME

Die Software KNIME Analytics Platform verfolgt einen ganz anderen Ansatz: Die Programmierung erfolgt mittels grafischer Bausteine, welche per Drag-and-Drop in den Arbeitsbereich gezogen, miteinander verbunden und konfiguriert werden. Man nennt das auch visuelle Programmierung.

KNIME basiert auf Eclipse, einer weit verbreiteten Entwicklungsumgebung für verschiedenste Programmiersprachen. Sie ist open source, kostenlos und plattformunabhängig.

Das folgende Beispiel zeigt ein Programm, welche die Inhalte einer Excel-Datei ausliest und die Zahlenwerte in einem Grafen plottet (siehe Abbildung 1.1).

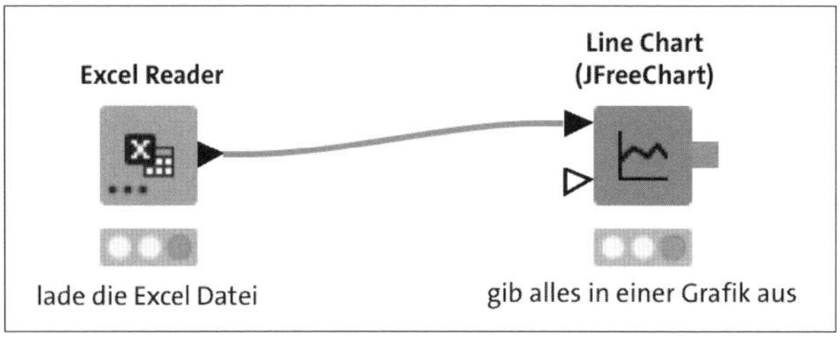

Abbildung 1.1 Laden einer Excel-Datei und Plotten der Inhalte

Die Ausgabe des Bausteins »Line Chart« sehen Sie in Abbildung 1.2: Dazu müssen Sie nach dem Ausführen einen Rechtsklick auf den Baustein ausführen und auf VIEW: LINE CHART klicken.

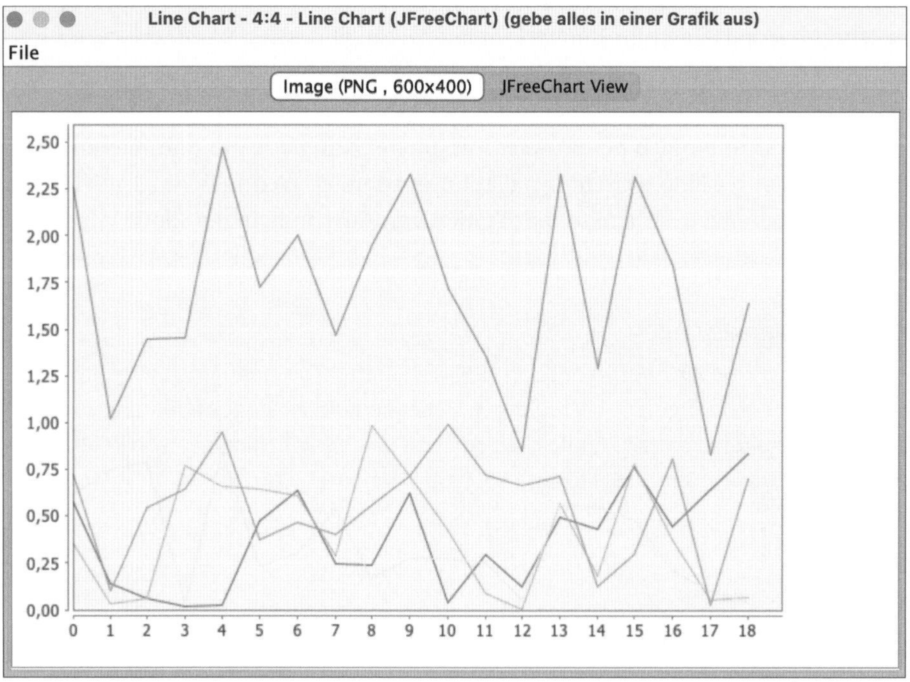

Abbildung 1.2 Plotten der Inhalte

Ist die Datenquelle nicht eine Excel-Datei, sondern z. B. eine Datenbank oder CSV-Datei, müssen Sie nur den Baustein EXCEL READER ersetzen.

1.4.4 ChatGPT und GPT-4

Fragen wir einfach ChatGPT (oder den Nachfolger GPT-4) selbst, wer oder was es ist ...

User: *Wer oder was bist du? Erkläre es mir so, als wäre ich 12 Jahre alt.*

Antwort: *Natürlich! Stell dir vor, ich bin wie ein extrem fortgeschrittenes Computerprogramm, das Fragen beantworten kann. Du kannst mich ein bisschen wie ein interaktives Lexikon oder einen digitalen Gesprächspartner betrachten, der viele Informationen kennt.*

Ich bin nicht wirklich eine Person und habe keine eigenen Gedanken oder Gefühle. Ich bin ein Werkzeug, das von Menschen geschaffen wurde, um Fragen zu beantworten und Informationen bereitzustellen, basierend auf dem, was bis zum Jahr 2021 bekannt war.

Auf der Webseite *https://chat.openai.com* können Sie diesen Chatbot der Firma OpenAI ausprobieren. Dieses beeindruckende Tool werden wir uns noch genauer anschauen.

1.4.5 DALL-E 2 bzw. DALL-E 3

DALL-E 2 und der Nachfolger DALL-E 3 basieren auf dem ChatGPT-Modell, das für die Text-zu-Bild-Synthese angepasst wurde. Der Name ist von Salvador Dali (bedeutender surrealer Künstler) und WALL-E (Pixar-Filmroboter) abgeleitet.

Mit diesem Tool (*https://labs.openai.com*) können Sie Bilder aus textuellen Beschreibungen generieren lassen (siehe Abbildung 1.3).

User: *Das Bild eines Programmierers, der im Flugzeug sitzt und am Laptop programmiert.*

Abbildung 1.3 Das generierte Bild von DALL-E 3

Das Bild wirkt, als sei eine reale Person im Flugzeug fotografiert worden. Auch mit diesem Tool werden wir uns noch näher beschäftigen.

Kapitel 2

Installation

Bevor wir mit der eigentlichen Entwicklung beginnen, werden wir die hauptsächlich verwendeten Werkzeuge installieren und testen.

Worum geht es in diesem Kapitel?

Die wichtigsten Werkzeuge, die Sie für die Arbeit mit diesem Buch benötigen, werden installiert und getestet.

Die Einrichtung eines Entwicklungsrechners kann sehr zeitaufwendig sein. Nehmen Sie sich diese Zeit! Wir wollen uns später bei der Entwicklung nicht mit kuriosen Fehlermeldungen herumschlagen.

Betriebssystemversionen

Die folgenden Installationsanweisungen wurden auf diesen Maschinen getestet:

- Windows 11
- macOS Ventura 13.2 (Intel)
- Ubuntu LTS Jammy Jellyfish 22.04

2.1 Anaconda-Distribution

Mithilfe der Anaconda-Distribution werden wir Python sowie Jupyter Notebook installieren und die Installationen testen. Die Installationsdatei für die Betriebssysteme Windows, macOS und Linux können Sie auf der Website *www.anaconda.com/products/distribution* herunterladen. Über den Browser wird das Betriebssystem erkannt und die richtige Installationsdatei heruntergeladen.

2.1.1 Windows und macOS

Führen Sie die Installationsdatei aus, und folgen Sie den Anweisungen auf dem Bildschirm. Die empfohlenen Standardeinstellungen können beibehalten werden. Nach der Installation können Sie den Anaconda-Navigator starten (siehe Abbildung 2.1).

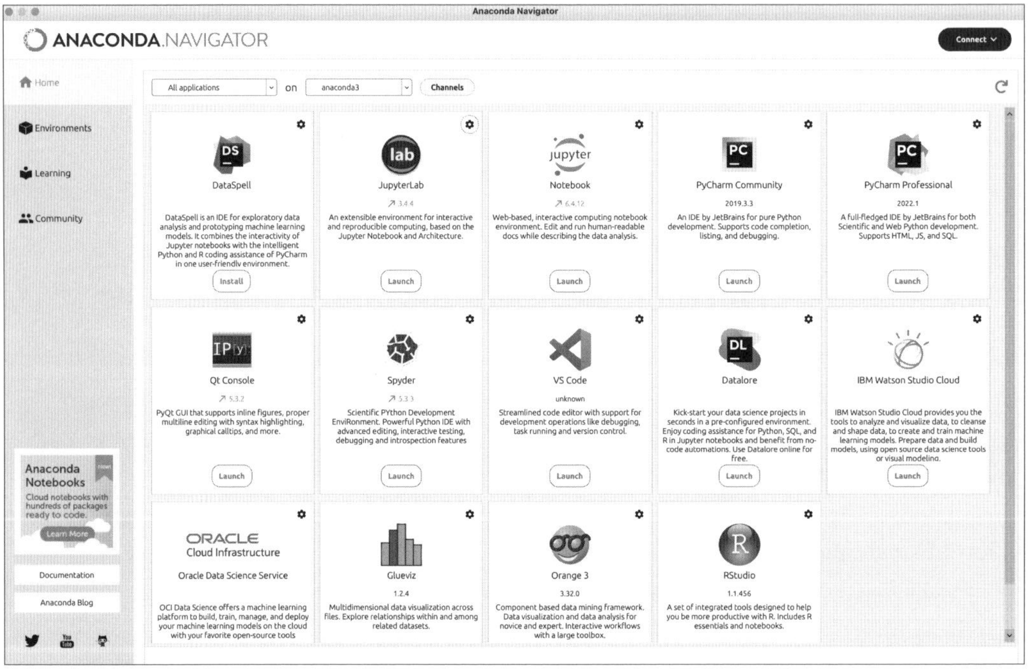

Abbildung 2.1 Home-Bildschirm des Anaconda-Navigators

Nun können wir uns der noch notwendigen Konfiguration des Entwicklungsrechners widmen.

2.1.2 Linux

> **Installationsanleitung für Anaconda**
> Eine sehr gute Installationsanleitung für Anaconda finden Sie unter *wiki.ubuntu-users.de/anaconda.*

Nachdem die Datei heruntergeladen und die Installationsroutine durchgeführt wurde, öffnen Sie ein neues Terminalfenster (damit die neuen Umgebungsvariablen wirken) und geben folgenden Befehl ein, um den Anaconda-Navigator zu starten:

```
anaconda-navigator
```

Damit ist die Installation schon abgeschlossen. Sie müssen aber noch einige Einstellungen vornehmen.

2.1.3 Konfiguration und Test

Nach erfolgreicher Installation können Sie im Home-Bereich des Anaconda-Navigators verschiedene Anwendungen über den jeweiligen Launch-Button starten. Wenn Sie nun hierüber Jupyter Notebook starten, kommen Sie auf die Jupyter-Notebook-Homepage (siehe Abbildung 2.2).

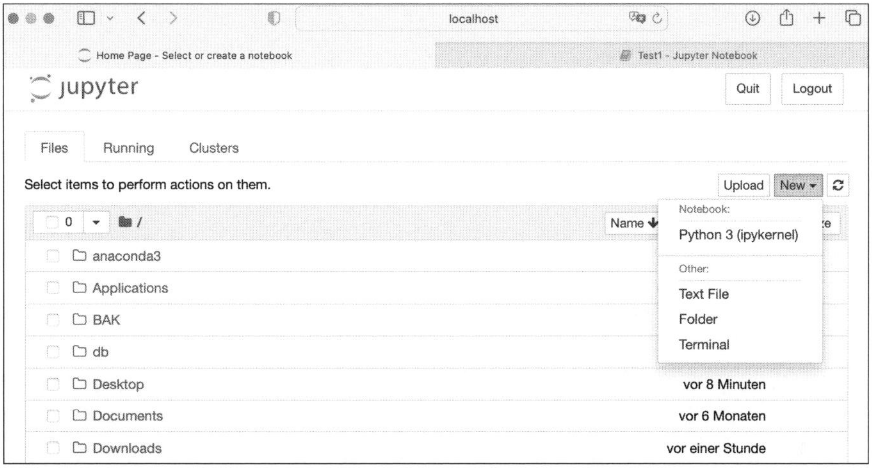

Abbildung 2.2 Jupyter-Notebook-Homepage

Hier gehen wir auf NEW • PYTHON3 (IPYKERNEL) und starten ein neues Notebook (siehe Abbildung 2.3).

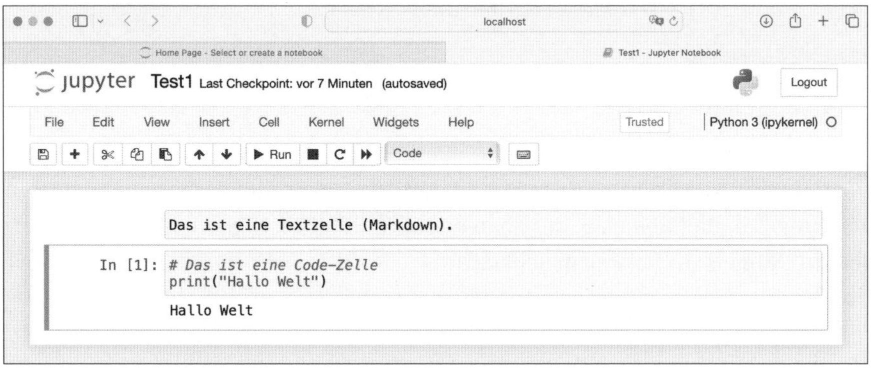

Abbildung 2.3 Erstes Programm in Jupyter Notebook

Das Programm ist in verschiedenen Zellen organisiert. Mit dem Button + können Sie eine neue Zelle hinzufügen und mit den Pfeil-Buttons die selektierte Zelle jeweils nach oben oder unten verschieben. Im Dropdown-Menü können Sie einstellen, ob die Zelle nur zur Dokumentation dient (Markdown), oder aber Quellcode enthält (Code). Der Play-Button führt die selektierte Codezelle, der Forward-Button alle Zellen aus. Mit FILE • RENAME können Sie die Datei umbenennen, mit FILE • SAVE AS angeben, wo die Datei gespeichert werden soll.

Im Anaconda-Navigator können Sie alternativ JupyterLab starten (siehe Abbildung 2.4), was ebenfalls Notebooks ausführen kann, aber mehr Funktionalität bietet.

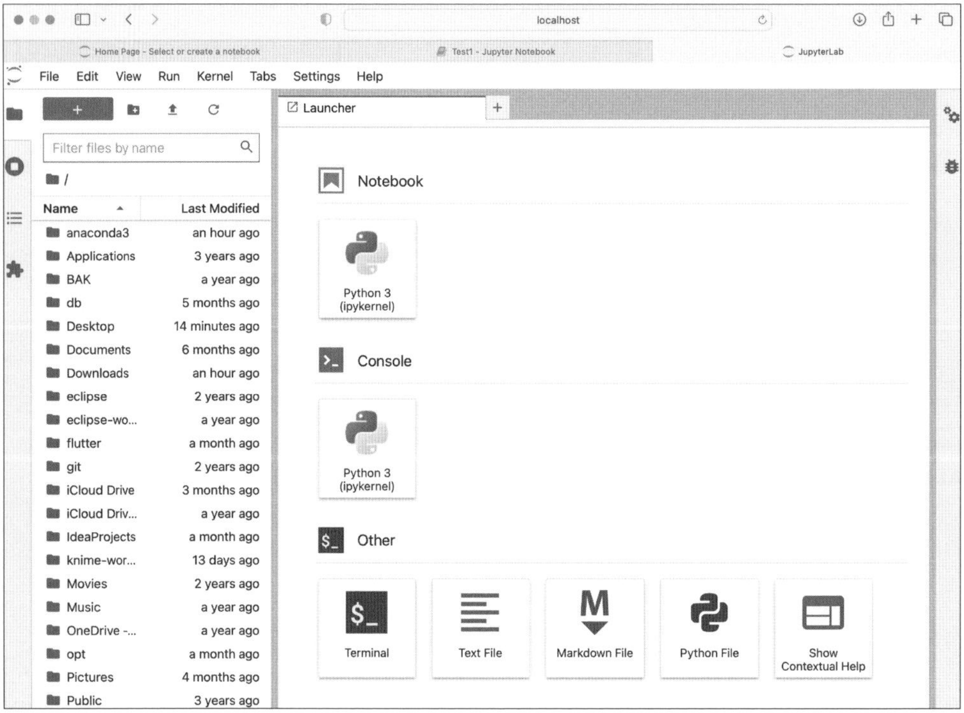

Abbildung 2.4 JupyterLab Launcher

Hier können Sie mit NOTEBOOK • PYTHON 3 (IPYKERNEL) ein neues Notebook starten (siehe Abbildung 2.5) oder aber z. B. die oben erstellte Datei *Test1.ipynb* öffnen. Die Verzeichnisse und Dateien sind links ausgelistet.

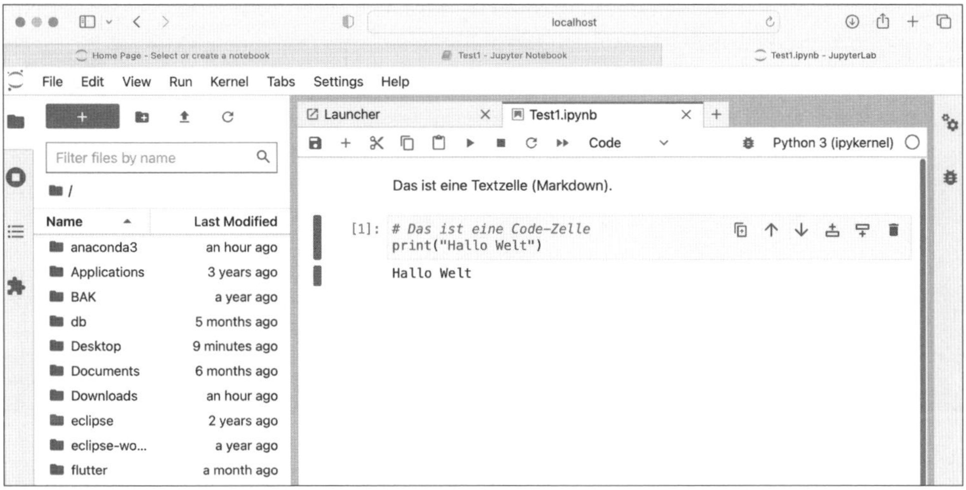

Abbildung 2.5 Erstes Programm mit JupyterLab

Google Colaboraty

Eine interessante Alternative zur Installation von Anaconda bzw. Jupyter Notebook bietet Google mit Colaboraty (*colab.research.google.com*). Bei dieser Lösung müssen Sie lokal gar nichts installieren. Google stellt Speicher- und Rechenkapazitäten kostenlos zur Verfügung. Sie benötigen lediglich einen Browser.

Da wir später KNIME für die visuelle Programmierung nutzen werden, brauchen Sie auch eine lokale Installation. Ich verwende Colab gerne bei rechenintensiven KI-Programmen, weil man hier recht einfach eine GPU anstatt der CPU nutzen kann. Dies bringt eine enorme Performancesteigerung. Die Einrichtung einer lokalen GPU-Unterstützung hängt von Ihrer Grafikkarte ab und ist mit einigem Aufwand verbunden.

Bei dieser Gelegenheit werden wir einige benötigte Module installieren. Mit der Installation von Python haben Sie nicht sofort Zugriff auf alle Funktionalitäten, die diese Programmiersprache bietet. Vielmehr ist Python so aufgebaut, dass Sie weitere benötigte Module bei Bedarf nachinstallieren können. Dieser modulare Aufbau sorgt dafür, dass das Programm nicht unnötig viel Speicherplatz einnimmt.

Starten Sie den Anaconda-Navigator, und gehen Sie in das Menü ENVIRONMENTS. Im Dropdown stellen Sie ALL ein, rechts steht Ihnen ein Suchfeld zur Verfügung (siehe Abbildung 2.6).

Installieren Sie die in Tabelle 2.1 aufgelisteten Module bzw. verifizieren Sie, dass diese installiert sind.

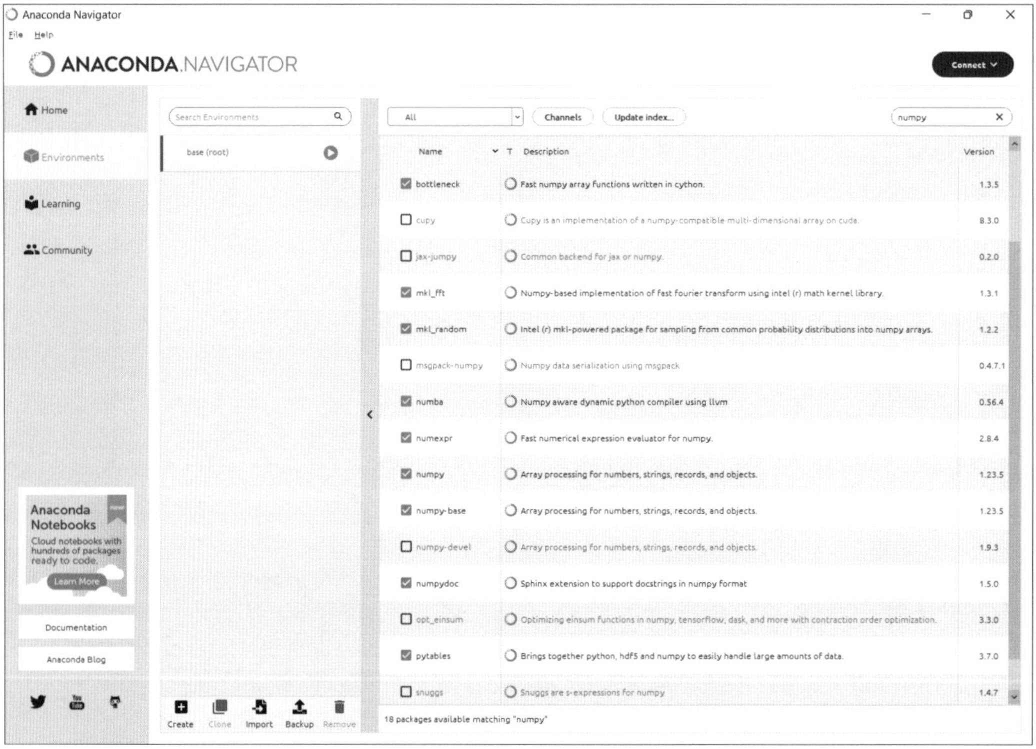

Abbildung 2.6 Modulsuche und -installation über den Anaconda-Navigator

Modul	Erläuterung
NumPy	NumPy bietet Datentypen und Funktionen für die einfachere Handhabung von komplexen Strukturen an, wie z. B. Vektoren und Matrizen.
pandas	pandas ist ebenfalls für komplexere Strukturen und deren einfache Handhabung entwickelt worden. Eine Stärke ist die große Funktionalität für Tabellenstrukturen.
Matplotlib	Matplotlib wird für visuelle Analysen und zum Plotten verwendet.
scikit-learn	Enthält viele ML-Algorithmen, die man sehr einfach im eigenen Programm verwenden kann.
Keras	Mit Keras können künstliche neuronale Netze aufgebaut werden.
TensorFlow	Erweitert Keras um weitere Funktionalitäten. Ist sehr performant bei großen und komplexen Datenstrukturen.

Tabelle 2.1 Zu installierende Module

Weitere Module werden wir nach Bedarf installieren. Jetzt wissen Sie, wie Sie die Installation von Modulen durchführen können.

Anaconda und Environments

In Python sind Environments isolierte Umgebungen, in denen Python-Quellcode ausgeführt werden kann. Jedes Environment kann verschiedene Pakete oder Versionen von Paketen installieren. Der Vorteil vom getrennten Environment ist, dass die Installationen in einem Environment nicht die anderen Environments beeinflussen.

Wenn Sie ein wenig Erfahrung mit Python bzw. Anaconda haben, können Sie ein eigenes Environment für Jupyter Notebook anlegen und die Pakete darin installieren. Sie können aber auch das Base-Environment verwenden.

2.2 KNIME

In Kapitel 11 werden wir einige Aufgabenstellungen mit KNIME lösen. Dabei werden Sie einen alternativen Ansatz, nämlich die visuelle Programmierung, kennenlernen. Wenn Sie nur mit der Programmiersprache Python arbeiten wollen, können Sie diesen Abschnitt überspringen. Ich empfehle Ihnen aber, sich mit dieser Art der KI-Programmierung vertraut zu machen.

2.2.1 Installation

Die Software *KNIME Analytics Plattform* können Sie unter *www.knime.com/downloads* für das bevorzugte Betriebssystem herunterladen. Bei Windows und macOS führen Sie das Installationsprogramm aus, die empfohlenen Einstellungen können beibehalten werden. Bei Linux müssen Sie nur das Archiv entpacken (in Ihrem Home-Verzeichnis).

Darstellung mit Linux Wayland

Beim Start von KNIME bekommen Sie einen Hinweis, dass Sie für eine optimale Darstellung Xorg nutzen sollten. Sie können es trotzdem mit Wayland probieren. Wenn die Darstellung nicht zufriedenstellend sein sollte, können Sie sich abmelden und im Anmeldefenster auf Xorg umstellen.

Nach dem Start des Programmes erscheint ein Fenster mit dem Hinweis, den Workspace (in dem Ihre Programme und Konfigurationen gespeichert werden) auszuwählen (siehe Abbildung 2.7). Setzen Sie den Haken bei USE THIS AS THE DEFAULT AND DO NOT ASK AGAIN, und klicken Sie auf LAUNCH.

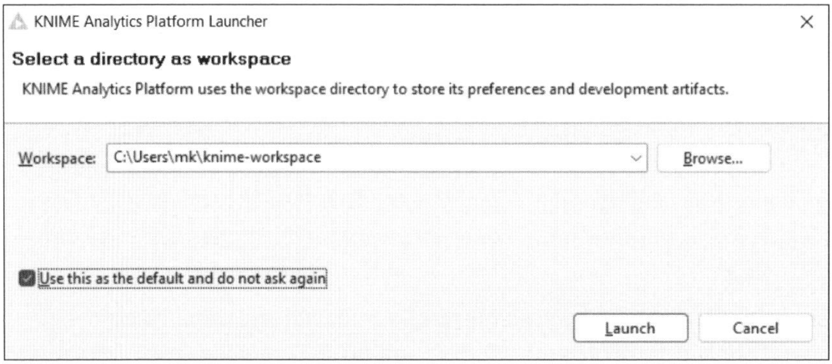

Abbildung 2.7 Auswahl des Workspace

Nachdem Sie den Workspace eingestellt bzw. bestätigt haben, erscheint die KNIME Workbench.

Neue GUI bei Version 5.1

Wenn Sie die aktuelle Version von KNIME herunterladen, ist das User Interface standardmäßig anders aufgebaut als in den Screenshots in diesem Buch dargestellt. Das ist aber überhaupt kein Problem. Sie müssen lediglich eine Einstellung vornehmen, um den Anleitungen in diesem Buch folgen zu können.

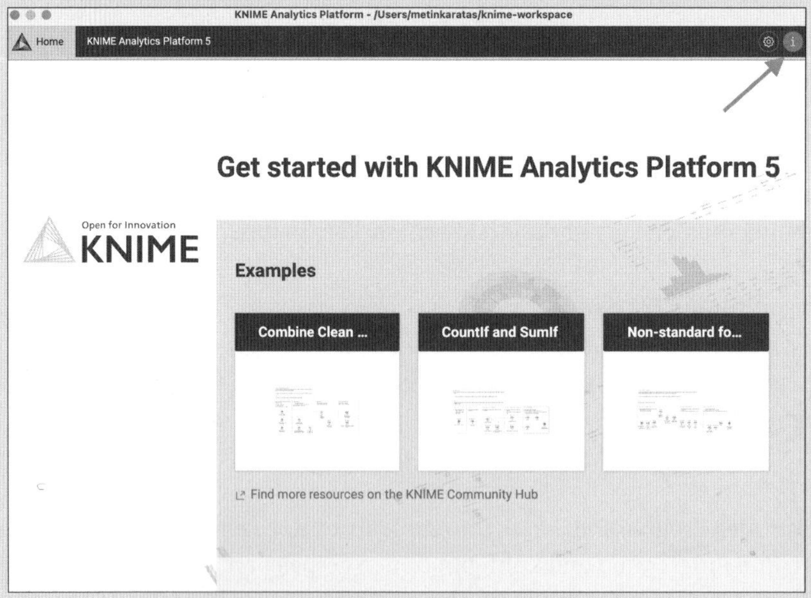

Abbildung 2.8 Neues User Interface

Auf der Startseite in Abbildung 2.8 klicken Sie oben rechts auf das Symbol und wählen SWITCH TO KNIME CLASSIC USER INTERFACE aus (siehe Abbildung 2.9).

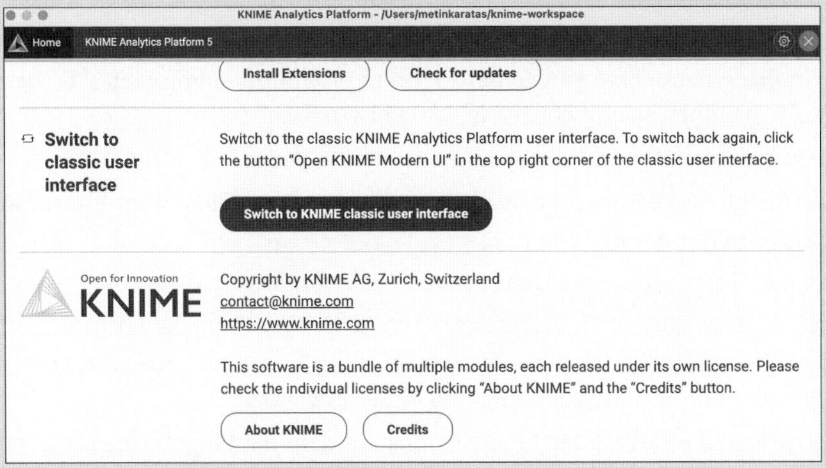

Abbildung 2.9 Umstellung auf klassische Ansicht

Verschaffen Sie sich einen Überblick über den Aufbau der Software. Wenn Sie noch nie mit Entwicklungsumgebungen zu tun hatten, kann das User Interface etwas komplex wirken (siehe Abbildung 2.10). Machen Sie sich keine Sorgen, mit der Zeit werden Sie routiniert Programme erstellen und Einstellungen vornehmen können.

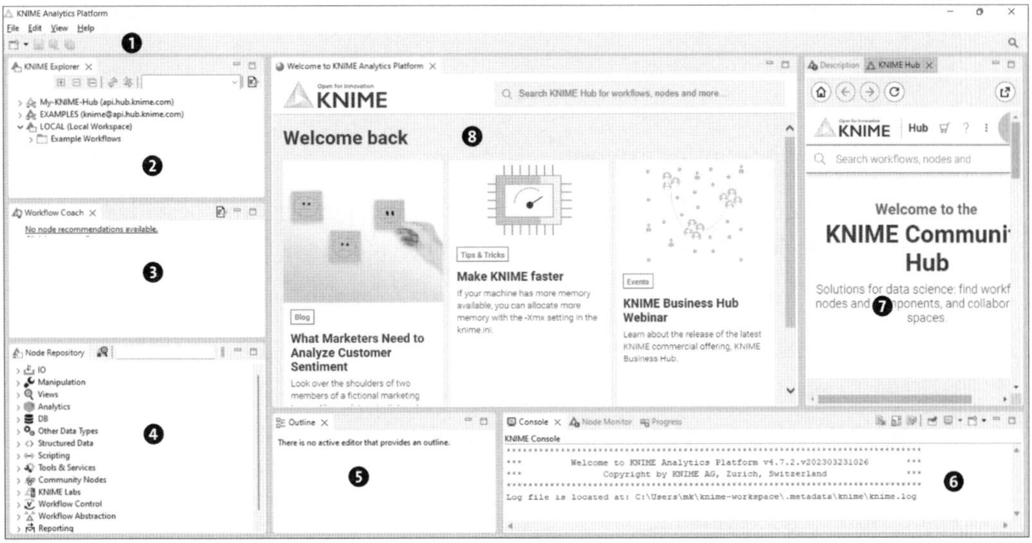

Abbildung 2.10 KNIME Workbench

❶ MENÜLEISTE: Hier können Sie z. B. zentrale Einstellungen vornehmen, Updates suchen und installieren usw.

❷ KNIME-EXPLORER: Zugriff auf die Projektstruktur

❸ WORKFLOW-COACH: Wenn Sie dies mit einem Klick aktivieren, werden passende Nodes (Grafikelemente bzw. Bausteine) zu Ihrem Programm empfohlen. Aktivieren Sie es. Das spart Ihnen später viel Zeit bei der Entwicklung.

❹ NODE-REPOSITORY: Übersicht über alle vorhandenen Nodes

❺ OUTLINE: Bietet eine Gesamtübersicht über den Arbeitsbereich. Wird interessant, wenn Sie große Programme haben.

❻ KONSOLE und NODE-MONITOR: Hier erhalten Sie wichtige Ausgaben.

❼ NODE-BESCHREIBUNG und HUB-SUCHE: Die Node-Beschreibung liefert Informationen zu selektierten Nodes. Mit der Hub-Suche können Sie z. B. auf fertige Programme (Workflows) der Community zugreifen und diese verwenden.

❽ WORKFLOW-EDITOR: Das ist der Arbeitsbereich, in dem die Programmierung stattfindet.

2.2.2 Konfiguration

Installieren wir noch weitere benötigte Pakete. Gehen Sie dazu bitte in der Menüleiste auf HELP • INSTALL NEW SOFTWARE. Bei WORK WITH stellen Sie ein, dass auf allen Seiten gesucht werden soll. Suchen Sie anschließend nach Python und selektieren Sie, wie in Abbildung 2.11 gezeigt:

- KNIME Conda Integration
- KNIME Python Integration
- KNIME Python Scripting extension

Klicken Sie auf NEXT, akzeptieren Sie die Lizenzbedingungen, und bestätigen Sie mit FINISH. Die selektierten Pakete werden heruntergeladen und installiert.

Auf die gleiche Art und Weise installieren Sie bitte folgende Pakete:

- KNIME Deep Learning – Keras Integration
- KNIME Deep Learning – TensorFlow Integration
- KNIME Deep Learning – TensorFlow2 Integration
- KNIME Text Processing
- KNIME Image Processing

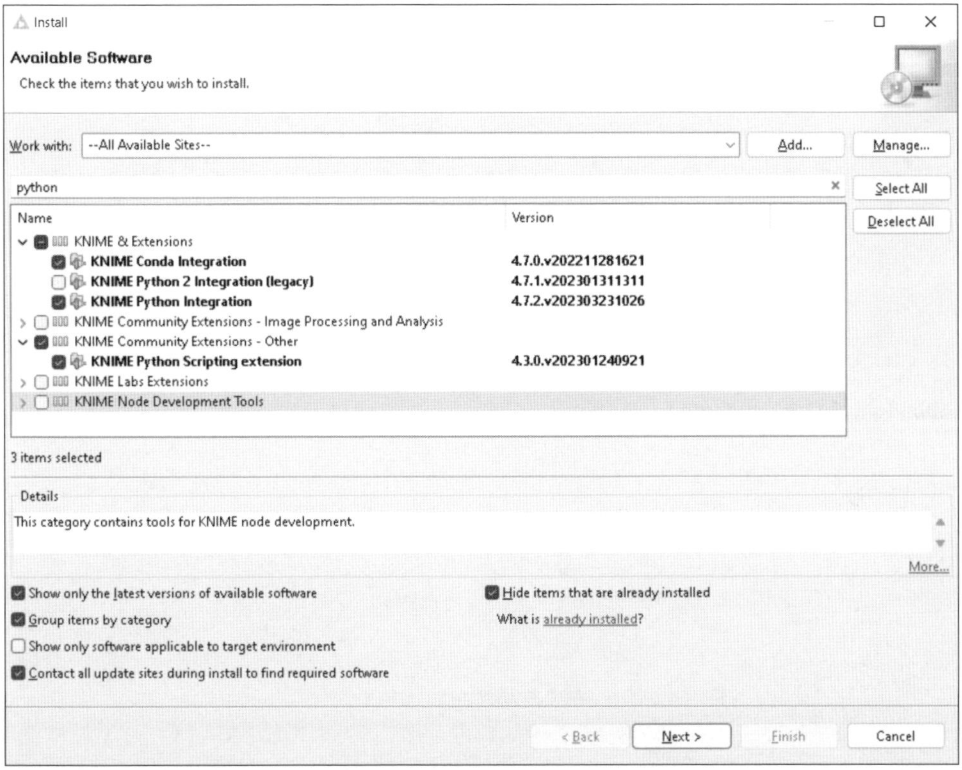

Abbildung 2.11 Installation weiterer Pakete

Wir müssen noch einige Einstellungen für Python, Keras und TensorFlow vornehmen. Dazu gehen Sie über die Menüleiste auf File • Preferences • KNIME • Python. Hier selektieren Sie Conda und warten kurz, bis KNIME alle Informationen zur Installation gesammelt hat. Sicherlich wird eine Warnung angezeigt, dass einige Pakete fehlen. Daher werden wir nun ein Environment anlegen, das alle benötigten Pakete enthält. Klicken Sie dazu auf New environment, und behalten Sie den vorgeschlagenen Namen für die Umgebung bei (hier *py3_knime*).

Damit später Programme mit künstlichen neuronalen Netzen erstellt werden können, muss auch hierfür ein Environment angelegt werden. Dazu gehen Sie wieder über die Menüleiste auf File • Preferences • KNIME • Python Deep Learning. Hier selektieren Sie Use special Deep Learning as defined below, Keras und Conda. Danach müssen Sie sich erneut kurz gedulden, bis KNIME Informationen über die Python-Installation gesammelt hat. Nun klicken Sie beim Punkt Keras auf New Environment, übernehmen den vorgeschlagenen Namen und klicken auf Create new CPU environment. Schließen Sie das Menü (Abbildung 2.13) mit Apply and Close.

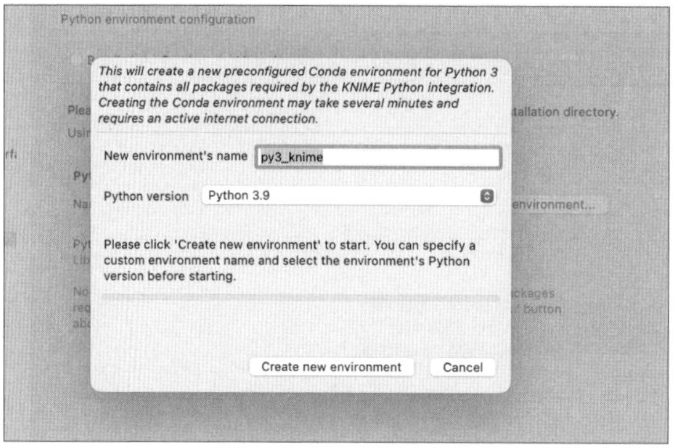

Abbildung 2.12 Einstellung für Python

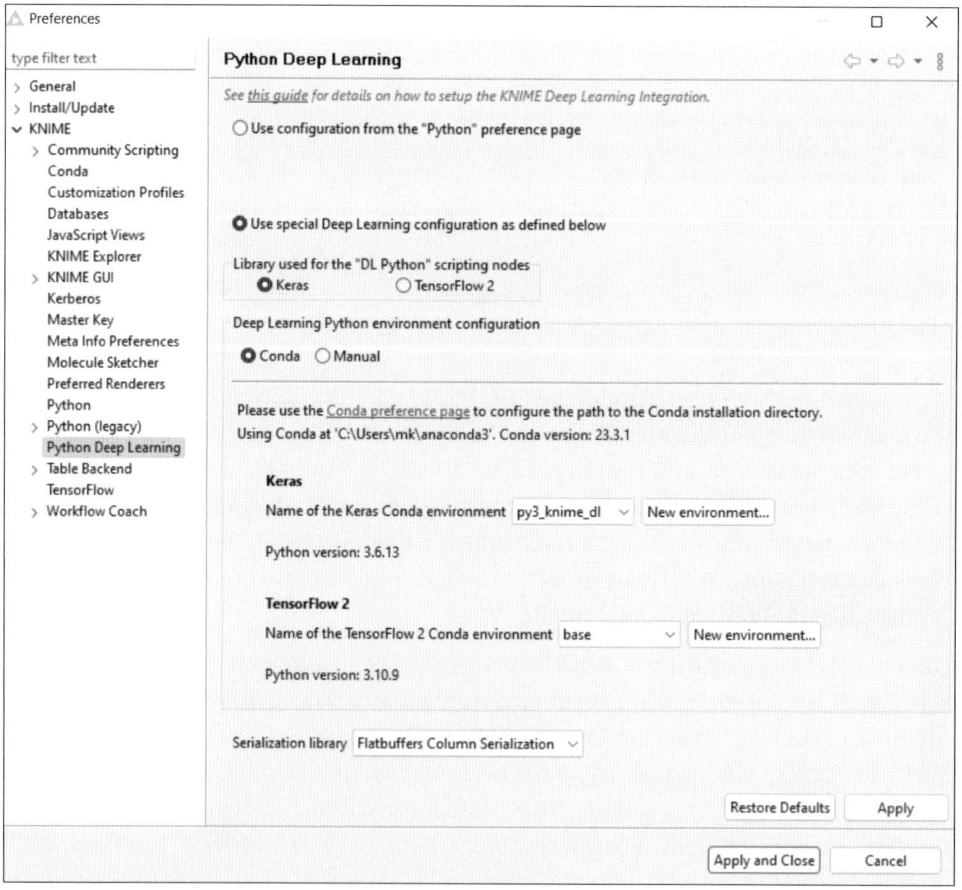

Abbildung 2.13 Einstellung für Python Deep Learning

Erstellen Sie auf die gleiche Art und Weise ebenfalls ein Environment für TensorFlow 2. Damit ist die Entwicklungsumgebung für die visuelle Programmierung vorbereitet.

Troubleshooting

Das Anlegen von Environments über KNIME funktioniert leider nicht immer reibungslos und hängt von den Versionen des Betriebssystems, Anaconda-Navigator, Python und KNIME ab. Falls es zu Fehlermeldungen kommen sollte, probieren Sie erst, Anaconda zu aktualisieren. Taucht das Problem beim Anlegen des Environments für Python auf, können Sie im Dropdown-Menü, bevor Sie CREATE NEW ENVIRONMENT klicken, eine ältere Python-Version (z. B. 3.9) wählen.

Wenn beim Anlegen eines Environments für Python Deep Learning Probleme auftreten und Sie diese nicht selbst lösen können, ist das kein Weltuntergang. Widmen Sie sich erst den Python-Beispielen. Bis Sie sich zu Kapitel 11, »Visuelle Programmierung mit KNIME«, durchgearbeitet haben, gibt es bestimmt wieder aktuellere Versionen der benötigten Tools. Und falls es trotzdem nicht funktioniert: Ich werde Ihnen zeigen, wie Sie in KNIME Python-Bausteine verwenden können. Für die Datenverarbeitung kommen somit grafische Bausteine zum Einsatz, das künstliche neuronale Netz wird in einem Python-Baustein mit ein paar Zeilen Code aufgebaut. Dafür ist es notwendig (wenn Sie kein Environment für Deep Learning anlegen konnten), das Environment für Python in BASE umzustellen, da die Pakete für Keras und TensorFlow in diesem Environment installiert wurden.

Es ist ratsam, bei Problemen rund um KNIME im KNIME-Forum (*https://forum.knime.com*) zu recherchieren bzw. nachzufragen.

2.2.3 Test

Die Installation werden wir mit einer Excel-Datei testen, welche Sie z. B. mit *MS Excel* oder *LibreOffice Calc* erstellen können (siehe Abbildung 2.14).

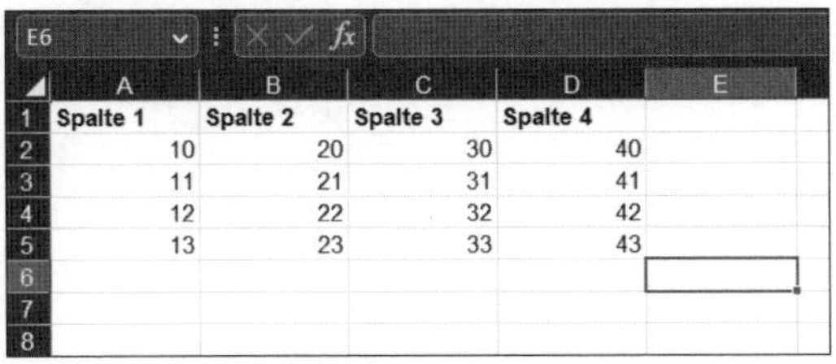

	A	B	C	D	E
1	Spalte 1	Spalte 2	Spalte 3	Spalte 4	
2	10	20	30	40	
3	11	21	31	41	
4	12	22	32	42	
5	13	23	33	43	
6					
7					
8					

Abbildung 2.14 Tabelle mit Zahlenwerten

Führen Sie im KNIME-Explorer einen Rechtsklick auf LOCAL aus, und wählen Sie im Kontextmenü NEW WORKFLOW GROUP, benennen sie *Test*, und klicken Sie auf FINISH.

Anschließend legen Sie in dieser Workflow-Gruppe (WORKFLOW-GROUP) einen Workflow mit dem Namen *Test-1* an. Die XLSX-Datei kopieren wir per Drag-and-Drop in die Workflow-Gruppe (das ist ein Ordner). Die Ordnerstruktur sollte wie in Abbildung 2.15 aussehen.

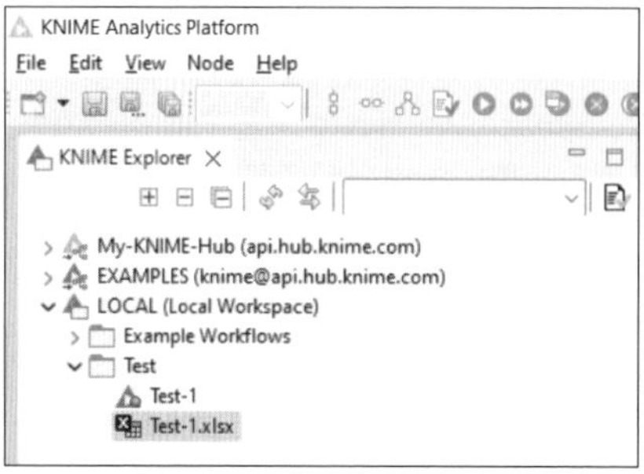

Abbildung 2.15 Dateistruktur im KNIME-Explorer

Jetzt können Sie wieder per Drag-and-Drop die XLSX-Datei in den Workflow-Editor ziehen. Es erscheint ein Anlege-Assistent, wie in Abbildung 2.16 dargestellt, der meistens alle Einstellungen richtig erkennt. Sie müssen nur noch mit OK bestätigen.

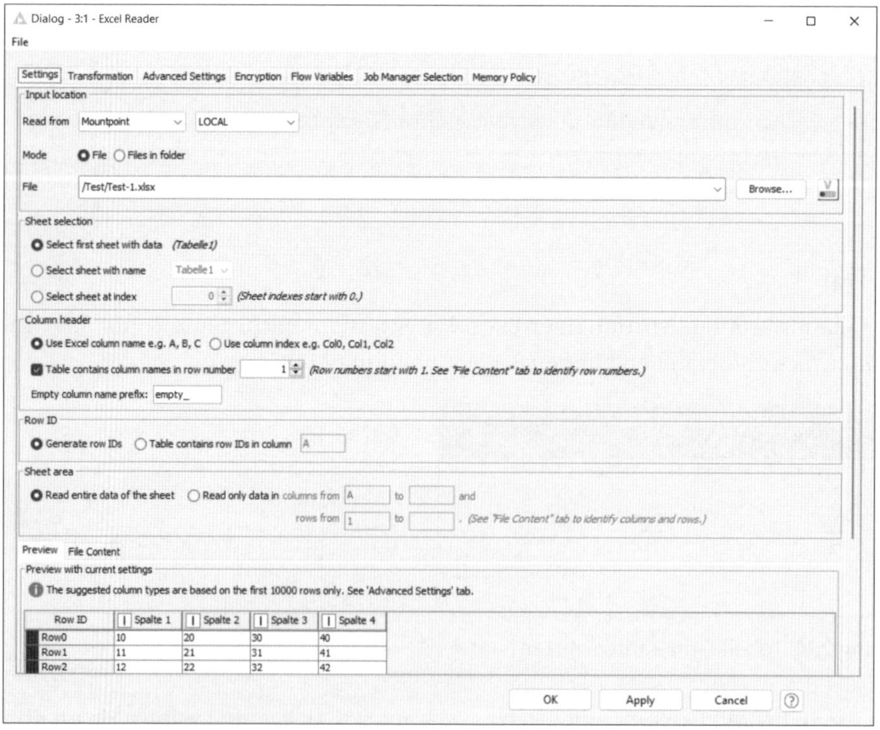

Abbildung 2.16 KNIME-Anlege-Assistent

Der Baustein bzw. Node EXCEL READER erscheint mit einem gelben Punkt. Mit einem Rechtklick und EXECUTE führen Sie den Baustein aus. Der Punkt wechselt auf grün, und in der Ausgabe wird der Inhalt der Datei ausgegeben (siehe Abbildung 2.17). Mit Rechtsklick und RESET können Sie den Baustein zurücksetzen.

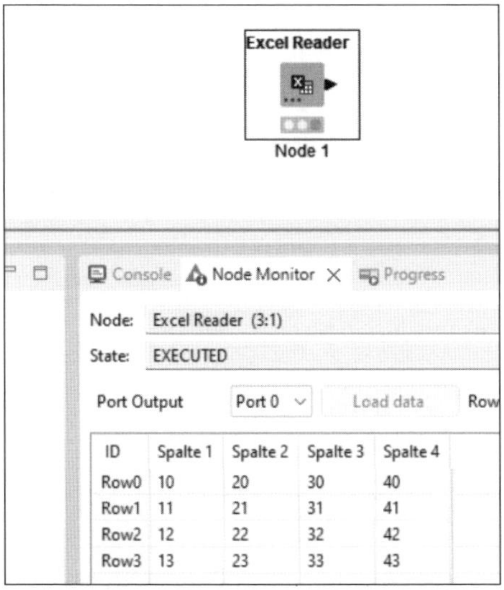

Abbildung 2.17 Ausgabe des Nodes »Excel Reader«

Ihre Entwicklungsmaschine ist somit konfiguriert, getestet und einsatzbereit. Jetzt können Sie mit der Entwicklung von KI-Modellen beginnen.

Kapitel 3
Das künstliche neuronale Netz

Künstliche neuronale Netze sind ein geniales ML-Konzept, welches oft zum Mysterium hochstilisiert wird. In diesem Kapitel werden wir das Geheimnis lüften. Tauchen Sie ein in die Welt der künstlichen neuronalen Netze.

Worum geht es in diesem Kapitel?

- Einführung in die Klassifizierung
- Einführung in die Regression
- Aufbau und Funktionsweise künstlicher neuronaler Netze
- mathematische Betrachtung des Algorithmus
- Vorstellung eines »Kochrezeptes« für die Entwicklung
- erste Programme mit künstlichen neuronalen Netzen
- Möglichkeiten zur Parametereinstellung
- Unterschied zwischen Korrelation und Kausalität
- Umgang mit Datenlücken
- Bedeutung der Normierung von Daten

Die größten Fortschritte und beeindruckendsten Ergebnisse in Machine Learning wurden in jüngster Zeit im Bereich der künstlichen neuronalen Netze (KNN) erzielt. Der Aufbau und die Funktionsweise sind nicht sonderlich kompliziert. Möchte man sich in dieses Themengebiet einarbeiten, besteht allerdings die Gefahr, dass man sich in den Details verliert. Daher werden wir uns dieser Thematik schritt- und schichtweise annähern. Betrachten wir das Ganze jeweils im Rahmen einer konkreten Aufgabenstellung.

Bei der *Klassifizierung* (engl. *Classification*) ordnen wir ein Objekt einer bestimmten Kategorie zu. Das gesuchte Ergebnis kann einen aus mehreren Zuständen einnehmen. Beispiele dieser Art sind:

- Erkennung von Hunden und Katzen auf Bildern (Kategorien »Hund« und »Katze«)
- Bewertung in der Qualitätskontrolle (Kategorien »gut« und »schlecht«)

Die *Regression* ist im Bereich der künstlichen Intelligenz ein Verfahren, mit dem konkrete Zahlenwerte vorhergesagt werden können. Das Ergebnis ist ein stetiger Wert. Einige Beispiele hierfür sind:

- Vorhersage des Kaufpreises für ein bestimmtes Produkt
- Bestimmung des monatlichen Verdienstes potenzieller Kund*innen

Bei manchen Aufgabestellungen kommen grundsätzlich beide Varianten in Frage. Möchten Sie wirklich wissen, was Kund*innen verdienen (Regression), oder reicht die Information, ob es mehr oder weniger als x € sind (Klassifizierung mit den Kategorien »>=x« und »<x«), aus?

3.1 Klassifizierung

Ein beliebter Datensatz für den Einstieg in die KI-Entwicklung ist der Schwertlilien-Datensatz (engl. *Iris Dataset*). Diese Tabelle enthält nur fünf Spalten sowie 150 Zeilen und ist somit gut für den Einstieg in dieses Themenfeld geeignet. Die Daten wurden vom britischen Biologen Ronald Fisher im Jahre 1936 gesammelt, um mathematische Verfahren zur Klassifizierung zu evaluieren.

Die Schwertlilie (Iris) hat drei Unterarten: Iris setosa, Iris versicolor und Iris virginica. Anhand der Länge und der Breite des Kelchblattes (Sepalum, engl. *sepal*) sowie des Kronblattes (Petalum, engl. *petal*) kann jede Schwertlilie einer Unterart zugeordnet werden. Der Datensatz enthält vier Spalten mit Größenangabe zu den Blättern, jeweils Länge und Breite des Kelch- sowie Kronblattes. Die fünfte Spalte enthält die Information zu der konkreten Unterart.

Die Tabelle ist vollständig und einfach zu verstehen. Es könnte jetzt die Frage aufkommen, wozu man dann noch eine künstliche Intelligenz entwickeln soll. Stellen Sie sich vor, Sie gehen auf die Wiese und messen die Länge und die Breite der Blätter einer Schwertlilie. In der Tabelle gibt es keinen Eintrag bzw. keine Zeile, die genau mit den gemessenen Werten übereinstimmt. Woher sollen Sie dann wissen, zu welcher Unterart diese Schwertlilie gehört? Daher werden wir eine KI auf Basis eines künstlichen neuronalen Netzes entwickeln, welche mit dem Datensatz trainiert wird. Anschließend soll sie selbst in der Lage sein, zu den vier gemessenen (somit noch unbekannten) Eingabevariablen (Länge und Breite der Blätter) die konkrete Unterart zu bestimmen, auch wenn die gemessenen Werte nicht exakt mit einem Eintrag in der Tabelle übereinstimmen.

Wir werden keine Regeln oder Algorithmen in der Programmstruktur vorgeben. Das Programm wird keine Abfrage bzw. Anweisung in der Form »*Wenn das Kelchblatt länger als x cm ist, dann ...«* enthalten. Die künstliche Intelligenz soll selbst Zusammenhänge aus dem Datensatz ableiten. Und das ist der wesentliche Unterschied zur »herkömmlichen« Programmierung.

Ohne Kenntnisse über KI müssten Sie selbst einen Algorithmus finden, um Schwertlilien zu klassifizieren. Dazu bedarf es einer genaueren Analyse der vorhandenen Daten. Nach der Bestimmung der Zusammenhänge könnte man z. B. sagen, dass die Unterart Iris setosa vorliegt, wenn die Abmessungen der Blätter in bestimmten Bereichen liegen. Bei so einem übersichtlichen Datensatz wäre das machbar. Aber stellen Sie sich vor, es liegt eine Tabelle zu User-Verhalten auf einer Homepage vor, mit 50 Spalten und 100000 Zeilen. Wer soll das alles analysieren? Der große Vorteil der KI-Entwicklung gegenüber der »herkömmlichen« Entwicklung ist nämlich genau dieser: Sie bauen die KI auf und trainieren sie mit Daten, anschließend kann die KI selbst mit neuen, unbekannten Daten umgehen. Wie das genau funktioniert, schauen wir uns jetzt an. Die Aufgabenstellung lautet: Es soll eine KI entwickelt werden, die anhand der Länge und Breite der Blätter einer Schwertlilie (siehe Abbildung 3.1) die konkrete Unterart bestimmt.

Abbildung 3.1 Schwertlilie (Iris)

Es gibt bei dieser Aufgabenstellung vier Eingangsvariablen: `sepal length`, `sepal width`, `petal length` und `petal width`. Das Ergebnis (Ausgabe bzw. Zielspalte) können wir `class` oder `species` nennen.

3.2 Das Kochrezept

Das Vorgehen bei Aufgabenstellungen dieser Art (Supervised Machine Learning) ist immer ähnlich. Es liegt ein Datensatz vor, und wir wissen, welche Spalten als Eingabe dienen und zu welcher Ausgabe diese führen sollen. Daher werden wir ein »Kochrezept« erstellen, mit dem Sie das Gelernte auf andere, gleichartige Datensätze übertragen können. Also, Schritt für Schritt: Betrachten wir die KI erstmal als Blackbox und schauen uns an, was drumherum passiert. Später folgt der Blick in das Innere der Blackbox.

3.2.1 Datenvorbereitung

Es müssen Daten gesammelt und gegebenenfalls aufbereitet werden. Dazu könnte eine Biologin bzw. ein Biologe auf die Felder gehen, verschiedene Schwertlilien messen, kategorisieren und das Ergebnis in einer Tabelle festhalten. In unserem Beispiel gibt es eine Tabelle mit fünf Spalten und 150 Zeilen.

sepal length	sepal width	petal length	petal with	class
5.1	3.5	1.4	0.2	iris setosa
7.0	3.2	3.5	1.0	iris versicolor
6.3	3.3	6.0	2.5	iris virginica
...	...	...	...	...

Die Klasse enthält nichtnumerische Werte. Damit Berechnungen erfolgen können, müssen diese in Zahlenwerte überführt werden. Mit Zeichenfolgen wie »Iris setosa« kann man mathematisch wenig anfangen. Ein Ansatz wäre die Substitution der Klassennamen durch ganze Zahlen, z. B. `iris setosa` → 0, `iris versicolor` → 1 und `iris virginica` → 2.

Die Daten müssen auch in Trainings- und Testdaten aufgeteilt werden. Meistens nimmt man 80 % der Daten zum Trainieren, den Rest zum Testen.

Aufteilung der Daten

Zu Lehrzwecken erfolgt die Aufteilung der Daten oft wie folgt:

- 80 % Trainingsdaten
- 20 % Testdaten

Wird hingegen für ein Produktivsystem entwickelt, brauchen Sie auch Daten für die Evaluierung. Darauf werden wir später eingehen.

Das Ergebnis der Aufteilung sind nicht zwei, sondern vier Tabellen. Sowohl bei den Trainings- als auch bei den Testdaten müssen Sie die Eingangsvariablen von den Ausgangsvariablen trennen. Sie haben also

- vier Spalten und 120 Zeilen als Trainingsdaten,
- eine Spalte und 120 Zeilen als Trainingsklassen,
- vier Spalten und 30 Zeilen als Testdaten sowie
- eine Spalte und 30 Zeilen als Testklassen.

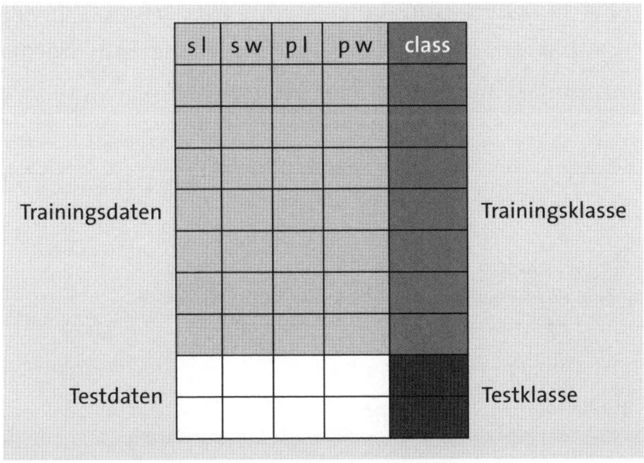

Abbildung 3.2 Aufteilung der Tabelle

Es ist sehr wichtig, dass Sie wissen, wie man eine gegebene Tabelle aufteilt (siehe Abbildung 3.2). Sie sollten in der Lage sein, für alle Ergebnistabellen die Zeilen- und Spaltenanzahl zu berechnen.

3.2.2 Die KI aufbauen

Sind die Daten vorbereitet, können Sie die KI aufbauen. Wir hatten aber vereinbart, dass wir uns das Innere zu einem späteren Zeitpunkt anschauen. Stellen wir uns die KI erstmal als eine Blackbox mit einem Eingang und einem Ausgang vor (siehe Abbildung 3.3). Weitere Details zu diesem Zeitpunkt wären hinderlich und eher irritierend.

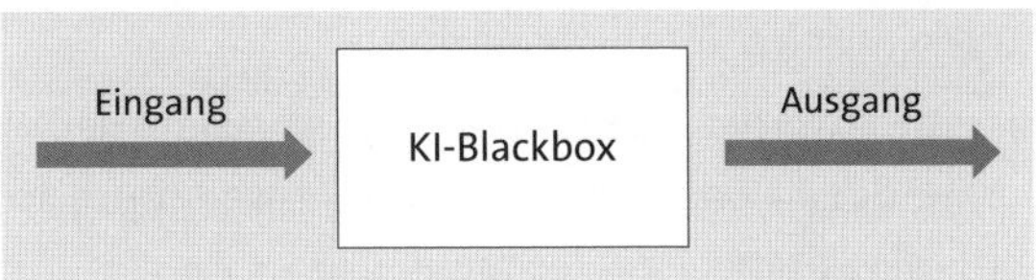

Abbildung 3.3 Die KI als Blackbox betrachtet

3.2.3 Die KI trainieren

Nun kann die KI mit den Trainingsdaten trainiert werden. Zeilenweise wird durch die Trainingstabelle iteriert und die Trainingsdaten der KI zugeführt. Dieses Vorgehen generiert für jeden Eingangsdatensatz (vier Variablen mit der Länge und Breite der Blätter) einen Vorschlag als Ausgabe. Die vorgeschlagene Klasse wird mit dem tatsächlichen Eintrag in der Tabelle verglichen und mit der Abweichung bzw. Differenz die Parameter innerhalb der KI aktualisiert. Welche Parameter das sind, folgt später (vergessen Sie nicht: Das Innere der Blackbox schauen wir uns später an). Es wird mehrmals von oben nach unten iteriert (*n* Durchläufe bzw. Epochen) und die Prozedur wiederholt. Das Ziel ist es, die Parameter in der KI so anzupassen, dass mit der Zeit die Vorhersage immer besser und somit die Abweichung immer kleiner wird (siehe Abbildung 3.4).

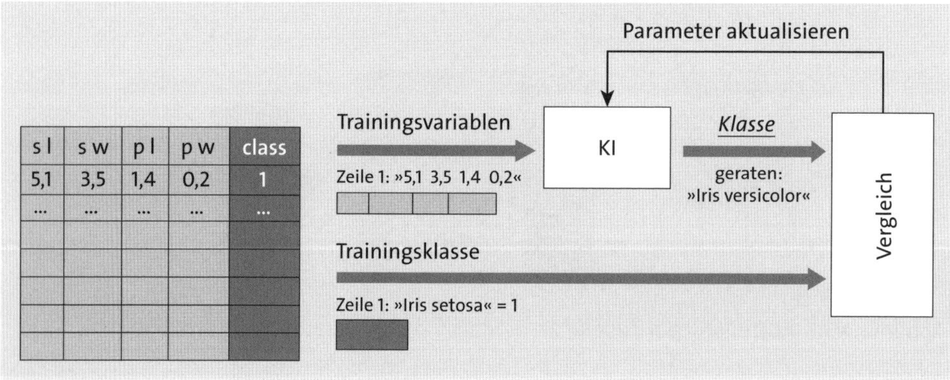

Abbildung 3.4 KI-Training

3.2.4 KI testen

Die KI ist nun trainiert, muss aber noch mit neuen, ihr unbekannten Daten getestet werden. Es muss verifiziert werden, dass die KI wirklich verlässliche Ergebnisse mit neuen Daten liefert. Da kommen die Testdaten ins Spiel. Auch hier wird durch die Tabelle iteriert, werden der KI die Variablen als Eingabe zugeführt und wird die Ausgabe mit dem Wert in der Tabelle verglichen. Es gibt aber zwei wichtige Unterschiede im Vergleich zur Trainingsprozedur:

- Er wird nur einmal von oben nach unten durch die Tabelle iteriert.
- Die Abweichung sorgt nicht mehr für eine Parameteraktualisierung innerhalb der KI. Vielmehr muss die KI-Entwicklerin bzw. der KI-Entwickler sich die Abweichung anschauen und bewerten, ob das Ergebnis akzeptabel ist oder nicht.

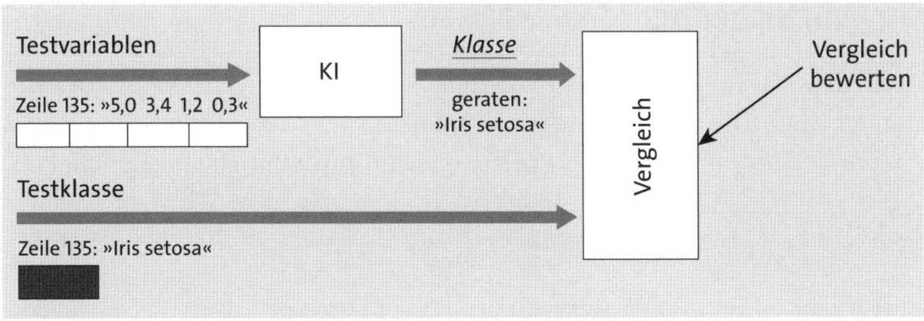

Abbildung 3.5 KI-Test

Alle Schritte im Kochrezept werden von vorne wiederholt, bis man mit dem Ergebnis des Tests zufrieden ist. Man kann z. B. Daten hinzufügen, andere weglassen usw.

3.2.5 KI einsetzen

Sind die Testergebnissen zufriedenstellend, ist die Einwicklung der KI abgeschlossen. Jetzt braucht es keinen Biologen oder keine Biologin mehr, um Schwertlilien zu klassifizieren (bei der Datensammlung war das Fachwissen aber gefragt). Mit dieser KI können auch Laien die Blätter ausmessen, der KI zuführen und bekommen als Ergebnis die entsprechende Unterart genannt. Das Modell ist somit trainiert und getestet. Als Ergebnis liegt eine auf künstlichen neuronalen Netzen basierende KI vor, welche die drei Unterarten der Schwertlilie klassifizieren kann.

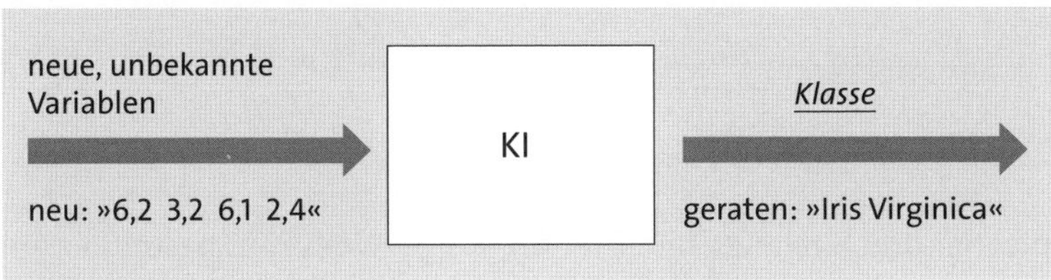

Abbildung 3.6 KI-Einsatz

Macht die KI aber eine Falschaussage, kriegt das jemand ohne Kenntnisse über Schwertlilien gar nicht mit. Die KI muss also gut trainiert und getestet werden. Sie werden sich aber mit der Tatsache abfinden müssen, dass KI-Programme sehr selten zu 100 % zuverlässig sind. Das bedeutet nicht, dass diese Programme unbrauchbar sind. Es kommt immer auf den Anwendungsfall an. Wenn ein Mensch z. B. 95 % aller Schwertlilien richtig klassifiziert, kann diese Korrektklassifizierungsrate als Maßstab für den Einsatz einer künstlichen Intelligenz dienen.

3.3 Aufbau künstlicher neuronaler Netze

Jetzt wird es Zeit, dass wir uns das Innere der KI-Blackbox ansehen. Für die Erläuterung wird ein einfacher Algorithmus verwendet. Die meisten Softwarebibliotheken haben das Verfahren zwar weiterentwickelt, das Prinzip ist aber immer noch gleichgeblieben.

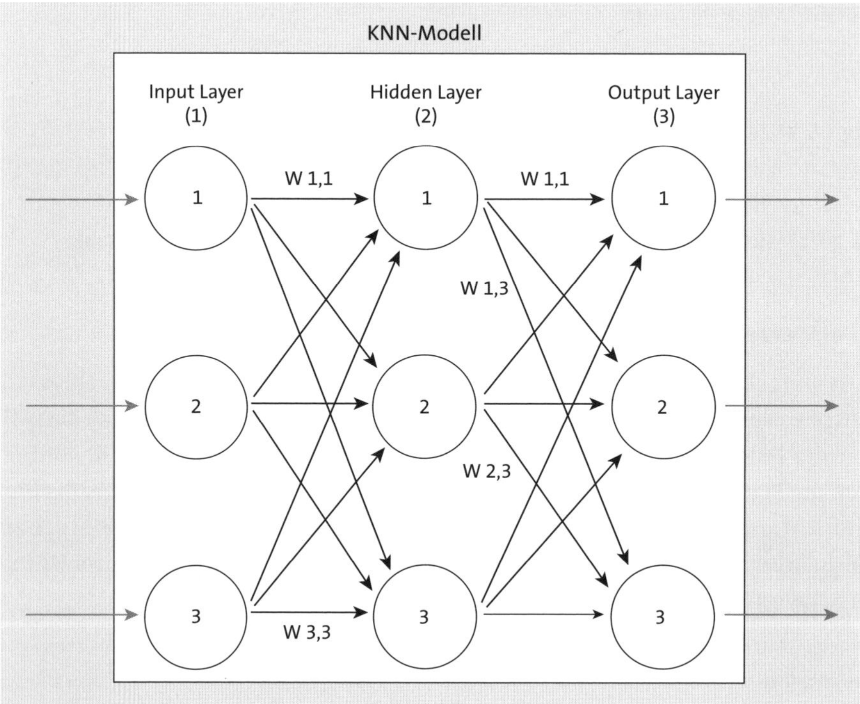

Abbildung 3.7 Aufbau KNN

Dieses einfache Beispiel hat drei Eingänge und drei Ausgänge. Weiterhin besteht es aus drei Schichten (*Layern*) mit jeweils drei Knoten. Der Ablauf ist wie folgt: Drei Werte werden gleichzeitig links eingegeben, intern verarbeitet und das Ergebnis (in diesem Beispiel wieder drei Werte) rechts ausgegeben. Jeder Knoten ist mit allen nachfolgenden Knoten in der nächsten Schicht verbunden. Die Verbindungen zwischen den Knoten sind gewichtet und mit $w_{j,k}$ gekennzeichnet. Um die Übersicht zu wahren, sind exemplarisch nur einige Gewichte eingetragen. Diese Gewichte sind ein Maß dafür, wie stark eine Verbindung zwischen den Knoten im Vergleich zu anderen Verbindungen ist. Das Gewicht $w_{2,3}$ kennzeichnet z. B. die Verbindung zwischen dem Knoten 2 der einen und dem Knoten 3 der folgenden Schicht. Je ein Input und ein Output Layer sind immer notwendig. Dazwischen befindet sich versteckte Schichten (engl. *Hidden Layer*). Bei mehreren Hidden Layern spricht man auch von *Deep Learning*.

Jetzt stellen sich für unsere Aufgabenstellung folgende Fragen:

1. Wie viele Knoten müssen Input und Output Layer für die Klassifizierung von Schwertlilien haben?
2. Wie viele Hidden Layer sind notwendig, und wie viele Knoten soll jede dieser Schichten haben?

Die erste Frage können wir nachvollziehbar beantworten. Der Input Layer muss vier Knoten besitzen, da das KNN mit vier Variablen (`sl`, `sw`, `pl`, `pw`) »gefüttert« wird.

Eine naheliegende Antwort nach der Knotenanzahl im Output Layer wäre »eins«. Dann könnte das KNN also für die vier Variableninhalte (z. B. 5,1; 3,5; 1,4; 0,2) eine Ausgabe (1 für Iris versicolor) liefern. Damit können wir uns aber immer noch nicht begnügen, denn wir wollen wissen, mit welcher Wahrscheinlichkeit die Antwort 1 ist. So bekommen wir mehr Informationen heraus und können die Parameter zielführender aktualisieren. Es macht nämlich einen Unterschied aus, ob die Vorhersage knapp oder weit daneben liegt. Hierfür gibt es eine sehr elegante Lösung: Den Output Layer bauen wir aus drei Knoten auf, eine für jede Klasse. Das KNN gibt für jeden Input (5,1; 3,5; 1,4; 0,2) drei Wahrscheinlichkeiten aus, je eine für die jeweilige Klasse (Klasse 0 mit 0,2; Klasse 1 mit 0,7; Klasse 2 mit 0,1). Diese Eingabedaten klassifizieren also mit einer Wahrscheinlichkeit von 70 % die Unterart Iris versicolor. Frage 1 konnten wir somit beantworten.

Zu Frage 2 gibt es keine eindeutig richtige Antwort. Die Anzahl der Hidden Layer und die Knotenanzahl pro Hidden Layer sind von der Aufgabenstellung abhängig und der Entscheidung bzw. Erfahrung der KI-Entwicklerin bzw. des KI-Entwicklers überlassen. Wenn die Anzahl zu klein ist, kann es passieren, dass das KNN nicht gut trainiert wird und keine Klassen richtig zuordnen kann (*Underfitting*). Ist hingegen die Anzahl zu groß, braucht das KNN sehr lange zum Trainieren und lernt dabei die Trainingsdaten auswendig, kann aber unbekannte Testdaten nicht richtig zuordnen. Dieses Phänomen nennt man *Overfitting*. Das KNN hat in diesem Fall also nicht das »System« verstanden, um neue Daten zu klassifizieren, sondern lediglich die Testdaten auswendig gelernt. Die Gewichte werden so gesetzt, dass zu jedem Satz der Eingabedaten aus der Tabelle (in unserem Beispiel die vier Variablen zur Länge und Breite der Blätter) die entsprechende Unterart ausgegeben wird. Mit den Trainingsdaten kann hier auch eine Korrektklassifizierungsrate von 100 % erreicht werden. Die Gewichte sind zu sehr für diese Trainingsdaten optimiert. Diesen Zustand bemerkt man an der Tatsache, dass die Korrektklassifizierungsrate bei den Testdaten schlechter wird. Man spricht hier im deutschen Sprachraum auch von *Überanpassung*.

Wir wollen im weiteren Verlauf einige verschiedene KNN entwerfen, sodass Sie mit der Zeit eine gewisse Erfahrung bei der Festlegung von Layer- und Knotenanzahl (Hidden Layer) je nach Problemstellung haben werden. Für unsere Aufgabestellung könnten wir erstmal festlegen, dass wir zwei Hidden Layer (32 bzw. 64 Knoten) verwenden.

3.4 Aufbau eines künstlichen Neurons

Nachdem wir uns einen Überblick über das KNN verschafft haben, gehen wir mit unseren Betrachtungen noch eine Schicht tiefer und schauen uns den Aufbau eines einzelnen künstlichen Neurons an.

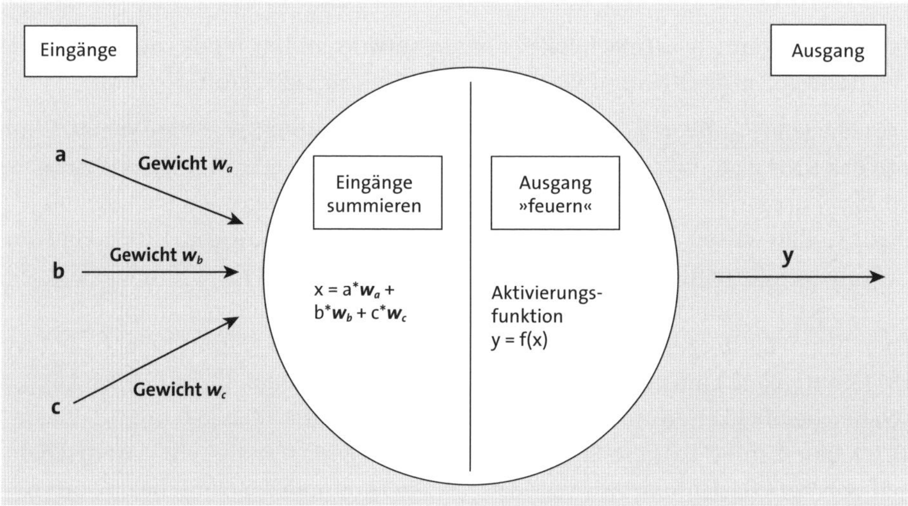

Abbildung 3.8 Aufbau eines künstlichen Neurons

Alle Eingänge werden mit den jeweiligen Gewichten der Verbindungen multipliziert und in der linken Hälfte des Knotens aufsummiert. Diese Summe wird aber nicht einfach als Ausgangsgröße ausgegeben. Inspiriert von Nervenzellen wird in diesem Beispiel geprüft, ob ein bestimmter Schwellwert überschritten ist, und dementsprechend ein Wert ausgegeben. Die strikte Umsetzung dieses Verfahrens würde bedeuten, dass am Ausgang eine 0 ausgegeben wird, wenn der Schwellwert unterschritten wird und die aufsummierte Variable x, wenn der Schwellwert erreicht bzw. überschritten wird. Wir wollen uns hier am natürlichen Vorbild orientieren und die Ausgangsfunktion (*Aktivierungsfunktion*) sanfter verlaufen lassen. Eine Möglichkeit, um dies zu realisieren, ist die Verwendung der Sigmoid-Funktion als Aktivierungsfunktion. Die Ausgangsgröße wird an alle Neuronen der nachfolgenden Schicht weitergegeben.

Die Formel für die Sigmoid-Funktion lautet:

$$y = \frac{1}{1 + e^{-x}}$$

Sie sehen am Funktionsverlauf, dass der Ausgabewert dieser Funktion nur Werte zwischen 0 und 1 einnehmen kann.

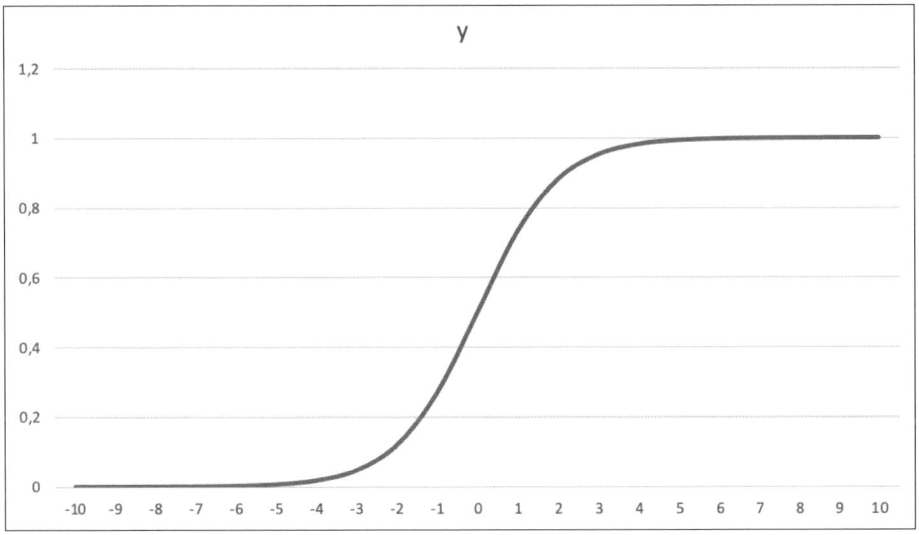

Abbildung 3.9 Aktivierungsfunktion Sigmoid

3.5 Feed Forward

Wir wollen uns ansehen, wie die Eingabedaten auf ihrem Weg vom Input zum Output verarbeitet werden. Gegeben sei wieder folgendes KNN:

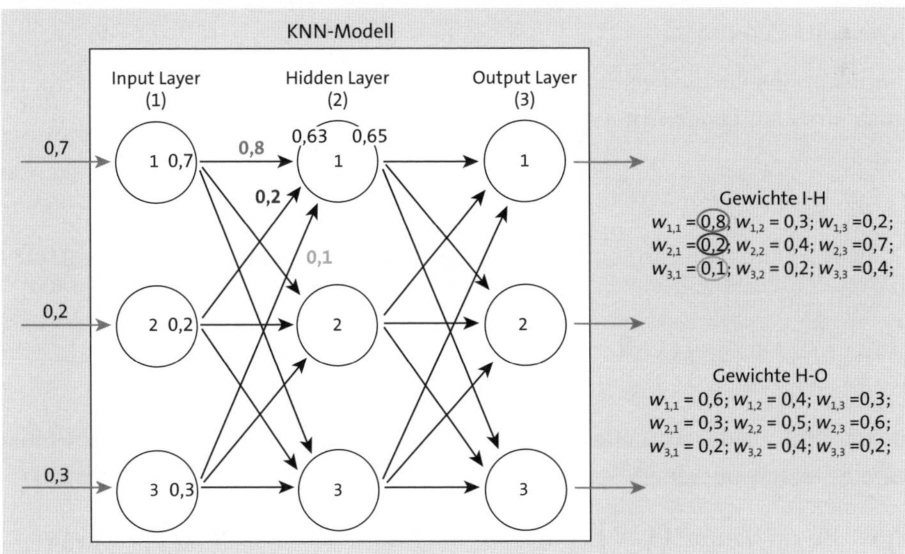

Abbildung 3.10 Berechnung beim Datenfluss, von links nach rechts

An den Eingängen des Input Layers werden die Zahlen (von oben nach unten Knoten 1 bis 3) 0,7; 0,2; 0,3 eingegeben. Diese Werte werden vom Input Layer nicht verarbeitet, sondern direkt an die Knoten der nachfolgenden Schicht weitergegeben. Der Input Layer bildet die Ausnahme, bei allen anderen Layern wird die Aktivierungsfunktion angewendet. Tragen wir diese Eingabewerte an die Ausgänge der Input-Knoten in der Grafik ein. Die Gewichte zwischen Input Layer und Hidden Layer seien wie folgt:

$$w_{1,1} = 0{,}8; w_{1,2} = 0{,}3; w_{1,3} = 0{,}2;$$

$$w_{2,1} = 0{,}2; w_{2,2} = 0{,}4; w_{2,3} = 0{,}7;$$

$$w_{3,1} = 0{,}1; w_{3,2} = 0{,}2; w_{3,3} = 0{,}4;$$

Tragen wir exemplarisch drei Gewichte (Zahlenwerte) in die Grafik ein. Jetzt können die Werte des Input Layers mit den jeweiligen Gewichten multipliziert, aufsummiert und x berechnet werden. Tragen wir das Ergebnis an den Eingang des ersten Knotens im Hidden Layer ein (0,63). Den Knotenausgang können wir mithilfe der Sigmoid-Funktion y = sigmoid(0,63) berechnen. Das Ergebnis (0,65) tragen wir an den Ausgang des ersten Knotens im Hidden Layer ein. Die Berechnungen können Sie für die anderen Knoten des Hidden Layers fortführen. Diese Prozedur wird nun für die nächste Schicht wiederholt. Die Zwischenergebnisse (Ausgänge des Hidden Layers) werden mit den Gewichten zwischen Hidden Layer und Output Layer multipliziert, aufsummiert und ergeben die Eingänge der Output-Schicht. Nach der Aktivierungsfunktion haben Sie die Ergebnisse für den Ausgang. Sie können zur Übung alle Werte bis zu den Ausgängen der Knoten im Output Layer selbst berechnen.

Alternativ können Sie die Rechnung per Matrizenmultiplikation lösen. Eine Matrix ist eine zusammenhängende Gruppe von Zahlen:

$$\begin{pmatrix} 1 & 2 \\ 3 & 4 \end{pmatrix}$$

Zwei Matrizen kann man ganz einfach wie folgt miteinander multiplizieren (Punktprodukt):

$$\begin{pmatrix} 1 & 2 \\ 3 & 4 \end{pmatrix} \cdot \begin{pmatrix} 5 & 6 \\ 7 & 8 \end{pmatrix} = \begin{pmatrix} (1 \cdot 5 + 2 \cdot 7) & + & (1 \cdot 6 + 2 \cdot 8) \\ (3 \cdot 5 + 4 \cdot 7) & + & (3 \cdot 6 + 4 \cdot 8) \end{pmatrix} = \begin{pmatrix} 19 & 22 \\ 43 & 50 \end{pmatrix}$$

Für die Berechnung der Ausgangswerte (auch Zwischenausgangswerte) bei KNN müssen wir eine Matrix mit einem Spaltenvektor multiplizieren, was noch einfacher ist:

$$\begin{pmatrix} w_{1,1} & w_{2,1} \\ w_{1,2} & w_{2,2} \end{pmatrix} \cdot \begin{pmatrix} \text{input1} \\ \text{input2} \end{pmatrix} = \begin{pmatrix} (w_{1,1} \cdot \text{input}_1) & + & (w_{2,1} \cdot \text{input}_2) \\ (w_{1,2} \cdot \text{input}_1) & + & (w_{2,2} \cdot \text{input}_2) \end{pmatrix} = \begin{pmatrix} x1 \\ x2 \end{pmatrix}$$

Eine einfache Notation mit W = Gewichtsmatrix, i = Eingabevektor und x = Ergebnisvektor ist:

$$x = W \cdot i$$

Dann wird die Sigmoid-Funktion auf jedes Element der Ergebnismatrix angewandt:

$$o = \text{sigmoid}(x)$$

Für die Berechnung der obigen Aufgabenstellung gehen Sie wie folgt vor:

- Zuerst berechnen Sie $x = W\,i$ mit W als die oben gegebene Gewichtsmatrix zwischen Input und Hidden Layer (mit 3 × 3 Elementen) sowie i als Input-Daten (Spaltenvektor mit drei Elementen) am Eingang. Schreiben Sie zuerst die Gleichung mit Variablen auf, dann mit Zahlen. Anschließend führen Sie nach dem obigen Schema die Rechnung durch. Als Ergebnis bekommen Sie einen Spaltenvektor mit drei Elementen.
- Dann berechnen Sie o = sigmoid(x), indem Sie auf jedes Element die Sigmoid-Funktion anwenden. Das Ergebnis ist wieder ein Spaltenvektor mit drei Elementen.
- Im nächsten Schritt ist dieser letzte Spaltenvektor der Input i, W ist die Gewichtsmatrix zwischen Hidden und Output Layer. Berechnen Sie also wieder $x = W\,i$, dann zuletzt o = sigmoid(x). o ist der Output als Spaltenvektor. Das Ergebnis muss mit dem der vorherigen Aufgabenstellung (Rechnung ohne Matrix) übereinstimmen.

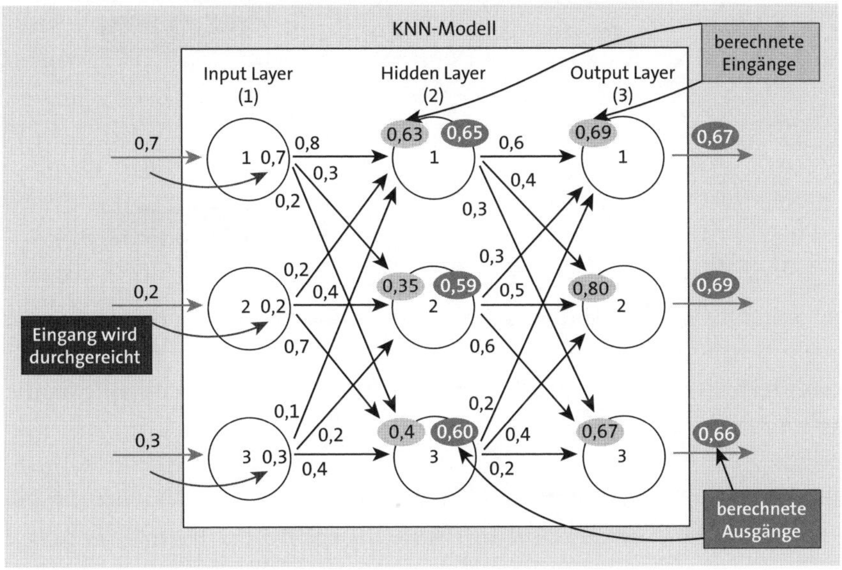

Abbildung 3.11 KNN mit Feed-Forward-Ergebnissen

Für die Programmierung werden sie keine Berechnungen selbst durchführen müssen. Diese Rechnungen sollen nur zum Verständnis dienen.

3.6 Backpropagation

Klären wir die Frage, was passiert, wenn die errechneten Output-Werte nicht mit den Sollwerten übereinstimmen. Sie erinnern sich: Während der Trainingsphase werden diese Werte miteinander verglichen und bei einer Differenz die Parameter angepasst. Aber welche Parameter werden angepasst?

Die Antwort lautet: die Gewichte. Bevor wir Gewichte aktualisieren können, müssen wir die Differenz anteilig an die Ausgänge aller vorherigen Schichten aufteilen, denn die Ausgänge der inneren Knoten können nicht mit Sollwerten am Ausgang der KI-Box verglichen werden. Sehen wir uns das an einem kleineren Beispiel an, damit die Rechnungen übersichtlich bleiben.

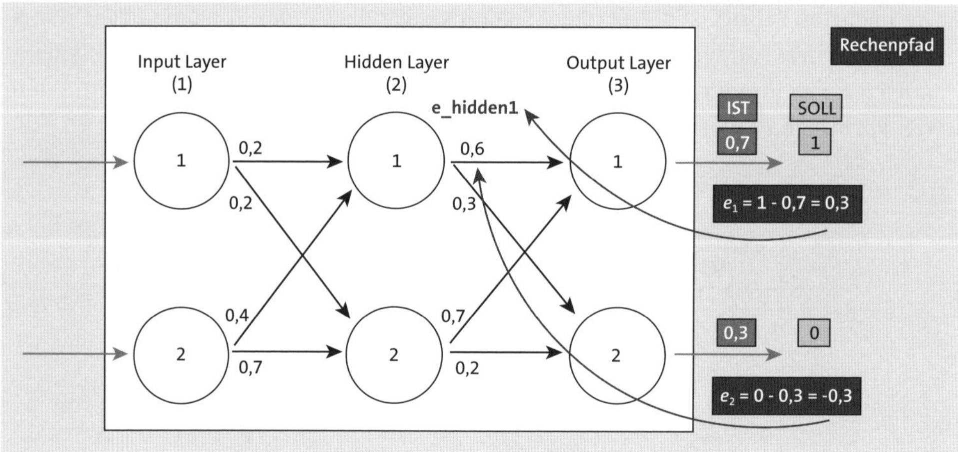

Abbildung 3.12 Berechnung bei Backpropagation, von rechts nach links

Sie können von rechts nach links und Schritt für Schritt die Differenz anteilig an die Ausgänge der Knoten verteilen.

$$e_{\text{hidden}_1} = \frac{w_{1,1}}{w_{1,1} + w_{2,1}} \cdot e_1 + \frac{w_{1,2}}{w_{1,2} + w_{2,2}} \cdot e_2$$

$$= \frac{0{,}6}{0{,}6 + 0{,}7} \cdot 0{,}3 + \frac{0{,}3}{0{,}3 + 0{,}2} \cdot (-0{,}3) = -0{,}042$$

Achten Sie auf den Bruch in der Rechnung. Im Zähler steht das Gewicht zwischen der Abweichung (bzw. Differenz oder Fehler) am Ausgang und dem jeweiligen Knoten, im Nenner die Summe der Gewichte bzw. Pfade, über die sich die Abweichung aufteilt. Auf diese Weise können Sie die Fehleranteile an die vorherigen Knoten verteilen. Auch hier können Sie mit Matrizen arbeiten. In Matrixform lautet die Formel:

$$e_{\text{hidden}_1} = \begin{pmatrix} \frac{w_{1,1}}{w_{1,1} + w_{2,1}} & \frac{w_{1,2}}{w_{1,2} + w_{2,2}} \\ \frac{w_{2,1}}{w_{2,1} + w_{1,1}} & \frac{w_{2,2}}{w_{2,2} + w_{1,2}} \end{pmatrix} \cdot \begin{pmatrix} e_1 \\ e_2 \end{pmatrix}$$

Unsere Gewichtsmatrix von vorhin ist allerdings in folgender Form gegeben (achten Sie auf die Indizes):

$$\begin{pmatrix} w_{1,1} & w_{2,1} \\ w_{1,2} & w_{2,2} \end{pmatrix}$$

Wie können wir sie in diese Form überführen, die wir für die gerade genannte Formel benötigen:

$$\begin{pmatrix} w_{1,1} & w_{1,2} \\ w_{2,1} & w_{2,2} \end{pmatrix}$$

Ganz einfach, in dem wir sie transponieren. Das bedeutet, aus Zeilen einer Matrix bilden wir Spalten. Beispiel:

$$\begin{pmatrix} 1 & 2 & 3 \\ 4 & 5 & 6 \\ 7 & 8 & 9 \end{pmatrix}^{\mathrm{T}} = \begin{pmatrix} 1 & 4 & 7 \\ 2 & 5 & 8 \\ 3 & 6 & 9 \end{pmatrix}$$

Für die anteilige Rückführung der Abweichung müssen die Gewichte entsprechend der Pfade skaliert werden.

$$\begin{pmatrix} w_{1,1} & w_{1,2} \\ w_{2,1} & w_{2,2} \end{pmatrix} \rightarrow \begin{pmatrix} \frac{w_{1,1}}{w_{1,1} + w_{2,1}} & \frac{w_{1,2}}{w_{1,2} + w_{2,2}} \\ \frac{w_{2,1}}{w_{2,1} + w_{1,1}} & \frac{w_{2,2}}{w_{2,2} + w_{1,2}} \end{pmatrix}$$

Also gilt:

$$e_{\text{hidden}} = W^{\mathrm{T}}{}_{\text{hidden}_{\text{output}}} \cdot e_{\text{output}}$$

Auf die gleiche Art kann man in diesem Beispiel e_{input} usw. berechnen.

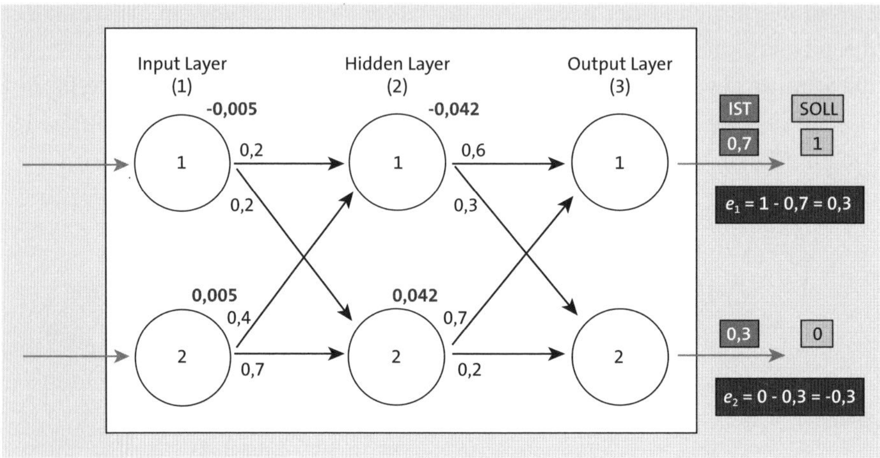

Abbildung 3.13 Rechnung bei einer Backpropagation

Auch hier gilt: Für die Programmierung von KIs müssen Sie nichts selbst berechnen, sondern greifen auf entsprechende Module zurück.

3.7 Aktualisierung der Gewichte

Die Abweichungen an den Ausgängen aller Knoten des Output Layers wurden an die Ausgänge aller vorherigen Knoten anteilig zurückgereicht. Doch wie sollen diese Werte jeweils mit den Gewichten verrechnet werden, damit die Abweichung am Ausgang bei jedem Durchlauf idealerweise geringer wird? Denn wir wollen ja zum Ende unserer Trainingsphase erreichen, dass die Ausgänge genau das liefern, was wir erwarten, also den Wert (Sollwert), mit dem wir den Ausgangswert (Istwert) vergleichen. Je näher sich der Istwert dem Sollwert nähert, desto besser. Bei unserer Schwertlilien-KI bedeutet es, dass der Ausgang am Output genau die richtige Klasse liefern soll. Wie erreichen wir das? Mit dem sogenannten *Gradientenverfahren*.

Wir initialisieren das Gewicht zu Anfang zufällig und betrachten den Fehler. Die rote Linie (die Fehlerfunktion) ist für uns unsichtbar. Würden wir sie kennen, könnten wir ja sofort zum Minimum (Tal) springen. Wir betrachten den fliegenden Punkt in der Luft, der die Koordinaten »θ« (Theta, hier für Gewicht) und »e« (Abweichung) hat. Um den Fehler zu verkleinern, gehen wir einen Schritt nach rechts (erhöhen also Theta) und vergleichen, ob der Fehler größer oder kleiner wird. Wird dieser kleiner, gehen wir wieder ein Stück nach rechts, denn anscheinend befinden wir uns auf dem richtigen Weg. Das Ganze wird wiederholt, bis wir einen Schritt tun, mit dem der Fehler größer wird.

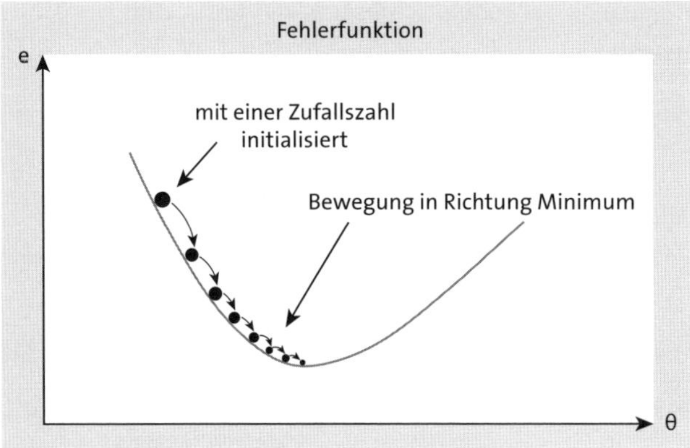

Abbildung 3.14 Das Gradientenverfahren

Dann merken wir, dass wir einen Schritt vorher im Tal waren und das Minimum bestimmt haben. Unser Ziel ist es also, das Minimum dieser Funktion zu finden, denn wir wollen ja die kleinste Differenz bilden. Doch hier müssen wir aufpassen: Ist der Sprung zu groß, sind wir auf der anderen Seite des Tals und haben das Minimum verpasst. Ist der Sprung zu klein, brauchen wir ewig, um das Tal zu erreichen. Deswegen wird das Differenzgewicht mit einem kleinen, konstant eingestellten Faktor, der *Lernrate* α, multipliziert (z. B. 0,001).

Die Formel für die Aktualisierung der Gewichte lautet (negativ, da wir uns gegen die Steigung bewegen):

$$w_{j,k} = \text{alt}_{w_{j,k}} - \alpha \cdot \Delta w_{j,k}$$

Beim Gradientenverfahren wird also versucht, ein $\Delta w_{j,k}$ zu ermitteln, sodass nach der Berechnung mit obiger Formel die Abweichung von der Zielgröße kleiner wird.

Was passiert, wenn die Fehlerfunktion nicht so schön verläuft (das tut sie in der Realität natürlich nicht) und die Gefahr besteht, im lokalen Minimum festzustecken oder allzu langsam voranzukommen?

Eine Möglichkeit ist es, in bestimmten Abständen die Parameter der Gewichte neu zu setzen, um andere Startpunkte zu bekommen. Man kann auch den Schwung in die Berechnung mit aufnehmen, um lokale Tiefpunkte zu überwinden. Es gibt mittlerweile viele Optimierungsverfahren, alles dreht sich um $\Delta w_{j,k}$. Die Berechnung von $\Delta w_{j,k}$ ist nicht trivial. Es reicht, wenn Sie das Prinzip verstanden haben. Sie müssen nicht die höhere Mathematik dahinter verstehen, denn Sie können selbst dann für eine KI-Aufgabe nicht im Voraus aus einer Formel erkennen, ob genau dieses mathematische Verfahren am besten geeignet ist. Auch hier zählt wieder die Erfahrung, die sie mit der Zeit sammeln werden. Ein moderner, leistungsstarker Optimierer ist »Adam«, den wir oft in den Praxisbeispielen verwenden werden.

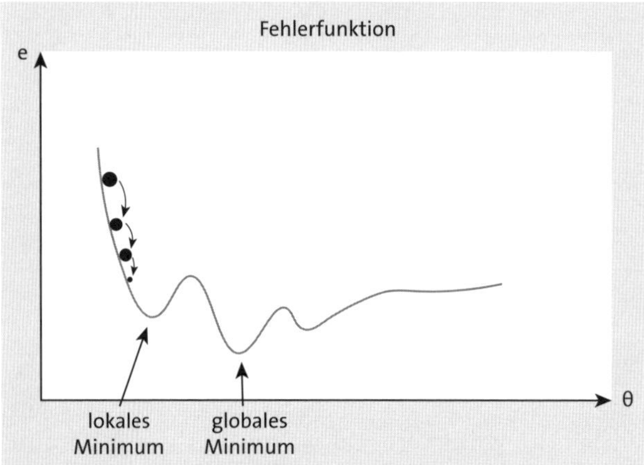

Abbildung 3.15 Suche nach globalem Minimum

Adam (Adaptive Moment Estimataion)

Adam ist ein Algorithmus, der in der Welt des maschinellen Lernens oft verwendet wird. Im Gegensatz zu anderen Optimierern passt Adam während der Trainingsphase die Lernrate für jeden Parameter individuell an.

Die Funktionsgraphen oben sind nur von einer Variable abhängig. Bei zwei Variablen ergibt sich ein dreidimensionaler Graph mit noch mehr Tälern.

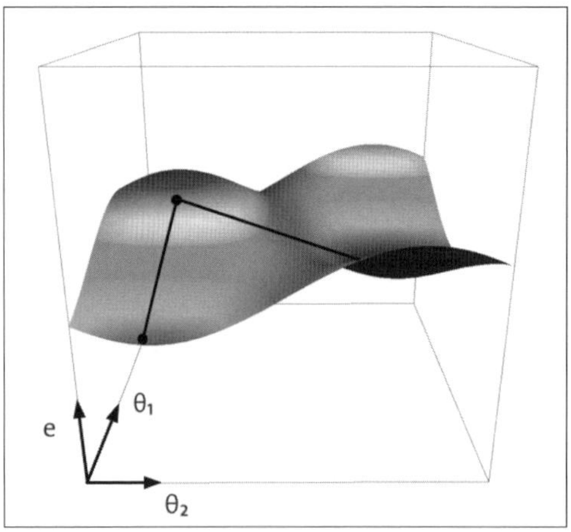

Abbildung 3.16 Suche nach dem Minimum mit zwei Variablen

Unser einfaches Beispiel der Schwertlilie hat bereits vier Variablen und viele Knoten bzw. Gewichte und ist nicht mehr einfach grafisch darstellbar. Das Verfahren zur Bestimmung von $\Delta w_{j,k}$ ist im Allgemeinen sehr rechenaufwändig.

3

Bias

Viele Implementierungen für KNN addieren zu den einzelnen Knoten in den Schichten einen Wert (*Bias*) hinzu, um bessere Ergebnisse zu bekommen. Dieser Bias-Wert wird ebenfalls nach dem Gradientenverfahren optimiert.

3.8 KNN für Klassifizierung

Die Daten der Schwertlilien sind in einer CSV-Datei (*iris.csv*) gespeichert. Öffnen Sie die Datei in einem Tabellenkalkulationsprogramm oder einfachen Texteditor, und verschaffen Sie sich einen Überblick über die Struktur, bevor wir programmieren.

Benötigte Module importieren und Datei laden. Die ersten Zeilen werden ausgegeben.

```
import tensorflow as tf
import pandas as pd
from sklearn.model_selection import train_test_split

path = "../Data/iris.csv"
data = pd.read_csv(path, delimiter=',')
print(data.head())
```

Daten vorbereiten.

```
# Was soll vorhergesagt werden? Spaltenname in Variable speichern.
col_name = 'species'

# Zeichenkette in Zahlen umwandeln
data[col_name] = data[col_name].astype('category')
data[col_name] = data[col_name].cat.codes

# Hier findet die Aufteilung in zwei Tabellen statt (Input=data und Output=col).
col = data[col_name]
data = data.drop([col_name], axis = 1)
```

KNN aufbauen

```
# Aus den zwei Tabellen vier Tabellen erzeugen
train_data, test_data, train_col, test_col = train_test_split(data,col, test_size=0.2)

# Aufbau KNN
model = tf.keras.Sequential([
    tf.keras.layers.Dense(32, activation=tf.nn.sigmoid, input_dim=4),
    tf.keras.layers.Dense(64, activation=tf.nn.sigmoid),
    tf.keras.layers.Dense(3, activation=tf.nn.softmax)
])
# Konfiguration des Lernprozesses
model.compile(optimizer='adam', loss='sparse_categorical_crossentropy', metrics=['accuracy'])
```

Trainieren

```
# 30 Durchläufe
model.fit(train_data, train_col, epochs=30)
```

Testen

```
test_loss, test_acc = model.evaluate(test_data, test_col)
print('Test accuracy:', test_acc)
```

Abbildung 3.17 Vollständiger Quellcode in Jupyter Notebook

CSV-Datei

In einer CSV-Datei (Comma Separated Value) werden Daten in Tabellenstruktur gespeichert. Es ist eine einfache Textdatei, in welcher die Spalten durch definierte Trennzeichen getrennt sind.

Sehen wir uns das erste Programmierbeispiel *K3_iris-1.ipynb*, das KNN für die Schwertlilie, detailliert an. Öffnen Sie das Programm per Jupyter Notebook oder JupyterLab, und führen Sie es von oben nach unten, Zelle für Zelle, aus.

```
import tensorflow as tf
import pandas as pd
from sklearn.model_selection import train_test_split
```

Listing 3.1 Import benötigter Module

Zuerst werden die benötigten Module wie `tensorflow` geladen. Die ersten zwei Zeilen laden die Module und stellen den Zugriff darauf über Kürzel her. Wenn man z. B. die Schichten im Modul verwenden möchte, hat man darauf mit `tf.keras.layers.Dense` Zugriff. Das Modul ist hierarchisch strukturiert, mit der Punktnotation kann man in der Hierarchieebene adressieren. Vom Modul sklearn wird nur `train_test_split` importiert. Diese Funktion kann man später direkt ohne Kürzel aufrufen.

```
path = "../Data/iris.csv"
data = pd.read_csv(path, delimiter=',')
print(data.head())
```

Listing 3.2 Laden der CSV-Datei

Anschließend wird der Pfad zur CSV-Datei (befindet sich im Nachbarordner *Data*) in einer Variable gespeichert und die Datei mit der Funktion `read_csv`, welche sich im Modul `pandas` befindet, geöffnet. Diese Funktion wird mit zwei Parametern aufgerufen, dem Pfad zur Datei und dem Trennzeichen innerhalb der Datei. Wäre die Datei im gleichen Unterordner gespeichert, müsste der Pfad *./iris.csv* lauten. In der nächsten Zeile werden die ersten Zeilen des Datensatzes ausgegeben.

```
   sepal.length  sepal.width  petal.length  petal.width species
0           5.1          3.5           1.4          0.2  Setosa
1           4.9          3.0           1.4          0.2  Setosa
2           4.7          3.2           1.3          0.2  Setosa
3           4.6          3.1           1.5          0.2  Setosa
4           5.0          3.6           1.4          0.2  Setosa
```

Abbildung 3.18 Ausgabe der ersten fünf Zeilen

Thalia

Thalia Bücher
Gesundbrunnen-Center
Badstrasse 4
13357 Berlin
Tel. +49 30 20143680
Fax. +49 30 201436820
gesundbrunnen@thalia.de

Quittung

Orakel-Karten-Set: Seele		
9783745921946	24,00	1
Eigene KI-Anwendungen pr		
9783836297639	29,90	1

SUMME (2)	€	53,90
Bar	€	100,00
Rückgeld	€	-46,10

Betrag enthält 3,53 € MWSt:
1: 7% = 3,53 Netto: 50,37

Steuernummer: -
Ust-Idnr.: DE815584781

TSE Transaktionsnummer.: 43743
Seriennr. Kasse: 584303
Prüfwert: 6IojQw+r66ZxFzxaYNMdu6kCaRgxg2
J9wpmDnPabjNOrBXEiemfO2S1p6nINyyiwZxhL7s
5gWzspu5FAf1Y+HC1KXvA1reaSYjtn5+KzOPQaE7
h+LU7sKqRMKgx90ftt
Signaturzähler: 87575

Kassierer: 28995 Kasse: 00003
LadeNr: 0005 BonNr: 00237
Datum: 22.06.24 Uhrzeit: 15:53

Vielen Dank für Ihren Einkauf!
Besuchen Sie uns auch auf
www.thalia.de!

…eben. Fühlen Sie sich frei, mit dem Quellcode

…ame in Variable speichern.

…'category')
…es

… umwandeln

…ist, eine Klasse vorhersagen. Den Namen die-
…l in einer Variable. Im nächsten Schritt wird
… in 'category'. In der darauf folgenden Zeile
…önnten die Spalte auch einer neuer Variablen
…ie vorhandene Variable. Die Variable namens
… Kategorien und keine Zeichenfolgen mehr.
… (data[col_name]) von der Transformation.

…ame

… der Programmiersprache Python in Listen

…e ausgegeben werden, Sie können aber auch
…sieren. Dazu wird der entsprechende Index in
…erierung fängt bei 0 an (für das erste Element).
…, das zweite Element der Liste, aus. Listen kön-
…nthalten und nachträglich verändert werden.

…mmenhängende Daten in Form von Spalten
… ein Beispiel dafür. Bei Spalten von Tabellen
…e Spalte mit einem Index adressieren. In dem
…Spalte) den Index 0. Pandas DataFrame (z. B.
…ht wiederum aus Spalten (Pandas Series).

…bellen statt (Input=data und Output=col).

Die Spalte data[col_name] wird in der neuen Variablen col gespeichert, die restlichen Spalten wieder in der Variable data. Der Aufruf bedeutet: Entferne von der Tabelle die angegebene Spalte und weise das Ergebnis wieder data zu. Mit axis=1 geben Sie an, dass eine Spalte (und keine Zeile) gemeint ist. Überzeugen Sie sich von den Ergebnissen mit print(col) und print(data).

```
# Aus den zwei Tabellen vier Tabellen erzeugen
train_data, test_data, train_col, test_col =
 train_test_split (data,col, test_size=0.2)
```

Listing 3.5 Aufteilung in vier Tabellen

Die Funktion train_test_split teilt die als Parameter mitgegebene Tabelle und Spalte auf und gibt als Ergebnis vier Tabellen (bzw. zwei Tabellen und zwei Spalten) zurück, mit 20 % Testdaten und 80 % Trainingsdaten. Sie können sich wieder mit print von den Ergebnissen überzeugen.

Aufteilung der Tabelle

Skizzieren Sie auf einem Blatt Papier, wie die ursprüngliche Tabelle auf vier Tabellen beziehungsweise auf zwei Tabellen und zwei Spalten aufgeteilt wird. Dieses Wissen ist sehr wichtig.

```
# Aufbau KNN
model = tf.keras.Sequential([
    tf.keras.layers.Dense(32, activation=tf.nn.sigmoid, input_dim=4),
    tf.keras.layers.Dense(64, activation=tf.nn.sigmoid),
    tf.keras.layers.Dense(3, activation=tf.nn.softmax)
])
```

Listing 3.6 Aufbau des künstlichen neuronalen Netzes

Hier wird das eigentliche KNN aufgebaut. Der Input Layer hat vier Knoten, der erste Hidden Layer 32 Knoten, der zweite Hidden Layer 64 und der Output Layer drei Knoten. Die ersten zwei Hidden Layer haben die Aktivierungsfunktion Sigmoid, der Output Layer hingegen Softmax. Diese Funktion sorgt dafür, dass die Summe aller Wahrscheinlichkeiten genau 1 ergibt. Die Formel für die Softmax-Funktion lautet:

$$S_{y_i} = \frac{e^{y_i}}{\sum_j^n e^{y_j}}$$

Die Formel sieht komplizierter aus, als sie ist. Mit einem Beispiel wird das deutlich:

$$y = \begin{bmatrix} 2{,}0 \\ 1{,}0 \\ 0{,}1 \end{bmatrix},\ S_{y_i} = \frac{e^{y_i}}{\sum_j^n e^{y_j}} = \begin{bmatrix} 0{,}7 \\ 0{,}2 \\ 0{,}1 \end{bmatrix}$$

Den Nenner berechnen Sie, indem Sie die Werte von y nacheinander als Exponent der Euler-Zahl einsetzen und aufsummieren. Dann setzen Sie für den Zähler 2,0 ein und erhalten 0,7. Sie können nacheinander die anderen zwei Werte von y einsetzen und das Ergebnis berechnen. Sehen wir uns den Quellcode weiter an.

```
model.compile(optimizer='adam', loss='sparse_categorical_crossentropy',
 metrics=['accuracy'])
```

Listing 3.7 Konfiguration des Lernprozesses

Als Optimierungsfunktion für die Gewichte wird Adam verwendet. Es wird auch eine Funktion benötigt, um die Abweichung der Ausgabe zu den Zielwerten zu ermitteln: die *Verlustfunktion*. Hier für die zahlenweise kategorisierten Daten kommt `sparse_categorical_crossentropy` zum Einsatz (Sie werden noch andere Verlustfunktionen kennenlernen). Die Verlustfunktion für kategorisierte Daten wird allgemein berechnet mit:

$$\text{loss} = -\sum_{i=1}^{n} y_i \cdot \ln\left(\hat{y}_i\right)$$

Dabei n die Anzahl der Kategorien an (bzw. Anzahl der Knoten im Output Layer), y_i ist der tatsächliche und $\hat{y}_i$ der vorhergesagte Wert. Bei unserem Schwertlilienbeispiel wäre der tatsächliche Wert bei einer Unterart 1, für die restlichen zwei Unterarten 0. Somit wäre *loss* für alle anderen Knoten auch 0. Die Vorhersage für diese erste Unterart könnte z. B. 0,7 sein, somit wäre die Rechnung:

$$\text{loss} = -1 \cdot \ln(0{,}7) = 0{,}357$$

Mit *accuracy* wird angeben, dass die Korrektklassifizierungsrate berechnet werden soll. Die Rechnung lautet:

$$\text{accuracy} = \frac{\text{Anzahl richtiger Vorhersagen}}{\text{Gesamtanzahl Vorhersagen}}$$

```
# 30 Durchläufe
model.fit(train_data, train_col, epochs=30)
```

Listing 3.8 Der Trainingsprozess

Hier findet der eigentliche Trainingsprozess statt. Es wird 30-mal durch die Trainingsdaten iteriert. Ich habe die Werte für *loss* und *accuracy* geplottet (siehe Abbildung 3.19), damit Sie einen Überblick über den Verlauf haben.

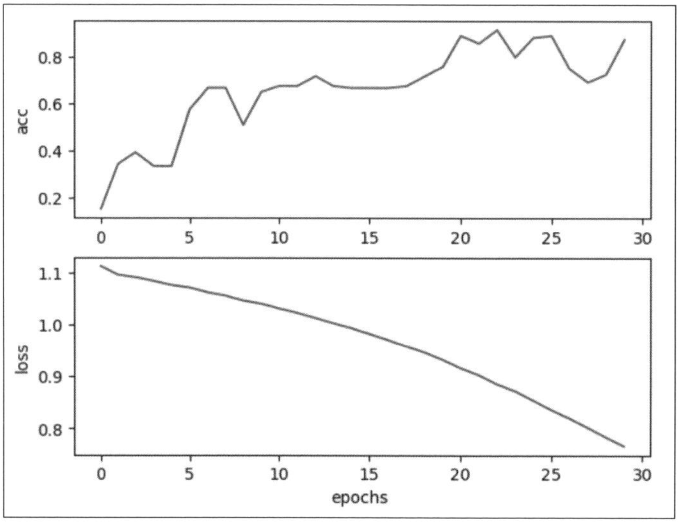

Abbildung 3.19 Werteverlauf von »loss« und »accuracy« während des Trainings

Man kann erkennen, dass mit steigender Epochenzahl die Abweichung kleiner wird und die Korrektklassifizierungsrate (wenn auch mit Einbrüchen) steigt. Abbildung 3.20 soll verdeutlichen, wie sich die Werte während des Trainings ändern.

Nachdem ein trainiertes Modell vorliegt, ist es interessant zu erfahren, wie gut neue und unbekannte Daten klassifiziert werden. Hier kommen die Testdaten ins Spiel.

```
test_loss, test_acc = model.evaluate(test_data, test_col)
print('Test accuracy:', test_acc)
```

Listing 3.9 Der Testprozess

Das trainierte KNN wird mit den Testdaten evaluiert. Diese Methode gibt zwei Werte zurück: das Ergebnis der Verlustfunktion und die Korrektklassifizierungsrate. Wir geben nur Letztere aus. In diesem ersten Beispiel ist die Vorhersage mit knapp 80 % relativ gut, aber ausbaufähig.

Versuchen Sie mittels Anpassung der Epochenzahl, eine bessere Rate zu erreichen. Während des Trainings sollte der Wert der Verlustfunktion kleiner werden, die Korrektklassifizierungsrate steigen. Achten Sie insbesondere auf das Ergebnis bei den Testdaten. Darauf kommt es am Ende an.

Als nächstes wollen wir uns eine KI ansehen, die anhand der chemischen Eigenschaften die Qualität von Rotwein (0 bis 10, also elf Klassen) vorhersagt. Dieses Programm *K3_redwine-1.ipynb* weicht nur minimal von dem Programm *K3_iris-1.ipynb* ab.

Praxis: Das nächste Programm selbst erstellen

Sie können versuchen, dieses Programm selbst zu erstellen. Führen Sie dazu die folgenden Änderungen Zelle für Zelle durch.

1. Erstellen die eine Kopie von *K3_ris-1.ipynb*, und benennen Sie diese in *K3_redwine-1b.ipynb* um.
2. Öffnen Sie die Datei *winequality-red.csv* mit einem Texteditor, und finden Sie heraus, welches Trennzeichen eingestellt ist und wie viele Spalten vorhanden sind.
3. Passen Sie den Pfad und das Trennzeichen in Ihrem Programm an.
4. Welche Spaltenwerte sollen vorgesagt werden? Ersetzen Sie den Spaltennamen im Programm.
5. Aktualisieren Sie das KNN. Wie viele Knoten müssen Input und Output Layer haben?

Dieses Programm *K3_redwine-1.ipynb* ist dem Programm *K3_iris-1.ipynb* recht ähnlich, betrachten wir nur die Unterschiede.

```
path = "../Data/winequality-red.csv"
data = pd.read_csv(path, delimiter=';')
```

Listing 3.10 Laden der CSV-Datei

Der Dateiname und das Trennzeichen müssen an die neue Datei angepasst werden.

```
   fixed acidity  volatile acidity  citric acid  residual sugar  chlorides  \
0            7.4              0.70         0.00             1.9      0.076
1            7.8              0.88         0.00             2.6      0.098
2            7.8              0.76         0.04             2.3      0.092
3           11.2              0.28         0.56             1.9      0.075
4            7.4              0.70         0.00             1.9      0.076

   free sulfur dioxide  total sulfur dioxide  density    pH  sulphates  \
0                 11.0                  34.0   0.9978  3.51       0.56
1                 25.0                  67.0   0.9968  3.20       0.68
2                 15.0                  54.0   0.9970  3.26       0.65
3                 17.0                  60.0   0.9980  3.16       0.58
4                 11.0                  34.0   0.9978  3.51       0.56

   alcohol  quality
0      9.4        5
1      9.8        5
2      9.8        5
3      9.8        6
4      9.4        5
```

Abbildung 3.20 Ausgabe der ersten fünf Zeilen

Verschaffen Sie sich einen Überblick über die Spalten. Der Name der Zielspalte muss im Quellcode ebenfalls aktualisiert werden.

```
col_name = 'quality'
```

Diese KI soll die Qualität voraussagen. Daher wird der entsprechende Spaltenname in der Variable `col_name` gespeichert.

```
model = tf.keras.Sequential([
    tf.keras.layers.Dense(32, activation=tf.nn.sigmoid, input_dim=11),
    tf.keras.layers.Dense(64, activation=tf.nn.sigmoid),
    tf.keras.layers.Dense(11, activation=tf.nn.softmax)
])
```

Listing 3.11 Aufbau des KNN

Dass KNN hat nun einen Input Layer mit elf Knoten. Die Tabelle hat insgesamt 12 Spalten, die Werte einer Spalte sollen vorgesagt werden. Der Output Layer hat insgesamt elf Knoten, da das Ergebnis elf Kategorien (0 bis 10) hat. Die Epochenzahl können Sie auf 70 erhöhen. Können Sie nachvollziehen, wie die Anzahl der Eingangs- und Ausgangsknoten zustande kommen? Wenn Sie noch unsicher sind, skizzieren Sie die Tabelle auf einem Blatt, und überlegen Sie, welche Spalten als Eingabe dienen und welche Spalte ausgegeben werden soll.

Mit diesen Änderungen am Quellcode haben Sie eine neue KI geschaffen, die nun Rotwein klassifiziert. Die Korrektklassifizierungsrate ist nicht besonders gut (etwa 55 %). Aber wie gut kann die Vorhersage denn überhaupt sein? Menschen haben die Weine abgeschmeckt und benotet. Das ist keine exakte Wissenschaft. Daher werden wir auch mit weiteren Optimierungsmöglichkeiten, die Sie noch kennenlernen werden, keine allzu große Verbesserung erreichen.

Brauchen wir elf Kategorien? Oder reicht die Einteilung in »schlecht«, »gut« und »sehr gut«? Sie können die Datei mit einem Tabellenkalkulationsprogramm öffnen und die elf Kategorien durch drei ersetzen (»schlecht« = 0, »gut« = 1 und »sehr gut« = 2). Exportieren Sie die Datei wieder in eine CSV. Im Quellcode (*K3_redwine-2.ipynb*) müssen Sie auf die Anzahl Knoten im Output Layer achten.

```
path = "../Data/winequality-red-2.csv"
```

Denken Sie daran, den Dateinamen im Code zu aktualisieren.

```
# Aufbau KNN
model = tf.keras.Sequential([
    tf.keras.layers.Dense(32, activation=tf.nn.sigmoid, input_dim=11),
    tf.keras.layers.Dense(60, activation=tf.nn.sigmoid),
    tf.keras.layers.Dense(3, activation=tf.nn.softmax)
])
```

Listing 3.12 Aufbau des KNN

Es gibt nun drei Knoten im Output Layer. Mit diesen Änderungen können Sie die Korrektklassifizierungsrate um etwa 10 % erhöhen.

3.9 Hyperparameter und Overfitting

Wir haben im Programm einige Stellschrauben, an denen wir drehen können. Wir können z. B. noch einen Layer hinzufügen, die Kontenanzahl anpassen und die Aktivierungsfunktion zu »relu« ändern (negative Werte werden zu Null gesetzt, positive bleiben unverändert). Weitere Aktivierungsfunktion finden Sie unter *www.keras.io/api/layers/activations*.

In unserem Iris-Beispiel haben wir eine Epochenzahl von 30 gewählt. Aber warum eigentlich? Warum nicht 100, 200 oder 1000? All diese Stellschrauben (Anzahl Layer und Knoten, Aktivierungsfunktion, Epochenzahl usw.) nennt man Hyperparameter. Sie können ein vorhandenes Programm relativ einfach an neue Aufgabenstellungen anpassen. Die optimalen Hyperparameter zu finden, kann hingegen zeitaufwändig sein. Sie ändern etwas, trainieren, testen, bewerten und wiederholen das Ganze mit anderen Hyperparametern.

Man könnte auf die Idee kommen, immer eine sehr große Anzahl von Layern und Knoten zu wählen und die Epochenzahl auf z. B. 100000 zu setzen. Was kostet die Welt? Doch Vorsicht! Ein zu großes KNN und eine zu hohe Epochenanzahl führen zu dem Phänomen *Overfitting*. Dabei lernt das KNN die Trainingsdaten auswendig. Daher bekommen Sie in diesem Fall sehr gute Trainingsergebnisse. Beim Testen mit neuen, unbekannten Daten ist die Vorhersage jedoch sehr schlecht. Ein Beispiel soll das Ganze verdeutlichen: Sie wollen Grundschulkindern das Rechnen beibringen und üben dazu zusammen über einen langen Zeitraum hinweg die drei Rechnungen 1 + 1 = 2, 2 + 2 = 4 und 3 + 4 = 7. In Übungen merken Sie, dass irgendwann alle Kinder diese Aufgaben lösen können. Jetzt folgt ein Test mit neuen Aufgaben, z. B. 7 + 9 oder 6 + 2. Dieses Vorgehen wäre nicht von Erfolg gekrönt.

Doch wie soll man vorgehen, um gute Einstellungen für Hyperparameter zu finden? Nehmen Sie erstmal ähnliche Programme als Grundlage. Passen Sie die Layer, Knoten, Epochen usw. an, bis das Programm im Overfitting ist. Sie bemerken diesen Zustand daran, dass die Trainingsergebnisse wesentlich besser sind als die Testergebnisse. Gehen Sie dann z. B. wieder mit der Epochenzahl leicht zurück. Sie werden mit der Zeit einen Erfahrungsschatz an Optimierungsmöglichkeiten sammeln. Wichtig sind am Ende immer die Testergebnisse, die gilt es zu optimieren.

Erstellen wir eine Kopie von *K3_redwine-1.ipynb*, nennen es in *K3_redwine-3.ipynb* um und sehen uns die relevanten Stellen im Programm an.

```
# Aus den zwei Tabellen vier Tabellen erzeugen
train_values, test_values, train_col, test_col =
 train_test_split(data, col, test_size=0.2, random_state=42)
```

Listing 3.13 Aufteilung in vier Tabellen

Der Funktionsaufruf `train_test_split(data,col,test_size=0.2)` teilt die Daten nicht nur auf, sondern mischt sie auch zeilenweise. Wenn Sie Parameter einstellen und das Programm wiederholt ausführen, kann die zufällige Reihenfolge der Daten zu einer Verbesserung führen. Sie könnten aber annehmen, die Verbesserung liegt an Ihren aktuellen Einstellungen. Um das zu vermeiden, gibt es eine Möglichkeit, die Daten »reproduzierbar« zu mischen. Wenn Sie den Funktionsaufruf um einen weiteren Parameter ergänzen (nämlich `random_state=42`), werden die Daten auf die gleiche Art gemischt. Der Aufruf lautet dann `train_test_split(data, col, test_size=0.2, random_state=42)`. Der Zahlenwert bei `random_state` ist irrelevant. Wichtig ist nur, dass er zwischen den Aufrufen nicht verändert wird. Doch warum ist die Reihenfolge der Daten relevant?

Auch hier wollen wir das Beispiel Grundschule bemühen. Nehmen Sie an, Sie üben mit den Kindern eine Woche Addieren, anschließend eine Woche Subtrahieren. In der dritten Woche folgt ein Test. Viele Kinder würden sich an die Addition nicht mehr gut erinnern. Sind die Daten nicht oder schlecht gemischt, würde die Gewichtsaktualisierung beim KNN zuerst für die eine Datengruppe erfolgen, dann für die andere usw. Die Gewichte wären dann nicht mehr für die vorherige Gruppe optimiert, und das KNN würde sie mit der Zeit »vergessen«.

Mischen der Daten ist wichtig

Um zu verifizieren, welche Bedeutung das Mischen von Daten hat, können Sie im Beispiel *iris-1.ipynb* das Mischen temporär ausschalten. Dazu ergänzen Sie die Funktion `train_test_split(data, col, test_size=0.2, shuffle=False)` um einen weiteren (hier letzten) Parameter. Die Testergebnisse werden sehr schlecht sein, da die Daten in dieser CSV-Datei der Klasse nach geordnet sind.

Analysieren wir den Quellcode weiter, und sehen wir uns an, welche Parameter wir noch einstellen können.

- Das künstliche neuronale Netz wird aufgebaut.

  ```
  model = tf.keras.Sequential([
      tf.keras.layers.Dense(32, activation=tf.nn.relu, input_dim=11),
      tf.keras.layers.Dense(120, activation=tf.nn.relu),
      tf.keras.layers.Dense(60, activation=tf.nn.relu),
      tf.keras.layers.Dense(10, activation=tf.nn.softmax)
  ])
  ```

  Erhöhen Sie die Anzahl der Hidden Layer auf drei, und versuchen Sie, bessere Testergebnisse herbeizuführen.

- Die Epochenzahl wird erhöht.

  ```
  # 50 Durchläufe
  model.fit(train_data, train_col, epochs=50)
  ```

  Die Epochenzahl wurde auf 50 eingestellt. Mit diesen wenigen Änderungen wird die Korrektklassifizierungsrate auf ca. 57 % erhöht.

Die Gewichte zwischen den Knoten sind für die Trainingsdaten optimiert. Es besteht die Gefahr, dass die eingestellten Hyperparameter hingegen nur für die Testdaten optimiert sind und das KNN mit anderen, neuen Daten keine gute Vorhersage liefert. Daher werden Produktivsysteme am Ende mit zusätzlichen Evaluierungsdaten getestet. Die Aufteilung der Daten könnte wie folgt aussehen: 70 % Trainingsdaten, 20 % Testdaten und 10 % Evaluierungsdaten.

3.10 Umgang mit nichtnumerischen Daten

Sie erinnern sich noch, dass Zeichenketten in numerische Werte umgewandelt werden müssen, damit Berechnungen stattfinden können? Sehr viele Datensätze enthalten nämlich Zeichenketten wie »groß«, »blau«, »defekt« usw.

Eine Möglichkeit, nichtnumerische Daten umzuwandeln, haben Sie in *K3_iris-1.ipynb* kennengelernt.

```
# Was soll vorhergesagt werden? Spaltenname in Variable speichern.
col_name = 'species'

# Zeichenkette in Zahlen umwandeln
data[col_name] = data[col_name].astype('category')
data[col_name] = data[col_name].cat.codes
```

Listing 3.14 Definition der Zielspalte und Umwandlung des Datentyps

Sehen Sie sich das Ergebnis mit `print(data[col_name])` an. Hier ist die Schwertlilienart jeweils durch eine ganze Zahl (0 bis 2) ersetzt worden. Das Problem ist, dass dabei eine ungewollte Gewichtung stattfindet. Eine Art wiegt mehr bzw. hat einen größeren Zahlenwert als die andere. Eine alternative Möglichkeit der Transformation ist *OHE* (*One Hot Encoding*). Hierbei handelt es sich um eine binäre Kodierung, die so viele Stellen hat, wie es Anzahl Klassen gibt. Alle Ziffern bis auf eine haben den Wert 0, je nach Klasse variiert die Position der 1. Für unser Beispiel mit drei Klassen könnte die Kodierung z. B. wie folgt aussehen:

Schwertlilie	Kodierung
Iris setosa	001
Iris versicolor	010
Iris virginica	100

Sehen wir uns dazu die relevanten Stellen der Datei *K3_iris-2.ipynb* an.

```
# Was soll vorhergesagt werden? Spaltenname in Variable speichern.
col_name = 'species'

# Zeichenkette in OHE umwandeln, Ergebnis in neuer Tabelle
col = pd.get_dummies(data[col_name], dtype=float)

# Aus der ursprünglichen Tabelle werden die species entfernt
data = data.drop([col_name], axis = 1)
#Somit zwei Tabellen vorhanden

# Aus den zwei Tabellen vier Tabellen erzeugen
train_data, test_data, train_col, test_col = train_test_split(data,col,
 test_size=0.2, random_state=42))
```

Listing 3.15 Aufbereitung und Aufteilung der Daten

Die Schwertlilienarten werden mit einer Funktion aus dem Modul Pandas (`get_dummies`) OHE-kodiert (Datentyp Float) und die ursprüngliche Spalte aus der Tabelle entfernt. Somit haben wir wieder die benötigten zwei Tabellen und können diese der Funktion `train_test_split` übergeben.

```
# Aufbau KNN
model = tf.keras.Sequential([
    tf.keras.layers.Dense(32, activation=tf.nn. sigmoid, input_dim=4),
```

```
    tf.keras.layers.Dense(64, activation=tf.nn.sigmoid),
    tf.keras.layers.Dense(3, activation-tf.nn.softmax)
])
# Konfiguration des Lernprozesses
model.compile(optimizer='adam', loss='categorical_crossentropy',
 metrics=['accuracy'])
```

Listing 3.16 Aufbau des KNN und Konfiguration des Lernprozesses

Wenn Sie Eingabevariablen OHE-kodieren, müssen Sie die Knotenanzahl im Input Layer anpassen, da das KNN entsprechend mehr Eingänge benötigt. Gibt es zu viele Kategorien am Eingang, sollte man überlegen, ob die Substitution nicht doch durch Zahlen stattfinden sollte. Sonst hätte man sehr viele Eingangsknoten.

Ein KNN mit OHE-kodierten Output-Daten (die vorherzusagende Spalte bzw. Spalten) benötigt `categorical_crossentropy` als Verlustfunktion.

```
# 50 Durchläufe
model.fit(train_data, train_col, epochs=50)
```

Listing 3.17 Der Trainingsprozess

Die Anzahl der Epochen wird auf 50 erhöht.

```
test_loss, test_acc = model.evaluate(test_data, test_col)
print('Test accuracy:', test_acc)
```

Listing 3.18 Der Testprozess

Auf diese Weise sollten Sie eine Korrektklassifizierungsrate von bis zu 100 % erreichen, wobei in diesem Beispiel die Erhöhung der Epochenzahl ausschlaggebend war. Sie können das Programm mit verschiedenen Epochenzahlen testen.

3.11 Umgang mit Datenlücken

In der Praxis hat man es oft mit Datensätzen zu tun, die unvollständig sind. Nicht zu jeder Rotweinprobe liegen alle chemischen Eigenschaften vor. Bei Daten über User hat man bei einigen Informationen über die Ausbildung, bei anderen nicht. Im Folgenden möchte ich Ihnen zwei einfache Möglichkeiten zeigen, wie Sie damit umgehen können.

In der Datei *iris_empty.csv* sind die Daten unvollständig. Mit dem Programm namens *K3_iris-3.ipynb* werden wir uns ansehen, wie man in solchen Fällen vorgehen kann.

```
path = "../Data/iris_empty.csv"
data = pd.read_csv(path, delimiter=',')

print(data.head())
print("Empty columns: ", data.columns[data.isnull().any()])
```

Listing 3.19 Laden der CSV-Datei und Ausgabe der Spaltennamen mit Datenlücken

Hier wird die veränderte Iris-Datei mit einigen leeren Zellen geöffnet. Mit dem Ausdruck `data.columns[data.isnull().any()]` werden mithilfe von Pandas-Funktionen alle Spaltennamen ausgegeben, die leere Zellen enthalten. Die Ausgabe lautet:

```
Empty columns:  Index(['sepal.length', 'petal.length', 'species'], dtype='object')
```

Diesen Ausdruck können Sie zukünftig in alle Ihre Programme aufnehmen.

Das Modul Pandas

Dies ist kein Pandas-Lehrbuch. Das Modul ist sehr mächtig und bietet viele Funktionen, um große Datenmengen performant zu verarbeiten. Wenn Sie der Programmiersprache Python mächtig sind, lohnt ein tiefer Blick in dieses Modul. Wir werden Pandas-Funktionen verwenden, die Sie mit kleinen Änderungen oder unverändert auf andere Tabellen übertragen können. Es ist aber auch möglich, die CSV-Datei mit einem Tabellenkalkulationsprogramm zu importieren. Dann können Sie leere Zellen z. B. mit Mittelwerten der Spalten füllen oder entsprechende Zeilen löschen. Anschließend exportieren Sie die Daten in eine CSV-Datei. Wenn Sie sich langfristig mit diesem Themengebiet befassen wollen, sollten Sie die Programmiersprache Python inklusive dem Modul Pandas erlernen.

3.11.1 Leere Zellen mit Daten füllen

In unserem Fall können Sie in der Ausgabe erkennen, dass `sepal.length`, `petal.length` und `species` leere Zellen enthalten.

```
# Leere Zellen mit Mittelwerten der Spalten füllen
data['sepal.length'] = data['sepal.length'].fillna(data['sepal.length'].mean())
data['petal.length'] = data['petal.length'].fillna(data['petal.length'].mean())
data['species'] = data['species'].fillna("empty")
```

Listing 3.20 Leere Zellen mit Mittelwerten der Spalten füllen

Hier sehen Sie eine Möglichkeit, leere Zellen mithilfe von Pandas mit Mittelwerten der Spalte zu füllen. Datenlücken in der Kategorie werden mit dem String `empty` gefüllt.

Bedenken Sie aber, dass Sie in diesem Fall vier Kategorien in der Ausgangsvariablen haben: die drei Schwertlilienarten und den String `empty`. Also müssen Sie die Knotenanzahl im Output Layer anpassen. Wenn die KI keine Vorhersage treffen kann, wird `empty` klassifiziert.

```
tf.keras.layers.Dense(4, activation=tf.nn.softmax)
```

Auch hier gilt: Es geht in diesen Codezeilen darum, Ihnen diese Funktionen so verständlich wie möglich zu präsentieren, sodass Sie diese mit kleinen Änderungen und wenig Pandas-Kenntnissen an neue CSV-Dateien anpassen können.

3.11.2 Zeilen mit leeren Zellen entfernen

Manchmal bekommen Sie bessere Ergebnisse, wenn unvollständige Daten aus dem Datensatz entfernt werden. In der Datei *K3_iris-4.ipynb* werden wir als alternativen Ansatz Zeilen, die leere Zellen enthalten, entfernen. Sie können auch mit einem Tabellenkalkulationsprogramm die unvollständigen Zeilen entfernen. Im folgenden Programm soll das Vorgehen mit Pandas-Funktionen vorgestellt werden.

```
# Leere Zellen entfernen
data.dropna(inplace=True)
print("Empty columns: ", data.columns[data.isnull().any()])
```

Listing 3.21 Zeilen mit leeren Zellen löschen

Hier werden alle entsprechenden Zeilen entfernt. Die Veränderungen werden an den vorhandenen Daten durchgeführt. Das ist eine kurze Schreibweise für:

```
data = data.dropna()
```

Zur Kontrolle wird überprüft, ob die Daten noch leere Zellen enthalten. Bei diesem Ansatz bleibt die Knotenzahl im Output Layer bei drei. Der Rest des Quellcodes bleibt unverändert. Sie können bei Daten mit leeren Zellen beide Varianten (mit Mittelwerten füllen bzw. leere Zellen entfernen) testen und sich für diejenige entscheiden, welche zu besseren Ergebnissen führt.

3.12 Korrelation versus Kausalität

Die KI (z. B. auf Supervised Learning basierende) ist imstande, Korrelationen zu erkennen. Sie dürfen die Ergebnisse aber nicht unreflektiert als absolute Wahrheit sehen, denn eine Korrelation ist nicht mit einer Kausalität gleichzusetzen. Ein Beispiel: Wenn Sie Daten zu Körpergröße und Verdienst sammeln, können Sie erkennen, dass große

Menschen mehr Geld als kleine Menschen verdienen. Nun könnte man annehmen, die Körpergröße ist der entscheidende Faktor für die Höhe des Verdienstes. Mit einem Tabellenkalkulationsprogramm können Sie auch eine schöne Grafik dazu erstellen. Vielmehr ist es jedoch so, dass leider immer noch (im Durchschnitt) Frauen weniger verdienen als Männer und Frauen oft kleiner als Männer sind. Doch mit den gesammelten Daten können Sie dieses Problem nicht erkennen. Dazu müssten Sie bei der Datensammlung auch das Geschlecht mit aufnehmen. Eine Korrelation ist also kein eindeutiger Beweis für Kausalität, bei einer Kausalität liegt aber immer eine Korrelation vor.

Korrelation

Die Korrelation ist ein Begriff aus der Statistik und beschreibt den Zusammenhang zweier Variablen. Sie kann Werte zwischen -1 und 1 einnehmen. Ist etwas teurer, je schwerer es ist (z. B. Edelmetalle), tendiert die Korrelation gegen 1. Die Korrelation zwischen Benotung und Punktzahl tendiert gegen -1, da die Note besser (somit kleiner) wird, wenn die Punktzahl steigt.

Die Korrelation lässt sich allgemein mit folgender Formel berechnen:

$$r_{x,y} = \frac{\sum_{i=1}^{n}(x_i - \bar{x})(y_i - \bar{y})}{\sqrt{\sum_{i=1}^{n}(x_i - \bar{x})^2 + \sum_{i=1}^{n}(y_i - \bar{y})^2}}$$

Das sieht auch wieder komplizierter aus, als es ist. Wir wollen uns das an einem Beispiel anschauen, erstellt mit einem Tabellenkalkulationsprogramm.

	Note	h	x	y	x*y	x^2	y^2	
	1	20	-1,8	5,6	-10,08	3,24	31,36	
	2	17	-0,8	2,6	-2,08	0,64	6,76	
	1	22	-1,8	7,6	-13,68	3,24	57,76	
	2	20	-0,8	5,6	-4,48	0,64	31,36	
	3	15	0,2	0,6	0,12	0,04	0,36	
	2	18	-0,8	3,6	-2,88	0,64	12,96	
	3	12	0,2	-2,4	-0,48	0,04	5,76	
	4	10	1,2	-4,4	-5,28	1,44	19,36	
	5	5	2,2	-9,4	-20,68	4,84	88,36	
	5	5	2,2	-9,4	-20,68	4,84	88,36	
	3	13	0,2	-1,4	-0,28	0,04	1,96	
	4	11	1,2	-3,4	-4,08	1,44	11,56	
	3	14	0,2	-0,4	-0,08	0,04	0,16	
	3	16	0,2	1,6	0,32	0,04	2,56	
	1	18	-1,8	3,6	-6,48	3,24	12,96	
Mittelwert	**2,8**	**14,4**			**-90,8**	**24,4**	**371,6**	**Summe**
		Korrelation			**-0,954**			

Abbildung 3.21 Korrelation zwischen der Note und dem Lernaufwand

In den ersten beiden Spalten sind die Noten und Stunden für den Lernaufwand eingetragen. Für beide Spalten werden die Mittelwerte errechnet. In der dritten Spalte (x) wird die jeweilige Differenz aus der Note und dem Mittelwert berechnet, in der vierten (y) die Differenz Lernaufwand und Mittelwert. Die übrigen Spalten sind selbsterklärend. Für die letzten drei Spalten werden jeweils die Summen berechnet. Schließlich gilt für die Korrelation:

$$\frac{-90{,}8}{\sqrt{24{,}4 + 371{,}6}} = -0{,}954$$

Es gibt also eine starke negative Korrelation zwischen Lernaufwand und Note.

Eine Korrelation nahe 0 gibt an, dass es keinen Zusammenhang zwischen den Variablen gibt.

Betrachten wir ein anderes Beispiel. Wenn Sie eine KI mit Bewerbungs- und Einstellungsdaten trainieren und erwarten, dass sie Empfehlungen für Bewerberinnen und Bewerber ausspricht, ist das Ergebnis auch kritisch zu sehen. Wurden nämlich in der Vergangenheit z. B. Frauen oder Minderheiten bei Einstellungen benachteiligt, erkennt die KI die Korrelation in den Daten und bewertet Bewerbungen von Frauen und Minderheiten schlechter als von Männern. Oder es gibt viel mehr Daten zu männlichen Bewerbern, und die Vorhersage ist dadurch für die anderen Gruppen schlechter. Die KI ist nur so gut wie die Daten, mit denen sie trainiert worden ist. Die negative Verzerrung wird auch als *Bias* bezeichnet. Dieser Begriff ist Ihnen schon einmal begegnet (aber mit einer anderen Bedeutung), nämlich bei der Berechnung der Gewichte.

Attribute (in CSV-Dateien wären das Spalten), die überhaupt nicht korrelieren, können aus den Trainings- und Testdaten entfernt werden. Bei einer Vorhersage der Bewertung von Champagner könnte man die Etikettenfarbe vernachlässigen. Aber vielleicht haben sich die Testpersonen bei der Datensammlung ja unbewusst davon beeinflussen lassen? Das bekommen Sie heraus, in dem Sie die Korrelation berechnen. Ist keine Korrelation vorhanden, kann dieses Attribut vernachlässigt werden. Ist die Korrelation vorhanden, muss abgewogen werden: Sollte man das Attribut behalten, damit die Vorhersage besser wird? Oder aber bei der Datensammlung den Test mit Einheitsflaschen durchführen, damit die Testpersonen sich nicht beeinflussen lassen?

Im folgenden Beispiel *K3_adult-1.ipynb* wollen wir versuchen, anhand bestimmter Eigenschaften das Einkommen (mehr oder weniger als 50.000 US$ im Jahr) von Menschen vorherzusagen. Der Fokus liegt hier nur auf der Entwicklung von KIs. Der Datensatz *adult.csv* wird oft für Lehrzwecke verwendet (siehe *https://archive.ics.uci.edu/ml/*

datasets/adult), jedoch meist ohne Hinweis auf ethische Probleme. Das wollen wir hier nachholen.

Wenn Sie Programme für den produktiven Einsatz entwickeln, müssen Sie vorsichtig sein. Nehmen wir an, Sie wollen mithilfe der KI wissen, ob eine Person mehr als 50000 US$ pro Jahr verdient und als potenzieller Kunde oder als potenzielle Kundin für Ihr Produkt in Frage kommt. Da manche Menschen z. B. wegen ihres Geschlechts, ihrer ethnischen Herkunft oder sexuellen Orientierung benachteiligt werden, kann es sein, dass sie weniger verdienen. Die Gründe dafür sind vielfältig (z. B. geringere Bildungschancen, Benachteiligung bei Bewerbungsverfahren). Ihr Programm würde, wenn es Daten unreflektiert verwendet, die Diskriminierung verstärken. Selbst Zugehörige von Minderheiten, die mehr verdienen, würden von Ihrem Programm benachteiligt werden, wenn ein großer Teil dieser Gruppe weniger verdient. Die KI würde diskriminierende Vorhersagen treffen, da sie nur Korrelationen erkennt, aber nicht Kausalitäten. Dazu braucht es immer noch den gesunden Menschenverstand. Bitte bedenken Sie das unbedingt, wenn mit Daten umgehen. An diskriminierenden Entscheidungen hat nicht die KI Schuld, vielmehr haben sich Entwickler oder Entwicklerinnen zu wenig Gedanken oder aber Fehler gemacht.

Im folgenden Beispiel werden wir die CSV-Datei (*adult.csv*) mit einem Tabellenkalkulationsprogramm öffnen bzw. importieren und leere Zellen, die ein Fragezeichen enthalten, ersetzen. Außerdem werden wir Spaltenüberschriften einfügen und das Ergebnis als *adult-2.csv* speichern.

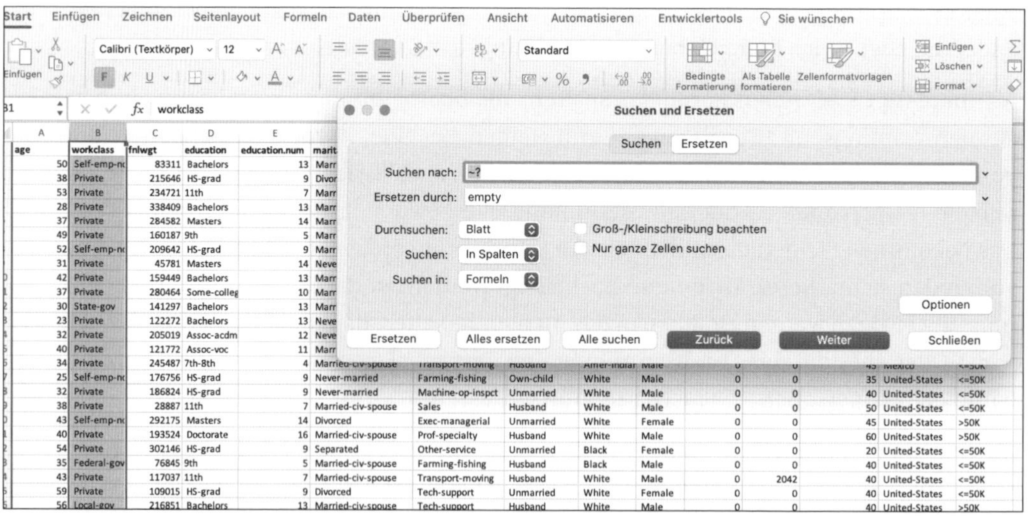

Abbildung 3.22 Spaltenweises Suchen und Ersetzen vom Zeichen »?«

Das Fragezeichen stellt in Excel einen Platzhalter dar, daher müssen Sie dieses mit dem Tildezeichen »entschärfen«, um es tatsächlich nur als Fragezeichen zu interpretieren. Sie können nun Spalte für Spalte vorgehen und untersuchen, ob es Zellen mit Fragenzeichen gibt. In unserem Beispiel enthalten nur Spalten mit String-Werten dieses Zeichen, daher ersetzen wir es durch den String `empty`. Bei Spalten mit Zahlenwerten könnten Sie für diese Spalten jeweils den Mittelwert finden und die leeren Zellen mit diesen Werten füllen. Eine Alternative wäre, die Zeilen komplett zu löschen. Hier wären es aber sehr viele Zeilen; auf diese Daten wollen wir nicht verzichten. Das Ergebnis wird in eine CSV-Datei exportiert.

```
import tensorflow as tf
import pandas as pd
from sklearn.model_selection import train_test_split

path = "../Data/adult-2.csv"
data = pd.read_csv(path, delimiter=';')
print(data.head())
print("Empty columns: ", data.columns[data.isnull().any()])
```

Listing 3.22 Module und Datei laden, leere Zellen ausgeben

Hier werden wieder die benötigten Module importiert und die CSV-Datei geladen. Sehen wir uns die Ausgabe an, und verschaffen wir uns einen Überblick.

```
   age         workclass  fnlwgt   education  education.num  \
0   50  Self-emp-not-inc   83311   Bachelors             13
1   38           Private  215646     HS-grad              9
2   53           Private  234721        11th              7
3   28           Private  338409   Bachelors             13
4   37           Private  284582     Masters             14

       marital.status          occuaption   relationship   race     sex  \
0  Married-civ-spouse     Exec-managerial        Husband  White    Male
1            Divorced   Handlers-cleaners  Not-in-family  White    Male
2  Married-civ-spouse   Handlers-cleaners        Husband  Black    Male
3  Married-civ-spouse      Prof-specialty           Wife  Black  Female
4  Married-civ-spouse     Exec-managerial           Wife  White  Female

   capital.gain  capital.loss  hours.per.week  native.country income
0             0             0              13   United-States  <=50K
1             0             0              40   United-States  <=50K
2             0             0              40   United-States  <=50K
3             0             0              40            Cuba  <=50K
4             0             0              40   United-States  <=50K
```

Abbildung 3.23 Ausgabe der ersten fünf Zeilen

An dieser Stelle sollten Sie sich Gedanken machen, welche Spalten auf welche Art und Weise umgewandelt werden sollten.

```
# Ausgabe der Korrelationen
correlations = data[data.columns].corr(numeric_only=True)
#print(correlations)
print('All correlations')
print('-' * 30)
correlations_abs_sum = correlations[correlations.columns].abs().sum()
print(correlations_abs_sum)
print('Weakest correlations')
print('-' * 30)
print(correlations_abs_sum.nsmallest(5))
```

Listing 3.23 Korrelationen ermitteln

In der ersten Zeile wird die Korrelation für alle Spalten mit numerischen Werten berechnet. Das könnte man auch mit einem Tabellenkalkulationsprogramm erledigen, das Ergebnis wäre aber sehr unübersichtlich. Deshalb bietet sich für dieses Beispiel eine Umsetzung mit Python an. Wenn Sie alle Korrelationen ausgeben wollen, können Sie das mit `print(correlations)` realisieren.

```
                     age    fnlwgt  education.num  capital.gain  capital.loss  \
age             1.000000 -0.076646       0.036527      0.077674      0.057775
fnlwgt         -0.076646  1.000000      -0.043159      0.000437     -0.010259
education.num   0.036527 -0.043159       1.000000      0.122627      0.079932
capital.gain    0.077674  0.000437       0.122627      1.000000     -0.031614
capital.loss    0.057775 -0.010259       0.079932     -0.031614      1.000000
hours.per.week  0.068756 -0.018770       0.148127      0.078409      0.054256

                hours.per.week
age                   0.068756
fnlwgt               -0.018770
education.num         0.148127
capital.gain          0.078409
capital.loss          0.054256
hours.per.week        1.000000
```

Abbildung 3.24 Korrelationen aller Spalten zueinander

Ist Ihnen bei den Stellen, welche den Wert 1 haben, etwas aufgefallen? Die Korrelation mit sich selbst ist immer 1.

Die Ausgabe ist unübersichtlich, denn wir müssten jetzt Eintrag für Eintrag durchgehen und Zeilen bzw. Spalten erkennen, die insgesamt mit anderen Zeilen bzw. Spalten korrelieren. Daher werden für alle Spalten dieser Korrelationstabelle jeweils die Absolutwerte (also Beträge) berechnet und anschließend die Summe. Absolutwerte deshalb, weil negative und positive Spaltenwerte sich bei der Addition sonst ausgleichen würden. Positive und negative Korrelationen sind wichtig (denn es gibt dann offensichtlich einen Zusammenhang) und sollten im Datensatz beibehalten werden.

```
All correlations
----------------------------
age                 1.317378
fnlwgt              1.149271
education.num       1.430372
capital.gain        1.310761
capital.loss        1.233836
hours.per.week      1.368318
dtype: float64
Weakest correlations
----------------------------
fnlwgt              1.149271
capital.loss        1.233836
capital.gain        1.310761
age                 1.317378
hours.per.week      1.368318
dtype: float64
```

Abbildung 3.25 Summierte Korrelationswerte

Alle Ergebnisse werden ausgegeben, anschließend nochmal die fünf Spalten mit den geringsten Korrelationen. Sie können die komplette Codezelle für zukünftige Programme einfach kopieren. Wenn Sie die Korrelationen für alle Spalten berechnen wollen, müssen Sie auch alle Spalten in numerische Werte umwandeln.

```
data.drop(['fnlwgt','capital.loss','capital.gain'], axis = 1, inplace=True)
```

Listing 3.24 Spalten mit kleinen Korrelationswerten löschen

Die Spalten mit den geringsten summierten Korrelationswerten werden aus dem Datensatz entfernt. Sie sehen, dass es sich wieder um neue Hyperparameter handelt. Ob und welche Spalten entfernt werden sollen, muss experimentell ermittelt werden. Die Entfernung der Spalten kann zur Verbesserung oder Verschlechterung des Ergebnisses bzw. der Vorhersage führen.

Der folgende Quellcode legt wieder den Wert auf Übersichtlichkeit und Wiederverwendbarkeit.

```
# income soll vorhergesagt werden
col = data['income']
col = pd.get_dummies(col, dtype=float)
data = data.drop(['income'], axis = 1)
```

Listing 3.25 Definition und Datentypumwandlung der Zielspalte

Die Spalte `income` wird OHE-kodiert, einer neuen Tabelle zugewiesen und aus der ursprünglichen Tabelle entfernt.

```
# konvertiere diese Spalten in numerische Werte 0...n
conv_num = [
'workclass', 'education', 'marital.status', 'occuaption','relationship',
 'hours.per.week', 'native.country']

data[conv_num] = data[conv_num].astype('category')
data[conv_num] = data[conv_num].apply(lambda x: x.cat.codes)
```

Listing 3.26 Umwandlung von Datentypen (Zahlenwerte) mehrerer Spalten

Der Datentyp der aufgelisteten Spalten wird jeweils in `'category'` umgewandelt, und alle Einträge werden anschließend in Zahlenwerte (Ganzzahlen) umgewandelt. Sie können zukünftig diese Zeilen kopieren und lediglich die aufgelisteten Spalten an neue Datenquellen anpassen.

```
# führe OHE für diese Daten durch
conv_ohe = ['race', 'sex']
data = pd.get_dummies(data, columns = conv_ohe, dtype=float)
```

Listing 3.27 Umwandlung von Datentypen (OHE) mehrerer Spalten

Hier werden alle aufgelisteten Spalten OHE-kodiert. Auch diese Zeilen können Sie für zukünftige Programme kopieren und anpassen. Im nächsten Beispiel werden die Spalten `sex`, `race` und `native.country` komplett aus den Daten entfernt, da die Verwendung dieser Attribute sehr fragwürdig ist. Hier geht es aber erstmal nur um technische Details.

Mit `print(data.shape)` wird die Anzahl der Zeilen und Spalten der Trainingsdaten (`data`) in einem Tupel ausgegeben, hier (32560, 16). Auf den ersten Eintrag können Sie mit `data.shape[0]` und auf den zweiten mit `data.shape[1]` zugreifen. Testen Sie es mit einer `print`-Funktion.

Der Datentyp Tupel

Der Datentyp Tupel kann, ähnlich der Liste, zusammenhängende Daten verschiedener Typen enthalten.

```
mein_tupel = (1,2,'irgendwas',3.4)
```

Der Unterschied ist, dass ein Tupel nachträglich nicht mehr änderbar ist und die Werte in runden Klammern eingeschlossen sind.

Jetzt wird ein KNN erstellt, konfiguriert, trainiert und getestet.

```
# Aus den zwei Tabellen vier Tabellen erzeugen
train_data, test_data, train_col, test_col = train_test_split(data,col,
 test_size=0.2, random_state=42)

# Aufbau KNN
model = tf.keras.Sequential([
    tf.keras.layers.Dense(128, activation=tf.nn.relu, input_dim=data.shape[1]),
    tf.keras.layers.Dense(256, activation=tf.nn.relu),
    tf.keras.layers.Dense(64, activation=tf.nn.relu),
    tf.keras.layers.Dense(2, activation=tf.nn.softmax)
])
```

Listing 3.28 Aufteilung der Tabellen und Aufbau des KNN

Für die Anzahl der Knoten im Input Layer können Sie jetzt `data.shape[1]` verwenden, denn hier ist die Anzahl der Spalten gespeichert. Der Vorteil bei dieser Variante ist, dass Sie bei Änderungen der Spaltenzahl diese Zeile nicht mehr aktualisieren müssen.

```
# Konfiguration des Lernprozesses
model.compile(optimizer='adam', loss='categorical_crossentropy',
 metrics=['accuracy'])

# 10 Durchläufe
model.fit(train_data, train_col, epochs=10)

test_loss, test_acc = model.evaluate(test_data, test_col)
print('Test accuracy:', test_acc)
```

Listing 3.29 Test- und Trainingsprozess

Die Korrektklassifizierungsrate ist mit ca. 83 % relativ gut. Versuchen Sie, durch Veränderung der Hyperparameter diesen Wert zu erhöhen.

3.13 Normierung der Daten

Die Normierung der Daten ist eine einfache Möglichkeit, die Vorhersage des KNN (möglicherweise) zu verbessern. Auch das wollen wir an einem Beispiel betrachten: Eine KI soll anhand verschiedener Attribute (Wohnfläche, Grundfläche, Zimmeranzahl, Etagenanzahl usw.) bestimmen, ob ein Haus teuer ist oder nicht. Wenn die Attribute Wohn- oder Grundfläche um kleine Beträge variieren, wird das auf den Kaufpreis keinen sehr großen Einfluss haben. Ändern sich jedoch Zimmer- oder Etagenanzahl um kleine Beträge, wirkt sich das deutlich auf den Kaufpreis aus. Die Zahlenwerte der verschiedenen Eingänge des KNN wirken beim Trainingsprozess unterschiedlich stark auf die Gewichte. Bei der Normierung wird versucht, die Zahlenwerte der Attribute so zu verändern, dass die Gewichtung nicht zu stark verzerrt wird.

Eine Möglichkeit besteht darin, die Daten zwischen Minimal- und Maximalwerten zu skalieren. Die Formel lautet:

$$x_{\mathrm{norm}_i} = \frac{x_i - x_{\min}}{x_{\max} - x_{\min}}$$

Diese Art der Skalierung wird verwendet, wenn es einen festen Wertebereich gibt. Pixelwerte können z. B. nur Werte zwischen 0 und 255 einnehmen. Diese Daten sind für eine *Min-Max-Skalierung* geeignet.

Wenn Daten eine Gaußsche Normalverteilung haben, sollten sie mithilfe der *Standardisierung* bzw. *z-Transformation* normiert werden. Beispielanwendungen dafür sind Alter, Größe und Einkommen. Bei dieser Rechnung fallen die Ausreißer nicht so sehr ins Gewicht. Die Formel lautet:

$$z_i = \frac{x_i - \mu}{\sigma}$$

Dabei ist μ der Mittelwert und σ die Standardabweichung. Die Standardabweichung soll an dieser Stelle an einem Beispiel erklärt werden. Betrachten wir die Noten als Ergebnis eines Leistungsnachweises: 1, 2, 2, 3, 4, 6. Der arithmetische Mittelwert berechnet sich wie folgt:

$$\bar{x} = \frac{\text{Summe der Noten}}{\text{Anzahl}} = \frac{1+2+2+3+4+6}{6} = 3$$

Die sogenannte Varianz wird berechnet, indem man von jeder Note die Differenz zum Mittelwert bildet, diese Differenz quadriert und alle Einzelergebnisse aufsummiert:

$$\sigma^2 = \frac{(3-1)^2 + (3-2)^2 + (3-2)^2 + (3-3)^2 + (4-3)^2 + (6-3)^2}{6}$$

$$= 2{,}67$$

Mit diesem Ergebnis kann man die Standardabweichung berechnen:

$$\sigma = \sqrt{\sigma^2} = \sqrt{2{,}67} = 1{,}63$$

Die durchschnittliche Abweichung der Noten zum Mittelwert beträgt ± 1,63. 68 % aller Noten befinden sich im Bereich 3 ± 1,63, also zwischen 1,37 und 4,63. Die besseren »Ausreißer« befinden sich unter, die schlechteren über diesem Wertebereich.

Wir wollen das Gelernte gleich auf das Beispiel *K3_adult-2.ipynb* anwenden. Hier wird es am Ergebnis nicht viel ändern (da keine großen Zahlenwerte vorkommen), aber Sie werden sehen, wie man Daten mit diesen Möglichkeiten normieren kann.

```
import tensorflow as tf
import pandas as pd
from sklearn.model_selection import train_test_split
from sklearn.preprocessing import StandardScaler
from sklearn.preprocessing import MinMaxScaler
```

Listing 3.30 Import benötigter Module

Importieren Sie zusätzlich `StandardScaler` und `MinMaxScaler`.

```
data.drop([
'fnlwgt','capital.loss','capital.gain', 'race', 'sex', 'native.country'],
 axis = 1, inplace=True)
```

Listing 3.31 Entfernung nicht benötigter Daten aus dem Datensatz

Wir entfernen jetzt auch Geschlecht und ethnische Herkunft aus den Daten. Dank der Optimierungen wird das Ergebnis nicht schlechter, aber wir haben dafür gesorgt, dass die KI nicht offensichtlich rassistisch oder sexistisch wird. Ist es jedoch wirklich aus ethischer Sicht einwandfrei? Wenn die anderen Attribute in den Daten implizieren, dass eine Minderheit weniger verdient (weil Sie z. B. geringere Bildungschancen hat), kann die KI weiterhin rassistische Aussagen treffen. Außerdem klassifizieren wir Menschen überhaupt, z. B. nachihren Bildungsabschlüssen. Die Personen, die es trotz niedrigeren Bildungsabschlüssen geschafft haben, viel Geld zu verdienen, werden von der KI diskriminiert. Andererseits ist es auch kritisch zu sehen, wenn Familien mit geringerem Einkommen ungefragt Kataloge für Luxusuhren zugeschickt bekommen. Für jeden Anwendungsfall muss gut abgewogen werden, welche Attribute verwendet werden sollen und welche nicht. Sie sehen, es bleibt kompliziert, solange Menschen im Spiel sind.

```
# Erzeuge Objekte
s_scaler = StandardScaler()
m_scaler = MinMaxScaler()
```

Listing 3.32 Instanziierung der Scaler

Hier erzeugen sie jeweils ein Objekt (`s_scaler` und `m_scaler`). Über diese »Werkzeuge« können Sie die Daten anpassen und normieren.

```
# Spalten für StandardScaler
cols_to_s_scale = [
 'age', 'workclass', 'education', 'education.num', 'marital.status',
 'occuaption', 'relationship']
data[cols_to_s_scale] = s_scaler.fit_transform(data[cols_to_s_scale])
```

Listing 3.33 Ausgewählte Spalten mit StandardScaler sklalieren

Hier können Sie auflisten, auf welche Spalten die Skalierung angewendet werden soll. Bei mehreren Spalten muss nur die Variable in der ersten Zeile angepasst werden (z. B. `cols_to_s_scale = ['age', weight']`). Über das Objekt `s_scaler` kann die Methode `fit_transform` aufgerufen werden.

```
# Spalten für MinMaxScaler
cols_to_m_scale = ['hours.per.week']
date[cols_to_m_scale] = m_scaler.fit_transform(date[cols_to_m_scale])
```

Listing 3.34 Ausgewählte Spalten mit MinMaxScaler sklalieren

Für die Standardisierung gehen wir genauso vor. Auch diese Zeilen können Sie für Ihre zukünftigen Programme kopieren und wiederverwenden.

Die Normierung der Daten hat bei diesem Beispiel die Korrektklassifizierungsrate um 1 oder 2 % erhöht. Das ist nicht viel. Es ist sehr oft so, dass man mit Anpassung vorhandener Programme relativ schnell eine funktionierende KI für neue Datensätze erstellt. Die Optimierung dieser Programme ist aber zeitaufwändig.

Bei Entwicklungen für Produktivsysteme bauen Sie den Scaler nur mit den Trainingsdaten auf. Mit `fit_transform` wird der Scaler initialisiert und auf die Trainingsdaten angewendet. Denselben Scaler können Sie anschließend mit `transform` auf Testdaten anwenden. Wir sind noch nicht so weit, eine professionelle Entwicklung für Produktivsysteme umzusetzen. Wichtig ist erstmal, die Grundlagen zu verstehen. Im Kapitel 11, »Visuelle Programmierung mit KNIME«, werden wir uns das aber mit grafischen Bausteinen anschauen. Da kann man den Datenfluss besonders gut nachvollziehen.

3.14 Regression

Bis jetzt hat unser KNN immer klassifiziert. Wir können auch mit kleinen Änderungen ein KNN programmieren, welches stetige Zahlenwerte vorhersagt. Dazu werden wir in *K3_iris-5.ipynb* mit den Daten der Schwertlilien experimentieren. Die Länge des Kelchblattes soll anhand der anderen Attribute vorhergesagt werden.

```
import tensorflow as tf
import pandas as pd
from sklearn.model_selection import train_test_split
from sklearn.preprocessing import StandardScaler

path = "../Data/iris.csv"
data = pd.read_csv(path, delimiter=',')
print(data.head())
print("Empty columns: ", data.columns[data.isnull().any()])

# Ausgabe der Korrelationen
correlations = data[data.columns].corr(numeric_only=True)
print('All correlations')
print('-' * 30)
correlations_abs_sum = correlations[correlations.columns].abs().sum()
print(correlations_abs_sum)
print('Weakest correlations')
print('-' * 30)
print(correlations_abs_sum.nsmallest(5))
```

Listing 3.35 Laden der Module und der CSV-Datei, Analyse der Daten

Die Ausgabe lautet:

```
All correlations
------------------------------
sepal.length    2.807265
```

```
sepal.width     1.912136
petal.length    3.263059
petal.width     3.146932
dtype: float64
Weakest correlations
------------------------------
sepal.width     1.912136
sepal.length    2.807265
petal.width     3.146932
petal.length    3.263059
```

Die Breite des Kelchblattes hat tatsächlich eine geringe Korrelation. Wer hätte das gedacht? Sie müssen immer experimentieren, ob das Weglassen von Attributen tatsächlich zu einem besseren Ergebnis führt.

```
# data['sepal.width'] evtl. weglassen, hat geringe Korrelation -> testen
data = data.drop(['sepal.width'], axis = 1)

# Diese Spalte soll vorhergesagt werden
col = data['sepal.length']
data = data.drop(['sepal.length'], axis = 1)

# führe OHE für diese Daten durch
conv_ohe = ['species']
data = pd.get_dummies(data, columns = conv_ohe, dtype=float)

# Erzeuge Objekt
s_scaler = StandardScaler()
# Spalten für StandardScaler
cols_to_s_scale = ['petal.length', 'petal.width']
data[cols_to_s_scale] = s_scaler.fit_transform(data[cols_to_s_scale])

# Aus den zwei Tabellen vier Tabellen erzeugen
train_data, test_data, train_col, test_col = train_test_split(
 data,col, test_size=0.2, random_state=42)
```

Listing 3.36 Aufbereitung der Daten und Aufteilung in vier Tabellen

Die vier Tabellen (bzw. zwei Tabellen und zwei Spalten) werden aufgebaut. Sie sollten jetzt in der Lage sein, immer die Anzahl der Spalten und Zeilen der vier Tabellen konkret anzugeben, wenn Sie die Anzahl der Spalten und Zeilen der Datenquelle kennen. Sie sehen, es geht immer darum, die Daten vorzubereiten und diese Tabellen zu erstellen. Der Rest des Quellcodes bleibt stets ähnlich.

```
# Aufbau KNN
model = tf.keras.Sequential([
    tf.keras.layers.Dense(32, activation=tf.nn.sigmoid,
  input_dim=data.shape[1]),
    tf.keras.layers.Dense(64, activation=tf.nn.sigmoid),
    tf.keras.layers.Dense(1)
])
```

Listing 3.37 Aufbau des KNN

Der Output Layer hat nur einen Knoten und keine Aktivierungsfunktion. Die stetige Zahl wird unverändert über den Knoten ausgegeben.

```
model.compile(optimizer='adam', loss='mae',metrics=['mae'])
```

Listing 3.38 Konfiguration des Lernprozesses

Als `loss` und `metrics` verwenden wir `mae`. Die Ausgabe ist also nicht die Länge des Kelchblattes, sondern die mittlere absolute Abweichung bzw. der Fehler der Vorhersage zu jedem Datensatz. Die Formel ist sehr einfach und lautet:

$$\text{mae} = \frac{1}{n}\sum_{i=1}^{n} |y_i - \hat{y}_i|$$

Dabei steht jeweils y_i für den korrekten und $\hat{y}_i$ für den vorhergesagten Wert. Bei nur einem Knoten ist auch $n = 1$.

```
test_loss, test_mae = model.evaluate(test_data, test_col)
print('Test mae:', test_mae)
```

Listing 3.39 Der Testprozess

Dieses KNN kann die Länge des Kelchblattes auf ca. 3 mm genau vorhersagen.

3.15 Deployment

Wir haben das KNN bisher nur trainiert und getestet. Aber wie können wir es bei einem neuen Datensatz konkret »im Feld« anwenden? Das Vorgehen soll an einem kleinen Beispiel demonstriert werden. Wir arbeiten wieder mit *iris.csv*.

3.15.1 Trainieren, testen und speichern

Die Datei *K3_iris-6a.ipynb* ist den bisherigen recht ähnlich.

```
import tensorflow as tf
import pandas as pd
from sklearn.model_selection import train_test_split
from sklearn.preprocessing import LabelEncoder, StandardScaler
import joblib

path = "../Data/iris.csv"
data = pd.read_csv(path, delimiter=',')
```

Listing 3.40 Laden der Module und der CSV-Datei

Wir importieren nun auch den LabelEncoder vom Modul sklearn, um die Unterart numerisch (ganzzahlig) zu kodieren.

```
# Ausgabe der Korrelationen
correlations = data[data.columns].corr(numeric_only=True)
print('All correlations')
print('-' * 30)
correlations_abs_sum = correlations[correlations.columns].abs().sum()
print(correlations_abs_sum)
print('Weakest correlations')
print('-' * 30)
print(correlations_abs_sum.nsmallest(5))
```

Listing 3.41 Ermittlung der Korrelationen

Die Korrelationen geben wir ab jetzt immer aus.

```
# species soll vorhergesagt werden
le = LabelEncoder()
col = le.fit_transform(data['species'])
data = data.drop(['species'], axis = 1)
```

Listing 3.42 Vorbereitung der Zielspalte

Wir legen ein Objekt `le` an und transformieren mit dessen Hilfe die Spalte `species`. Diese Spalte wird aus `data` entfernt.

```
# Erzeuge Objekt
s_scaler = StandardScaler()
# Spalten für StandardScaler
data = s_scaler.fit_transform(data)

# Aus den zwei Tabellen vier Tabellen erzeugen
train_data, test_data, train_col, test_col = train_test_split(
 data,col, test_size=0.2, random_state=42)
```

Listing 3.43 Skalierung und Aufteilung der Daten

Die Aufteilung der Daten sollte Ihnen nun geläufig sein. Bei den Abschnitten für das Aufbauen, Konfigurieren, Trainieren und Testen des KNN gibt es keine Veränderungen.

```
# KNN, Scaler und LabelEncoder speichern
model.save('model1.h5')
joblib.dump(s_scaler,'scaler1.joblib')
joblib.dump(le,'le1.joblib')
```

Listing 3.44 Speicherung benötigter Daten

Wenn Sie mit dem Ergebnis zufrieden sind, können Sie den Scaler, LabelEncoder und das Modell speichern. Die Endung .h5 weist auf eine HDF-Datei (Hierarchical Data Format) hin, welche verwendet wird, um große Datenmengen in hierarchisch strukturierter Form zu speichern. Die Dateien *scaler1.joblib* und *le1.joblib* sind einfache Binärdateien. Die Entwicklung des KNN ist damit abgeschlossen.

Sie können auch anstelle des LabelEncoders den OneHotEncoder des Moduls sklearn verwenden. Die Datei *K3_iris-7a.ipynb* verwendet OHE-Kodierung. Sehen wir uns die relevanten Stellen an.

```
# species soll vorhergesagt werden
oe = OneHotEncoder()
col = oe.fit_transform(data[['species']])
col = col.toarray()
data = data.drop(['species'], axis = 1)
```

Listing 3.45 Die Zielspalte vorbereiten

Die Spalte wird transformiert und mittels der Funktion `toarray()` in den Datentyp Array (ähnlich der Liste) umgewandelt. Das ist hier bei der Verwendung des OneHotEncoder notwendig.

```
model.compile(optimizer='adam', loss='categorical_crossentropy',
 metrics=['accuracy'])
```

Listing 3.46 Den Lernprozess konfigurieren

Die loss-Funktion muss wieder angepasst werden, da die Output-Daten OHE-kodiert sind.

```
# KNN, Scaler und LabelEncoder speichern
model.save('model2.h5')
joblib.dump(s_scaler,'scaler2.joblib')
joblib.dump(oe,'oe2.joblib')
```

Listing 3.47 Benötigte Daten speichern

Die Daten werden in den entsprechenden Dateien gespeichert.

3.15.2 KNN anwenden

Das Modell ist trainiert und getestet. Nun können für neue und unbekannte Daten Vorhersagen getätigt werden. Die KI befindet sich somit im Einsatz.

Die Datei *K3_iris-6b.ipynb* ist für die Vorhersage bestimmt und öffnet eine Testdatei mit nur vier Einträgen. Wenn Sie die Blätter der Schwertlilien messen, wissen Sie ja nicht, zu welcher Unterart sie gehört.

```
import tensorflow as tf
import pandas as pd
from sklearn.model_selection import train_test_split
from sklearn.preprocessing import LabelEncoder, StandardScaler
import numpy as np
import joblib
```

Listing 3.48 Benötigte Module laden

Wir importieren auch das Modul Numpy, welches viele Funktionen zur einfachen Berechnung von Arrays (ähnlich den Listen) bietet.

```
path = "../Data/iris_test.csv"
data = pd.read_csv(path, delimiter=',')
print(data.head())
```

Listing 3.49 CSV-Datei laden

In dieser Datei sind die vier Größenangaben enthalten, die konkrete Unterart ist nicht enthalten. Das Ziel ist es ja, dass die KI diese Information liefert. Die Ausgabe lautet:

```
   sepal.length  sepal.width  petal.length  petal.width
0           5.1          3.4           1.5          0.1
```

Ermitteln wir, zu welcher Unterart die Schwertlilie gehört.

```
# Erzeuge Objekt
s_scaler = joblib.load('scaler1.joblib')
# skaliere Daten
data = s_scaler.transform(data)
# LabelEncoder
le = joblib.load('le1.joblib')
```

Listing 3.50 Encoder und Scaler instanziieren

Sie öffnen den gespeicherten Scaler und wenden ihn auf die Daten an. In diesem Scaler sind Mittelwert und die Standardabweichung gespeichert, welche mithilfe der größeren Datenmenge während der Entwicklung ermittelt wurden. Der LabelEncoder wird auch aus der Datei geladen. Dieser enthält die Zuordnung der Zahl zur Unterart.

```
model = tf.keras.models.load_model('model1.h5')
pred = model.predict(data)
print("prediction:",pred)
```

Listing 3.51 Laden und Anwenden des vortrainierten Modells

Das gespeicherte Modell wird geöffnet. Sie müssen keinen Layer usw. selbst erstellen. Anschließend erfolgt die Vorhersage. Die Ausgabe liefert drei Elemente (Output der Softmax-Funktion) mit den jeweiligen Wahrscheinlichkeiten. In diesem Fall lautet die Ausgabe:

```
prediction: [[0.92637813 0.0724499 0.00117189]]
```

Die erste Unterart trifft mit einer Wahrscheinlichkeit von ca. 93 % zu. Analysieren wir diese Vorhersage.

```
num = np.argmax(pred)
print("number:",num)
```

Listing 3.52 Ermittlung des Ergebnisses als Index

Mithilfe der Numpy-Funktion wird hier der Index der größten Zahl bestimmt. Die Ausgabe lautet:

```
number: 0
```

Das erste Element mit dem Index 0 hat den größten Wert. Aber welche Unterart hat die Kodierung 0?

```
spec = le.inverse_transform([num])
print("species:",spec)
```

Listing 3.53 Ermittlung des Ergebnisses als Zeichenkette

Hier erfolgt die Vorhersage für die konkrete Unterart. Die Ausgabe lautet:

```
Species: ['Setosa']
```

Der LabelEncoder hat die Zuordnung »Zahl → Unterart« gespeichert. Über die Funktion `inverse_transform` können wir die Unterart bestimmen. Es handelt es sich bei diesen Daten um Iris setosa.

Ein ähnliches Vorgehen ist nötig, wenn die Daten OHE-kodiert (siehe *K3_iris-7b.ipynb*) sind.

```
pred = model.predict(data)
print("prediction:",pred)

num = np.argmax(pred)
print("number:",num)

spec = oe.inverse_transform(pred)
print("species:",spec)
```

Listing 3.54 Ermittlung des Ergebnisses

Der Transformer bekommt als Parameter nicht die Zahl, sondern die drei Wahrscheinlichkeiten, und gibt die entsprechende Unterart aus.

Sie haben nun weitere Möglichkeiten kennengelernt, nichtnumerische Daten mithilfe des Moduls sklearn zu transformieren. Sie wissen jetzt auch, wie Sie ihr KNN speichern und als Anwendung wiederverwenden können. Wie bereits erwähnt, sollten Sie, wenn für Produktivsysteme entwickelt wird, Ihr Modell mit neuen Daten testen. Die Gefahr besteht, dass die Hyperparameter nur für die Testdaten optimiert worden sind. Das können Sie realisieren, indem Sie in der Anwendung (wie im obigen Beispiel) für unbekannte Evaluierungsdatensätze konkrete Vorhersagen generieren und diese mit den Einträgen der Evaluierungsdaten vergleichen. Mit ein wenig Python-Kenntnissen ist das problemlos möglich. Der Unterscheid zum »Feldeinsatz« ist dann lediglich, dass Sie die Vorhersage bewerten können, weil Sie das Ergebnis kennen.

3.16 Übungen

Übung 1: Hyperparameter-Optimierung für Klassifizierung

Erstellen Sie eine Kopie der Datei *K3-iris-2.ipynb*, die Sie in *K3_Uebung-1.ipynb* umbenennen, verändern Sie einige Hyperparameter, und versuchen Sie dadurch, die Korrektklassifizierungsrate zu erhöhen.

1. Verändern Sie die Anzahl der Hidden Layer und Knoten. Es hat sich etabliert, dass 2er-Potenzen für die Anzahl der Knoten im Hidden Layer verwendet werden, also 4, 8, 16, 32 usw.
2. Testen Sie verschiedene Aktivierungsfunktionen.
3. Passen Sie die Epochenzahl an. Achten Sie darauf, dass Sie nicht in den Overfitting-Bereich kommen. Sie merken das daran, dass die Testergebnisse wesentlich schlechter sind als die Trainingsergebnisse.
4. Sehr wichtig ist immer das Ergebnis der Testdaten.

Übung 2: Hyperparameter-Optimierung für Regression

Erstellen Sie eine Kopie der Datei *K3-iris-5.ipynb*, benennen Sie diese Kopie in *K3_Uebung-2.ipynb* um, verändern Sie einige Hyperparameter, und versuchen Sie dadurch, die Abweichung zu minimieren. Orientieren Sie sich an den Hinweisen bei der vorherigen Aufgabe.

Übung 3: KNN für Klassifizierung

Programmieren Sie eine KI mit einem KNN, um Pilze in »essbar« und »giftig« zu klassifizieren. Verwenden Sie die Datei *mushrooms.csv*. Informationen zu den Attributen finden Sie auf *https://www.kaggle.com/datasets/uciml/mushroom-classification*. Sie können auch auf anderen Seiten im Internet nach Informationen zu den Daten suchen. Gehen Sie bitte Schritt für Schritt vor. Machen Sie erst weiter, wenn Sie alle vorherigen Schritte durchgeführt haben.

1. Geben Sie die ersten Zeilen aus. Achten Sie auf das korrekte Trennzeichen.
2. Ermitteln Sie die Anzahl der leeren Zellen.
3. Teilen Sie die Daten in zwei Tabellen auf. Die Zielspalte soll OHE-kodiert werden.
4. Transformieren Sie alle restlichen Spalten einfachheitshalber gleichzeitig mit dem LabelEncoder, das spart Tipparbeit:

   ```
   le = LabelEncoder()
   data = data.apply(le.fit_transform)
   ```

5. Ermitteln Sie nun die Korrelationen. Die Werte werden für alle Spalten berechnet, da diese in Zahlenwerte umgewandelt worden sind.
6. Sie können anschließend alle Daten gleichzeitig skalieren, um Tipparbeit zu sparen:

   ```
   s_scaler = StandardScaler()
   data = s_scaler.fit_transform(data)
   ```

   Achten Sie bitte auf die Reihenfolge der Arbeitsschritte. Nach dem Skalieren verlieren Sie die Spaltenüberschriften. Danach können Sie die Korrelationen nicht (wie hier vorgestellt) berechnen, da Sie dafür wiederum die Spaltenüberschriften benötigen.
7. Bauen Sie das KNN auf, trainieren und testen Sie es.
8. Testen Sie, ob das Entfernen einer oder mehrerer Spalten mit geringen Korrelationswerten zu einer Verbesserung des Ergebnisses führt.
9. Versuchen Sie, durch Anpassung der Hyperparameter die Korrektklassifizierungsrate zu verbessern.

Übung 4: KNN für Regression

Programmieren Sie eine KI mit KNN, um den Preis von Diamanten zu bestimmen. Verwenden Sie die Datei *diamonds.csv*. Informationen zu den Attributen finden Sie z. B. auf *https://www.kaggle.com/datasets/shivam2503/diamonds*.

1. Geben Sie die ersten Zeilen aus. Achten Sie auf das korrekte Trennzeichen.
2. Ermitteln Sie die Anzahl der leeren Zellen.
3. Teilen Sie die Daten in zwei Tabellen auf. Entfernen Sie auch die Spalte *Unnamed: 0* aus den Daten.

4. Konvertieren Sie nichtnumerische Werte in numerische.
5. Ermitteln Sie die Korrelationen.
6. Skalieren Sie numerische Spalten.
7. Bauen Sie das KNN auf, trainieren und testen Sie es.
8. Testen Sie, ob das Entfernen einer oder mehrerer Spalten mit geringen Korrelationswerten zu einer Verbesserung des Ergebnisses führt.
9. Versuchen Sie, durch Anpassung der Hyperparameter die Abweichung zu minimieren.

Kapitel 4
Entscheidungsbäume

Wenn von »Künstlicher Intelligenz« die Rede ist, denken viele gleich an künstliche neuronale Netze. Technologien, die auf Entscheidungsbäumen basieren, liefern aber in manchen Bereichen oft bessere Ergebnisse.

Worum geht es in diesem Kapitel?

- Einführung in Entscheidungsbäume und Entscheidungswälder
- Einführung in Gradient-Boosting und XGBoost
- Klassifizierung und Regression mit XGBoost als Alternative zu künstlichen neuronalen Netzen
- automatische Einstellung von Hyperparametern
- visuelle Programmierung mit Orange

Was haben wir für einen Aufwand getrieben, um anhand von tabellarischen Daten Vorhersagen zu treffen? Wir haben ein künstliches neuronales Netz (KNN) mit verschiedenen Hidden Layern, Knoten sowie Aktivierungsfunktionen aufgebaut und getestet. Die Daten haben wir ebenfalls normiert. Wir konnten trotzdem nicht einmal mit Sicherheit sagen, ob noch Potenzial für eine Verbesserung des Ergebnisses da war. Also haben wir verschiedene Konfigurationen getestet, bewertet, umkonfiguriert, getestet usw. Auch mit der Epochenzahl waren wir uns nicht sicher. Erst als wir im Overfitting-Bereich waren, wussten wir, dass wir die Grenze überschritten hatten und die Epochenzahl verringern mussten. Geht das nicht einfacher? Mit Fragestellungen, die mit einem einfachen »Ja« oder »Nein« beantwortet werden können und somit Schritt für Schritt bzw. Frage für Frage zum Ziel führen? Das geht sogar sehr gut. Allerdings nicht ohne neue Hyperparameter. Sie werden aber auch eine Methode kennenlernen, mit der man automatisch verschiedene Hyperparameter-Einstellungen testen und bewerten kann.

Im Folgenden werden Sie neue Techniken (als Alternative zu künstlichen neuronalen Netzen) kennenlernen, um KI-Programme zu entwickeln. Sie erinnern sich noch an das Modell der KI-Blackbox aus Abschnitt 3.2, wo das Kochrezept zur KI-Entwicklung vorgestellt wurde? Dieses Modell kann hier wiederverwendet werden. Ersetzen Sie einfach das Innere der Blackbox (KNN) durch die hier vorgestellten Entscheidungsbäume bzw. -wälder und den darauf aufbauenden Techniken.

4.1 Einfache Entscheidungsbäume

Im vorherigen Kapitel wurden KI-Modelle vorgestellt, die auf künstlichen neuronalen Netzen basieren. Für die Einführung kam der einfache, übersichtliche Datensatz der Schwertlilien zum Einsatz, und auch in diesem Abschnitt werden wir diesen Datensatz verwenden, aber die KIs mit einem völlig anderen Ansatz entwickeln: den Entscheidungsbäumen.

4.1.1 Decision Tree Classifier

Fangen wir mit einfachen Bäumen an, um das Verfahren besser kennenzulernen. An einem generierten Baum kann man sehen, wie die einzelnen Fragestellungen lauten, und so den Datenfluss nachvollziehen. Die Fragen sind so formuliert, dass man sie mit »ja« oder »nein« beantworten kann, dementsprechend geht es im linken oder rechten Zweig weiter. Der Algorithmus ist einfach und verständlich. Bei KNN wissen wir zwar, wie die Gewichte aktualisiert werden, aber ein trainiertes KNN ist eine Blackbox. Wir können im Nachhinein nicht sagen, warum die Gewichte ihre konkreten Werte haben. Diese stellen sich nach einem iterativen Prozess zur Optimierung per Gradientenverfahren ein. Selbst wenn Sie die Gewichte eines trainierten KNN einsehen, können Sie nicht einfach erkennen, zu welcher Entscheidung bzw. Vorhersage eine Dateneingabe führen wird. Bei Entscheidungsbäumen ist das hingegen möglich, die Entscheidungen bzw. Vorhersagen der KI sind transparent und für Menschen vorhersehbar bzw. nachvollziehbar.

Arbeiten wir also wieder mit den uns bekannten Schwertliliendaten. Wie sollten die Fragen lauten, um die richtige Unterart zu bestimmen? Mit welcher Frage sollen wir anfangen? Und mit welchen Fragen sollte es weitergehen? Ein Beispiel ist in Abbildung 4.1 abgebildet.

Ganz oben sehen Sie die erste Fragestellung, diese wird auch als Wurzelknoten (*Root Node*) bezeichnet. Hier wird gefragt, ob die Variable `petal.width` kleiner oder gleich 0,8 ist. Wenn die Antwort »ja« lautet, geht es im linken Ast weiter zum letzten Knoten bzw. Blattknoten (*Leaf Node*). Wenn die Antwort »nein« lautet, geht es im rechten Ast weiter und es folgen noch einige weitere Fragen. Betrachten wir die Informationen in den Knoten, um den Aufbau besser zu verstehen.

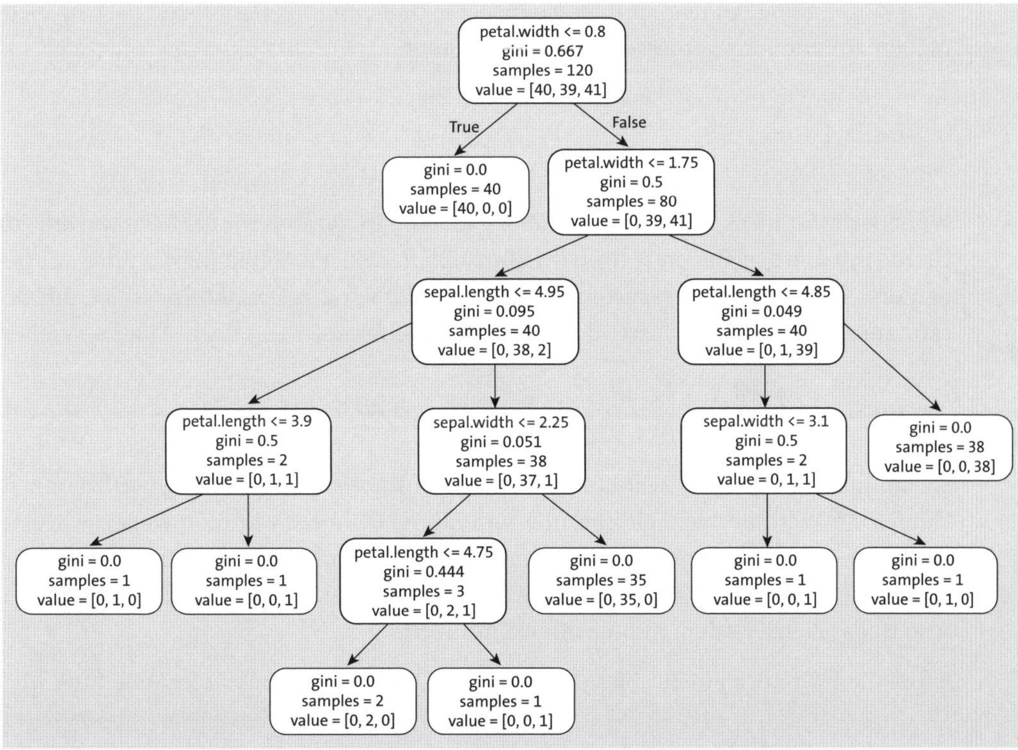

Abbildung 4.1 Decision Tree Classifier für Schwertlilien

Der erste Eintrag ist die Fragestellung, die mit »ja« oder »nein« beantwortet werden kann. Der dritte Eintrag (*Samples*) gibt die Anzahl der Datensätze an, auf die dieser Knoten zutrifft. Im Wurzelknoten sind es 120 (Zeilen unserer CSV-Datei), das sind unsere 80 % Prozent Trainingsdaten. Der letzte Eintrag gibt die Verteilung an. Im Wurzelknoten gibt es 40 Setosa, 39 Versicolor und 41 Virginica. Interessant ist die Verteilung bei den Blättern. In der ersten Ebene nach dem Wurzelknoten sehen Sie z. B. die Verteilung 40, 0, 0. Das bedeutet, dass alle 40 Datensätze zu Setosa gehören. Sind Sie bei der Beantwortung der Fragen an diesem Blatt angekommen, handelt es sich also um die Unterart Setosa. Sehen Sie sich die anderen Knoten, insbesondere die Blätter, an. Es gibt mehrere Blätter für eine Unterart. Interessant ist es auch, dass dasselbe Attribut in verschiedenen Ebenen zur Fragestellung herangezogen wird, mit jeweils verschiedenen Zahlenwerten.

Doch woher soll man wissen, wie die Fragestellung lauten soll bzw. mit welchem Attribut begonnen werden soll? Warum wird im Wurzelknoten mit 0,8 verglichen und mit keiner anderen Zahl? Hier kommt der zweite Eintrag in dem Knoten ins Spiel, den wir bis jetzt geflissentlich übersprungen haben, die *Gini Impurity*. Damit wird die Ungleichheit einer Verteilung gemessen. Die Formel lautet:

$$\text{Gini} = 1 - \sum_{i=1}^{n} p_i^{\,2}$$

Wobei p die Wahrscheinlichkeit von i bei n Klassen ist. Führen wir die Rechnungen zur Übung mit den gegebenen Werten im Wurzelknoten (siehe Abbildung 4.1) durch. Es liegen drei Klassen (drei Unterarten der Schwertlilie) vor. Im Nenner finden Sie die Gesamtanzahl, im Zähler die Anzahl der jeweiligen Unterart:

$$\text{Gini} = 1 - \left(\frac{40}{120}\right)^2 - \left(\frac{39}{120}\right)^2 - \left(\frac{41}{120}\right)^2 = 0{,}67$$

Sie können zur Übung die Gini Impurity anderer Knoten per Rechnung verifizieren. Je kleiner der Wert, desto ungleicher die Verteilung. Bei einem Knoten wollen wir eine ungleiche Verteilung erreichen, um schnell ans Ziel zu kommen. In unserem Programm wollen wir idealerweise mit einer Antwort eine komplette Unterart richtig zuordnen. Also ist das Ziel bei jedem Knoten ein kleiner Wert.

Betrachten wir noch ein Beispiel, und zwar den Leaf Node oben links in Abbildung 4.1:

$$\text{Gini} = 1 - \left(\frac{40}{40}\right)^2 - \left(\frac{0}{40}\right)^2 - \left(\frac{0}{40}\right)^2 = 0$$

Diese Gini Impurity mit dem Wert 0 ist ein Extrembeispiel für die ungleiche Verteilung. Das Verfahren lässt sich mit kategorisierten Daten wie in Tabelle 4.1 am besten veranschaulichen.

SuS	Fach	Fehlzeit > 10 %	Übungen > 50 %	Bestanden
1	Mathe	Ja	Ja	Nein
2	Ethik	Ja	Ja	Ja
3	IT	Nein	Nein	Ja
4	Mathe	Nein	Nein	Nein
5	Mathe	Nein	Ja	Ja
6	IT	Ja	Nein	Nein
7	Ethik	Nein	Nein	Ja

Tabelle 4.1 SuS-Daten zu Abschlüssen

SuS	Fach	Fehlzeit > 10 %	Übungen > 50 %	Bestanden
8	Ethik	Nein	Nein	Ja
9	IT	Ja	Ja	Ja

Tabelle 4.1 SuS-Daten zu Abschlüssen (Forts.)

In diesem Beispiel wurden Informationen über neun Schülerinnen und Schüler (SuS) gesammelt. Es soll ein Entscheidungsbaum modelliert werden, welche voraussagt, ob das Bestehen eines Faches gefährdet ist oder nicht. Die gesammelten Informationen umfassen folgende Punkte:

- Fachbezeichnung
- War die Fehlzeit größer als 10 % der gesamten Unterrichtszeit?
- Wurden mehr als 50 % der Übungen in dem Fach erledigt?
- Wurde das Fach erfolgreich abgeschlossen?

Es gibt zwei mögliche Ergebniskategorien, »bestanden« mit sechs Datensätzen, und »nicht bestanden« mit drei Datensätzen.

$$\mathrm{Gini}_{\mathrm{gesamt}} = 1 - \left(\frac{6}{9}\right)^2 - \left(\frac{3}{9}\right)^2 = 0{,}44$$

Sehen Sie sich das erste Attribut *Fach* an. Hier gibt es drei Kategorien: Mathe (drei Einträge), Ethik (drei Einträge) und IT (drei Einträge). Für all diese Kategorien müssen wir die Gini Impurity bezogen auf die Information, ob bestanden oder nicht, berechnen. Im Fach Mathe gibt es einmal »bestanden«, zweimal »nicht bestanden«, welche die Werte im Zähler sind. Im Nenner steht die Gesamtzahl bestandener und nicht bestandener Einträge.

$$\mathrm{Gini}_{\mathrm{Mathe}} = 1 - \left(\frac{1}{3}\right)^2 - \left(\frac{2}{3}\right)^2 = 0{,}44$$

Entsprechend führen wir das für die anderen Fächer fort:

$$\mathrm{Gini}_{\mathrm{Ethik}} = 1 - \left(\frac{3}{3}\right)^2 - \left(\frac{0}{3}\right)^2 = 0$$

$$\mathrm{Gini}_{\mathrm{IT}} = 1 - \left(\frac{2}{3}\right)^2 - \left(\frac{1}{3}\right)^2 = 0{,}44$$

Mit diesen Werten berechnen wir den gewichteten Durchschnitt für das Attribut *Fach*:

$$\text{Gini}_{\text{Fach}}=\text{Gini}_{\text{Mathe}} \cdot \frac{n_{\text{Mathe}}}{n_{\text{Gesamt}}} + \text{Gini}_{\text{Ethik}} \cdot \frac{n_{\text{Ethik}}}{n_{\text{Gesamt}}} + \text{Gini}_{\text{IT}} \cdot \frac{n_{\text{IT}}}{n_{\text{Gesamt}}}$$

$$\text{Gini}_{\text{Fach}} = 0{,}44 \cdot \frac{3}{9} + 0 \cdot \frac{3}{9} + 0{,}44 \cdot \frac{3}{9} = 0{,}29$$

Wiederholen wir das Ganze für die Attribute *Fehlzeit* und *Übungen*.

$$\text{Gini}_{\text{FehlJa}} = 1 - \left(\frac{2}{4}\right)^2 - \left(\frac{2}{4}\right)^2 = 0{,}5$$

$$\text{Gini}_{\text{FehlNein}} = 1 - \left(\frac{4}{5}\right)^2 - \left(\frac{1}{5}\right)^2 = 0{,}32$$

$$\text{Gini}_{\text{Fehl}} = 0{,}5 \cdot \frac{4}{9} + 0{,}32 \cdot \frac{5}{9} = 0{,}4$$

$$\text{Gini}_{\text{ÜbungJa}} = 1 - \left(\frac{3}{4}\right)^2 - \left(\frac{1}{4}\right)^2 = 0{,}38$$

$$\text{Gini}_{\text{ÜbungNein}} = 1 - \left(\frac{4}{5}\right)^2 - \left(\frac{1}{5}\right)^2 = 0{,}32$$

$$\text{Gini}_{\text{Übung}} = 0{,}38 \cdot \frac{4}{9} + 0{,}32 \cdot \frac{5}{9} = 0{,}35$$

Fassen wir die Ergebnisse der Attribute zusammen:

$$\text{Gini}_{\text{Fach}} = 0{,}29$$

$$\text{Gini}_{\text{Fehl}} = 0{,}4$$

$$\text{Gini}_{\text{Übung}} = 0{,}35$$

Nach diesen Ergebnissen sollte im ersten Knoten nach dem Fach gefragt werden. Bei den Fächern hat Ethik den kleinsten Wert, also sollte im Wurzelknoten die Frage lauten, ob das Fach Ethik ist. Dann kann schon ausgesagt werden, dass das Fach bestanden ist, und die Verzweigung wäre hier zu Ende. Wenn die Frage mit »nein« beantwortet wird, muss die ganze Prozedur mit der neuen, reduzierten Tabelle für den neuen Knoten wiederholt werden.

SuS	Fach	Fehlzeit > 10 %	Übungen > 50 %	Bestanden
1	Mathe	Ja	Ja	Nein
3	IT	Nein	Nein	Ja
4	Mathe	Nein	Nein	Nein
5	Mathe	Nein	Ja	Ja
6	IT	Ja	Nein	Nein
9	IT	Ja	Ja	Ja

Tabelle 4.2 Reduzierte SuS-Daten für die nächste Iteration

Diese Rechnungen sollen dem Verständnis dienen. Auch hier brauchen Sie bei der Programmierung nichts selbst zu berechnen. Beim Training wird der Baum entsprechend der Gini Impurity aufgebaut, beim Test mit den Testdaten angewendet. Der Quellcode ist noch übersichtlicher als bei KNN. Fangen wir mit *K4_iris-1.ipynb* an.

```
import pandas as pd
from sklearn.model_selection import train_test_split
from sklearn import metrics
from sklearn import tree

path = "../Data/iris.csv"
data = pd.read_csv(path, delimiter=',')
```

Listing 4.1 Laden benötigter Module und der CSV-Datei

Die benötigten Module werden importiert, die Datei geladen und die ersten Zeilen ausgegeben.

```
# Was soll vorhergesagt werden? Spaltenname in Variable speichern.
col_name = 'species'

# Hier findet die Aufteilung in zwei Tabellen statt (Input=data und Output=col).
col = data[col_name]
data = data.drop([col_name], axis = 1)

# Aus den zwei Tabellen vier Tabellen erzeugen
train_data, test_data, train_col, test_col = train_test_split(
 data,col, test_size=0.2, random_state=42)
```

Listing 4.2 Definition der Zielspalte und Aufteilung der Tabelle

Es folgt wieder die Aufteilung in vier Tabellen, da trainiert und getestet werden muss. Bis jetzt ist keine Codezeile wirklich neu. Sie wissen noch, wie die Aufteilung in vier Tabellen rechnerisch zu erfolgen hat?

Den restlichen Quellcode gehen wir Zeile für Zeile durch.

```
# Baum anlegen
tr = tree.DecisionTreeClassifier()
```

Hier wird ein Objekt `tr` vom Typ `DecisionTreeClassifier` angelegt. Über `tr` können wir verschiedene Methoden des Baumes aufrufen.

```
#trainieren
tr.fit(train_data, train_col)
```

Mit den zwei Tabellen (bzw. eine Tabelle und eine Spalte) wird trainiert bzw. der Baum aufgebaut.

```
# vorhersage
predicted_col = tr.predict(test_data)
```

Hier wird mithilfe der Testdaten (dritte Tabelle) eine Spalte mit Vorhersagen generiert.

```
# bewerten
score = metrics.accuracy_score(test_col, predicted_col)
print(score)
```

Diese generierte Spalte `predicted_col` wird mit der Testspalte `test_col` (vierte Tabelle) verglichen und die Accuracy (die Formel ist vom KNN bekannt) berechnet. Mit diesen wenigen Zeilen Quellcode haben Sie eine KI, die eine Korrektklassifizierungsrate von 93 % erreicht.

```
tree.plot_tree(tr)
```

Sie können sogar den generierten Baum ausgeben lassen (so kam die Abbildung 4.1 zustande).

An welchen Stellschrauben können wir hier drehen, um die Vorhersage eventuell zu verbessern? Die Doku-Seite von scikit-learn (*http://r-wrk.de/9763-scikit-l*) kann Ihnen behilflich sein. Sehen wir uns zwei Möglichkeiten beispielhaft an:

- Mit `max_depth` können Sie die maximale Anzahl der Ebenen im Baum einstellen. Zu viele Ebenen können zu Overfitting führen. Der Wert 3 wird als Startwert empfohlen.

- Mit `min_samples_leaf` können Sie eine Mindestanzahl von Datensätzen pro Blatt einstellen. Bei einigen wenigen Klassen soll man es mit dem Wert 1 versuchen, sonst mit 5.

Die Parameter können Sie einstellen, wenn Sie ein Objekt erzeugen. Dazu schreiben Sie sie in die Klammer im rechten Ausdruck (beim sogenannten *Konstruktor*), wenn Sie das Objekt anlegen.

```
tr = tree.DecisionTreeClassifier(max_depth=3)
```

Wenn Sie mehrere Parameter einstellen wollen, müssen Sie diese durch ein Komma trennen.

```
tr = tree.DecisionTreeClassifier(max_depth=3, min_samples_leaf=1)
```

Experimentieren Sie mit den zwei Parametern, und sehen sie sich die grafische Ausgabe des Baumes an. Die Korrektklassifizierungsrate ist bereits ohne spezielle Parametereinstellungen sehr gut.

4.1.2 Decision Tree Regressor

Entscheidungsbäume können auch zur Vorhersage von stetigen Werten verwendet werden. Zur Ermittlung des Knotenpunktes wird nicht die Gini Impurity, sondern die mittlere quadratische Abweichung (Mean Squared Error, MSE) verwendet. Die Formel lautet:

$$\mathrm{MSE} = \frac{1}{n}\sum_{i=1}^{n}(y_i - \hat{y}_i)^2$$

y_i ist dabei der tatsächliche Wert, $\hat{y}_i$ ist die Vorhersage. Sehen wir uns das Verfahren in Abbildung 4.1 wieder an Beispieldaten an, in diesem Fall die ersten fünf Zeilen der Datei *iris.csv*.

sepal.width	petal.length	petal.width	species	sepal.length
2,90	1,4	0,2	Setosa	4,4
3,00	1,4	0,2	Setosa	4,9
3,10	1,5	0,2	Setosa	4,6
3,20	1,3	0,2	Setosa	4,7
3,40	1,4	0,3	Setosa	4,6

Tabelle 4.3 Die ersten fünf Zeilen der Datei iris.csv

Das Ziel ist es wieder, anhand der vier Attribute (Länge und Breite des Kronblattes, Breite des Kelchblattes und die Unterart) die Länge von Kelchblättern zu bestimmen (das hatten wir bereits mit einem KNN umgesetzt). Zuerst werden die Zeichenketten der Unterart (species) in Zahlenwerte überführt. Anschließend starten wir mit der ersten Spalte und sortieren die Werte aufsteigend. Dann berechnen wir für jeweils zwei aufeinanderfolgende Werte den Mittelwert, beginnend mit (2,9 + 3) / 2 = 2,95. Dementsprechend werden die Daten aufgeteilt: in sepal.width < 2,95 (für eine Zeile zutreffend) und sepal.width >= 2,95 (für vier Zeilen zutreffend). Für beide resultierenden Abschnitte werden die Mittelwerte berechnet, welche als Vorhersagewerte zu betrachten sind:

sepal.width	petal.length	petal.width	species	sepal.length	Vorhersage
2,90	1,4	0,2	0	4,4	4,4
3,00	1,4	0,2	0	4,9	4,7
3,10	1,5	0,2	0	4,6	4,7
3,20	1,3	0,2	0	4,7	4,7
3,40	1,4	0,3	0	4,6	4,7

Tabelle 4.4 Mit der zusätzlichen Spalte für Mittelwerte zur Vorhersage

Die Mittelwerte bilden nun für diesen Iterationsschritt die Vorhersage. Jetzt kann die MSE-Formel angewendet werden:

$$\text{MSE} = \frac{1}{5}[(4{,}4 - 4{,}4)^2 + (4{,}9 - 4{,}7)^2 + (4{,}6 - 4{,}7)^2 + (4{,}7 - 4{,}7)^2 + (4{,}6 - 4{,}7)^2]$$

$$\text{MSE} = 0{,}012$$

Für die Bedingung `sepal.width < 2,95` lautet der MSE 0,012. Die Prozedur wird für die anderen Werte dieser Spalte (3,0 und 3,1; 3,1 und 3,2 usw.) sowie andere Spalten wiederholt und jeweils der MSE berechnet. Die Aufteilung mit dem kleinsten MSE-Wert kommt für die Knotenbildung zum Einsatz. Beachten Sie, dass kategorisierte Daten vorher in ganzzahlige Werte transformiert werden müssen. Eine OHE-Kodierung ist nicht unbedingt notwendig, da keine Gewichte aktualisiert werden müssen. Somit kann keine Spalte bzw. kein Attribut schwerer wirken als andere, da kein $\Delta w_{j,k}$ berechnet wird. Die Fragestellung innerhalb der Knoten muss nur mit »ja« oder »nein« beantwortet werden. Daher reicht eine Transformation von Zeichenketten in Zahlenwerte völlig aus.

Sehen wir uns nun die relevanten stellen im Quellcode *K4_iris-2.ipynb* an.

```
# Was soll vorhergesagt werden? Spaltenname in Variable speichern.
Col_name = 'sepal.length'

# Hier findet die Aufteilung in zwei Tabellen statt (Input=data und Output=col).
Col = data[col_name]
data = data.drop([col_name], axis = 1)

le = LabelEncoder()
data['species'] = le.fit_transform(data['species'])
```

Listing 4.3 Bestimmung der Zielspalte und Umwandlung des Datentyps

Bei diesen Zeilen sollte Sie nichts überraschen. Wenn Ihnen etwas unklar sein sollte, sehen Sie sich bitte die Aufbereitung der Daten bei KNN noch mal an.

```
# Aus den zwei Tabellen vier Tabellen erzeugen
train_data, test_data, train_col, test_col = train_test_split(data,
 col, test_size=0.2)

tr = tree.DecisionTreeRegressor()
tr.fit(train_data, train_col)

predicted_col = tr.predict(test_data)

score = metrics.mean_absolute_error(test_col, predicted_col)
print(score)
```

Listing 4.4 Aufteilung der Tabelle, Aufbau (Training) und Anwendung (Test) des Baumes

Anstelle des Classifiers kommt hier der Regressor zum Einsatz, weil das Modell eine Zahl vorhersagen soll. Zur Bewertung der Vorhersage wird der MSE verwendet. Bei dieser KI in Form eines Entscheidungsbaumes liegt die Vorhersage etwa um ±3 mm daneben. Sie können den Baum wieder plotten. Sie werden merken, dass diesmal der Baum viel größer ist.

Bei dem Regressor können Sie ebenfalls die bekannten Hyperparameter einstellen. Im Folgenden wollen wir uns aber auf andere auf Entscheidungsbäumen basierende Technologien konzentrieren, die bessere Ergebnisse liefern (insbesondere XGBoost). Diese einfachen Entscheidungsbäume, die wir in diesem Kapitel kennengelernt haben, dienen primär dazu, Ihnen die Prozedur näherzubringen. Wenn Sie einen Algorithmus benötigen, dessen Entscheidungsfindung Sie einfach nachvollziehen wollen, können Sie Entscheidungsbäume verwenden.

Bei Entscheidungsbäumen ist es besonders deutlich nachzuvollziehen, warum Sie bei der Entwicklung die Verwendung mancher Attribute, wie z. B. das Geschlecht, überdenken sollten. Stellen Sie sich vor, es wird eine KI zur Auswahl von Bewerber*innen für bestimmte Positionen entwickelt und das Geschlecht der Kandidatinnen und Kandidaten im Datensatz verwendet. Im Entscheidungsbaum wird in einem Knoten nach dem Geschlecht gefragt, dementsprechend geht es links oder rechts weiter. Das wäre fatal. Aber was für eine KI zu Bewerbungsverfahren undenkbar ist, kann für medizinische Zwecke sinnvoll sein. Wenn von der KI Hinweise zu bestimmten Krankheiten anhand des Blutbildes generiert werden sollen, ist die Verwendung des Attributes »Geschlecht« sinnvoll.

In diesem Zusammenhang möchte ich aber noch mal darauf hinweisen: Nur weil das Geschlecht nicht explizit im Datensatz erscheint, bedeutet es nicht, dass die KI nicht sexistisch urteilen kann. Wenn der Datensatz von sexistischen Einstellungsverfahren bzw. Karrierechancen stammt, kann die KI anhand der Korrelationen auch sexistische Vorhersagen treffen. Ein Beispiel: Menschen, die einen längeren Zeitraum im Erziehungsurlaub waren, haben schlechtere Aufstiegschancen. Jedem Menschen sollte klar sein, dass das ungerecht ist. Die KI erkennt aber diese Korrelation im Datensatz und bewertet Personen, die einen längeren Erziehungsurlaub hatten, negativ (ohne moralische Wertung). Da aber überwiegend Frauen länger Erziehungsurlaub nehmen, werden sie von der KI diskriminiert, und die Ungerechtigkeit wird verstärkt.

4.1.3 Entscheidungswälder

Warum sich mit einem Baum zufriedengeben, wenn man einen ganzen Wald haben kann? Bei diesem Verfahren werden mehrere Bäume mit zufällig ausgewählten Attributen generiert (*Ensamble Learning*). Die Mehrheit dieser Bäume entscheidet im Ergebnis, welcher Klasse unsere Schwertlilie angehört (*Bagging*).

KIs mit Entscheidungswäldern führen oft zu besseren Ergebnissen als KIs mit Entscheidungsbäumen, aber die Ergebnisse sind nicht mehr so einfach nachzuvollziehen.

4.1.4 Random Forest Classifier

Der Dokumentation von sklearn können Sie entnehmen, dass standardmäßig 100 Bäume für diesen Wald generiert werden. Jeder Baum hat eine zufällig ausgewählte Anzahl und Kombination von Attributen (Spalten). Jeder Baum wird auch mit einer zufällig ausgewählten Anzahl von Datensätzen (Zeilen) trainiert. Sehen wir uns das wieder an einem Beispiel (Klassifizierung von Schwertlilien) an, aber hier nur die relevanten Stellen (*K4_iris-3.ipynb*).

```
tr = ensemble.RandomForestClassifier()
tr.fit(train_data, train_col)

predicted_col = tr.predict(test_data)

score = metrics.accuracy_score(test_col, predicted_col)
print(score)
```

Listing 4.5 Aufbau (Training) und Anwendung (Test) des Entscheidungswaldes

Hier wird anstelle eines Baumes ein Wald angelegt. Das war es auch schon. Sie können die Bäume einzeln ausgeben und sich ansehen, welche Attribute (Spaltenindex) und Anzahl an Datensätzen verwendet wurden.

```
# 100 Bäume, 0 bis 99
tree.plot_tree(tr.estimators_[0])
```

Listing 4.6 Ausgabe eines Baumes des Waldes

Da standardmäßig 100 Bäume verwendet wurden, können Sie die Indizes 0 bis 99 zur Ausgabe auswählen. Der Doku können Sie Informationen zu möglichen Hyperparametern entnehmen, wie z. B. maximale Anzahl an Bäumen oder maximale Tiefe der Verästelung usw.

Betrachten wir im nächsten Abschnitt noch die Regression mit Entscheidungswäldern. Wir wollen uns aber nicht allzu lange mit Entscheidungswäldern beschäftigen, vielmehr möchte ich Sie in Richtung XGBoost führen. Dieses Modul liefert mit wenig Aufwand besonders gute Ergebnisse. Es lohnt sich aber, die Evolution der Entwicklung vom einfachen Baum bis XGBoost zu betrachten. Das wird Sie sicherer beim Umgang mit dieser Technologie machen.

4.1.5 Random Forest Regressor

Das Verfahren ist das gleiche wie bei der Klassifikation, nur dass am Ende der Mittelwert der Werte an den Blättern aller Bäume gebildet wird, um den stetigen Wert zu bestimmen. Auch hier sollen nur die relevanten Codezeilen zu Schwertlilien betrachtet werden (*K4_iris-4.ipynb*).

```
tr = ensemble.RandomForestRegressor()
tr.fit(train_data, train_col)

predicted_col = tr.predict(test_data)
```

```
score = metrics.mean_absolute_error(test_col, predicted_col)
print(score)
```

Listing 4.7 Aufbau (Training) und Anwendung (Test) des Entscheidungswaldes

Sie sehen, wieder wird der Baum durch den Wald ersetzt. Die Entscheidungswälder sind nicht so gut geeignet wie Entscheidungsbäume, wenn der Aufbau für Menschen nachvollziehbar sein soll. Es ist aber möglich, die einzelnen Bäume zu betrachten. Die Daten müssen auch nicht normiert werden, da die Höhe der Beträge für die Fragestellungen nicht relevant ist. Es gibt nur »ja«- oder »nein«-Antworten.

Die Wälder liefern zwar bessere Ergebnisse, dafür haben Sie aber mehrere Bäume, die Sie betrachten müssen, wenn Sie das Ergebnis veranschaulichen wollen. Auf Entscheidungsbäumen beruhende Technologien sind weit fortgeschritten. Wenn Sie Wert auf gute Ergebnisse legen und nicht auf die Veranschaulichung und Nachvollziehbarkeit, dann sollten Sie sich unbedingt mit Boosting-Verfahren vertraut machen, die Sie im nächsten Abschnitt kennenlernen werden.

4.2 Boosting

Boosting-Verfahren gehören auch zur Gruppe der Ensamble-Learning-Verfahren, so wie Entscheidungswälder auch. Hier werden aber nicht viele Bäume gleichzeitig parallel aufgebaut und trainiert. Vielmehr werden die Bäume nacheinander »gepflanzt«. Jedes Mal mit dem Ziel, den Fehler bzw. die Abweichung des Vorgängers zu kompensieren. Die Idee dahinter ist, dass viele schwache Lerner (*Weak Learners*) in der Summe einen starken Lerner (*Strong Learner*) ergeben. Dadurch bekommen Sie meist bessere Ergebnisse als Entscheidungsbäume oder Entscheidungswälder.

4.2.1 Gradient Boosting

Ein besonderes Boosting-Verfahren, mit dem wir uns näher beschäftigen wollen, ist *Gradient Boosting*. Der erste Baum wird wie gewohnt aufgebaut, angewendet und die Abweichung vom Ziel bestimmt. Das Ziel des zweiten Baumes ist es, die Abweichung des ersten Baumes zu bestimmen. Dieser Baum kennt also den ursprünglichen Zielwert gar nicht. Das Ergebnis dieses zweiten Baumes ist die Abweichung von der Abweichung des ersten Baumes. Mit dieser Abweichung wird die Prozedur fortgeführt. Das hört sich vielleicht kompliziert an, aber wenn Sie den Quellcode dazu betrachten, sollte es verständlich sein.

Programmieren wir Gradient Boosting (*K4_iris-5.ipynb*) selbst, um die Idee dahinter zu verstehen. Das Ziel ist es, die Länge des Kelchblattes zu bestimmen.

```
# Aus den zwei Tabellen vier Tabellen erzeugen
train_data, test_data, train_col, test_col = train_test_split(data,
 col, test_size=0.2)

# erster Baum mit Trainingsdaten, wie gewohnt
tr_1 = tree.DecisionTreeRegressor(max_depth=3, random_state=42)
tr_1.fit(train_data, train_col)
predicted_col_1 = tr_1.predict(train_data)
```

Listing 4.8 Aufteilung der Daten und Aufbau des ersten Entscheidungsbaumes

Die vier Tabellen werden erzeugt und der erste Entscheidungsbaum wird mit Trainingsdaten aufgebaut.

```
# bilde Differenz zwischen Zielwert und Vorhersage
train_col_2 = train_col - predicted_col_1

# zweiter Baum
tr_2 = tree.DecisionTreeRegressor(max_depth=3, random_state=42)
tr_2.fit(train_data, train_col_2)
predicted_col_2 = tr_2.predict(train_data)
```

Listing 4.9 Ermittlung der Abweichung und Aufbau des zweiten Entscheidungsbaumes

Der zweite Baum wird mit den Trainingsdaten aufgebaut, aber mit dem Unterschied, dass die Zielspalte nun die Differenz der letzten Vorhersage zu den tatsächlichen Zielwerten ist.

```
# bilde Differenz zur letzten Vorhersage
train_col_3 = train_col_2 - predicted_col_2

# dritter Baum
tr_3 = tree.DecisionTreeRegressor(max_depth=3, random_state=42)
tr_3.fit(train_data, train_col_3)
```

Listing 4.10 Ermittlung der Abweichung und Aufbau des dritten Entscheidungsbaumes

Auf die gleiche Art und Weise wird der dritte Baum aufgebaut.

```
# 3 Vorhersagen mit den Testdaten
predicted_final_1 = tr_1.predict(test_data)
predicted_final_2 = tr_2.predict(test_data)
predicted_final_3 = tr_3.predict(test_data)

# summiere die einzelnen Vorhersagen
predicted_final = predicted_final_1 + predicted_final_2 + predicted_final_3

score = metrics.mean_absolute_error(test_col, predicted_final)
print(score)
```

Listing 4.11 Anwendung der Bäume und Ermittlung des Gesamtergebnisses

Die drei Bäume liefern Vorhersagen für die Testdaten bzw. Abweichungen, und die Ergebnisse werden aufsummiert. Positive und negative Einzelvorhersagen summieren sich im Endergebnis zu einer Gesamtvorhersage nahe dem Ziel.

Der GradientBoostingRegressor aus dem Modul sklearn wendet genau dieses Verfahren an (*K4_iris-6a.ipynb*), sodass Sie nicht selbst die Abweichungen einzeln ermitteln und die Bäume entsprechend aufbauen müssen.

```
# Aus den zwei Tabellen vier Tabellen erzeugen
train_data, test_data, train_col, test_col = train_test_split(data,
 col, test_size=0.2)

gbr = ensemble.GradientBoostingRegressor(max_depth=3, n_estimators=3,
 random_state=42, learning_rate=1.0)

gbr.fit(train_data, train_col)
predicted_col = gbr.predict(test_data)

score = metrics.mean_absolute_error(test_col, predicted_col)
print(score)
```

Listing 4.12 Regression mit GradientBoostingRegressor

Diese wenigen Zeilen Quellcode ersetzen unser vorheriges Programm mit drei aufeinander aufbauenden Bäumen. Für eine praktische Anwendung sind drei Bäume aber zu wenig. Erhöhen wir die Anzahl auf 500 (*K4_iris-6b.ipynb*). Sie werden merken, dass das Ergebnis schlechter wird (die Abweichung ist größer). Setzen Sie nun auch die `learning_rate` im Konstruktor auf 0,01, dies sollte zu einer bemerkbaren Verbesserung des Ergebnisses führen (geringere Abweichung). Mit der Learning Rate skalieren Sie die Vorhersagen, welche auf Abweichungen basieren, herunter. Würden wir bei unserem selbst programmierten Gradient Booster die Anzahl der Bäume z. B. auf 500 erhöhen, würde die Rechnung zur Ermittlung der Gesamtvorhersage wie folgt lauten:

```
predicted_final = predicted_final_1 + predicted_final_2 * 0.01 +
 predicted_final_3 * 0.01 + predicted_final_4 * 0.01 usw.
```

Somit ist der Einfluss eines jeden einzelnen Weak Learners begrenzt. In der Praxis haben Sie mehrere Bäume (Default bei GradientBoostingRegressor ist 100) und eine kleine Learning Rate (Default bei GradientBoostingRegressor ist 0,1). Bei jeder Aufgabenstellung müssen diese Parameter gegebenenfalls. aufeinander abgestimmt werden.

Was die Auswahl an Entscheidungsbäumen bzw. darauf basierende Verfahren betrifft, sind wir immer noch nicht am Ende angelangt. Vielmehr folgt mit der Bibliothek XGBoost die Krönung.

4.2.2 XGBoost Classifier

Die Bibliothek XGBoost (Extreme Gradient Boosting) baut auf Gradient-Boosting-Verfahren auf, die Sie im vorherigen Abschnitt kennengelernt haben, und bietet einige Stärken:

- sehr performant, kann mehrere CPU-Kerne nutzen
- hat eigene Algorithmen für kategorische und fehlende Daten
- viele ML-Wettbewerbe wurden mit XGBoost gewonnen

Tianqi Chen und Carlos Guestrin haben die Ergebnisse ihres Forschungsprojektes an der University of Washington in ihrem Paper »A Scalable Tree Boosting System« 2016 veröffentlicht (*https://arxiv.org/abs/1603.02754*). Das Vorgehen ist prinzipiell dem Gradient Boosting ähnlich. Jeder Knotenkanditat eines Attributes wird nach einem mathematischen Verfahren mit einer Punktzahl bewertet. Der Knotenkandidat mit der höchsten Punktzahl schafft es schließlich zum Knoten. Nachdem ein Baum jeweils vollständig von oben nach unten aufgebaut worden ist, wird von den Blättern aufwärts die Punktzahl der Knoten mit einem einstellbaren Parameter γ verglichen, und schwache Zweige werden entfernt. Damit wird die Wahrscheinlichkeit für Overfitting verringert, und Sie haben weniger Verästelungen.

XGBoost installieren

Sie müssen das Modul XGBoost über ANACONDA NAVIGATOR • ENVIRONMENTS installieren.

Mit XGBoost können Sie mit wenig Aufwand beeindruckende Ergebnisse erzielen. Sehen wir uns das mit dem Schwertliliendatensatz an (*K4_iris-7.ipynb*).

```
import pandas as pd
from sklearn.model_selection import train_test_split
from sklearn import metrics
from sklearn.preprocessing import OneHotEncoder
from xgboost import XGBClassifier

path = "../Data/iris.csv"
data = pd.read_csv(path, delimiter=',')
print(data.head())
```

Listing 4.13 Benötigte Module und CSV-Datei werden geladen

Die obigen Zeilen sollten Ihnen jetzt bekannt vorkommen. Falls etwas unklar sein sollte, sehen Sie sich bitte die vorherigen Abschnitte noch mal an.

```
# species soll vorhergesagt werden
oe = OneHotEncoder()
col = oe.fit_transform(data[['species']])
col = col.toarray()

data = data.drop(['species'], axis = 1)
```

Listing 4.14 Aufbereitung der Daten

Die Zielspalte wird OHE-kodiert, und die uns bekannten zwei Tabellen werden aufgebaut. Eine Transformation in Zahlenwerte wäre hier auch möglich.

```
# Aus den zwei Tabellen vier Tabellen erzeugen
train_data, test_data, train_col, test_col = train_test_split(data,
 col, test_size=0.2)

xgb = XGBClassifier()
```

Listing 4.15 Aufteilung in vier Tabellen und Instanziierung des XGBClassifiers

Gehen wir die restlichen Zeilen des Quellcodes einzeln durch.

```
xgb.fit(train_data, train_col)
```

Hier findet das Training bzw. der Aufbau der Bäume statt.

```
predicted_col = xgb.predict(test_data)
```

Eine Spalte mit Vorhersagewerten wird erstellt.

```
score = metrics.accuracy_score(test_col, predicted_col)
print(score)
```

Die Vorhersage- und die Zielspalte werden miteinander verglichen und bewertet. Mit diesen wenigen Zeilen Quellcode erreichen Sie eine Korrektklassifizierungsrate von über 93 %.

Testen wir XGBoost nun mit einer größeren Datenmenge (*Winequality-red.csv*). Den Quellcode finden Sie in *K4_winequality-1.ipynb*. Diesen Datensatz haben wir bereits bei KNN verwendet. Das Ziel ist es, die Qualität des Weines anhand chemischer Eigenschaften zu bestimmen.

```
import pandas as pd
from sklearn.model_selection import train_test_split
from sklearn import metrics
from sklearn.preprocessing import LabelEncoder
from xgboost import XGBClassifier

path = "../Data/winequality-red.csv"
data = pd.read_csv(path, delimiter=';')
print(data.head())

le = LabelEncoder()
col = le.fit_transform(data['quality'])
data = data.drop(['quality'], axis = 1)

# Aus den zwei Tabellen vier Tabellen erzeugen
train_data, test_data, train_col, test_col = train_test_split(data,
 col, test_size=0.2, random_state=42)

xgb = XGBClassifier()

xgb.fit(train_data, train_col)
predicted_col = xgb.predict(test_data)

score = metrics.accuracy_score(test_col, predicted_col)
print(score)
```

Listing 4.16 Vollständiger Quellcode zur Klassifizierung von Rotwein

Dieser einfache Aufbau hat eine Korrektklassifizierungsrate von über 67 % (bei KNN hatten wir 50 % erreicht). Aber soll man tatsächlich eine KI verwenden, die »nur« diese Korrektklassifizierungsrate erreicht? Nun, müssten wir raten bzw. würfeln, wie gut der Rotwein ist, hätten wir nur eine Korrektklassifizierungsrate von 9 %. Außerdem, wenn im Datensatz die Qualität in einer Zeile mit 8 bewertet ist und die KI sagt 7 voraus, ist das auch eine falsche Vorhersage, obwohl dieser Wert nahe dem Zielwert ist. Sie könnten die Qualitätswerte aufteilen in »schlecht«, »gut« und »sehr gut«, wie wir das bei KNN umgesetzt haben. Dadurch könnten Sie die Korrektklassifizierungsrate erhöhen. Oder Sie verfolgen einen anderen Ansatz und stellen die Klassifizierung für diesen Datensatz überhaupt in Frage. Warum nicht die Regression anwenden? Dann hat die Vorhersage für die Qualität z. B. einen Wert von 7,3 statt 8. Nur weil im Datensatz die Qualität in Ganzzahlen hinterlegt ist, müssen Sie die Vorhersage nicht in Ganzzahlen realisieren. Vergleichen Sie bitte folgende Szenarien:

- Die KI zur Klassifizierung ermittelt für eine Flasche Wein eine Qualität von 8. Diese KI hat aber eine Korrektklassifizierungsrate von 67 %.
- Die KI zur Regression ermittelt für eine Flasche Wein eine Qualität von 7,3. Diese KI hat eine mittlere absolute Abweichung von 1,2.

Welche dieser KIs würden Sie verwenden, wenn Sie Weinhändler bzw. Weinhändlerin wären?

Lassen Sie uns nun aber einige Hyperparameter einstellen (*K4_winequality-2.ipynb*) und somit versuchen, die Korrektklassifizierungsrate zu erhöhen.

```
xgb = XGBClassifier(n_estimators=400, learning_rate=0.08, max_depth=6)
```

Diese drei Einstellungen (Anzahl Bäume, Lernrate und maximale Tiefe der Verästelung) erhöhen die Korrektklassifizierungsrate um 2 %. Informationen zu weiteren Hyperparametern finden Sie unter *https://xgboost.readthedocs.io/en/stable/parameter.html*.

Eine ML-Lösung für die Datei *adult.csv* soll noch mal die Performance verdeutlichen. Sie werden auch sehen, wie viel einfacher diese Lösung im Vergleich zu KNN-Variante ist (*K4_adult-1.ipynb*).

```
import pandas as pd
from sklearn.model_selection import train_test_split
from sklearn import metrics
from sklearn.preprocessing import LabelEncoder
from xgboost import XGBClassifier
```

```
path = "../Data/adult.csv"
data = pd.read_csv(path, delimiter=';', header=None)
print(data.head())
```

Listing 4.17 Module und CSV-Datei laden

Die CSV-Datei hat keine Spaltenüberschriften (`header=None`). Fehlende Werte sind in dieser Datei mit einem Fragezeichen gekennzeichnet. Diese können sie so belassen, denn XGBoost kann mit fehlenden Werten umgehen.

```
# konvertiere diese Spalten in numerische Werte 0...n
conv_num = [1, 3, 5, 6, 7]
data[conv_num] = data[conv_num].astype('category')
data[conv_num] = data[conv_num].apply(lambda x: x.cat.codes)

col = data[14]
```

Listing 4.18 Datentypen umwandeln

Da es keine Spaltenüberschriften gibt, erfolgt der Zugriff auf die Spalten mit Indizes. Kategorische Daten werden konvertiert.

```
data.drop([8,9,13,14], axis = 1, inplace=True)
```

Listing 4.19 Bedenkliche Spalten und Zielspalte entfernen

Spalten zur ethnischen Herkunft usw. werden entfernt. Genauso die Zielspalte, dessen Werte vorhergesagt werden soll.

```
col = pd.get_dummies(col)

# Aus den zwei Tabellen vier Tabellen erzeugen
train_data, test_data, train_col, test_col = train_test_split(data,
 col, test_size=0.2, random_state=42)

xgb = XGBClassifier()

xgb.fit(train_data, train_col)
predicted_col = xgb.predict(test_data)

score = metrics.accuracy_score(test_col, predicted_col)
print(score)
```

Listing 4.20 Aufteilung der Daten, anschließend Training und Test

Mit diesen Standardeinstellungen bekommen wir eine Korrektklassifizierungsrate von über 87 %. Bei der Variante mit KNN hatten wir 83 % erreicht, aber erst nach der Normierung der Daten und Berücksichtigung der Korrelationen. All das ist hier nicht notwendig, und der Quellcode ist übersichtlicher als bei der KNN-Variante.

4.2.3 Automatische Hyperparameter-Einstellung mit GridSearchCV

Sie haben sicherlich bemerkt, wie zeitaufwendig die Optimierung der Hyperparameter ist. Mit dem Programm *K4_adult-2.ipynb* lernen Sie die Bibliothek GridSearchCV kennen. Damit können Sie eine vorgegebene Menge an Hyperparametern automatisch durchtesten lassen. Am Ende bekommen Sie das beste Ergebnis und die besten Hyperparameter-Einstellungen angezeigt. Dabei findet die Kreuzvalidierung (*Cross Validation*) Anwendung, um Overfitting zu vermeiden. Das Verfahren soll an einem Beispiel erklärt werden. Sie haben insgesamt 100 Zeilen an Daten, welche in 20er-Gruppen aufgeteilt werden. Bei jeder Iteration wird immer eine andere 20er-Gruppe entnommen, mit den restlichen 80 Zeilen wird die KI trainiert und mit der vorenthaltenen 20er-Gruppe evaluiert. Jede Gruppe wird einmal zur Evaluierung verwendet. Aus den gemittelten Ergebnissen der Evaluierungsgruppen wird das Endergebnis gebildet. Dies Art der Kreuzvalidierung nennt man k-fache Kreuzvalidierung. Im Anschluss kann mit einem Testdatensatz das Ergebnis überprüft werden.

Iteration	1	2	3	4	5
1. Aufteilung	**Validierung**	Training	Training	Training	Training
2. Aufteilung	Training	**Validierung**	Training	Training	Training
3. Aufteilung	Training	Training	**Validierung**	Training	Training
4. Aufteilung	Training	Training	Training	**Validierung**	Training
5. Aufteilung	Training	Training	Training	Training	**Validierung**

Tabelle 4.5 k-fache Kreuzvalidierung mit k = 5

Sehen wir uns die relevanten Abschnitte im Quellcode an.

```
# Aus den zwei Tabellen vier Tabellen erzeugen
train_data, test_data, train_col, test_col = train_test_split(data,
 col, test_size=0.2, random_state=42)

xgb = XGBClassifier(seed=42)
```

Listing 4.21 Aufteilung der Tabelle und Instanziierung des XGBClassifiers

Der XGBClassifier wird so erstellt, dass das Vorgehen bei der Erstellung der Bäume reproduzierbar ist. Somit kann sichergestellt werden, dass nicht der Zufall zu einer Verbesserung geführt hat, sondern die jeweilige Einstellung der Hyperparameter.

Datentyp Dictionary

In einem Dictionary können Sie Schlüssel-Werte-Paare verschiedener Datentypen speichern. Beispiele:

```
tel_nr = { 'max':555123, 'moritz':5553234 }
my_dict = { 1: 'Nürnberg', 2: 'Herzogenaurach' }
```

range-Funktion

Mit der range-Funktion können Sie eine Zahlensequenz erzeugen. Dazu geben Sie Start- und Stoppwert sowie die Schrittweite an. Der Startwert ist inklusiv, der Stoppwert exklusiv.

```
range (2, 10, 1)
```

Bildet die Sequenz 2, 3, 4 ... 9

```
range (0, 10, 3)
```

Bildet die Sequenz 0, 3, 6, 9

```
range (5, 0, -1)
```

Bildet die Sequenz 5, 4, 3, 2, 1

```
parameters = {
    'max_depth': range (2, 10, 1),
    'n_estimators': range(60, 200, 20),
    'learning_rate': [0.008, 0.01, 0.05, 0.1]
}
```

Listing 4.22 Parameter für den Test anlegen

Das Dictionary parameters enthält drei Schlüssel: max_depth, n_estimators und learning_rate. Die zu testenden Parameter für max_depth und n_estimators wurden mit der range-Funktion angegeben. Das spart Tipparbeit. Bei learning_rate sind die zu testenden Werte explizit in der Liste angegeben. Den restlichen Quellcode gehen wir wieder Zeile für Zeile durch.

```
grid_search = GridSearchCV(estimator=xgb, param_grid=parameters, n_jobs=-1)
```

Das Objekt `grid_search` vom Typ GridSearchCV wird angelegt. Im Konstruktor geben wir den Classifier an, das Dictionary mit den Parametern und die Anzahl der parallel auszuführenden Jobs. Je nach Prozessorarchitektur können Sie eine positive Zahl angeben (z. B. 8 oder 16). Mit -1 wird die maximal mögliche Anzahl von der Bibliothek ermittelt.

```
grid_search.fit(train_data, train_col)
```

Hier findet das Training bzw. Aufbau des Waldes statt. Das kann je nach Rechnerausstattung eine Weile dauern. Es müssen viele mögliche Kombinationen getestet werden.

```
print(grid_search.best_score_)
```

Damit können Sie den besten Wert ausgeben, der erzielt wurde. In diesem Fall sind es wieder über 87 %.

```
print(grid_search.best_params_)
```

Die Einstellungen der Hyperparameter, um das beste Ergebnis zu erzielen, werden ausgegeben. Hier lautet die Ausgabe:

```
{'learning_rate': 0.1, 'max_depth': 4, 'n_estimators': 180}
```

Die Ermittlung von guten Hyperparametern mit der Bibliothek nimmt Ihnen die lästige Prozedur von Parameter einstellen, trainieren, testen, Parameter einstellen, trainieren usw. ab.

4.3 XGBoost Regressor

Der Vollständigkeit halber wollen wir mit XGBoost auch einen konkreten Zahlenwert mittels Regressors zu Schwertlilien ermitteln (*K4_iris-8.ipynb*).

```
import pandas as pd
from sklearn.model_selection import train_test_split
from sklearn import metrics
from xgboost import XGBRegressor

path = "../Data/iris.csv"
data = pd.read_csv(path, delimiter=',')
print(data.head())
# Was soll vorhergesagt werden? Spaltenname in Variable speichern.
col_name = 'sepal.length'
```

```
# konvertiere diese Spalten in numerische Werte 0...n
conv_num = ['species']
data[conv_num] = data[conv_num].astype('category')
data[conv_num] = data[conv_num].apply(lambda x: x.cat.codes)


# Hier findet die Aufteilung in zwei Tabellen statt (Input=data und Output=col).
col = data['sepal.length']
data = data.drop(['sepal.length'], axis = 1)
# Aus den zwei Tabellen vier Tabellen erzeugen
train_data, test_data, train_col, test_col = train_test_split(data,
 col, test_size=0.2)

xgb = XGBRegressor()

xgb.fit(train_data, train_col)

predicted_col = xgb.predict(test_data)

score = metrics.mean_absolute_error(test_col, predicted_col)
print(score)
```

Listing 4.23 Vollständiger Quellcode zu Regression mit XGBoost

An diesen Zeilen Quellcode sollte Ihnen nichts unbekannt erscheinen. Diese KI kann die Länge des Kelchblattes auf ca. 2,4 mm genau vorhersagen. Bei der KNN-Variante waren es 3 mm, dabei mussten wir aber auf die Normierung der Daten achten.

4.4 Deployment

Im nächsten Beispiel wollen wir uns ansehen, wie Sie einerseits die KI trainieren und testen und andererseits diese auf neue, unbekannte Daten anwenden können. Das Programm *K4_iris-8a.ipynb* unterschiedet sich kaum vom letzten Beispiel. Lediglich eine Codezelle am Ende ist neu.

```
# speichere das Modell
xgb.save_model("xgb.json")
```

Hier wird das Modell (der Wald) in einer JSON-Datei gespeichert.

JSON-Dateiformat

In einer JSON-Datei (JavaScript Object Notation) können Sie zusammenhängende Daten hierarchisch strukturiert speichern. JSON-Dateien werden oft für den Austausch zwischen verschiedenen Programmen verwendet.

Sie können die Datei *xgb.json* im Browser öffnen und sich den Inhalt anschauen. Sie werden Informationen zu den Attributen, Hyperparametern usw. finden.

Mit dem Programm *K4_iris-8b.ipynb* öffnen wir die die JSON-Datei, laden die KI und wenden sie auf einen neuen Datensatz an.

```
import pandas as pd
from sklearn.model_selection import train_test_split
from sklearn import metrics
from xgboost import XGBRegressor

path = "../Data/iris_test2.csv"
data = pd.read_csv(path, delimiter=',')
print(data.head())

conv_num = ['species']
data[conv_num] = data[conv_num].astype('category')
data[conv_num] = data[conv_num].apply(lambda x: x.cat.codes)

xgb = XGBRegressor()
xgb.load_model("xgb.json")

predicted_col = xgb.predict(data)
print(predicted_col)
```

Listing 4.24 Verwendung eines vortrainierten XGBRegressor-Modells

Die Länge des Kelchblattes wird mit 5,1 cm angegeben. Auch hier ist der Quellcode sehr übersichtlich.

Bei tabellarischen Daten sollten Sie die Nutzung von XGBoost erwägen, da die Vorbereitung der Daten und der Aufbau des Modells relativ einfach ist. Es gibt aber auch andere Boosting-Bibliotheken wie z. B. AdaBoost oder CatBoost, die Sie sich vielleicht anschauen wollen. Die Verwendung solcher Bibliotheken ist immer recht ähnlich. Mit GridSearchCV können Sie nun auch die Hyperparameter automatisch optimieren lassen und bekommen mit wenig Aufwand wirklich gute Ergebnisse.

4.5 Entscheidungsbäume mit Orange

Es gibt einige Tools, mit denen Sie Entscheidungsbäume grafisch programmieren können, und KNIME ist eines davon. Es gibt aber auch schlankere Lösungen. Wir werden das Open-Source-Tool Orange (*https://orangedatamining.com*) verwenden, um einen einfachen Entscheidungsbaum zu trainieren und zu testen, ganz ohne Quellcode. Sie können Orange einfach über Anaconda installieren.

Installation von Orange

Auf der Orange-Homepage finden Sie auch Installationsdateien für Windows, macOS und Linux, falls Sie Orange nicht über Anaconda installieren wollen.

Starten Sie Anaconda, wechseln Sie in die Home-Ansicht, und klicken Sie auf CHANNELS. Fügen Sie über den Button ADD den Kanal »conda-forge« hinzu, und bestätigen Sie mit der [↵]-Taste (siehe Abbildung 4.2). Über diesen Kanal haben Sie Zugriff auf viele Open-Source-Tools.

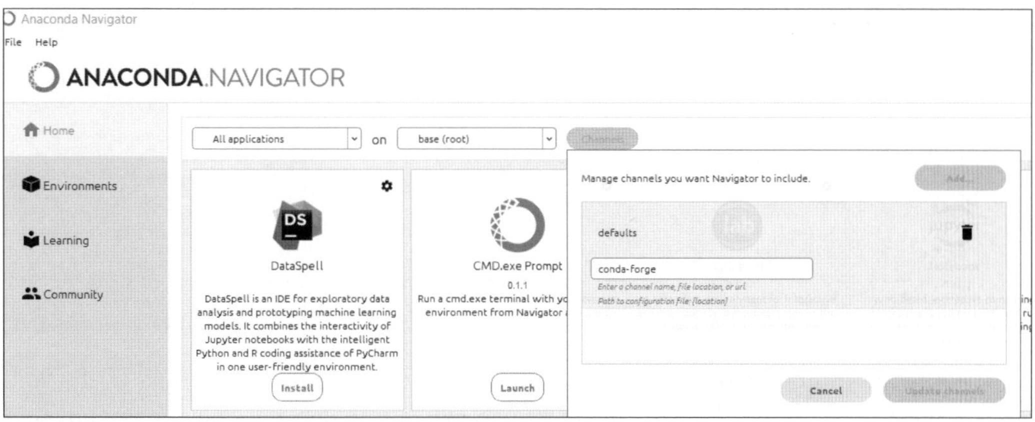

Abbildung 4.2 Aktivierung des Kanals »conda-forge«

Wechseln Sie in die Environments-Ansicht, und installieren Sie das Paket »orange3« (siehe Abbildung 4.3).

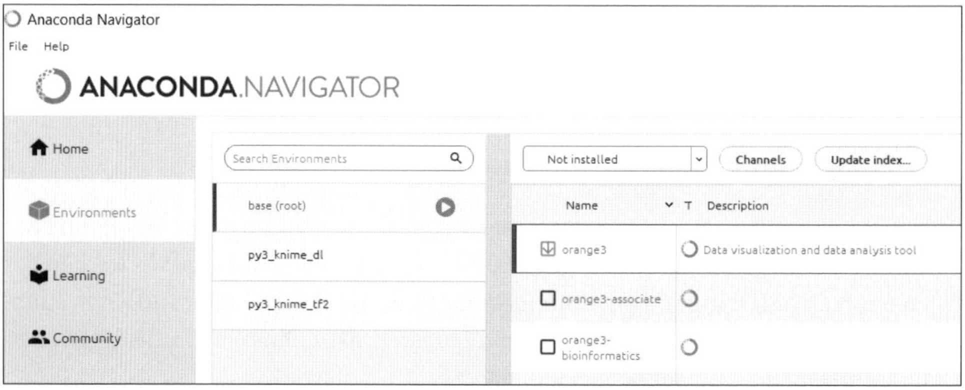

Abbildung 4.3 Installation des Paketes »orange3«

Nun können Sie Orange über den Terminal starten. Klicken Sie bei BASE (ROOT) auf den PLAY-Button. Wählen Sie dann OPEN TERMINAL aus (siehe Abbildung 4.4).

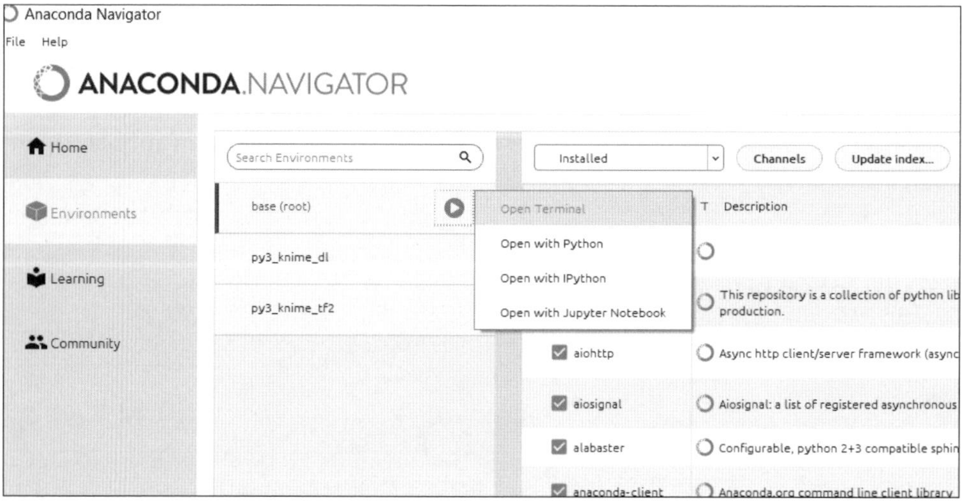

Abbildung 4.4 Den Terminal öffnen

Geben Sie im Terminal den Befehl `orange-canvas` ein, und bestätigen Sie mit ↵. Im Welcome-Screen klicken Sie auf NEW. Erstellen wir nun einen Entscheidungsbaum und sehen uns die Ergebnisse an. Ziehen Sie aus dem Abschnitt DATA das Widget CSV FILE IMPORT in den Arbeitsbereich, und wählen Sie die Datei *iris.csv* aus. Anschließend wählen Sie aus dem Abschnitt TRANSFORM das Widget SELECT COLUMNS aus, und verbinden Sie die Elemente miteinander. Wenn Sie nun auf SELECT COLUMNS doppelt klicken, können Sie einstellen, welche Spalte die Zielspalte ist und vorhergesagt werden soll (siehe Abbildung 4.5).

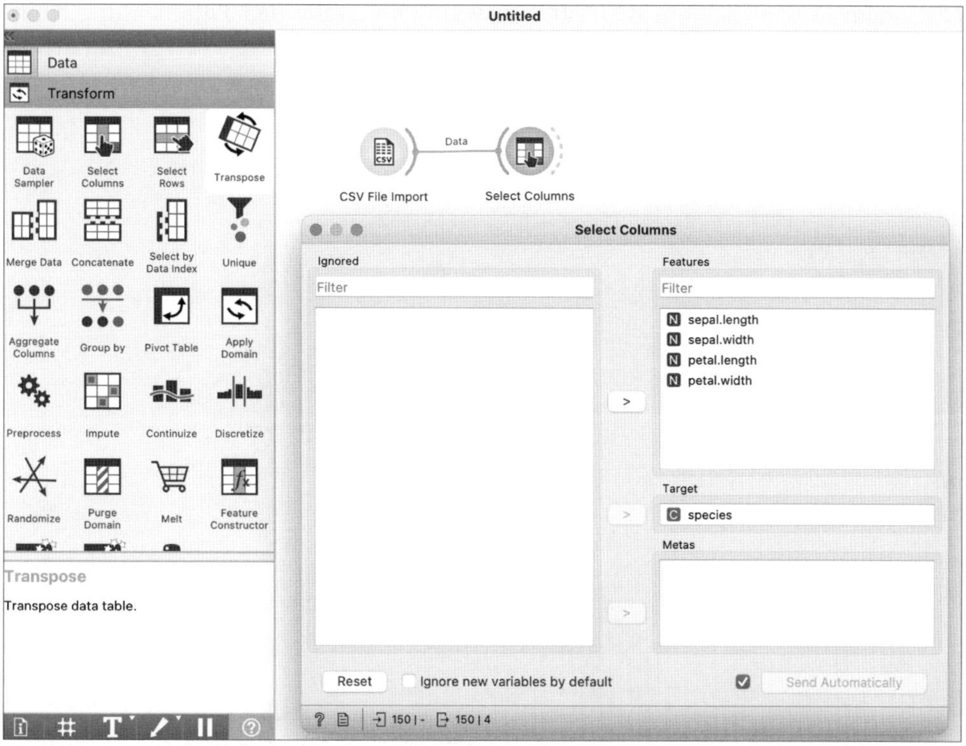

Abbildung 4.5 Die Spalten müssen richtig konfiguriert werden.

Mit dem Widget DATA SAMPLER wählen Sie 80 % der Daten aus, verbinden den Ausgang mit einem TREE und diesen wiederum mit einem TREE VIEWER (siehe Abbildung 4.6).

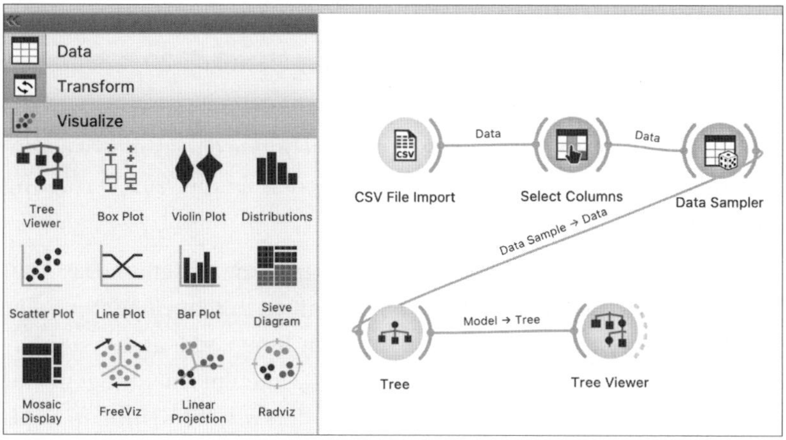

Abbildung 4.6 Aufbau eines Baumes

Mit einem Doppelklick auf den TREE VIEWER können Sie den Entscheidungsbaum sehen (siehe Abbildung 4.7).

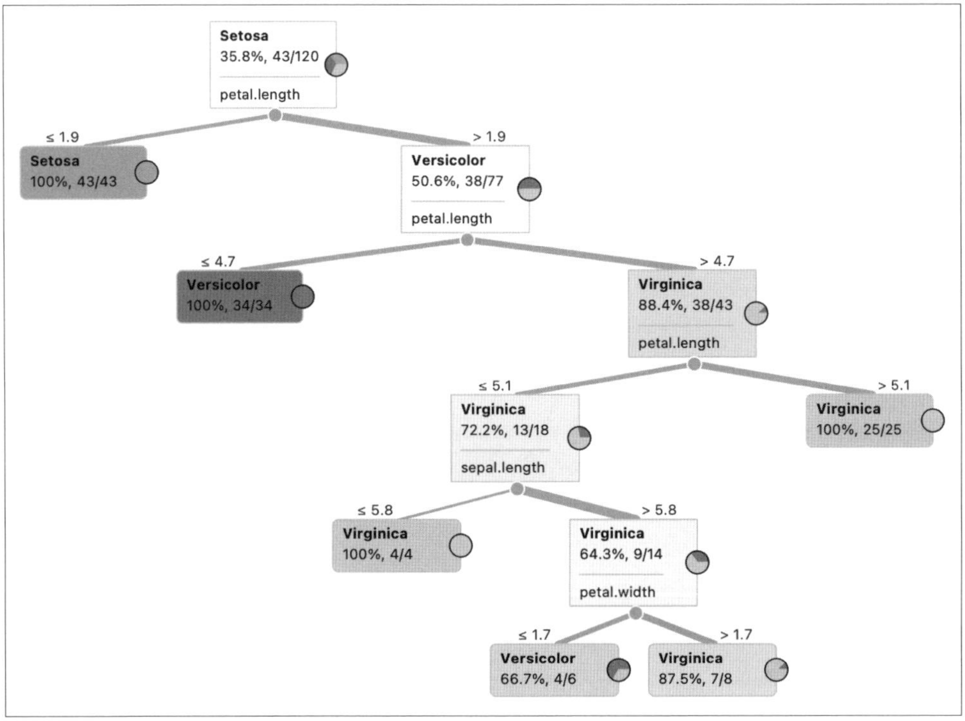

Abbildung 4.7 Tree Viewer

Sie können nun den Baustein TEST AND SCORE hinzufügen und mit TREE sowie DATA SAMPLER verbinden, um den generierten Baum mit den Testdaten zu testen. Achten Sie bei der Verbindung zwischen TREE und DATA SAMPLER, dass Sie auf die 20 % der Daten (*Remaining Data*) zugreifen.

Mit einem Doppelklick auf TEST AND SCORE können die Ergebnisse eingesehen werden. Das fertige Programm *K4_iris.ows* wird Ihnen im entsprechen Ordner zur Verfügung gestellt (siehe Abbildung 4.8).

Sie können zur Übung auch für andere CSV-Dateien Programme erstellen. Das Tool Orange ist nicht nur einfach zu installieren, man kann damit auch schnell per visueller Programmierung KIs erstellen. Der resultierende Baum gibt Ihnen oder anderen Interessierten einen vollständigen Einblick in das innere der KI. Alle Entscheidungen sind nachvollziehbar. Das Thema visuelle Programmierung werden wir mit KNIME in Kapitel 11 vertieft betrachten.

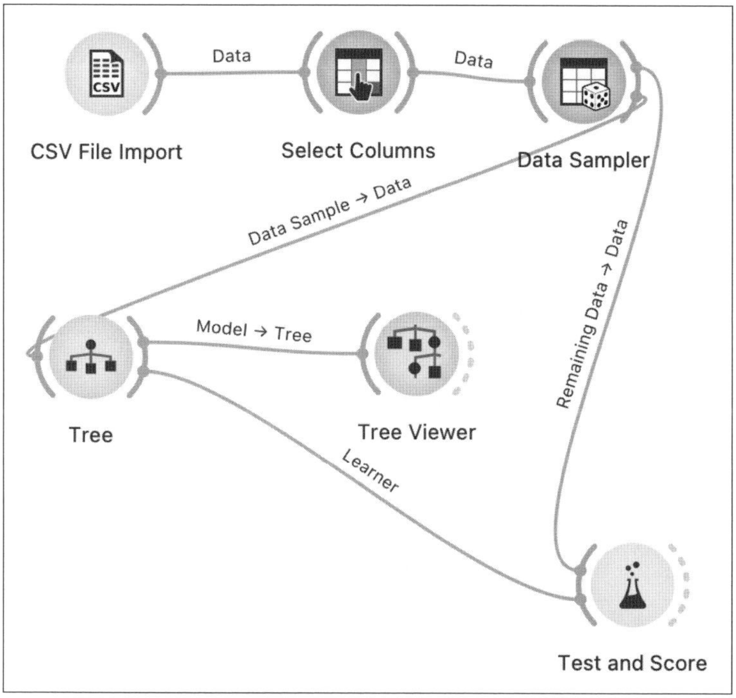

Abbildung 4.8 Das fertige Programm

4.6 Übungen

Übung 1: XGBoost für Klassifizierung

Programmieren Sie eine KI mit XGBoost, um Pilze in »essbar« und »giftig« zu klassifizieren. Verwenden Sie die Datei *mushrooms.csv*. Informationen zu den Attributen finden Sie auf *https://www.kaggle.com/datasets/uciml/mushroom-classification*. Sie können auch auf anderen Seiten im Internet nach Informationen zu den Daten suchen. Gehen Sie bitte Schritt für Schritt vor.

1. Geben Sie die ersten Zeilen aus. Achten Sie auf das korrekte Trennzeichen.
2. Nach der Aufteilung in zwei Tabellen können Sie alle Spalten in einem Rutsch in numerische Werte umwandeln:

```
data = data.astype('category')
data = data.apply(lambda x: x.cat.codes)
```

3. Die Ermittlung von Korrelationen ist bei XGBoost nicht notwendig.

4. Erstellen Sie das Modell, trainieren und testen Sie es.
5. Versuchen Sie, durch Anpassung der Hyperparameter die Korrektklassifizierungsrate zu verbessern.

Übung 2: XGBoost für Regression

Programmieren Sie eine KI mit KNN, um den Preis von Diamanten zu bestimmen. Verwenden Sie die Datei *diamonds.csv*. Informationen zu den Attributen finden Sie z. B. auf *https://www.kaggle.com/datasets/shivam2503/diamonds*.

1. Geben Sie die ersten Zeilen aus. Achten Sie auf das korrekte Trennzeichen.
2. Teilen Sie die Daten in zwei Tabellen auf. Entfernen Sie auch die Spalte *Unnamed: 0* aus den Daten.
3. Konvertieren Sie nichtnumerische Werte in numerische.
4. Erstellen Sie das Modell, trainieren und testen Sie es.
5. Versuchen Sie, durch Anpassung der Hyperparameter die Abweichung zu minimieren.

Übung 3: Automatische Hyperparameter-Optimierung

Erweitern Sie die letzte Übung derart, dass mit GridSearchCV aus einer bestimmten Menge an Parametern die beste Kombination ermittelt wird.

Kapitel 5
Faltungsschichten, Bilder und mehr

Sie können bereits KIs für tabellarische Daten entwickeln. Jetzt wird es Zeit, mit komplexeren Daten, wie z. B. Bildern, zu arbeiten.

Worum geht es in diesem Kapitel?

- Entscheidungshilfe zur Nutzung von XGBoost und künstlichen neuronalen Netzen bzw. darauf aufbauenden Verfahren
- einfache Bildklassifizierung mit künstlichen neuronalen Netzen
- Bildklassifizierung mit einem Convolutional Neurol Network (CNN)
- Verwendung vortrainierter Netze

Mit XGBoost haben Sie eine Softwarebibliothek kennengelernt, mit der Sie relativ einfach performante KI-Anwendungen für tabellarische Daten entwickeln können. Warum sollen Sie sich noch mit künstlichen neuronalen Netzen auseinandersetzen? Tatsächlich wurden viele ML-Wettbewerbe mit XBoost oder anderen Boosting-Bibliotheken gewonnen. Um besser beurteilen zu können, welche Technologie für einen bestimmen Datensatz verwendet werden soll, ist es ratsam, die aktuelle Entwicklung im Bereich KI zu verfolgen. Eine Website, die ich Ihnen auf jeden empfehlen möchte, ist Kaggle: *http://www.kaggle.com/*.

Kaggle

Die Plattform Kaggle (*http://www.kaggle.com/*) wurde im Jahre 2010 vom Wirtschaftswissenschaftler Anthony Goldbloom gegründet. Auf dieser Website findet man sehr viele, frei verfügbare Datensätze. User können diese Daten herunterladen oder aber direkt in einem »Kernel« (ähnlich Google Colaboratory) auf der Seite programmieren und diese Anwendungen anderen Interessierten zur Verfügung stellen. Sie können die Kernels anderer User einsehen, kopieren, modifizieren und ablaufen lassen.

Kurz nach der Gründung der Plattform folgten bereits erste Wettbewerbe: Datensätze wurden zur Verfügung gestellt und die User aufgefordert, eine KI-Anwendung dazu zu programmieren. Es gibt mittlerweile viele Firmen, die eigene Daten zur Verfügung stellen und den erstplatzierten Entwicklungsteams (oder auch Einzelpersonen) Prämien auszahlen. Dadurch kommen die Firmen kostengünstig an KI-Modelle, die sie für ihre Projekte nutzen können.

Die Plattform wurde 2017 von Google übernommen und erfreut sich mit über 12 Millionen Usern im Jahr großer Beliebtheit. Sie finden auf der Plattform auch sehr viele, kostenlose Kurse rund um die Themen Datenanalyse und KI.

Welchen Ansatz sollte man für tabellarische Daten nutzen? Künstliche neuronale Netze oder XGBoost? Dieser Frage haben sich die beiden Intel-Forscher Ravid Shwartz-Ziv und Amitai Armon gewidmet und ihre Forschungsergebnisse in ihrem Paper »Tabulator Data: Deep Learning is Not All You Need« (*https://arxiv.org/abs/2106.03253*) veröffentlicht. Sie kamen zu dem Schluss, dass man bei tabellarischen Daten mit XGBoost oft mit weniger Aufwand bessere Ergebnisse erzielt. Die besten Ergebnisse wurden jedoch erreicht, wenn man bei einem Datensatz KNN und XGBoost kombinierte. Diese Kombination der Techniken führt aber zu sehr vielen Hyperparametern, welche es zu optimieren gilt.

Ein Beispiel: Für den Schwertliliendatensatz entwickeln Sie jeweils eine KI, basierend auf künstlichen neuronalen Netzen (KNN) bzw. XGBoost. Die Vorhersagen dieser Modelle werden gemittelt und bilden das Gesamtergebnis. Dabei müssen Sie jedoch die Hyperparameter beider Modelle optimieren und testen, was sehr viel Zeit kostet.

Doch zurück zu der Frage, welchen Ansatz Sie konkret verfolgen sollen. Ich empfehle Ihnen, da Sie sich noch am Anfang Ihrer KI-Laufbahn befinden, folgende Vorgehensweise:

- Verwenden Sie für tabellarische Daten XGBoost.
- Bei komplexeren Daten, wie z. B. Bildern, sollten Sie KNN und darauf aufbauende Technologien verwenden.

Sie werden noch Möglichkeiten bzw. Module kennenlernen, die für einen vorgegebenen Datensatz verschiedene Ansätze und Hyperparameter testen und bewerten. Anschließend können Sie das Modell mit dem besten Ergebnis für Ihre Anwendung verwenden. Wir werden uns auch noch ansehen, wie man vortrainierte Modelle verwendet und somit sehr schnell zu einer guten Lösung gelangt. Schließlich können Sie, wenn Sie Ihre Kenntnisse in diesem Bereich ausgebaut haben, Veröffentlichungen anderer User ansehen und diese für Ihre Anwendung adaptieren oder gleich mehrere Modelle kombinieren.

Es ist aber wichtig, dass Sie die grundlegenden Zusammenhänge verstehen, um Ihre KI-Anwendungen zielgerichtet optimieren zu können.

5.1 Einfache Bildklassifizierung

Es gibt eine große, frei verfügbare Datenbank mit Bildern von handgeschriebenen Ziffern: die MNIST-Datenbank (Modified National Institute of Standards and Technology). Diese Datenbank enthält eine umfangreiche Sammlung von handgeschrieben Ziffern, die von amerikanischen Highschool-Schüler*innen und Angestellten des öffentlichen Dienstes stammen. Die Daten sind so bearbeitet, dass sich die Ziffern zentral im Bild befinden. Die Bilder sind alle 28 × 28 Pixel groß und schwarz-weiß (monochrom). Diese Datenbank ist dank der einheitlichen, einfachen Bilder gut für den Einstieg in die Technik der Bildklassifizierung geeignet. Der Datensatz ist auch in Test- und Trainingsdaten aufgeteilt, sodass uns 60000 Bilder für das Training sowie 10000 Bilder zum Testen zur Verfügung stehen. Die MNIST-Datenbank hat lange Zeit als Benchmark in der Entwicklung und Bewertung von Algorithmen im Bereich des maschinellen Lernens gedient. Heute kommen andere, komplexere Datensätze zur Bewertung von Algorithmen zum Einsatz, aber wegen dem einfachen Aufbau macht es den Zugang zu Bilderkennungstechniken für Anfänger*innen besonders leicht. Daher werden wir uns bei unserem ersten Programm mit diesem Datensatz beschäftigen. Das Ziel ist es, eine KI zu entwickeln, die handgeschriebene Ziffern erkennt und diese korrekt zuordnet. Die MNIST-Datenbank befindet sich praktischerweise im Modul TensorFlow bzw. im Untermodul Keras, daher müssen wir nicht selbst Dateien aus dem Internet herunterladen und vorbereiten.

Grayscale

Monochrome Bilder sind oft in Graustufen (Grayscale) kodiert. Der Wert 0 bedeutet schwarz, 255 hingegen weiß. Die Werte dazwischen beschreiben die Abstufungen.

Sehen wir uns das erste, einfache Beispiel zur Bildklassifizierung mit dem Programm *K5_mnist_digits-1.ipynb* an:

```
import pandas as pd
import tensorflow as tf
from sklearn.model_selection import train_test_split
import matplotlib.pyplot as plt

(train_data, train_col), (test_data, test_col) = tf.keras.datasets.mnist.load_data()
```

Listing 5.1 Benötigte Module und Daten laden

Wie gewohnt werden die benötigten Module importiert. Mit `tf.keras.datasets.mnist.load_data()` werden auch die Bilder geladen. Der Methodenaufruf gibt Ihnen zwei Tupel zurück. Im ersten Tupel sind die Bilddaten (28 × 28 Pixel) und die dazugehörige Zahl im Bild (z. B. 5) gespeichert. Im zweiten Tupel sind dementsprechend die Testdaten (Bilder und Ziffern) gespeichert. Haben Sie den Aufbau des Datensatzes verstanden? Die Trainings- und Testdaten bestehen aus Bildern und Ziffern, wobei die Ziffern die Zielspalte darstellen. Die Bilder sollen der KI-Blackbox zugeführt werden, welche dann im Idealfall die korrekte Ziffer ausgibt.

Geben wir ein Bild aus, um uns den Aufbau zu verdeutlichen:

```
index = 111
plt.imshow(train_data[index], cmap='Greys')
plt.xlabel(train_col[index])
plt.show()
```

Listing 5.2 Ausgabe des Bildes und der Ziffer mit dem Index 111

Sowohl die Bilder als auch die Ziffern sind in Arrays gespeichert. Es sollen aus diesen Arrays mit 60000 Einträgen jeweils das Element mit dem Index 111 ausgeben werden. Mit `plt.imshow` geben wir das Bild `train_data[111]` aus. Unter dem Bild geben wir mit `plt.xlabel(train_col[111])` die Ziffer auf dem Bild aus. Soll ein anderes Bild ausgeben werden, müssen Sie nur den Index ändern. Dadurch, dass der Index in einer Variable gespeichert wird (hier `index`), können Sie an einer zentralen Stelle angeben, welches Bild und welche Bildinformation ausgegeben werden sollen. Bei 60000 Bildern können Sie Werte zwischen 0 und 59999 einstellen.

Wenn Sie selbst Bilder für KIs vorbereiten wollen, müssen Sie diese aufnehmen, bearbeiten (hier in Graustufen) und schneiden (z. B. 28 × 28 Pixel). Außerdem müssen Sie noch die Information hinterlegen, was sich auf dem Bild befindet. Diesen Vorgang nennt man *Labeln*. Zum Glück müssen wir das hier nicht selbst realisieren, da die öffentlich zugänglichen Daten, die wir hier verwenden, schon gelabelt sind.

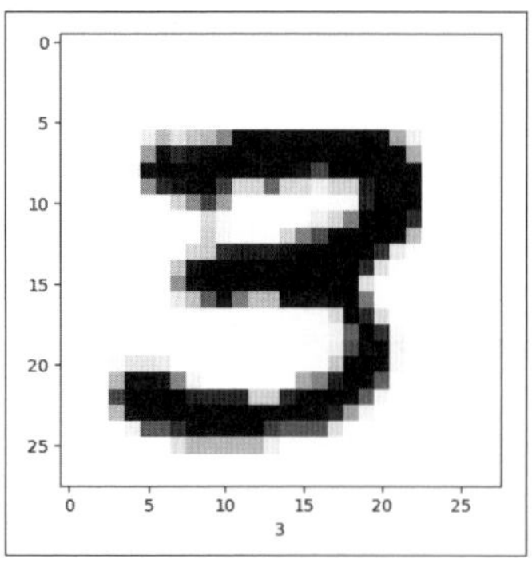

Abbildung 5.1 Das Bild mit dem Index 111 stellt die Zahl drei dar.
Unter dem Bild wird der Wert 3 (Label) zur Information ausgegeben.

```
# Aufbau KNN
model = tf.keras.Sequential([
    tf.keras.layers.Flatten(input_shape=(28, 28)),
    tf.keras.layers.Dense(256, activation=tf.nn.relu),
    tf.keras.layers.Dense(10, activation=tf.nn.softmax)
])
# Konfiguration des Lernprozesses
model.compile(optimizer='adam', loss='sparse_categorical_crossentropy',
 metrics=['accuracy'])
```

Listing 5.3 Aufbau des KNN und Konfiguration des Trainingsprozesses

Lediglich der Layer Flatten ist hier neu. Dieser macht nichts anderes als die Pixel aneinanderzureihen, indem alle Zeilen zu einer einzigen Zeile aneinandergereiht werden.

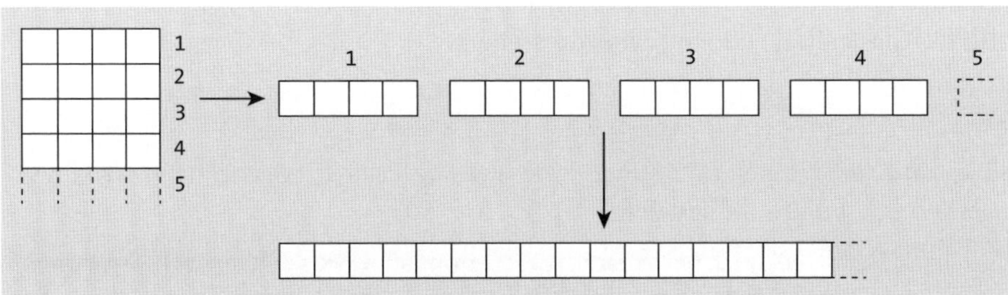

Abbildung 5.2 Alle Zeilen werden aneinandergereiht

Als Ergebnis liegt eine Eingabeschicht mit 784 (28 × 28) Knoten vor.

```
model.summary()
```

Mit diesem Aufruf bekommen Sie Information zum Aufbau des KNN. Die Ausgabe sehen Sie in Abbildung 5.3.

```
Model: "sequential_1"
_________________________________________________________________
 Layer (type)                Output Shape              Param #
=================================================================
 flatten_1 (Flatten)         (None, 784)               0

 dense_2 (Dense)             (None, 256)               200960

 dense_3 (Dense)             (None, 10)                2570

=================================================================
Total params: 203,530
Trainable params: 203,530
Non-trainable params: 0
_________________________________________________________________
```

Abbildung 5.3 Information zum Aufbau unseres KNN

Beim Layer mit dem Namen »flatten_1« haben Sie 784 Knoten, jedoch keine Parameter. Diese werden von der Eingabeschicht einfach durchgereicht. In der darauffolgenden Schicht haben Sie 256 Knoten. Als Parameter wird 200960 angezeigt. Wie kommt dieser Wert zustande? Jeder Knoten der einen Schicht ist mit allen Knoten der vorherigen Schicht verbunden, wobei die Verbindungen gewichtet sind. Wenn Sie die Anzahl der Knoten des Input Layers, 784, mit der Anzahl der Knoten des ersten Hidden Layers, also 256, multiplizieren, bekommen Sie als Ergebnis 200704. Die Anzahl der Gewichte alleine kann es also nicht sein, da wir eine Differenz von 256 haben. Der Grund liegt im Aufbau der KNN bei Keras. Wie Sie bereits gelernt haben, werden am Eingang eines jeden Knotens die einzelnen Verbindungen mit den Gewichten multipliziert und aufsummiert (außer bei Input Layern). Keras und andere Bibliotheken haben das Verfahren erweitert und addieren zu jedem Knoten eine Zahl (*Bias*, positiv oder negativ), um die Aktivierungsfunktion besser nutzen können. Zu den Gewichten kommen also noch Summanden (256, entspricht Anzahl der Hidden Layer), welche insgesamt die Parameter (200960) des ersten Hidden Layers darstellen.

Bias

Als Bias wird der Summand der Knoten eines KNN bezeichnet, welcher beim Trainingsprozess ermittelt und optimiert wird.

Dieser Begriff wird aber auch bei negativen Verzerrungen von KIs verwendet. Das ist dann der Fall, wenn ein KI-Modell mit Daten trainiert wird, die z. B. eine unerwünschte Korrelation enthalten, und somit die Aussage des Modells z. B. sexistisch oder rassistisch wird.

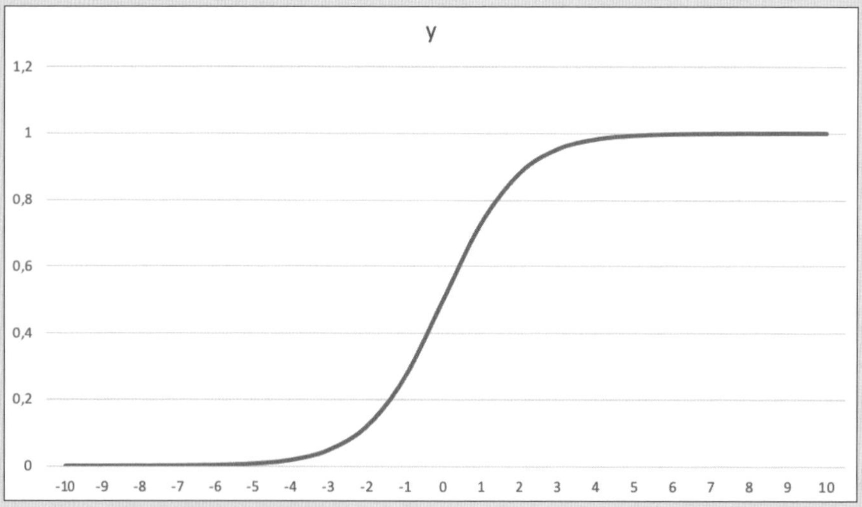

Abbildung 5.4 Sigmoid-Funktion

Die Addition von einem Summanden zu jedem KNN soll an einem Beispiel verdeutlicht werden: Bei Werten über 5 liefert die Sigmoid-Funktion immer einen Wert von ungefähr 1 (siehe Abbildung 5.4). Wenn wir bei x ein Bias von 5 addieren, haben wir für Werte um 5 eine bessere Unterscheidung (siehe Abbildung 5.5). Die Bias-Werte werden in vielen KNN-Bibliotheken, ähnlich den Gewichten, mit dem Gradientenverfahren aktualisiert.

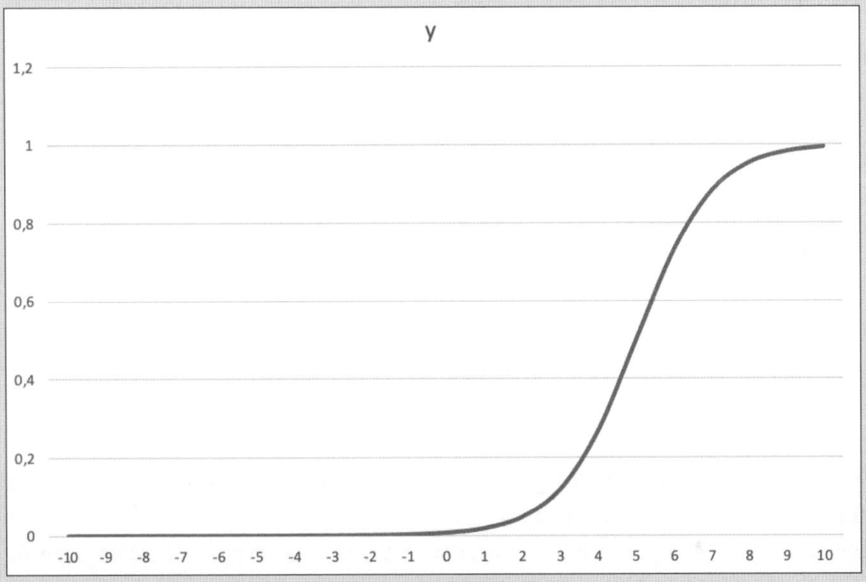

Abbildung 5.5 Sigmoid-Funktion mit einem Bias von 5

Mit dieser neuen Information können wir die Werte für Parameter besser interpretieren. Die Parameter werden hier berechnet mit:

$$Parameter = (Anzahl\ Eingänge + 1) \times Anzahl\ Ausgänge$$

Wieder etwas dazugelernt. Sehen wir uns noch den Rest des Quellcodes an.

```
# 7 Durchläufe
model.fit(train_data, train_col, epochs=7)

test_loss, test_acc = model.evaluate(test_data, test_col)
print('Test accuracy:', test_acc)
```

Listing 5.4 Training- und Testprozess

Im Unterschied zur Klassifizierung von tabellarischen Daten wurden lediglich die Pixel aneinandergereiht, und mit diesem simplen Trick bekommen wir eine Korrektklassifizierungsrate von 95 %.

5.2 Hyperparameter-Optimierung mit Early Stopping und KerasTuner

Für Entscheidungsbäume und -wälder haben wir mit GridSearchCV ein Modul kennengelernt, mit dem wir Hyperparameter automatisch einstellen können. Sehen wir uns entsprechende Möglichkeiten für KNN an. Fangen wir mit der Datei mit dem Namen *K5_mnist_digits-2.ipynb* an und betrachten wieder nur die relevanten Stellen.

```
cb_early = tf.keras.callbacks.EarlyStopping(monitor='val_loss', patience=3)

model.fit(train_data, train_col, epochs=100, validation_data=(test_data,
 test_col),callbacks=[cb_early])
```

Listing 5.5 Trainingsprozess mit Callback-Funktion

Das war es auch schon mit den Änderungen. Die Methode `model.fit` wird mit zusätzlichen Parametern aufgerufen. Wir geben die Testdaten mit, sodass nach jeder Epoche mit diesen Daten getestet wird. Der Parameter `callbacks=[cb_early]` verweist auf eine Variable, die in der Zeile darüber definiert wird und auf eine spezielle Methode zeigt, `tf.keras.callbacks.EarlyStopping`. Doch was passiert hier? Wir haben zwar eine Epochenzahl von 100 eingegeben, aber wenn für die Ausgabe `val_loss` (Ergebnis der Verlustfunktion für Testdaten) drei Epochen lang keine Verbesserung auftritt (eine Verbesserung ist in diesem Fall ein sinkender Wert), wird der Vorgang gestoppt. Damit ermitteln wir die Anzahl an Epochen, ohne dass es zu Overfitting kommt. In diesem Beispiel stoppt die Trainingsprozedur nach neun Epochen. Nun folgt die Betrachtung mit etwas komplexeren Daten.

Das Unternehmen Zalando stellt Bilder von Kleidungsstücken für Lehr- und Lernzwecke zur Verfügung, die im Programm *K5_mnist_fashion-1.ipynb* verwendet werden.

```
import pandas as pd
import tensorflow as tf
from sklearn.model_selection import train_test_split
import matplotlib.pyplot as plt

(train_data, train_col), (test_data, test_col) =
 tf.keras.datasets.fashion_mnist.load_data()
```

```
class_names = ['T-shirt/top', 'Trouser', 'Pullover', 'Dress', 'Coat',
 'Sandal', 'Shirt', 'Sneaker', 'Bag', 'Ankle boot']

index = 111
plt.imshow(train_data[index], cmap='binary')
plt.xlabel(class_names[train_col[index]])
plt.show()
```

Listing 5.6 Die Module und Daten werden geladen, ein Bild wird ausgegeben.

Die Labels sind als Zahlen kodiert. 0 steht für T-Shirt/Top, 5 für Sandalen usw. Daher definieren wir für diese Zuordnung die Liste `class_names`. Mit `train_col[index]` bekommen wir die Zahl für das Kleidungsstück zurück. Wenn wir diese Zahl als Index bei `class_names` verwenden, können wir auf die Zeichenkette in der Liste an der entsprechenden Position zugreifen. Dieser verschachtelte Aufruf sorgt dafür, dass wir uns bei der Ausgabe nicht mit Zahlen herumschlagen müssen, sondern auf konkrete Beschreibungen zurückgreifen können.

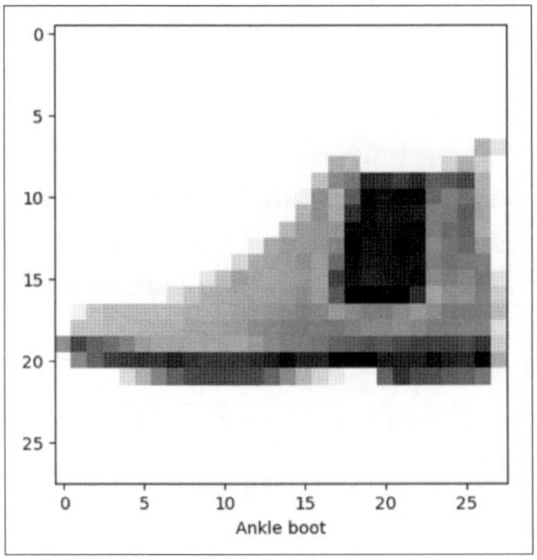

Abbildung 5.6 Ein Kleidungsstück aus den Trainingsdaten mit Bezeichnung

Die restlichen Zeilen Quellcode können unverändert übernommen werden.

```
cb_early = tf.keras.callbacks.EarlyStopping(monitor='val_loss', patience=3)

model.fit(train_data, train_col, epochs=100, validation_data=(
 test_data, test_col),callbacks=[cb_early])
```

Listing 5.7 Die Module und Daten werden geladen.

Nach zehn Epochen wird die Trainingsprozedur mit einer Korrektklassifizierungsrate von ca. 82 % beendet.

Das Modul KerasTuner bietet Möglichkeiten, um weitere Hyperparameter automatisch zu testen. Im nächsten Beispiel (*K5_mnist_fashion-2.ipynb*) soll aus einer gegebenen Menge von Werten für die Anzahl der Knoten und die Lernrate die beste Kombination ermittelt werden.

Installieren Sie das Modul KerasTuner

Sie müssen das Modul KerasTuner über Anaconda installieren.

Wir betrachten wieder nur die relevanten Codezeilen. An dieser Stelle müssen wir unsere erste eigene Funktion definieren.

Funktionen in Python

Es folgt ein konkretes Beispiel: Sie sollen eine Funktion definieren, mit der das Quadrat einer Zahl gebildet werden soll. Das Ergebnis könnte wie folgt aussehen:

```
def meineFunktion1(param):
    ergebnis = param*param
    return ergebnis
```

Der Name der Funktion lautet »meineFunktion1«. Dieser Funktion wird ein Parameter übergeben. Was die Funktion machen soll, wird in den folgenden, eingerückten Zeilen beschrieben. Die Zahl als übergebener Parameter wird mit sich selbst multipliziert und das Ergebnis zurückgegeben.

```
erg = meineFunktion1(3)
print(erg)
```

Sie können diese Funktion mit verschiedenen Zahlen aufrufen und bekommen als Ergebnis immer das Quadrat zurück, welche in der Variablen `erg` gespeichert wird.

Sie können einer Funktion auch mehrere (oder gar keine) Parameter übergeben und die Parameter nennen, wie Sie wollen. Der Name darf nur nicht mit einer Zahl beginnen oder Leerzeichen enthalten. Verwenden Sie nur Buchstaben aus dem englischen Alphabet.

```
def meineFunktion2(param1, param2):
    ergebnis = param1*param2
    return ergebnis

erg = meineFunktion2(2,4)
print(erg)
```

In diesem Fall bekommen Sie das Produkt der zwei Zahlen zurück. Wenn Sie mehr als einen Wert zurückgeben wollen, können Sie als Rückgabewert z. B. ein Tupel verwenden.

```
def meineFunktion3(param1, param2):
    summe = param1+param2
    produkt = param1*param2
    return (summe, produkt)

(erg1, erg2) = meineFunktion3(2,4)
print(erg1)
print(erg2)
```

In erg1 ist die Summe, in erg2 das Produkt gespeichert.

Und wieder etwas dazu gelernt. Nun können wir den Quellcode betrachten (achten sie darauf, das Modul keras-tuner zu importieren):

```
def build_model(hp):
   model = tf.keras.Sequential()
   model.add(tf.keras.layers.Flatten(input_shape=(28, 28)))
   model.add(tf.keras.layers.Dense(
    hp.Choice('units', values=[100, 300, 500]),
    activation='relu'))
   model.add(tf.keras.layers.Dense(10, activation='softmax'))
   learning_rate = hp.Choice('learning_rate', values=[0.01, 0.001, 0.0001])

model.compile(optimizer=tf.keras.optimizers.Adam(learning_rate=learning_rate),
loss='sparse_categorical_crossentropy', metrics=['accuracy'])
    return model
```

Listing 5.8 Das KNN-Modell wird in einer Funktion aufgebaut

Die Funktion build_model wird mit dem Parameter hp aufgerufen. In dieser Funktion wird ein KNN aufgebaut. Achten Sie auf die Stellen, wo der Hidden Layer aufgebaut und die Lernrate definiert werden. Der Parameter hp stellt die Methode Choice zur Verfügung, und die Stellen mit Choice werden nacheinander mit den Werten in der Liste values ersetzt.

Es werden also verschiedene Werte für die Anzahl der Knoten im Hidden Layer (100; 300; 500) und für die Lernrate (0,01; 0,001; 0,0001) nacheinander eingesetzt.

```
tuner = keras_tuner.GridSearch(
   build_model,
   objective='val_accuracy',
   project_name='mnistFashion',
   overwrite=True)
```

Listing 5.9 GridSearch instanziieren

Die Variable `tuner` ist ein Objekt für ein Suchverfahren. Der erste Parameter im Konstruktor ist der Name unserer Funktion, dann folgt das Kriterium für die Bewertung, in diesem Fall die Korrektklassifizierungsrate mit den Testdaten. Es wird ein Ordner mit dem Projektnamen angelegt, und darin werden die Zwischenwerte in JSON-Dateien gespeichert. Wenn Sie die Zelle noch mal ausführen, wird der Ordnerinhalt überschrieben.

```
cb_early = tf.keras.callbacks.EarlyStopping(monitor='val_loss', patience=3)
tuner.search(train_data, train_col, epochs=100, validation_data=(
 test_data, test_col), callbacks=[cb_early])
```

Listing 5.10 Trainingsprozess mit verschiedenen Parametern

Der Aufruf der Methode `tuner.search` ähnelt dem Aufruf `model.fit`, nur werden hier eben verschiedene Parameter nacheinander getestet. Dies kann eine Weile dauern (je nach Rechnerausstattung bis zu einer Stunde).

```
best_params_list = tuner.get_best_hyperparameters()
best_params = best_params_list[0]
print(best_params.get('units'))
print(best_params.get('learning_rate'))
```

Listing 5.11 Ermittlung der besten Hyperparameter

Wir speichern eine Liste mit den besten Parametern in der Variablen `best_params_list`. Das erste Element in der Liste ist auch das beste, deshalb speichern wir es in der Variable `best_params`. In den folgenden zwei Zeilen werden die ermittelten Werte ausgegeben.

```
model = tuner.hypermodel.build(best_params)
model.fit(train_data, train_col, epochs=100, validation_data=
 (test_data, test_col),callbacks=[cb_early])
```

Listing 5.12 Neues Modell mit den besten Hyperparametern instanziieren und trainieren

Es wäre auch möglich, gleich das beste Modell zu verwenden, aber wir bauen hier ein KNN mit den ermittelten Parametern neu auf und trainieren und testen anschließend das KNN-Modell. Die Korrektklassifizierungsrate steigt mit der automatischen Hyperparameter Einstellung bis auf ca. 88 %. Mit ein wenig Programmierkenntnissen können Sie viel mehr Parameter von KerasTuner einstellen lassen. Auf der Website von Keras finden Sie dazu einige Beispiele (*https://keras.io/keras_tuner*).

5.3 Convolutional Neural Network (CNN)

Ein Convolutional Neural Network (CNN) ist ein spezielles mehrschichtiges Netz, welches aus einem Detektionsteil und einem Identifikationsteil besteht (siehe Abbildung 5.7).

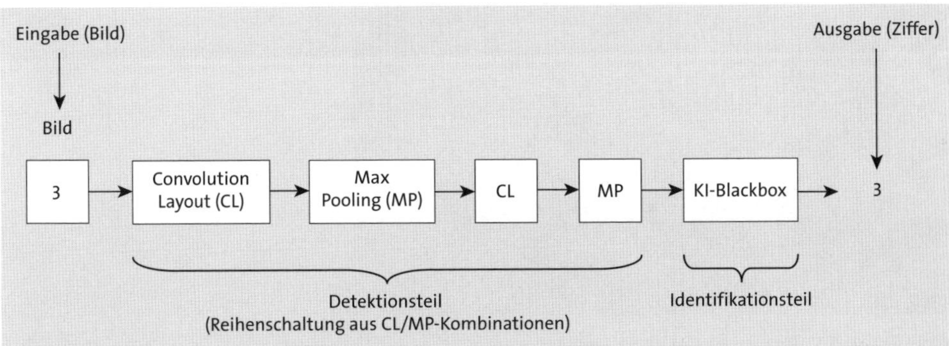

Abbildung 5.7 CNN mit Detektions- und Identifikationsteil

Betrachten wir zuerst den Detektionsteil. Ein Bild besteht aus vielen einzelnen Pixelwerten, und jeder Pixel kann Werte zwischen 0 und 255 annehmen. Ein Filter (z. B. 3 × 3 Matrix) fährt systematisch das ganze Bild ab und verrechnet die Werte des Filters sowie des Bildes miteinander (man spricht hier von Faltung). Das Ergebnis wird in eine neue Schicht, dem *Convolutional Layer* (*Faltungsschicht*) geschrieben. Je nachdem, wie die Filtermatrix aufgebaut ist, kann man bestimmte Merkmale wie Linien, Kanten, Punkte, Ecken usw. extrahieren. Typischerweise wird das Bild mit mehreren Filtern hintereinander gefaltet, um mehrere Merkmale zu extrahieren und diese als Eingabedaten für die KI-Blackbox zu verwenden. Für ein KI-Modell ist für die Klassifizierung nicht das süße Lächeln eines Kindes auf dem Bild wichtig, sondern nur die aus dem Bild ermittelten Merkmale.

Im Folgenden werden wir die Verfahren zur Ermittlung der Merkmale genauer betrachten. Aber auch hier gilt: Sie müssen später bei der Entwicklung eigener KI-Modelle keine Berechnungen selbst durchführen. Wenn Sie jedoch das Konzept verstanden haben, können Sie die Hyperparameter zielgerichtet optimieren. Und es gibt einige neue Hyperparameter, zusätzlich zu denen, die Sie bei KNN-Modellen bereits kennengelernt haben, wie z. B. Größe, Art und Anzahl der Filter.

In Abbildung 5.8 sehen Sie Bambam, den Familienhund. An diesem Bild soll demonstriert werden, wie ein Ergebnis der Filterung aussehen kann. Das Ziel ist es, Merkmale aus dem Bild zu extrahieren. Diese Merkmale werden dann in den nachfolgenden Prozessen verwendet. Die Faltung reduziert die Bildinformationen und beschränkt die Inhalte auf Ecken, Kanten, Kreise usw. Somit werden die Eingabedaten für das KI-Modell auf Pixelmuster vereinfacht.

Abbildung 5.8 Bambam vor dem Filter

Es werden spezielle Filter für die Mustererkennung zur Anwendung kommen. Filter mit diesem Matrixaufbau werden als *Kernel* bezeichnet. Der erste Kernel, den wir betrachten wollen, dient der Kantenerkennung:

$$\text{Kernel\_1} = \begin{bmatrix} -1 & -1 & -1 \\ -1 & 8 & -1 \\ -1 & -1 & -1 \end{bmatrix}$$

Die Werte in der Matrix sind Erfahrungswerte, die jedoch auch bei Bildbearbeitungsprogrammen verwendet werden. Ein weiterer Kernel, welcher das Bild schärfer stellt, hat folgenden Aufbau:

$$\text{Kernel\_2} = \begin{bmatrix} 0 & -1 & 0 \\ -1 & 5 & -1 \\ 0 & -1 & 0 \end{bmatrix}$$

Als letztes Beispiel folgt ein Kernel, der einen 3-D-Effekt erzeugt:

$$\text{Kernel\_3} = \begin{bmatrix} -2 & -1 & 0 \\ -1 & 1 & 1 \\ 0 & 1 & 2 \end{bmatrix}$$

Ein Filter bewegt sich über das Bild und verfährt dabei von links nach rechts und zeilenweise von oben nach unten. Dabei werden Werte im Kernel mit den Pixelwerten multipliziert und aufsummiert. Die Ergebnisse werden in einen neuen Layer (Convolutional Layer) übertragen (siehe Abbildung 5.9).

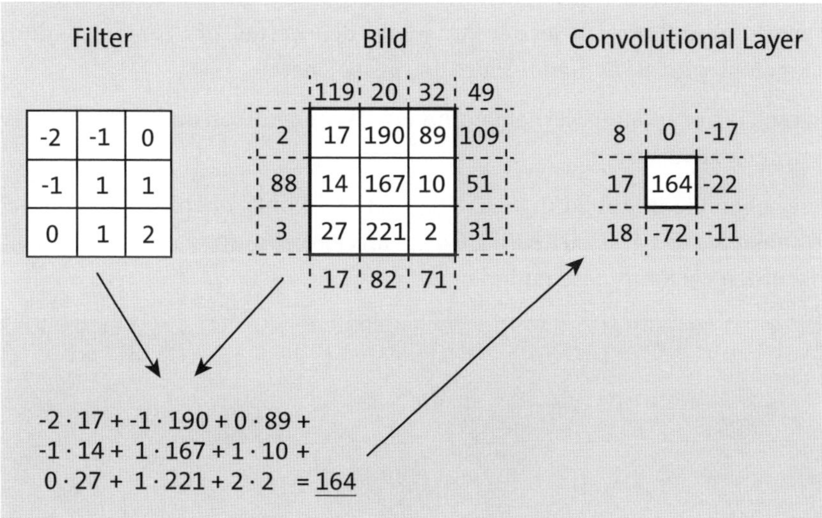

Abbildung 5.9 Berechnung eines Convolutional Layers

Es ist relativ einfach, dieses Verfahren mit einigen Zeilen Python-Quellcode selbst zu implementieren.

OpenCV-Python

OpenCV (Open Source Computer Vision Library) ist eine Open-Source-Bibliothek, die viele Methoden für Bildbearbeitung zur Verfügung stellt.

Bitte installieren Sie über Anaconda das Modul OpenCV-Python.

```
import cv2
import numpy as np
img = cv2.imread('bambam.png')
kernel = np.array([[0, -1, 0],
                   [-1, 5, -1],
                   [0, -1, 0]])
img_final = cv2.filter2D(img, -1, kernel)
cv2.imwrite("bambam-sharp.png", img_final)
```

Listing 5.13 Filter anwenden und Ergebnis speichern

Wie gewohnt werden die benötigten Module und danach das Ausgangsbild geladen. Anschließend wird ein Kernel in Form eines zweidimensionalen Arrays (Arrays in einem Array) definiert und mit der Methode `filter2D` auf das Bild angewendet. Diese Methode bekommt beim Aufruf als ersten Parameter das Ausgangsbild, dann folgt die Information über die Bildtiefe (Anzahl der Bits pro Pixel, bei -1 bleibt die Tiefe des Ausgangsbildes erhalten) und hier als letzter Parameter den Kernel, der zur Anwendung kommt. Das Ergebnis wird als *bambam-sharp.png* gespeichert.

Experimentieren Sie mit anderen Kernelparametern. Je nach Aufbau und Zahlenwert ist das Ergebnis unterschiedlich.

Die Ergebnisse sehen Sie in Abbildung 5.10. Das erste Bild links oben ist das Original, rechts davon sehen Sie das geschärfte Bild. Unten links erkennt man einen 3-D-Effekt, unten rechts wurden die Kanten extrahiert.

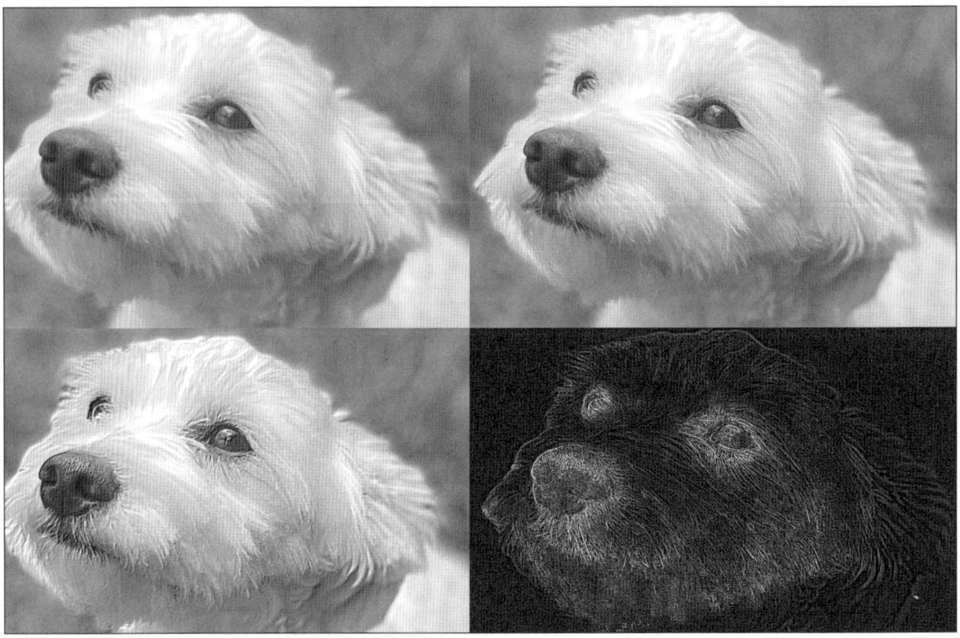

Abbildung 5.10 Bambams Bilder, Original und nach der Anwendung von Filtern

Was passiert mit den Randpixeln beim Verfahren des Kernels? Es kommt darauf an, für welches Padding man sich entscheidet. Beim *Same Padding* werden Randbereiche mit Nullen aufgefüllt. Beim *Valid Padding* wird nicht aufgefüllt, sondern der Filter bewegt sich nur im Bildbereich. Die Dimension der Ausgabeschicht ist somit kleiner als beim Same Padding.

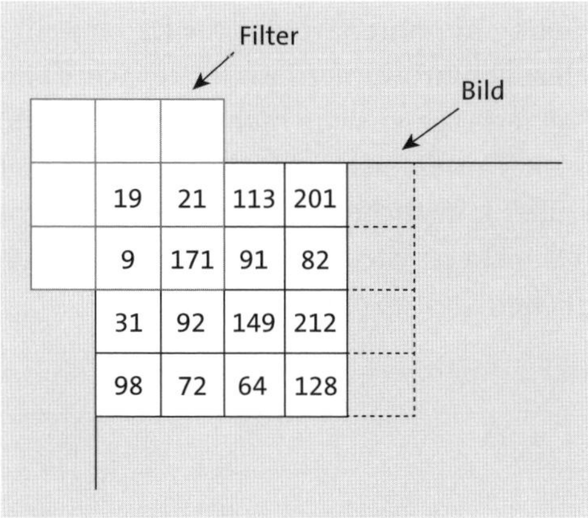

Abbildung 5.11 Padding-Verfahren

Sie kennen nun das Verfahren der Faltung. Sie wissen auch, dass der Kernel über den Rand verfahren oder im Bild bleiben kann. Um wie viele Pixel sich der Filter jeweils bewegt, gibt man mit *Stride* an. Der Filter verfährt von links rechts und zeilenweise von oben nach unten. Ein typischer Wert für Stride ist 2, und auch dieser Wert ist ein Erfahrungswert. In vielen Beispielen im Internet und auch in der Literatur werden Sie CNN finden, welche eine Kernelgröße von 3 × 3 und einen Stride von 2 haben. Selbstverständlich können Sie später mit diesen Werten experimentieren.

Das Ergebnis der Faltung wird, wie oben erwähnt, in einer neuen Schicht, dem Convolutional Layer, gespeichert. Nach dem Convolutinal Layer folgt der Pooling Layer, welcher die Dimension reduziert. Sehr oft wird das *Max Pooling* verwendet. Ein Filter (z. B. 2 × 2 Matrix, auch ein Erfahrungswert) fährt den Convolutional Layer ab und kopiert jeweils nur die größte Zahl im Filterbereich in eine neue Schicht, den *Pooling Layer*. Damit wird die Dimension des Bildes wieder reduziert, und die Eingabedaten für die KI-Blackbox werden weiter vereinfacht.

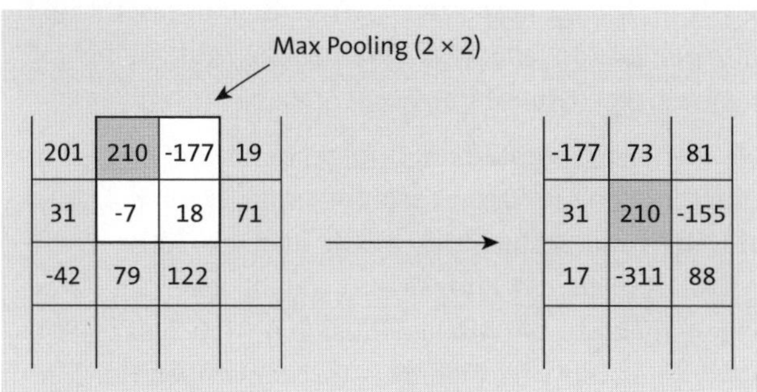

Abbildung 5.12 Max-Pooling-Verfahren

Die Filter sind nun angewendet, durch das Pooling-Verfahren werden die Daten weiter reduziert. Wie sollen die Daten dem KI-Modell zugeführt werden? Als letzter Schritt im Detektionsteil werden die finalen Pooling Layer (als Ergebnis von mehreren Faltungen) in einen eindimensionalen Vektor umgewandelt (*Flatten*, siehe Abbildung 5.13). Ab hier können wir alles anwenden, was wir bereits über künstliche neuronale Netze gelernt haben. Die Anzahl der Knoten in der letzten Schicht ist wieder von der Aufgabenstellung abhängig und muss der Anzahl der möglichen Klassen entsprechen.

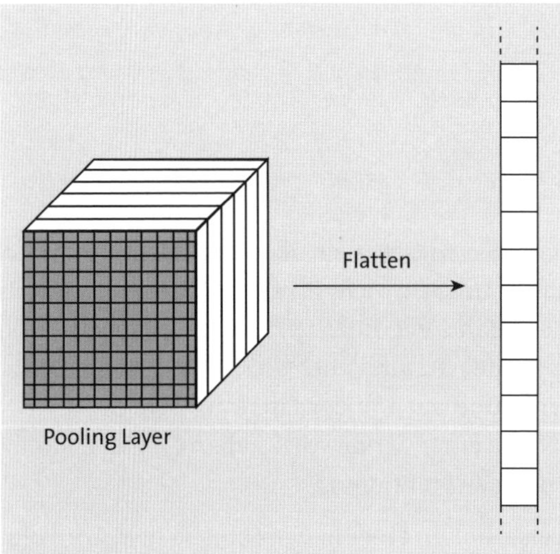

Abbildung 5.13 Flatten-Verfahren

RGB-Farbmodell

In der IT-Welt hat sich das RGB-Farbmodell etabliert. Dieses besagt, dass aus den Farben Rot, Grün und Blau alle anderen Farben zusammengemischt werden können. Die Information für eine beliebige Farbe wird wie folgt gespeichert: Es werden insgesamt drei Byte benötigt, für jede Grundfarbe ein Byte. In jedem Byte werden die Zahlen 0 bis 255 gespeichert, die die Intensität der jeweiligen Grundfarbe wiedergeben.

Ein weiterer Zusammenhang zwischen den Grundfarben ist folgender: Je höher die einzelnen Intensitäten, desto heller das Ergebnis (additive Farbmischung). Wenn man also für jede Grundfarbe die höchste Intensität wählt (255), erhält man die Farbe Weiß. Wählt man hingegen für alle Grundfarben die Intensität 0, erhält man die Farbe Schwarz. Alle anderen Farben liegen irgendwo dazwischen. Man kann den Zusammenhang wie folgt verifizieren: Leuchtet man mit verschiedenen Taschenlampen (mit verschiedenen Farben) auf eine Stelle an der Wand, wird das Ergebnis immer heller.

Sie haben bereits gelernt, dass in Graustufen erstellte Schwarz-Weiß-Bilder je Pixel ein Byte benötigen. Bei Farbbildern hat jedes Pixel drei Byte, und zwar je ein Byte für Rot, Grün und Blau.

Doch warum brauchen wir einen Detektionsteil? Wenn die Bildobjekte schwerer voneinander zu unterscheiden sind, erzielen Sie mit CNN bessere Ergebnisse als nur mit einfachen KNN. Dasselbe gilt für Objekte, die nicht schön zentral im Bild platziert sind. Nehmen wir an, Sie wollen Katzenbilder erkennen. Die Katze kann links oben oder rechts unten im Bild sein oder auf dem Schoß eines Menschen. Auch hier erzielt man bessere Ergebnisse, wenn die ursprünglichen Bilder mit Filtern abgefahren und Merkmale extrahiert werden.

Wenden wir das Gelernte wieder an einem Programm (*K5_mnist_fashion-3.ipynb*) an. Hier wollen wir erneut Kleidungsstücke klassifizieren, aber diesmal mit Detektions- und Identifikationsteil. Die einzige Änderung besteht im Aufbau des Modells.

```
model = tf.keras.Sequential([
    tf.keras.layers.Conv2D(32, (3,3), padding='same',
    activation=tf.nn.relu, input_shape=(28, 28, 1)),
    tf.keras.layers.MaxPooling2D((2, 2), strides=2),
    tf.keras.layers.Conv2D(64, (3,3), padding='same', activation=tf.nn.relu),
    tf.keras.layers.MaxPooling2D((2, 2), strides=2),
    tf.keras.layers.Flatten(),
    tf.keras.layers.Dense(128, activation=tf.nn.relu),
    tf.keras.layers.Dense(128, activation=tf.nn.relu),
    tf.keras.layers.Dense(10,  activation=tf.nn.softmax)
])
```

Listing 5.14 Aufbau des CNN

Conv2d ist eine Faltungsschicht. Der erste Parameter gibt die Anzahl der Filter an, die angewendet werden sollen. Danach folgt in Klammern die Größe des Filters. Sie können auch erkennen, dass hier Same Padding verwendet wird. Die Max-Pooling2D-Matrix ist jeweils 2 × 2 groß und bewegt sich jedes Mal um 2 Pixel nach rechts. Die Kombination von Faltungs- und Max-Pooling-Schicht wiederholt sich in diesem Beispiel. Beim zweiten Mal werden 64 Filter angewandt. Dieses Beispiel hat eine Korrektklassifizierungsrate von 90 %. Aber dafür haben Sie viele zusätzliche Hyperparameter:

- Anzahl Filter
- Padding-Variante
- Größe der Filter

- Schrittweite (Stride)
- Anzahl an Wiederholungen bzw. Kombinationen im Detektionsteil

Bei eigenen Anwendungen sollten Sie wieder ein ähnliches Programm kopieren und den Quellcode an die neue Aufgabenstellung anpassen. Dieses Programm sollte allerdings nur zur Einführung in die Thematik der CNN dienen. Bei großen Datenmengen und komplexeren Bildern ist der Identifikationsteil viel umfangreicher, z. B. 16 Convolutional und fünf Pooling Layer. Es gibt auch Modelle mit noch mehr Layern. In Abschnitt 5.5, »Verwendung vortrainierter Netze«, werden wir ein solches vortrainiertes Modell verwenden und an unsere Aufgabenstellung anpassen.

5.4 Bildklassifizierung mit CIFAR-10

Die Algorithmen für maschinelles Lernen sind mittlerweile so fortgeschritten, dass mit der MINST-Datenbank eine sehr hohe Korrektklassifizierungsrate (fast 100 %) erreicht werden kann. Daher verwendet man andere Datensätze, um die Performance von KI-Modellen zu bewerten. Eine solche Datenbank ist die CIFAR-10-Datenbank (Canadian Institute for Advanced Research). Sie umfasst zehn Klassen von Objekten und Tieren. Auch die Bilder dieser Datenbank sind alle gleich groß (32 × 32 Pixel), sie sind aber im Gegensatz zu MNIST in Farbe gespeichert. Der Datensatz ist in Trainings- und Testdaten aufgeteilt und umfasst 60000 Trainings- und 10000 Testbilder. Das Ziel ist es, die Objekte auf den Bildern richtig zu klassifizieren. Die Klassen lauten: Flugzeug, Auto, Vogel, Katze, Hund, Frosch, Pferd, Reh, Schiff und Lastwagen.

Auch Anfänger*innen können für diese Daten ein Programm schreiben und ihre Kenntnisse testen. Man kann wohl sagen, dass der Datensatz sich im Mittelfeld befindet, was die Komplexität anbelangt. Er ist komplexer als die MNIST-Datenbank, aber einfacher als z. B. die ImageNet-Datenbank, die Sie im nächsten Abschnitt kennenlernen werden.

Mit der Zeit, wenn Sie im Feld der KI mehr Erfahrung gesammelt haben, können Sie den hier vorgestellten Quellcode erweitern. Das Programm *K5_CIFAR_10.ipynb* liefert bereits eine Korrektklassifizierungsrate von ca. 85 %.

Ich empfehle Ihnen, das Programm in Google Colab laufen zu lassen. CPUs sind für eine serielle Ausführung von Programmen optimiert, GPUs hingegen für eine parallele. Wenn Ihre KI-Programme die GPU verwenden sollen, müssen Sie Ihren Rechner dafür vorbereiten. Je nach Grafikkarte und Betriebssystem müssen Sie Treiber herunterladen und das System entsprechend konfigurieren. Im Internet gibt es bestimmt auch für Ihre Kombination von Grafikkarte und Betriebssystem eine Anleitung.

Bei Colab können Sie einfach den Hardwarebeschleuniger einstellen. Das geht über BEARBEITEN • NOTEBOOK-EINSTELLUNGEN. Die Verwendung von GPU statt CPU kann Ihnen bei diesem Programm einige Stunden Zeit sparen.

```
import pandas as pd
import tensorflow as tf
from sklearn.model_selection import train_test_split
import matplotlib.pyplot as plt

(train_data, train_col), (test_data, test_col) =
 tf.keras.datasets.cifar10.load_data()

class_names = ['airplane','automobile','bird','cat','deer','dog','frog',
 'horse','ship','truck']

index = 111
plt.imshow(train_data[index])
plt.xlabel(class_names[int(train_col[index])])
plt.show()

# Aufbau KNN
model = tf.keras.Sequential([
    tf.keras.layers.Conv2D(32, (3,3), padding='same',
 activation=tf.nn.relu, input_shape=(32, 32, 3)),
    tf.keras.layers.Conv2D(32, (3,3), padding='same', activation=tf.nn.relu),
    tf.keras.layers.MaxPooling2D((2, 2), strides=2),
    tf.keras.layers.BatchNormalization(),
    tf.keras.layers.Dropout(0.4),

    tf.keras.layers.Conv2D(64, (3,3), padding='same', activation=tf.nn.relu),
    tf.keras.layers.Conv2D(64, (3,3), padding='same', activation=tf.nn.relu),
    tf.keras.layers.MaxPooling2D((2, 2), strides=2),
    tf.keras.layers.BatchNormalization(),
    tf.keras.layers.Dropout(0.4),

    tf.keras.layers.Conv2D(128, (3,3), padding='same', activation=tf.nn.relu),
    tf.keras.layers.Conv2D(128, (3,3), padding='same', activation=tf.nn.relu),
    tf.keras.layers.MaxPooling2D((2, 2), strides=2),
    tf.keras.layers.BatchNormalization(),
    tf.keras.layers.Dropout(0.4),
```

```
    tf.keras.layers.Flatten(),
    tf.keras.layers.Dense(128,  activation=tf.nn.relu),
    tf.keras.layers.Dense(10,  activation=tf.nn.softmax)
])
# Konfiguration des Lernprozesses
model.compile(optimizer=tf.keras.optimizers.Adam(learning_rate=0.0001),
 loss='sparse_categorical_crossentropy', metrics=['accuracy'])

cb_early = tf.keras.callbacks.EarlyStopping(monitor='loss', patience=3)

model.fit(train_data, train_col, epochs=100, validation_data=(test_data,
 test_col),callbacks=[cb_early])
```

Listing 5.15 CNN für CIFAR-10

Nur drei Dinge sind neu: *Batchnormalization*, *Dropout* und *batch_size*. Der restliche Quellcode sollte mittlerweile leicht zu interpretieren sein. Daran merken Sie auch, wie gut Ihre Kenntnisse mittlerweile sind.

- `Dropout`: Um die Gefahr für Overfitting zu reduzieren, wird erzwungen, dass alle Verbindungen zwischen den Knoten »arbeiten« müssen. Bei jeder Iteration wird eine bestimmte Anzahl (z. B. 20 %) von zufällig ausgewählten Verbindungen ausgeblendet, damit die anderen Verbindungen aktiv werden. Dieses Verfahren führt manchmal zu einer Verbesserung des Gesamtergebnisses.
- `batch_size`: Die Daten werden stapelweise verarbeitet. Die Aktualisierung der Gewichte erfolgt jeweils für den ganzen Stapel. Das spart nicht nur Zeit, sondern sorgt unter Umständen auch für mehr Stabilität, da mit gemittelten Werten gearbeitet wird.
- `Batchnormalization`: Sie erinnern sich noch, dass wir Attribute normiert haben, um eventuell bessere Ergebnisse zu bekommen? Man hat herausgefunden: Es kann manchmal vorteilhaft sein, die Werte zwischen den Schichten zu normieren. Die Werte werden jeweils für komplette Stapel berechnet.

Wundern Sie sich bitte nicht über die unscharfen Bilder, wenn Sie diese ausgeben. Da die Aufnahmen sehr klein und in Farbe sind, sehen sie verpixelt aus.

Mittlerweile hat das Programm eine sehr große Anzahl von Hyperparametern. Mit großen Rechenkapazitäten und viel Zeit können Sie verschiedene Kombinationen durchtesten. Eine andere Möglichkeit ist die Recherche nach performanten KIs im Internet.

Sie können sich beim Modellaufbau an diesen Netzen orientieren. Wenn es darum geht, möglichst schnell an gute Ergebnisse zu kommen, kann man aber auch vortrainierte Netze verwenden.

5.5 Verwendung vortrainierter Netze

Sie benötigen für ein Projekt eine KI? Warum das Rad neu erfinden? Es gibt eine Menge vortrainierter Modelle, die Sie einfach in Ihr Projekt einbinden können. Für das nächste Programm (*K5_vgg19-1.ipynb*) verwenden wir das Modell VGG19 (Visual Geometry Group Oxford University). Dieses Modell besteht aus 19 Layern und wurde mit über 1,2 Millionen Bildern für 1000 Kategorien trainiert. Die Bilder stammen von ImageNet, einer Datenbank mit 14 Millionen gelabelten Bildern. Diese Datenbank wurde von Forschenden der Stanford University initiiert, um performante KI-Modelle für komplexe Daten zu entwickeln und zu bewerten.

Nehmen wir an, Sie bekommen den Auftrag, eine KI zur Erkennung von Teddybären zu entwickeln. Sie brauchen sehr viele Bilder mit und ohne Teddybären aus verschiedensten Perspektiven, in allen Größen und Farben. Diese Bilder müssten Sie entsprechend labeln (»Teddy« bzw. »kein Teddy«). Dann können Sie eine KI aufbauen und viele mögliche Kombinationen von Hyperparametern testen, um ein akzeptables Ergebnis zu bekommen. Dieses Vorgehen ist für Lehr- und Lernzwecke sehr gut, aber wenn der Auftraggeber eine schnelle, kostengünstige Lösung will, ist es nicht vermittelbar. Sie sollten in diesem Fall erwägen, auf fertige Module oder vortrainierte Modelle zurückzugreifen. Das bedeutet aber nicht, dass Sie keine KI-Kenntnisse brauchen. Ganz im Gegenteil: Das Wissen über KNN, CNN usw. wird Ihnen beim Umgang mit solchen Lösungen sehr nützlich sein.

```
import pandas as pd
import tensorflow as tf
import matplotlib.pyplot as plt
import numpy as np
from tensorflow.keras.applications import vgg19

model = vgg19.VGG19()
model.summary()
```

Listing 5.16 Import der Module und des vortrainierten Modells

```
_________________________________________________________________
 Layer (type)                Output Shape              Param #
=================================================================
 input_1 (InputLayer)        [(None, 224, 224, 3)]     0

 block1_conv1 (Conv2D)       (None, 224, 224, 64)      1792

 block1_conv2 (Conv2D)       (None, 224, 224, 64)      36928

 block1_pool (MaxPooling2D)  (None, 112, 112, 64)      0

 block2_conv1 (Conv2D)       (None, 112, 112, 128)     73856

 block2_conv2 (Conv2D)       (None, 112, 112, 128)     147584

 block2_pool (MaxPooling2D)  (None, 56, 56, 128)       0

 block3_conv1 (Conv2D)       (None, 56, 56, 256)       295168

 block3_conv2 (Conv2D)       (None, 56, 56, 256)       590080

 block3_conv3 (Conv2D)       (None, 56, 56, 256)       590080

 block3_conv4 (Conv2D)       (None, 56, 56, 256)       590080

 block3_pool (MaxPooling2D)  (None, 28, 28, 256)       0

 block4_conv1 (Conv2D)       (None, 28, 28, 512)       1180160

 block4_conv2 (Conv2D)       (None, 28, 28, 512)       2359808

 block4_conv3 (Conv2D)       (None, 28, 28, 512)       2359808

 block4_conv4 (Conv2D)       (None, 28, 28, 512)       2359808

 block4_pool (MaxPooling2D)  (None, 14, 14, 512)       0

 block5_conv1 (Conv2D)       (None, 14, 14, 512)       2359808

 block5_conv2 (Conv2D)       (None, 14, 14, 512)       2359808

 block5_conv3 (Conv2D)       (None, 14, 14, 512)       2359808

 block5_conv4 (Conv2D)       (None, 14, 14, 512)       2359808

 block5_pool (MaxPooling2D)  (None, 7, 7, 512)         0

 flatten (Flatten)           (None, 25088)             0

 fc1 (Dense)                 (None, 4096)              102764544

 fc2 (Dense)                 (None, 4096)              16781312

 predictions (Dense)         (None, 1000)              4097000

=================================================================
Total params: 143,667,240
Trainable params: 143,667,240
Non-trainable params: 0
```

Abbildung 5.14 Aufbau des Modells VGG16

Die Variable `model` enthält bereits das ganze Netz, Sie müssen nichts weiter tun und können es direkt auf neue Bilder anwenden. Mit `model.summary` können Sie den Aufbau des Netzes einsehen. Es enthält 19 Layer und insgesamt über 143 Millionen Parameter.

Das Modell ist zwar recht groß, aber mit Ihrem Wissen können Sie die Ausgabe interpretieren. Auch sollten Sie jetzt eine Idee davon haben, wie aufwändig es ist, Hyperparameter für so ein Modell einzustellen, wenn man es selbst entwickeln möchte. Außerdem wären Sie mit einem PC als Entwicklungsmaschine aufgeschmissen, da die Trainings- und Testprozedur nach jeder Einstellung ewig brauchen würde.


```
file = "../Data/teddy.png"
img = tf.keras.utils.load_img(file,target_size=(224, 224,3))
img = np.array(img)

plt.figure()
plt.imshow(img)
plt.show()
```

Listing 5.17 Laden und Anzeigen eines eigenen Bildes

Das Bild des Teddybären sollte geladen und ausgegeben werden, wobei das Bild mit 224 × 224 Pixeln geladen wird. Jedes Pixel hat drei Byte, da es sich um ein Farbfoto handelt. Hier ist noch für die Weiterverarbeitung eine Umwandlung in den Datentyp Array notwendig. Achten Sie bei anderen, eigenen Bildern darauf, dass diese quadratisch sind. Sonst wird das Bild sehr verzerrt, und die KI kann sie nicht korrekt klassifizieren.

Abbildung 5.15 Der Teddybär als Testobjekt

Das Bild muss noch dem Modell zugeführt werden, um es klassifizieren zu lassen.

```
img = tf.keras.applications.vgg19.preprocess_input(img)
pred = model.predict(img.reshape(1, 224, 224, 3))

# Die besten 5 Treffer ausgeben
top_five_predict = vgg19.decode_predictions(pred, top=5)
print(top_five_predict)
```

Listing 5.18 Klassifizierung des Bildes mit vortrainiertem Modell

Mit `preprocess_input` wird das Bild für VGG19 vorbereitet. Die Reihenfolge für RGB-Bytes wird geordnet, und die Pixelwerte werden skaliert. Das Bild muss denselben Aufbau haben wie die Trainingsbilder des Modells, mit dem es trainiert wurde. Anschließend müssen die vielen Daten im Array `img` noch »geformt« werden, sodass Sie bildweise gebündelt werden. Die Daten enthalten je ein Bild mit 244 × 244 Pixeln und drei Byte je Pixel. Dann folgt die Klassifizierung. Die Variable `pred` enthält nun das Ergebnis als Ausgabe einer Softmax-Funktion mit 1000 Stellen. Geben Sie es mal zur Kontrolle aus. Mit diesem Ergebnis können wir sehr wenig anfangen.

```
top_five_predict = vgg19.decode_predictions(pred, top=5)
print(top_five_predict)
```

Listing 5.19 Ausgabe der besten Treffer

Das Ergebnis wird dekodiert, und die besten fünf Treffer werden ausgegeben. Die Ausgabe lautet:

```
[[('n04399382', 'teddy', 0.7304068), ('n03775071', 'mitten', 0.021119094),
('n04462240', 'toyshop', 0.020079762), ('n04548362', 'wallet', 0.018961832),
('n03908618', 'pencil_box', 0.017840609)]]
```

Jeder Treffer hat einen eindeutigen Bezeichner, einen Namen und die Trefferwahrscheinlichkeit (mit der Softmax-Funktion berechnet). An erster Stelle sehen Sie den Teddybären mit etwa 73 % weit vor allen anderen. Das Programm funktioniert also zufriedenstellend. Testen Sie es noch mit anderen Bildern.

Es gibt einige andere vortrainierte Modelle im Internet. Sie finden aber auch komplette Bibliotheken, mit denen Sie hervorragende Ergebnisse erzielen können. Dafür benötigen Sie aber gute Kenntnisse in der Programmiersprache Python. Mit *OpenCV* (Open Source Computer Vision Library) können Sie Gesichtserkennung, Gestenerkennung und vieles mehr realisieren. Auf der Homepage finden Sie viele Beispiele und Tutorials. Wenn Sie eigene Bilder labeln wollen, können Sie z. B. die Tools *labelme* oder *labelImg* verwenden. Mit *Google Teachable Machine* kann man im Browser innerhalb weniger Minuten eine KI für Objekt-, Gesten- oder Sounderkennung »zusammenklicken«.

5.6 Übungen

Übung 1: Hyperparameter-Optimierung für CIFAR-10

Versuchen Sie in Google Colab, die Korrektklassifizierungsrate für CIFAR-10 zu erhöhen. Recherchieren Sie im Internet nach anderen Modellen, und versuchen Sie, die Einstellungen auf Ihr Modell zu übertragen. Für diese Übung gibt es keine Musterlösung.

Übung 2: Vortrainiertes Modell VGG19

Für eigene Projekte werden Sie kaum KIs für Bilder von Grund auf neu erstellen, trainieren und testen. Lassen Sie ein selbst erstelltes Bild von VGG19 klassifizieren. Dazu können Sie die Datei *K5_vgg19-1.ipynb* kopieren. Vergessen Sie nicht, das Bild quadratisch zu schneiden. Sie können auch recherchieren, welche Klassen überhaupt vorhergesagt werden können (*https://image-net.org/challenges/LSVRC/2014/browse-synsets*). Für diese Übung gibt es keine Musterlösung.

Kapitel 6
Transfer Learning

Was machen Sie, wenn es keine vortrainierten Netze für Ihren Anwendungsfall gibt und Sie keine Zeit und Muße haben, ein KI-Modell von Grund auf neu zu entwickeln?

Worum geht es in diesem Kapitel?

- gelabelte Bilder aus dem Internet herunterladen und verwenden
- ein vortrainiertes Modell an neue Datensätze anpassen
- Hyperparameter verändern, um die Korrektklassifizierungsrate zu erhöhen

Sie haben bereits einige Möglichkeiten kennengelernt, KI-Anwendungen zu programmieren. Sie haben auch schon ein vortrainiertes Netz verwendet, um Bilder zu klassifizieren. Nehmen wir an, Sie sollen eine KI programmieren, die auf Bildern erkennt, ob die Hand einen Stein, eine Schere oder Papier darstellt. Sie kennen sicherlich das beliebte Spiel. Wie gehen Sie vor?

Sie sollten recherchieren, ob es bereits vortrainierte KI-Modelle für Ihren Anwendungsfall gibt. Solche Modelle sind in der Regel vielfach getestet, optimiert und haben sich in der Praxis bewährt. Und wenn es keine Modelle gibt oder diese kostenpflichtig bzw. zu teuer sind? Dann könnten Sie selbst ein KI-Modell entwickeln.

Als erstes müssen Sie Daten sammeln. Viele Bilder von vielen verschiedenen Händen, welche entsprechende Gesten zeigen. Wie viele Bilder sollen es sein? Je mehr, desto besser. Vielleicht 500 für den Anfang? Diese Bilder müssen von vielen verschiedenen Personen stammen und sollten viele Altersklassen und Ethnien einschließen, also viele Hände in vielen Farben und Formen. Auch auf verschiedene Hintergründe müssen Sie bei der Datensammlung achten. Sonst klassifiziert Ihr Modell nur Hände mit einem bestimmten Hintergrund richtig, da es (von Ihnen unbeabsichtigt) die Parameter auch auf diese Hintergrundinformationen optimiert.

Doch es reicht nicht, einfach Bilder zu schießen und zu schneiden, sie müssen auch gelabelt werden. Ist z. B. auf Bild-1 eine Schere zu sehen, dann muss in einer Datei diese Zuordnung festgehalten werden, also Bild-1 = Schere. Dies ist eine sehr zeitaufwändige Arbeit.

Wenn es kein vortrainiertes Modell für Ihren Anwendungsfall gibt, vielleicht finden Sie ja bereits gelabelte Bilder, mit denen Sie Ihr Modell trainieren und testen können?

Zum Glück gibt es viele öffentlichen Datensätze, auf die Sie zurückgreifen können. Das Modul TensorFlow hat sogar einige Datensätze integriert.

Know Your Data

Google stellt auf der Website *https://knowyourdata.withgoogle.com/* viele gelabelte Bilder kostenlos zur Verfügung (siehe Abbildung 6.1). Sie können die Daten herunterladen und für die Entwicklung eigener KI-Modelle verwenden. Es ist aber auch möglich, diese Daten direkt über das Modul TensorFlow herunterzuladen. Sie finden viele Daten z. B. zu Pflanzen, Autos, berühmten Persönlichkeiten usw. All diese Daten können Sie für die KI-Entwicklung verwenden.

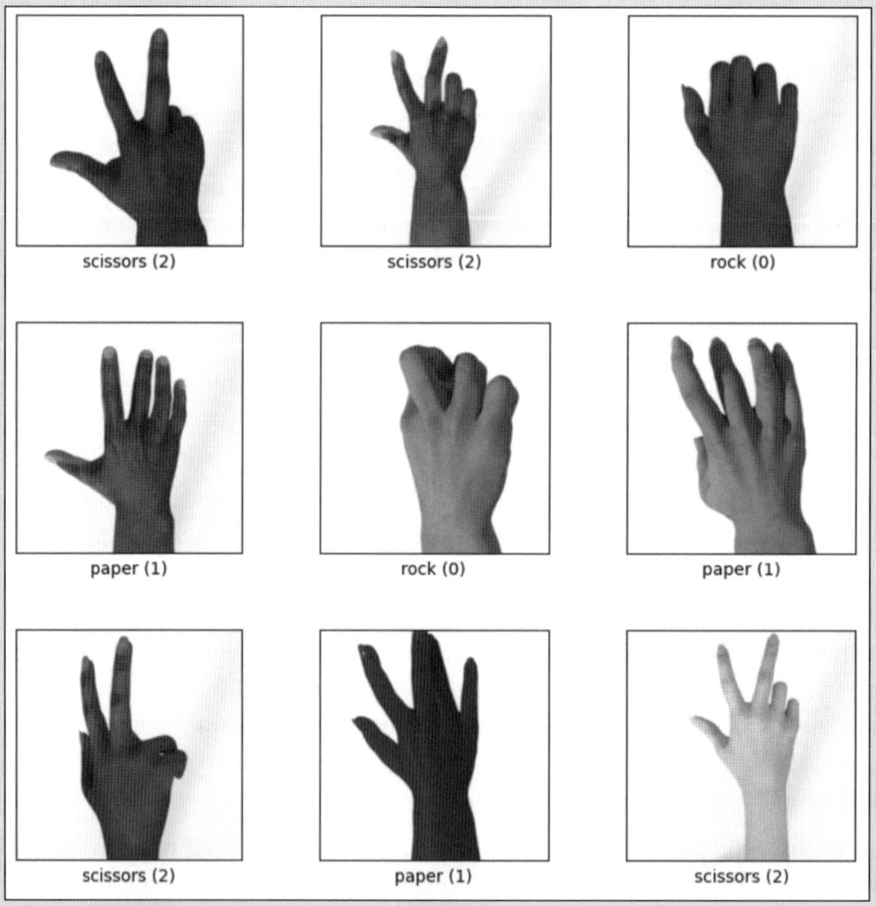

Abbildung 6.1 Einige Bilder aus dem Datensatz für Schere-Stein-Papier

Das große Arbeitspaket mit Datensammlung bleibt uns also zum Glück erspart. Wie geht es weiter? Sie könnten eine auf Convolutional Layern basierende KI mit einem Identifikations- sowie einem Detektionsteil entwickeln und müssten in diesem Fall viele Hyperparameter einstellen. Und es sind wirklich sehr viele:

- Auswahl und Anzahl von Convolutional und Pooling Layern
- wiederholende Kombinationen
- Größe der Filter
- Einstellung für Stride
- Anzahl und Größe der Hidden Layer
- mit oder ohne Dropout
- verschiedene Aktivierungsfunktionen
- Lernrate

Und das sind noch nicht alle möglichen Einstellungen. Sie könnten Bibliotheken wie GridSearch verwenden, um aus einer Menge von Parametern die beste Kombination zu finden. Für so viele Parameter brauchen Sie aber gute Programmierkenntnisse, einen Hochleistungsrechner und viel Zeit. Ist Ihr KI-Modell trainiert und getestet, können Sie sie mit noch unbekannten Daten evaluieren.

In diesem Kapitel möchte ich Ihnen einen anderen Ansatz vorstellen, der mit deutlich weniger Ressourcen auskommt: Wir laden ein vortrainiertes Modell herunter (welches ursprünglich nicht für die Daten Ihres Anwendungsfalles entwickelt wurde) und passen es an die neuen Daten an. Und das funktioniert erstaunlich gut. Auch diese Anpassung kostet ein wenig Rechenzeit, das ist aber nichts im Vergleich zu einer Neuentwicklung.

Im folgenden Beispiel empfehle ich Ihnen, das Modell in Google Colab mit GPU-Unterstützung zu programmieren. Im Anschluss können Sie dieses Modell herunterladen, lokal öffnen und mit eigenen Bildern testen. So können Sie übrigens auch vorgehen, wenn Sie eine KI für ein Embedded System wie Raspberry Pi entwickeln: An einem leistungsstarken Rechner wird die KI modelliert, trainiert und getestet. Anschließend wird das Modell heruntergeladen und auf der jeweiligen Zielplattform verwendet.

Fassen wir also noch mal kurz zusammen: Es soll ein KI-Modell entwickelt werden, welches die Handgesten Stein, Schere und Papier auf einem Bild erkennt. Die gelabelten Bilddaten für Trainings- und Testprozesse stammen von TensorFlow bzw. der Website »Know Your Data«. Ein vortrainiertes Modell, welches allerdings nicht explizit für diese Bilddaten entwickelt wurde, wird auf ebendiese Bilddaten angepasst. Somit sparen Sie sich eine komplette Neuentwicklung des KI-Modells.

6.1 Funktionsweise

Für unser Programm verwenden wir wieder das VGG19-Modell. Der Detektionsteil hat bereits viele Objekte gesehen und Informationen wie Kanten, Ecken usw. extrahiert und gespeichert. Das Ergebnis sieht wie folgt aus: Der Input Layer wird an die neuen Bilder angepasst, darauf folgt der Detektionsteil (diese Gewichte werden »eingefroren«) und letztlich ein von uns modellierter Informationsteil (diese Gewichte müssen trainiert werden). Das war es schon. Sie werden überrascht sein, zu welch guten Ergebnissen dieses Vorgehen führt.

Warum nutzen wir VGG19? Weil es mit den Kenntnissen, die das Buch bis hierhin vermittelt hat, gut möglich sein sollte, den Aufbau des Modells nachzuvollziehen. Es gibt eine Reihe anderer vortrainierter Modelle (siehe *https://keras.io/api/applications*). Viele dieser Modelle haben einen für Anfänger*innen ungewohnten Aufbau. Die Layer einiger Modelle gabeln sich z. B. stellenweise und werden später wieder zusammengeführt. Bei VGG19 ist für Sie nichts Ungewöhnliches dabei. Wie Sie später sehen werden, liefert das Modell auch sehr gute Ergebnisse.

Laden Sie die Datei *K6_vgg19-1a.ipynb* in Google Colab hoch (Datei • Notebook hochladen). Aktivieren Sie auch die GPU-Unterstützung unter Bearbeiten • Notebook-Einstellungen.

```
import pandas as pd
import tensorflow as tf
from keras.models import Model
import matplotlib.pyplot as plt
import numpy as np
from tensorflow.keras.applications import vgg19
import tensorflow_datasets as tfds

base_model = vgg19.VGG19(include_top=False,input_shape=[300,300,3])
base_model.trainable = False
base_model.summary()
```

Listing 6.1 Benötigte Module sowie das vortrainierte Modell herunterladen

In der Variable `base_model` ist ein Objekt vom Typ VGG19 gespeichert. Der Konstruktor wird mit zwei Parametern aufgerufen:

- `include_top=False` lädt nur den Detektionsteil des Modells.
- `input_shape=[300,300,3]` passt den Eingang (Input Layer) an die Trainingsbilder an.

Außerdem geben wir an, dass die Gewichte dieses Modells nicht aktualisiert werden sollen. Der Sinn und Zweck unseres Vorgehens ist ja, den trainierten Detektionsteil zu verwenden.

Mit der summary-Methode betrachten wir den Aufbau des Modells. Interessant an der Ausgabe sind die ersten und die letzten Zeilen:

```
input_1 (InputLayer)        [(None, 300, 300, 3)]    0
block1_conv1 (Conv2D)       (None, 300, 300, 64)     1792
block1_conv2 (Conv2D)       (None, 300, 300, 64)     36928
block1_pool (MaxPooling2D)  (None, 150, 150, 64)     0
...
block5_conv4 (Conv2D)       (None, 18, 18, 512)      2359808
block5_pool (MaxPooling2D)  (None, 9, 9, 512)        0
```

Der Input Layer ist jetzt für unsere Trainingsbilder ausgelegt, welche 300 × 300 Pixel und drei Byte per Pixel (RGB) haben. Am Ende der Ausgabe sehen Sie, dass der Identifikationsteil fehlt – das sollte also passen.

```
x = tf.keras.layers.Flatten()(base_model.output)
x = tf.keras.layers.Dense(256,activation='relu')(x)
x = tf.keras.layers.Dense(3,activation='softmax')(x)
```

Listing 6.2 Aufbau des KNN als Identifikationsteil

Diese Zeilen für den Aufbau eines künstlichen neuronalen Netzes (KNN) können Ihnen ungewohnt erscheinen: Die Flatten-Methode erzeugt eine partiell ausgewertete Funktion, und diese erhält als Input den Output unseres vortrainierten Modells, das Ergebnis wird in der Variable x gespeichert. Das Ganze wird mit den Dense-Methoden wiederholt und das Ergebnis wieder in x gespeichert. Der Output Layer hat drei Knoten, da es drei Bildarten (Stein, Schere und Papier) zu klassifizieren gibt.

```
model = Model(inputs=base_model.input, outputs=x)
model.summary()
```

Listing 6.3 Aufbau des Modells mit Detektions- und Identifikationsteil

Mit den obigen Codezeilen wird das finale Modell aufgebaut. Als Input dient der Eingang des vortrainierten Modells, als Output der Ausgang unseres neuen, eigenen Identifikationsteils. Sie können später auch noch weitere Hidden Layer einfügen und probieren, ob das Ergebnis besser wird.

Um zu verifizieren, dass das Modell im Ergebnis so aufgebaut ist, wie wir uns das vorgestellt haben, geben wir es wieder aus. Ich meine mit diesem Ergebnis kann man arbeiten. Es sind insgesamt über 40 Millionen Parameter; zum Glück müssen wir im Trainingsprozess nur die Hälfte der Parameter einstellen. Das sind die Parameter unseres selbst hinzugefügten Identifikationsteils.

Jetzt wird es Zeit, die Daten herunterzuladen, um damit später das Modell zu trainieren. Dazu sieht der Methodenaufruf wie folgt aus:

```
(train_data, train_col), (test_data, test_col) = tfds.as_numpy(tfds.load(
    'rock_paper_scissors',
    split=['train', 'test'],
    batch_size=-1,
    as_supervised=True
))
```

Listing 6.4 Datensatz »Stein, Schere, Papier« herunterladen

Sehen wir uns die obigen Zeilen etwas genauer an:

- Die Daten werden als Numpy-Arrays heruntergeladen.
- Mit `split` wird angegeben, dass die Daten aufgeteilt als Trainings- und Testdaten vorliegen.
- Der nächste Parameter, `batch_size=-1`, sorgt dafür, dass der komplette Datensatz als eine Datenmenge zur Verfügung steht.
- Durch den letzten Parameter, `as_supervised=True`, sind die Bilder und Labels im Datentyp Tupel gespeichert.

In der der Dokumentation (*https://www.tensorflow.org/datasets/overview*) finden Sie weitere Beispiele und Beschreibungen, wie Sie mit Datensätzen dieser Art umgehen können.

Wir erhalten als Ergebnis wieder unsere vier benötigten Tabellen. Google Colab stellt uns dafür auch genügend Arbeitsspeicher zur Verfügung. Sonst müssten wir die Daten zuerst in ein Verzeichnis herunterladen und entpacken, was zu ein paar Zeilen mehr Code führen würde.

```
class_names = ['rock', 'paper', 'scissor']
index = 111
plt.imshow(train_data[index], cmap='binary')
plt.xlabel(class_names[train_col[index]])
plt.show()
```

Listing 6.5 Ausgabe eines Bildes aus dem Datensatz

Sie sollten immer ein Bild mit dem dazugehörigen Label ausgeben (wie hier in Abbildung 6.2), um zu verifizieren, dass die Daten so vorliegen, wie Sie sie später zum Trainieren und Testen des KI-Modells benötigen.

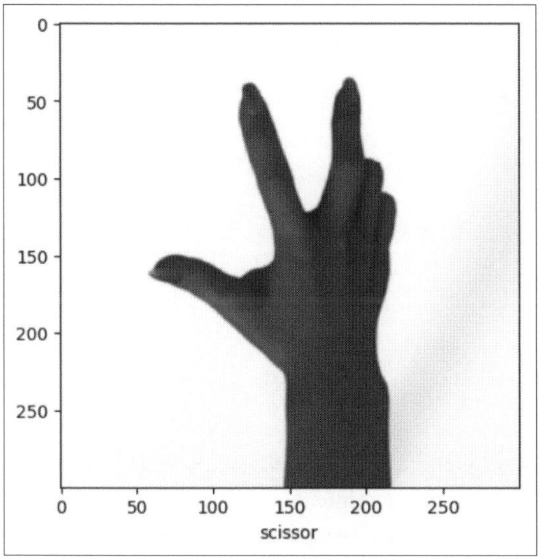

Abbildung 6.2 Bild mit dem Index 111

Betrachten wir noch den genaueren Aufbau der Trainingsdaten, hier den der Bilddaten:

```
print(train_data.shape)
```

Diese Zeile liefert folgende Ausgabe:

```
(2520, 300, 300, 3)
```

Das bedeutet, dass in der Variable `train_data` 2520 Bilder mit je 300 × 300 Pixel und drei Byte pro Pixel gespeichert sind. Diese Bilder müssen noch konvertiert und an das Modell VGG19 angepasst werden:

```
train_data = tf.keras.applications.vgg19.preprocess_input(train_data)
test_data = tf.keras.applications.vgg19.preprocess_input(test_data)
model.compile(loss='sparse_categorical_crossentropy', optimizer='adam',
 metrics=['accuracy'])
model.fit(train_data, train_col, epochs=5, validation_data=(test_data,
 test_col), batch_size=32)
```

Listing 6.6 Bilder vorbereiten, KNN trainieren und testen

Mit dem Code oben wird das Modell trainiert und getestet. In der ersten Epoche erreichen wir mit den Trainingsdaten eine Korrektklassifizierungsrate von 100 %, mit den Testdaten hingegen etwa 80 %. Ein typisches Zeichen für Overfitting. Sie sehen, man muss einiges testen, um ein akzeptables Ergebnis zu bekommen. Also testen wir das Ganze noch mal mit folgender Konfiguration, nämlich mit Dropout:

```
x = tf.keras.layers.Dropout(0.3)(base_model.output)
x = tf.keras.layers.Flatten()(x)
x = tf.keras.layers.Dense(256,activation='relu')(x)
x = tf.keras.layers.Dropout(0.3)(x)
x = tf.keras.layers.Dense(3,activation='softmax')(x)

model = Model(inputs=base_model.input, outputs=x)
model.summary()
```

Listing 6.7 Aufbau des KI-Modells

Setzen Sie anschließend alles über LAUFZEIT • NEU STARTEN UND ALLE ZELLEN AUSFÜHREN zurück und führen Sie es neu aus. Aber auch hier zeigt sich ein Overfitting. Also gut, nächster Versuch: Die Lernrate drehen wir ebenfalls runter, mischen die Daten und setzten die Epochenzahl auf 100. Die optimale Anzahl lassen wir aber automatisch per Callback ermitteln.

```
cb_early = tf.keras.callbacks.EarlyStopping(monitor='val_loss', patience=3)

model.compile(loss='sparse_categorical_crossentropy', optimizer=
 tf.keras.optimizers.Adam(learning_rate=0.0001), metrics=['accuracy'])
model.fit(train_data, train_col, epochs=100, validation_data=
 (test_data, test_col), batch_size=32, shuffle=True, callbacks=[cb_early])
```

Listing 6.8 Training und Test des KI-Modells mit Callback

Endlich, mit dieser Einstellung kommen wir auf eine Korrektklassifizierungsrate von ungefähr 93 %.

```
model.save('transfer.h5')
```

Listing 6.9 Das trainierte Modell speichern

Abschließend wird das Modell gespeichert, danach können Sie die Datei herunterladen. Sie finden sie im File Explorer auf der linken Seite (siehe Abbildung 6.3).

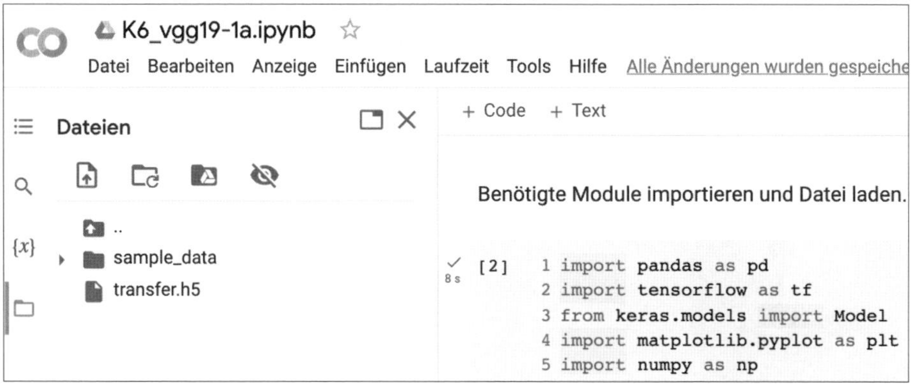

Abbildung 6.3 File Explorer

Bedenken Sie, dass alle Dateien, die Sie in Colab erstellen oder hochladen, nach der Sitzung gelöscht werden. Colab stellt Ihnen auch einen Ordner mit Datensätzen zur Verfügung, die Sie z. B. für eigene Übungen verwenden können (*sample_data*).

Mit der Datei *K6_vgg19_1b.ipynb* öffnen wir lokal (JupiterLab oder Jupiter Notebook) die Modelldaten, laden ein neues Bild einer Geste (aus den Testdaten bzw. TensorFlow-Homepage) und lassen diese klassifizieren. Sie können auch das Bild plotten und ein Screenshot aufnehmen. Der Hintergrund der Bilder hat einen Farbstich, sodass eigene Bilder schlecht klassifiziert werden. Dazu bräuchten Sie den gleichen Hintergrund, oder die Trainingsbilder müssten vor verschiedenen Hintergründen aufgenommen werden.

```
import pandas as pd
import tensorflow as tf
from keras.models import Model
import matplotlib.pyplot as plt
import numpy as np

model = tf.keras.models.load_model('transfer.h5', compile=False)
file = "../Data/rock.png"

img = tf.keras.utils.load_img(file,target_size=(300, 300,3))
img = np.array(img)

plt.figure()
plt.imshow(img)
plt.show()
```

Listing 6.10 Vortrainiertes Modell und Testbild laden

Das Modell sowie die Bilddatei werden geladen und die Bilddatei zusätzlich ausgegeben (Abbildung 6.4). Wenn Sie eigene Bilder klassifizieren lassen wollen, achten Sie darauf, dass diese quadratisch sind.

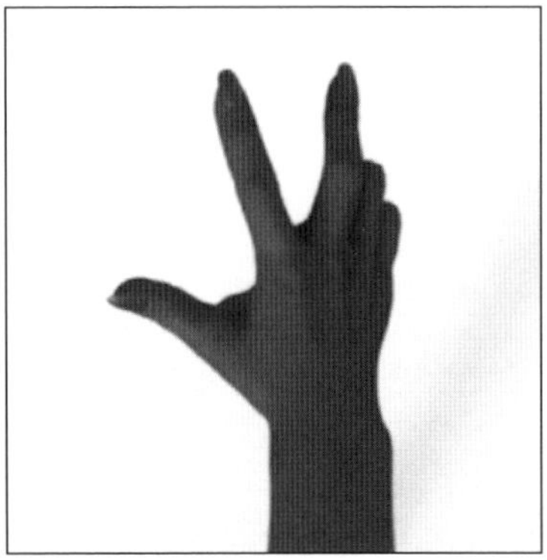

Abbildung 6.4 Handgeste (hier Schere)

Ermitteln Sie nun die für die Klassifizierung wichtigen Informationen und geben Sie diese aus:

```
class_names = ['rock', 'paper', 'scissor']

img = tf.keras.applications.vgg19.preprocess_input(img)
pred = model.predict(img.reshape(1, 300, 300, 3))

print("prediction softmax:",pred)
print("prediction max:",pred.argmax())
print("prediction string:",class_names[pred.argmax()]
```

Listing 6.11 Klassifizierung des Testbildes

Die Ausgabe der Klassifizierung lautet:

```
prediction softmax: [[0. 0. 1.]]
prediction max: 2
prediction string: scissor
```

Das Bild wird also richtig klassifiziert, wir können zufrieden sein. Wenn Sie eine KI für größere Datenmengen programmieren wollen, benötigen Sie Kenntnisse in der Programmiersprache Python. In dem Fall müssen die Daten zuerst lokal gespeichert und vorbereitet werden. Eine Alternative dazu ist die visuelle Programmierung mit KNIME, die Sie in Kapitel 11 kennenlernen werden.

6.2 Übungen

Übung 1: Stein-Schere-Papier

Versuchen Sie, mit dem Programm *K6_vgg19_1b.ipynb* und anderen Bildern die Handgesten zu klassifizieren. Für diese Übung gibt es keine Musterlösung.

Übung 2: Mensch oder Pferd

Verändern Sie die Dateien *K6_vgg19_1a.ipynb* und *K6_vgg19_1b.ipynb* derart, dass nun die Datensammlung »horses_or_humans« verwendet wird (*https://knowyourdata-tfds.withgoogle.com*). Damit können Sie Bilder in diese zwei Kategorien zuordnen.

1. Achten Sie beim Training darauf, dass Sie nur zwei Ausgänge benötigen.
2. Zum Testen können Sie Bilder aus dem Internet herunterladen. Schneiden Sie die Bilder quadratisch zurecht.

Kapitel 7
Anomalieerkennung

Bis jetzt haben wir uns nie Gedanken darum gedacht, ob die Daten ausgewogen sind oder nicht. Bei der Suche nach Anomalien müssen wir das nachholen.

7

Worum geht es in diesem Kapitel?

- ungleich verteilte Daten mit XGBoost und Resampling klassifizieren
- ungleich verteilte Daten mit Autoencoder (auf künstlichen neuronalen Netzen basierend) klassifizieren
- Ergebnisse mit der Konfusionsmatrix grafisch analysieren

Bei der Suche nach Anomalien haben Sie es mit unausgewogenen Daten zu tun. In dem Datensatz sind sehr viele »normale« Daten enthalten, jedoch sehr wenige »anormale« Daten. Bei der Anomalieerkennung geht es darum, eine KI zu entwickeln, die diese stark ungleich verteilten Datengruppen voneinander unterscheiden kann.

Nehmen Sie z. B. Messdaten zu Herzrhythmen. Um ein KI-Modell zu trainieren, welches auffällige Herzschläge detektiert, müssten Sie die Herzschläge vieler Personen aufzeichnen. Beim resultierenden Datensatz wären die Daten der normalen Herzschläge deutlich überrepräsentiert, nur ein kleiner Teil der Daten würde Auffälligkeiten, wie z. B. Herzrhythmusstörungen, enthalten. Selbstverständlich brauchen Sie noch eine Person mit Fachkenntnis, welche die Aufzeichnungen in diesem Fall in »normal« und »anormal« klassifiziert.

In Abbildung 7.1 sehen Sie zwei Plots von EKG-Aufzeichnungen (Elektrokardiogramm), der Datensatz stammt von der Website *http://www.timeseriesclassification.com/description.php?Dataset=ECG500*.

Die Herausforderung bei der Anomalieerkennung für Datenverteilungen dieser Art liegt also darin, ein KI-Modell zu entwickeln, welches einen Datensatz in zwei Kategorien unterteilen kann, auch wenn eine Kategorie z. B. nur 0,1 % des Datensatzes ausmacht.

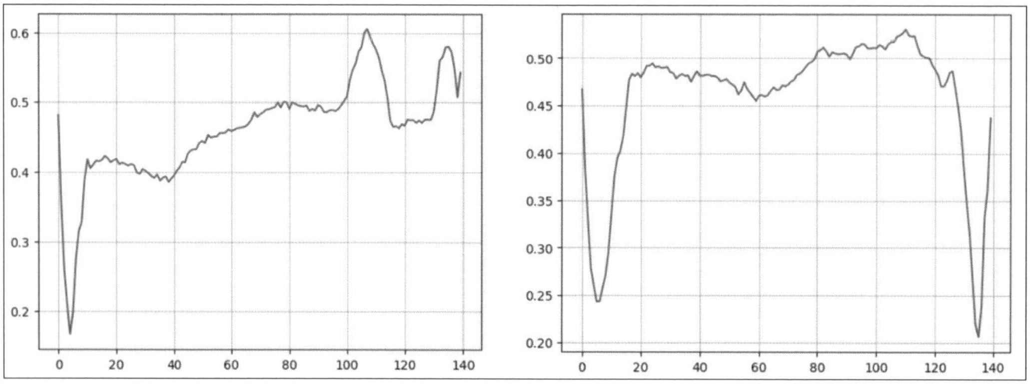

Abbildung 7.1 Zwei Beispiele aus einer EKG-Aufzeichnung, links normal, rechts anormal

In diesem Kapitel werden wir Daten zu Transaktionen mit Kreditkarten betrachten. Die Daten wurden von der Universität Brüssel gesammelt, verarbeitet, anonymisiert und der Öffentlichkeit zur Verfügung gestellt. Sie umfasst europäische Kreditkartentransaktionen von zwei Tagen des Jahres 2013.

In der entsprechenden CSV-Datei sind 284807 Transaktionen enthalten, aber nur 492 davon sind Betrugsfälle, das sind 0,173 % der Daten. Selbst wenn Sie eine KI programmieren, die eine Korrektklassifizierungsrate von 99 % hat, ist das allein kein Qualitätskriterium. Würde Ihre KI nämlich fälschlicherweise alle Datensätze als normal bewerten, kämen Sie auch auf eine Korrektklassifizierungsrate von 99,8 %. Das bedeutet, wir müssen andere bzw. zusätzliche Bewertungskriterien finden.

7.1 Unausgewogene Daten

Versuchen wir als ersten Ansatz, das bisher Gelernte einfach anzuwenden. Es liegen tabellarische Daten vor, welche klassifiziert werden müssen (es gibt zwei Kategorien). Sie könnten ein künstliches neuronales Netz (KNN) aufbauen und versuchen, das Modell für diesen Datensatz zu optimieren. In Kapitel 4, »Entscheidungsbäume«, wurde besprochen, dass Modelle, die auf dem Gradient-Boosting-Verfahren basieren, oft bessere Ergebnisse liefern. Auf jeden Fall ist die Entwicklung einer KI für solche Datensätze mit diesen Modellen einfacher. Insbesondere mit XGBoost kommen Sie bei tabellarischen Daten sehr schnell zu guten Ergebnissen. Fangen wir also damit an und analysieren, wie gut das Ergebnis in diesem Beispiel mit unausgewogenen Daten wird (siehe *K7_credit-card-1.ipynb*).

```
import pandas as pd
from sklearn.model_selection import train_test_split
from sklearn import metrics
from xgboost import XGBClassifier

path = "../Data/creditcard.csv"
data = pd.read_csv(path, delimiter=',')
print(data.head())
```

Listing 7.1 Module und Datensatz laden

Wie immer empfiehlt es sich auch hier, die ersten Zeilen des Datensatzes auszugeben, wie in Abbildung 7.2 dargestellt, um sich einen Überblick zu verschaffen.

```
   Time        V1        V2        V3        V4        V5        V6        V7  \
0   0.0 -1.359807 -0.072781  2.536347  1.378155 -0.338321  0.462388  0.239599
1   0.0  1.191857  0.266151  0.166480  0.448154  0.060018 -0.082361 -0.078803
2   1.0 -1.358354 -1.340163  1.773209  0.379780 -0.503198  1.800499  0.791461
3   1.0 -0.966272 -0.185226  1.792993 -0.863291 -0.010309  1.247203  0.237609
4   2.0 -1.158233  0.877737  1.548718  0.403034 -0.407193  0.095921  0.592941

         V8        V9  ...       V21       V22       V23       V24       V25  \
0  0.098698  0.363787  ... -0.018307  0.277838 -0.110474  0.066928  0.128539
1  0.085102 -0.255425  ... -0.225775 -0.638672  0.101288 -0.339846  0.167170
2  0.247676 -1.514654  ...  0.247998  0.771679  0.909412 -0.689281 -0.327642
3  0.377436 -1.387024  ... -0.108300  0.005274 -0.190321 -1.175575  0.647376
4 -0.270533  0.817739  ... -0.009431  0.798278 -0.137458  0.141267 -0.206010

        V26       V27       V28  Amount  Class
0 -0.189115  0.133558 -0.021053  149.62      0
1  0.125895 -0.008983  0.014724    2.69      0
2 -0.139097 -0.055353 -0.059752  378.66      0
3 -0.221929  0.062723  0.061458  123.50      0
4  0.502292  0.219422  0.215153   69.99      0
```

Abbildung 7.2 Ausgabe der ersten fünf Zeilen

Die Datei bzw. der Datensatz hat insgesamt 31 Spalten. Die Spalte *Time* gibt die Sekunden zwischen der jeweiligen Transaktion und der ersten Transaktion an, *Amount* ist der Betrag. Daneben gibt es noch die Spalten *V1* bis *V28*, welche anonymisierte und bereits normierte Daten enthalten. Leider gibt es keine Informationen darüber, was diese Spalten bzw. Attribute im Datensatz repräsentieren. Schließlich haben wir noch die Spalte *Class*, welche angibt, ob ein Betrugsfall vorliegt (Class = 1) oder nicht (Class = 0). Das Ziel ist es, ein KI-Modell zu entwerfen, das anhand der Attribute (ohne *Class*) selbst Betrugsfälle erkennt. Für die Entwicklung brauchen wir jedoch einen Datensatz, der diese Zielspalte enthält.

Die Aufteilung des Datensatzes in vier Tabellen für den Trainings- bzw. Testprozess ist auch hier maßgeblich. Wenn Sie noch unsicher mir der Aufteilung sind, sollten Sie sich Kapitel 3, »Das künstliche neuronale Netz«, noch mal anschauen.

```
Col = data['Class']
data.drop(['Class'], axis = 1, inplace=True)

# Ausgabe der Verteilung
print(col.value_counts())

# Aus den zwei Tabellen vier Tabellen erzeugen
train_data, test_data, train_col, test_col = train_test_split(data,
 col, test_size=0.2, random_state=42)

xgb = XGBClassifier()

xgb.fit(train_data, train_col)
predicted_col = xgb.predict(test_data)

score = metrics.accuracy_score(test_col, predicted_col)
print(score)
```

Listing 7.2 Aufteilung des Datensatz, Training und Test des KI-Modells

Dieses einfache Modell liefert eine Korrektklassifizierungsrate von knapp 100 %. Doch Sie wissen bereits, dass dieses Ergebnis kritisch zu betrachten ist. Daher werden wir das Ergebnis mit einer *Confusion Matrix* (Konfusionsmatrix) betrachten, welche detailliertere Analysen zulässt.

Konfusionsmatrix (Confusion Matrix)

In einer Konfusionsmatrix können Sie sehr gut erkennen, zu welchen Kategorien Daten tatsächlich (laut Datensatz) gehören und zu welchen Kategorien sie z. B. von einem KI-Modell zugordnet wurden.

In Abbildung 7.3 kann man erkennen, dass in dem Beispiel zur Klassifizierung von Schwertlilien sechs Vorhersagen des KI-Modells für Iris versicolor falsch sind (mittlere Zeile, rechte Spalte). Alle anderen Vorhersagen entsprechen den Testdaten und sind somit richtig.

Mit der Klasse `ConfusionMatrixDisplay` aus dem Modul Scikit-learn können Sie die Konfusionsmatrix einer Klassifizierung recht einfach darstellen. Dabei werden die Werte der Zielspalte aus dem Datensatz auf der *y*-Achse ausgegeben, die Vorhersagen für diese Werte auf der *x*-Achse.

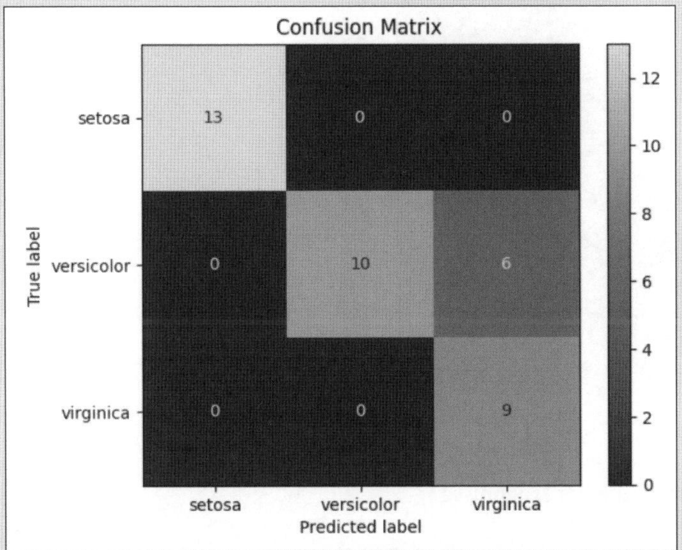

Abbildung 7.3 Konfusionsmatrix zur grafischen Bewertung eines KI-Modells für Schwertlilien

Erstellen wir eine Konfusionsmatrix, um die Vorhersagen des Modells mit den tatsächlichen Werten aus dem Datensatz (Testdaten) zu vergleichen.

```
From sklearn.metrics import confusion_matrix, ConfusionMatrixDisplay

cm = confusion_matrix(test_col, predicted_col)
disp = ConfusionMatrixDisplay(cm)
disp.plot()
```

Listing 7.3 Ausgabe der Konfusionsmatrix

Mit der Funktion `confusion_matrix` werden die Werte ermittelt und in der Variablen `cm` gespeichert. Dazu müssen Sie die tatsächlichen Werte und die Vorhersagen als Parameter übergeben. Sie können den Inhalt der Variable anschließend ausgeben, einfacher zu interpretieren ist das Ergebnis aber grafisch. Daher erstellen wir ein Objekt `disp`, der Konstruktor von `ConfusionMatrixDisplay` wird mit der Variable `cm` aufgerufen. Letztendlich plotten wir die Konfusionsmatrix (siehe Abbildung 7.4).

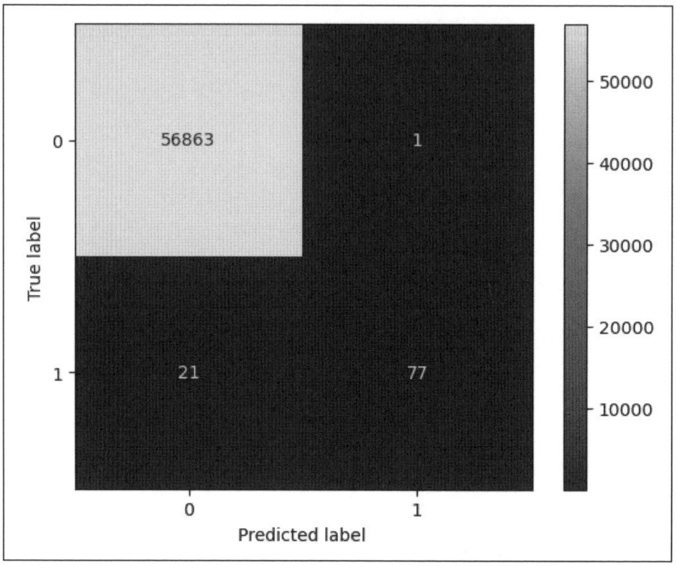

Abbildung 7.4 Konfusionsmatrix der Ergebnisse

Mit diesem grafischen Ergebnis kann die KI viel besser bewertet werden, da jetzt die falschen Vorhersagen, die prozentual unter den Tisch fallen, besser sichtbar werden. Es gibt 56863 richtig-negative Ergebnisse, also normale Transaktionen, die auch als solche erkannt wurden. 77 Ergebnisse sind richtig-positiv, also korrekt erkannte Betrugsfälle. 21 Transaktionen sind Betrugsfälle, die als normale Transaktionen bewertet worden sind (falsch-negativ). Eine Transaktion wurde fälschlicherweise als auffällige Transaktion klassifiziert (falsch-positiv).

Sie müssen die Ergebnisse einer Konfusionsmatrix immer für den jeweiligen Anwendungsfall interpretieren. 79 % der Betrugsfälle wurden richtig erkannt. In einem Fall wurde eine normale Transaktion als Betrugsfall bewertet. Bei der Menge an Daten ist das nicht schlecht. Wenn die Kontoinhaber mit einer E-Mail auf verdächtige Transaktionen hingewiesen werden, kann man mit diesem Ergebnis leben. Aber stellen Sie sich eine Falschaussage bei einer Krebsdiagnose vor oder das Ausweichen eines autonom fahrenden Autos. Es ist wichtig, dass Sie sich immer den jeweiligen Anwendungsfall vor Augen halten. Bei Vorhersagen von KI-Modellen, die schwerwiegende Vorhersagen treffen, sollte immer (mindestens) eine zusätzliche Maßnahme bzw. Bewertung (z. B. medizinisches Personal, zusätzliche Sicherheitssysteme) erfolgen.

Zurück zu unserem Beispiel mit den Kreditkartenbuchungen. Eine Mail mehr als notwendig mit dem Hinweis, die Kontobewegungen zu kontrollieren, ist wirklich vertretbar. Doch 21 % der Betrugsfälle bleiben unentdeckt. Mal schauen, ob wir da noch was machen können.

7.2 Resampling

Die unausgewogenen Daten machen es uns nicht leicht. Die einfachste Möglichkeit wäre es, viele Datensätze mit normalen Transaktionen zu entfernen, sodass die Daten gleichverteilt sind (*Downsampling*). Dabei würden wir aber auf einen Großteil der Daten verzichten und die Qualität der KI verschlechtern. Eine andere Möglichkeit ist es, mehr Datensätze mit auffälligen Transaktionen zu erzeugen, sodass die Daten wieder ausgewogen sind (*Upsampling*), es also ungefähr genauso viele »normale« wie »anormale« Daten gibt. Im einfachsten Fall kopieren Sie die Datensätze mit den Betrugsfällen so oft, bis die Ausgewogenheit gegeben ist. Das Modul Scikit-learn stellt dafür die Methode `resample` bereit.

Resampling

Mit der Methode `resample` aus dem Modul Scikit-learn können Sie die Anzahl der Daten im Datensatz anpassen. Dabei werden entweder bestehende Daten kopiert und vervielfältigt (Upsampling) oder Daten entfernt (Downsampling).

```
from sklearn.utils import resample

x = [1,2,3]
y = resample(x, n_samples=10, random_state=42)
print(y)
```

Listing 7.4 Beispiel zu Resampling, hier Upsampling

Die Liste `x` wird so erweitert, dass insgesamt zehn Elemente enthalten sind. Die Ausgabe lautet:

```
[3, 1, 3, 3, 1, 1, 3, 2, 3, 3]
```

Wenden wir im nächsten Programm diese Methode an unseren Datensatz mit den Kreditkartenbuchungen an (*K7_credit-card-2.ipynb*). Im Folgenden werden nur die relevanten Stellen im Code betrachtet.

```
data_nfraud = data[data['Class']==0]
data_fraud = data[data['Class']==1]
```

Listing 7.5 Je eine Tabelle für normale und auffällige Transaktionen

Zwei neue Tabellen werden erstellt, die jeweils normale und auffällige Transaktion beinhalten. Sie sehen, wie einfach das mit dem Modul Pandas funktioniert.

```
print("data_fraud vor Upsampling", data_fraud.shape)
print("datan_fraud vor Upsampling", data_nfraud.shape)

data_fraud = resample(data_fraud, n_samples=data_nfraud.shape[0],
 random_state=42)

print("data_fraud nach Upsampling", data_fraud.shape)
print("datan_fraud nach Upsampling", data_nfraud.shape)

data = pd.concat([data_fraud, data_nfraud])
print("data nach Upsampling", data.shape)
```

Listing 7.6 Die Tabellen enthalten nun gleich viele Einträge.

Die Tabelle mit auffälligen Daten wird vergrößert, sodass beide Tabellen gleich lang sind. Die Länge der Tabelle können Sie mit `data_nfraud.shape[0]` ermitteln. Anschließend werden beide Tabellen zusammengeführt und in der Variablen `data` gespeichert. Dadurch kann der Rest des Quellcodes unverändert bleiben. Die Ausgabe lautet:

```
data_fraud vor Upsampling (492, 31)
datan_fraud vor Upsampling (284315, 31)
data_fraud nach Upsampling (284315, 31)
datan_fraud nach Upsampling (284315, 31)
data nach Upsampling (568630, 31)
```

Die Korrektklassifizierungsrate ist zwar leicht gestiegen, aber sehen wir uns die Konfusionsmatrix an, die aussagekräftigere Ergebnisse liefert (siehe Abbildung 7.5).

Alle auffälligen Transaktionen wurden als solche erkannt. Nur neun Datensätze wurden fälschlicherweise als auffällig klassifiziert. Interessant wäre hier zu erfahren, ob alle Spalten wichtig sind. Sie können die Korrelation der Attribute ermitteln, aber bei so unausgewogenen Daten müssen Sie auch da kritisch bleiben. XGBoost kann mit unwichtigen Spalten umgehen, aber bei dieser Verteilung sollten wir agieren. Testen wir unser Programm, nachdem wir die Spalte *Time* entfernt haben. Das Attribut »Zeit«, also die Zeit zwischen der ersten und jeweiligen Transaktion, könnte unwichtig sein. Und tatsächlich, danach sind es nur noch sieben Datensätze, die fälschlicherweise als auffällig klassifiziert werden. Leider folgt jetzt ein großes »Aber«. Die Ergebnisse sind nun beeindruckend, aber nicht verlässlich. Wir haben nur Datensätze kopiert und die Tabelle damit erweitert. Die Gefahr ist sehr groß, dass unsere KI nur für diese 492 Betrugsfälle optimiert ist.

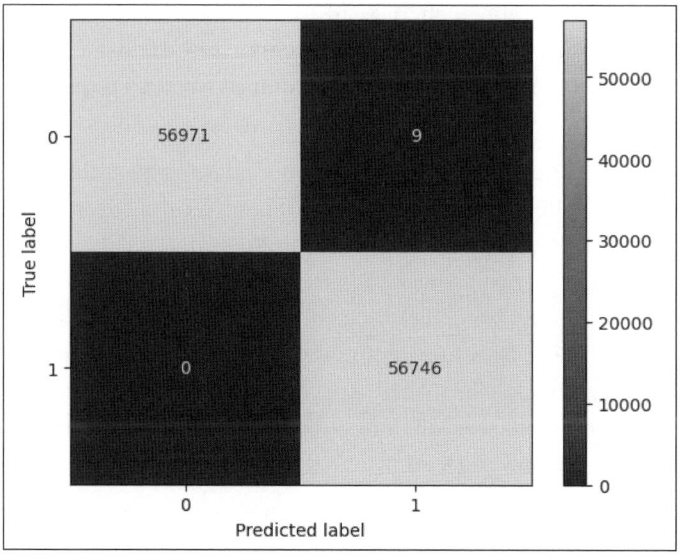

Abbildung 7.5 Konfusionsmatrix der Ergebnisse

Es könnte also eventuell Overfitting vorliegen, das lässt sich nicht mit Sicherheit ausschließen. Das Programm müsste mit neuen, unbekannten Daten evaluiert werden, um verlässliche Angaben zur Qualität der KI zu machen. Bei dieser Verteilung (nur wenige Anomalien) ist es recht schwierig, noch mehr Daten zu bekommen.

7.3 Autoencoder

Wir können auch KNN verwenden, um Anomalien zu erkennen. Autoencoder sind KNN mit speziellem Aufbau (siehe Abbildung 7.6).

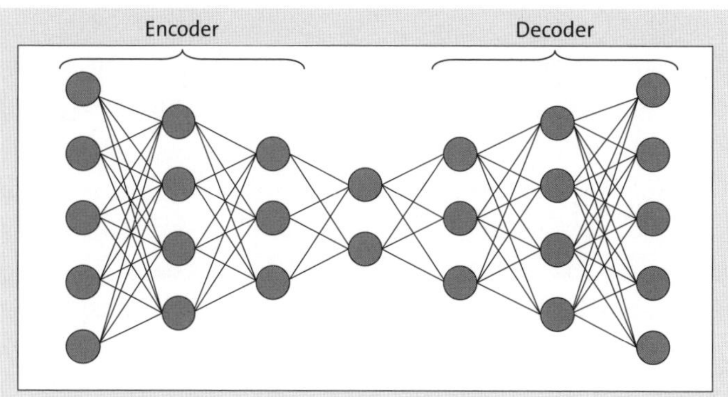

Abbildung 7.6 Aufbau eines Autoencoders

Die Daten werden links in den *Encoder* eingegeben. Richtung Mitte findet eine Dimensionsreduktion statt. Von da aus wird die Dimension wieder erweitert, sodass am Ausgang des *Decoders* wieder die gleiche Anzahl Knoten vorhanden ist wie am Eingang des Encoders.

Nehmen wir an, wir würden diesen Aufbau bei den Schwertliliendaten anwenden, und zwar nur bei der Unterart Setosa. Alle anderen Daten müssten entfernt werden. Links geben wir dann die vier Variablen ein (Länge und Breite der Blätter), und rechts vergleichen wir den Ausgang mit diesen Variablen. Der Bezeichner der Unterart ist gar nicht notwendig (die Zielspalte). Der Ausgang wird also nicht mit der Zielspalte verglichen, sondern mit den Eingabedaten. Das Ziel ist es, die Parameter im KNN durch das Training so anzupassen, dass am Ausgang die gleichen Werte ausgegeben werden wie am Eingang. Da keine Zielspalte notwendig ist, werden Autoencoder dem Bereich »unüberwachtes Lernen« (*Unsupervised Learning*) zugeordnet.

Doch warum macht man das? Die Idee ist, dass das KNN durch dieses Korsett bzw. den Flaschenhals genau an die Daten der Setosa-Schwertlilie angepasst ist. Die Komprimierung und Dekomprimierung ist für Setosa ausgelegt. Wenn am Eingang nun Daten zu anderen Unterarten eingeben werden, sollten die Werte am Ausgang nicht mit den Werten am Eingang übereinstimmen bzw. die Unterschiede einen bestimmten Schwellwert (*Threshold*) überschreiten. Wenn das der Fall ist, wissen wir, dass die eingegebenen Daten nicht zu Setosa gehören.

Also gut, legen wir mit der Datei *K7_credit-card-3.ipynb* los:

```
import tensorflow as tf
import pandas as pd
from sklearn.model_selection import train_test_split
from sklearn.utils import resample
from sklearn.metrics import mean_absolute_error
from keras.models import Model
from sklearn.preprocessing import StandardScaler
import numpy as np

path = "../Data/creditcard.csv"
data = pd.read_csv(path, delimiter=',')
print(data.head())

# Spalte Amount normieren
s_scaler = StandardScaler()
cols_to_s_scale=['Amount']
data[cols_to_s_scale] = s_scaler.fit_transform(data[cols_to_s_scale])
```

```
# entferne Time
data.drop(['Time'], axis - 1, inplace-True)

# Aufteilung in zwei Tabellen (beide enthalten noch die Zielspalte Class)
train_data, test_data = train_test_split(data, test_size=0.2, random_state=42)

# trainiert wird nur mit normalen Daten
train_data = train_data[train_data['Class']==0]
# entferne Zielspalte, wird nicht benötigt
train_data.drop(['Class'], axis = 1, inplace=True)

# von den Testdaten wird die Zielspalte entfernt und in einer Variablen
gespeichert
test_col = test_data['Class']
test_data.drop(['Class'], axis = 1, inplace=True)

print(train_data.shape)
```

Listing 7.7 Aufteilung und Aufbereitung der Daten

Im Code oben werden die Module importiert, die ersten Zeilen ausgegeben und die Daten vorbereitet. Die Spalte *Amount* wird normiert, von den Trainingsdaten werden die Zielspalte und *Time* entfernt. Das KNN bekommt später als Input diese Daten, am Ausgang wird mit denselben Werten verglichen. Bei den Testdaten entfernen wir auch die Zielspalte, speichern diese aber in einer Variable. Zum Bewerten des Modells sind diese Werte notwendig.

```
encoder = tf.keras.Sequential(name='encoder')
encoder.add(layer=tf.keras.layers.Dense(units=20,
 activation=tf.nn.sigmoid, input_shape=[29]))
encoder.add(layer=tf.keras.layers.Dense(units=10, activation=tf.nn.sigmoid))
encoder.add(layer=tf.keras.layers.Dense(units=5, activation=tf.nn.sigmoid))

decoder = tf.keras.Sequential(name='decoder')
decoder.add(layer=tf.keras.layers.Dense(units=10,
 activation=tf.nn.sigmoid, input_shape=[5]))
decoder.add(layer=tf.keras.layers.Dense(units=20, activation=tf.nn.sigmoid))
decoder.add(layer=tf.keras.layers.Dense(units=29, activation=tf.nn.sigmoid))

autoencoder = tf.keras.Sequential([encoder, decoder], name='autoencoder')
autoencoder.compile(optimizer='adam', loss='mae', metrics=['mae'])
```

```
encoder.summary()
decoder.summary()
autoencoder.summary()
```

Listing 7.8 Aufbau des KNN als Autoencoder, bestehend aus Encoder und Decoder

Der Encoder und Decoder werden erstellt, aus diesen Modellen besteht wiederum der Autoencoder (siehe Abbildung 7.7). Sie sehen, man kann den einzelnen Modellen auch Namen geben.

```
Model: "encoder"
_________________________________________________________________
 Layer (type)                Output Shape              Param #
=================================================================
 dense (Dense)               (None, 20)                600

 dense_1 (Dense)             (None, 10)                210

 dense_2 (Dense)             (None, 5)                 55

=================================================================
Total params: 865
Trainable params: 865
Non-trainable params: 0
_________________________________________________________________
Model: "decoder"
_________________________________________________________________
 Layer (type)                Output Shape              Param #
=================================================================
 dense_3 (Dense)             (None, 10)                60

 dense_4 (Dense)             (None, 20)                220

 dense_5 (Dense)             (None, 29)                609

=================================================================
Total params: 889
Trainable params: 889
Non-trainable params: 0
_________________________________________________________________
Model: "autoencoder"
_________________________________________________________________
 Layer (type)                Output Shape              Param #
=================================================================
 encoder (Sequential)        (None, 5)                 865

 decoder (Sequential)        (None, 29)                889

=================================================================
Total params: 1,754
Trainable params: 1,754
Non-trainable params: 0
```

Abbildung 7.7 Aufbau des Encoders, Decoders und Autoencoders

Das KNN hat 29 Eingänge und Ausgänge. Dazwischen wird die Dimension bis auf fünf Knoten reduziert und wieder vergrößert.

```
autoencoder.fit(train_data, train_data, epochs=20, batch_size=16)
```

Sie sehen beim Trainingsaufruf einen wesentlichen Unterschied zu den bisherigen Modellen: Die Eingabe- und Zieldaten sind unsere Trainingsdaten ohne Zielspalte.

```
train_pred = autoencoder.predict(train_data)
threshold = mean_absolute_error(train_pred, train_data)

print("Threshold:", threshold)
```

Listing 7.9 Ermittlung des Schwellwertes (erster Entwurf)

Es gibt viele Möglichkeiten, den ersten Entwurf für den Schwellwert zu berechnen. Hier verwenden wir den mittleren absoluten Fehler zwischen den Trainingsdaten und der Vorhersage. Wichtig: Die Trainingsdaten enthalten keine Betrugsfälle; Komprimierung und Dekomprimierung sollen ja für normale Daten ausgelegt werden. Der Schwellwert ist ebenfalls ein Hyperparameter, wir müssen diesen Wert (hier 0,59) aber noch anpassen. Viele Bücher und Tutorials addieren zum errechneten Fehler die Standardabweichung. Dann müssen Sie anschließend den Wert iterativ vergrößern und verkleinern, um den optimalen Betrag zu finden. Hier nehmen wir als Ausgangswert nur den mittleren absoluten Fehler. Später werden wir diesen Wert schrittweise erhöhen, um bessere Ergebnisse zu bekommen. Der Wert muss also nur noch in einer Richtung verändert werden.

```
new_threshold = 0.75

test_pred = autoencoder.predict(test_data)
maes = tf.keras.losses.mae(test_data, test_pred)
pred_col_bool = tf.math.greater(maes, new_threshold)
pred_col = tf.cast(pred_col_bool, dtype=tf.int32)
```

Listing 7.10 Generierung der Vorhersagen

Hier wird als neuer Schwellwert 0,75 verwendet. Das Modell liefert eine Vorhersage für die Testdaten (diese enthalten auch Betrugsfälle). Es wird eine ganze Spalte mit den Werten für den mittleren absoluten Fehler zwischen den Testdaten und der Vorhersage erstellt. Anschließend wird zeilenweise überprüft, ob der errechnete Fehler größer ist als der neue Schwellwert. Dementsprechend wird eine Spalte mit Wahr- bzw. Unwahr-Werten erstellt (True bzw. False vom Datentyp Boolean). Es wird also überprüft, ob der erste Parameter größer ist als der zweite. Die Werte von `pred_col_bool` werden dann in Integerwerte umgewandelt (in der Informatik spricht man hier von *Typumwandlung*), und zwar 0 für False und 1 für True. Bei einem Betrugsfall gibt dieser Aufruf also True (1) zurück, und in `test_col` steht auch die Zahl 1 für einen Betrugsfall.

Datentyp Boolean

Variablen vom Typ Boolean können nur die Werte True (Wahr) oder False (Falsch) einnehmen, alternativ die Werte 1 für Wahr und 0 für Unwahr.

Für den Autoencoder gilt: Ist der mittlere absolute Fehler größer als der Schwellwert, liegt ein Sonderfall vor, also bei `maes > new_threshold`. Der Aufruf `tf.math.greater(maes, new_threshold)` gibt dann True (1) zurück. In diesem Datensatz steht auch die Zahl 1 für eine Anomalie.

Vergleich »größer« oder »kleiner« wählen

Würde im Datensatz die Zahl 1 für den Normalfall stehen, könnten Sie den Aufruf `tf.math.less(maes, new_threshold)` verwenden. Hier wird gefragt: Ist `maes` kleiner als `new_threshold`? Im Normalfall trifft das dann zu, und der Aufruf liefert True (1) zurück.

Es folgt wieder eine grafische Analyse, um das Modell besser bewerten zu können:

```
from sklearn.metrics import confusion_matrix, ConfusionMatrixDisplay
cm = confusion_matrix(test_col, pred_col)
disp = ConfusionMatrixDisplay(cm)
disp.plot()
```

Listing 7.11 Ausgabe der Konfusionsmatrix

Nun wird wieder eine Konfusionsmatrix erstellt, damit die Qualität der KI bewertet werden kann (siehe Abbildung 7.8).

Wie Sie sehen, werden 94 % der Betrugsfälle erkannt. 8050 Transaktionen werden aber fälschlicherweise als Betrugsfälle klassifiziert. Wenn bei einem Verdacht lediglich eine E-Mail versendet wird mit dem Hinweis, die Transaktion zu überprüfen, kann man eventuell damit leben. Dies würde bei 14 % der normalen Transaktionen passieren. Für kritische Anwendungen ist das Modell allein nicht geeignet, vielmehr müssten zusätzliche Maßnahmen getroffen werden.

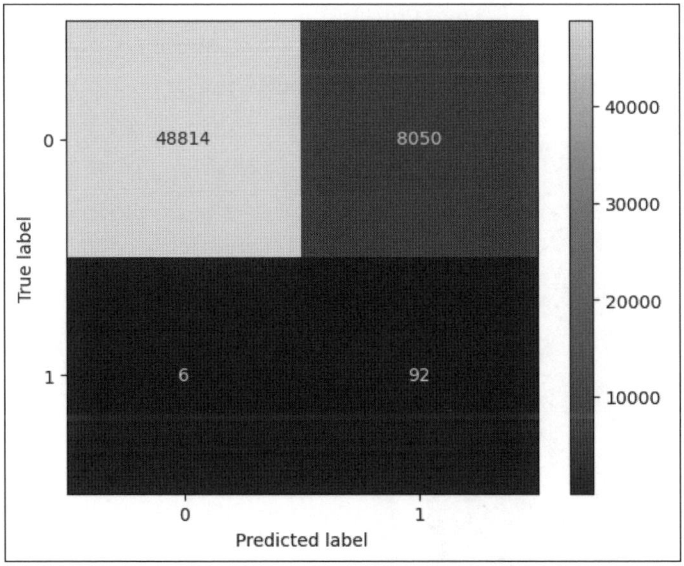

Abbildung 7.8 Konfusionsmatrix der Ergebnisse

Sie können das Ganze noch mit anderen Hyperparametern testen und überprüfen, ob Sie zu besseren Ergebnissen kommen. Ich habe noch folgende Änderungen durchgeführt:

```
cb_early = tf.keras.callbacks.EarlyStopping(monitor='val_loss', patience=1)

autoencoder.fit(train_data, train_data, validation_data=(test_data, test_data),
 epochs=100, batch_size=16, callbacks=[cb_early])
```

sowie:

```
new_threshold = 0.82
```

Die Konfusionsmatrix, die nach diesen Änderungen erstellt worden ist, sehen Sie in Abbildung 7.9.

Sie können z. B. noch die Anzahl der Layer sowie Knoten ändern und die Ergebnisse vergleichen.

Für eine Anomaliedetektion kommen grundsätzlich Autoencoder mit KNN sowie XGBoost mit Resampling in Frage. Sie sollten für Ihre Anwendungsfälle beide Varianten testen und sich für das Modell mit den besseren Ergebnissen entscheiden. Es lohnt sich auch die Recherche z. B. bei *http://www.kaggle.com/*, um Ideen für Hyperparameter-Einstellungen zu bekommen. Wenn Sie mehr Erfahrung in diesem Feld gesammelt haben, können Sie auch andere KI-Modelle analysieren und bewerten.

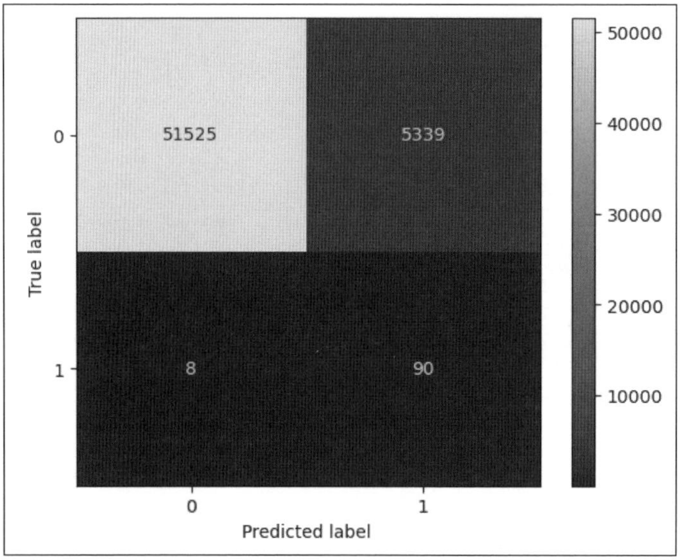

Abbildung 7.9 Konfusionsmatrix der Ergebnisse

7.4 Übungen

Übung 1: Anomaliedetektion mit XGBoost und Upsampling

Verwenden Sie die Datei *ekg.csv*, um Anomalien in den Daten (Herzrhythmen) zu detektieren. Der Wert der letzten Spalte soll vorhergesagt werden. Achtung: Bei diesen Daten klassifiziert die Zahl 0 die Anomalie.

Übung 2: Anomaliedetektion mit Autoencoder

Es gilt die gleiche Aufgabenstellung wie oben, diesmal jedoch mit einem Autoencoder. Ich empfehle, Google Colab mit GPU-Unterstützung für den Trainingsprozess zu verwenden.

Kapitel 8
Textklassifizierung

Eine KI, die Textinhalte interpretiert, ist nicht viel komplizierter als jene, welche Sie bis jetzt kennengelernt haben.

Worum geht es in diesem Kapitel?

- Transformation von Wörtern in Ganzzahlen mit Text Vectorization
- Transformation von Ganzzahlen in Vektoren mit dem Embedding Layer
- Mittelwertbildung der Vektoren mit dem GlobaleAveragePooling1D Layer
- Analyse der Funktionsweisen einzelner Layer
- Textklassifizierung mit KNN

Welche Anwendungsfälle gibt es für KIs, die Texte klassifizieren? Sie könnten eine KI mit Restaurantbewertungen (Text) und Punkten (Zahl) trainieren. Diese KI wäre dann in der Lage, nachdem sie trainiert ist, für eine neue Rezension automatisch die Punkte zu berechnen. Sie müssten nur noch Ihre Eindrücke textuell schildern, und die KI würde dementsprechend eine Note generieren. Für literarische Texte könnte eine automatische Zuordnung in verschiedene Genres erfolgen, E-Mails können nach ihrem Inhalt als Spam oder wichtig markiert werden. KI-Anwendungen dieser Art werden unter dem Begriff *Natural Language Processing* (*NLP*) zusammengefasst.

Wir werden wieder ein künstliches neuronales Netz (KNN) verwenden, um Texte zu klassifizieren. Noch fehlt uns aber die Möglichkeit, dem KNN ganze Texte als Eingabedaten zuzuführen. In diesem Kapitel werden Sie Verfahren kennenlernen, Texte so zu verarbeiten, dass im Anschluss das KNN damit trainiert und getestet werden kann. Arbeiten wir uns in dieses Themengebiet mit praktischen Beispielen ein.

8.1 Embedding Layer

Sie wissen bereits, dass Berechnungen mit Zeichenketten nicht möglich sind, deshalb müssen sie in Zahlenwerte transformiert werden. Man könnte z. B. die Wörter »gut« und »schlecht« bei einer Klassifizierung durch die Zahlen 0 und 1 ersetzen. Ähnlich sind wir beim Schwertliliendatensatz vorgegangen, als wir die Bezeichnungen der Unterarten durch Zahlen ersetzten. Mit dieser Maßnahme sorgten wir dafür, dass das KNN trainiert und getestet werden konnte, denn für die Ermittlung der Abweichung bzw. des Fehlers und der Aktualisierung der Gewichte müssen Berechnungen durchgeführt werden. Auch die Zeichenketten bei der Textklassifizierung müssen zu Zahlen transformiert werden.

Eine Möglichkeit wäre es, die einzelnen Wörter im Text mittels OHE (One Hot Encoding) zu kodieren, dann würden aber viele lange Listen vorliegen. Die Länge jeder Liste und die Anzahl der Listen würden der Anzahl der Wörter im Text entsprechen. Die Listen würden nur an einer Stelle die Zahl 1 enthalten, der Rest wäre mit der Zahl 0 gefüllt werden. Ein Beispiel soll das verdeutlichen: Bei der Bewertung von Restaurants sollen die Bewertungen in Textform erfolgen, das KI-Modell soll eine Note aus dem Text ermitteln. Wenn insgesamt 5000 verschiedene Wörter in den Bewertungen vorkommen (Trainings- und Testdaten) und die Wörter OHE-kodiert werden sollen, hätten Sie für jedes Wort eine Liste mit 5000 Elementen, 4999-mal die Zahl 0 und einmal die Zahl 1, wobei die Position der Zahl 1 ein Wort eindeutig identifiziert. Das Ergebnis wären also 5000 Listen mit jeweils 5000 Elementen. Das ist keine praktikable Lösung.

Wie wäre es, wenn wir jedes Wort durch eine Ganzzahl ersetzen? Damit könnte viel Speicherplatz eingespart werden. Tatsächlich wird dieses Verfahren als Zwischenschritt verwendet. Der Embedding Layer erweitert diesen Ansatz: Jedes Wort wird durch einen Vektor mit *n* Elementen (*n* ist auch ein Hyperparameter) repräsentiert. Zuerst müssen die Wörter aber in ganze Zahlen umgewandelt werden. Auf die Vorteile dieser Art der Kodierung werden wir später eingehen. Wichtig ist erstmal, dass Sie die Funktionsweise dieses Layers verstehen.

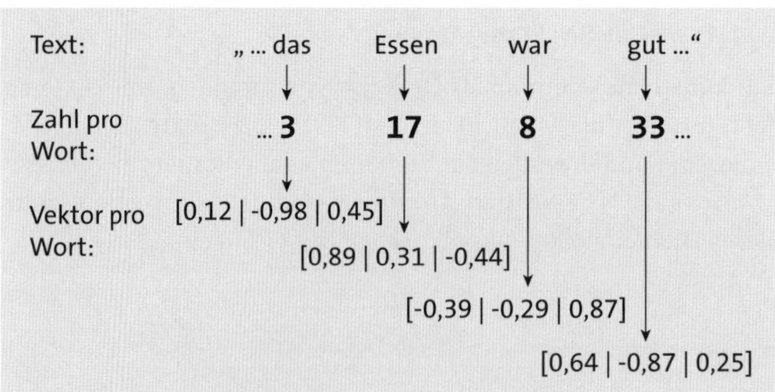

Abbildung 8.1 Transformation der Wörter zu Ganzzahlen, anschließend zu Vektoren mit jeweils drei Fließkommazahlen

Die Reihenfolge der Umwandlung ist in Abbildung 8.1 ersichtlich: Zuerst werden die einzelnen Wörter in Ganzzahlen transformiert, anschließend erfolgt die Transformation der Ganzzahlen in Vektoren (hier mit drei Elementen) mittels Embedding Layer.

Zufallszahlen mit Numpy

Das Modul Numpy bietet einige Möglichleiten, um zufällige Zahlen zu generieren. In folgenden Beispielen benötigen wir Ganzzahlen (für die Substitution von Wörtern), dies kann mit der Methode `randint` realisiert werden.

```
import numpy as np

# Erzeuge Zufallszahlen 0-99
arr = np.random.randint(100, size=(2, 3))
print(arr)
```

Der erste Parameter gibt an, bis zu welcher Zahl (exklusiv) die Zahlen generiert werden sollen (100 bedeutet 0 bis 99), der zweite Parameter beschreibt die Größe bzw. die Dimensionen des Arrays. Hier wird ein zweidimensionales Array (also Arrays im Array) erzeugt, wobei ein Array zwei weitere Arrays mit jeweils drei Elementen beinhaltet.

Die Ausgabe lautet:

```
[[18 53 62]
 [30 31 77]]
```

Die Möglichkeiten, Zufallszahlen mit Numpy zu generieren, sind vielfältig. Auf der Website *http://r-wrk.de/9763-numpy-random* finden Sie viele Beispiele und Erläuterungen.

Die Analyse der Zusammenhänge findet im Programm *K7_emb-globAverag.ipynb* statt:

```
import pandas as pd
import tensorflow as tf
from keras.models import Model
import numpy as np

# Erzeuge Zufallszahlen 0-99
input_array = np.random.randint(100, size=(2, 4))
print(input_array)
```

Listing 8.1 Ein zweidimensionales Array mit Zufallszahlen wird erzeugt.

Wir erzeugen zwei Listen mit je vier Elementen. Sie können sich diese Listen als zwei Sätze mit vier Wörtern vorstellen, wobei jedes Wort in eine Ganzzahl umgewandelt worden ist. Die tatsächliche Umwandlung der Wörter in Ganzzahlen folgt noch, hier geht es erstmal um die Funktionsweise des Embedding Layers. Die Ausgabe lautet:

```
[[10 48 39 81]
 [46 33 44 84]]
```

Diese Zahlen werden durch den Embedding Layer in Vektoren mit Fließkommazahlen umgewandelt.

```
emb = tf.keras.layers.Embedding(100, 3, input_length=4)

model = tf.keras.Sequential()
model.add(emb)

output_array = model.predict(input_array)
print(output_array)
```

Listing 8.2 Umwandlung in Vektoren mittels Embedding Layer

Der Embedding Layer hat vier Eingänge, da die Sätze jeweils vier kodierte Wörter haben. Jedes Wort kann 100 mögliche Werte einnehmen (0 bis 99) und jedes Wort wird durch einen Vektor mit drei Fließkommazahlen repräsentiert. Die Größe des Vektors ist auch ein Hyperparameter und von der Aufgabenstellung bzw. der Datenmenge abhängig. Bei größeren Texten können Sie z. B. 16 verwenden.

Das Ergebnis sieht hier wie folgt aus:

```
[[[-0.01320171  0.03148221 -0.00856429]
  [-0.04194389  0.01545546  0.01220403]
  [-0.04243801  0.04818739  0.04436051]
  [ 0.02788809  0.00041498  0.01722099]]

 [[-0.00167985 -0.03003917  0.00516564]
  [-0.02093614  0.02270022 -0.0044214 ]
  [ 0.04464257  0.01409246  0.03318931]
  [ 0.02844888 -0.03360491 -0.00909815]]]
```

Die zwei Sätze bestehen wiederum aus vier Vektoren, da die Sätze auch vier Wörter haben. Die Transformation bzw. Kodierung wurde erfolgreich durchgeführt. Bedenken Sie, dass das KNN nicht trainiert ist. Es handelt sich um zufällig generierte Initialisierungswerte.

Der Embedding Layer sorgt also dafür, dass Ganzzahlen in Vektoren umgewandelt werden. Zuvor müssen die einzelnen Wörter aber entsprechend in Ganzzahlen transformiert werden, wobei die Zuordnung zufällig erfolgt. Es folgen noch vollständige Beispiele, aber Sie sollten hier erst das Verfahren verstehen.

Als Ausgabe des Embedding Layers liegen also Vektoren vor, mit denen man auch rechnen kann. Um die Komplexität zu reduzieren, werden diese Vektoren nicht direkt dem KNN zugeführt. Vielmehr reduziert der GlobaleAveragePooling1D Layer, den wir im nächsten Abschnitt betrachten werden, die Anzahl der Eingabedaten für das KNN durch Mittelwertbildung.

8.2 GlobalAveragePooling1D Layer

Wenn eine KI für die Klassifizierung von Texten programmiert werden soll, muss man bedenken, dass der Text meistens aus mehr als nur einem Satz besteht. Für eine Bewertung von Restaurants könnten Sie z. B. von einem Text mit 500 Wörtern (pro Bewertung) ausgehen. Sind die Texte länger, kann man die ersten 500 Wörter verwenden und den Rest ignorieren. Ist der Text hingegen kürzer, kann der Rest mit der Zahl 0 aufgefüllt werden. Also: 500 Wörter, die jeweils z. B. durch einen Vektor mit zehn Elementen repräsentiert werden. Sie brauchen einen Datensatz, der aus vielen Texten besteht, um die KI zu trainieren. Wie Sie sich vorstellen können, sind das sehr viele Daten. In Richtung Output Layer des KNN benötigen wir ein Verfahren bzw. eine Herangehensweise, um die Dimension zu reduzieren. Bei einer Bewertung mit »gut« und »schlecht« können wir beim letzten Layer die Softmax-Funktion verwenden, dafür sind lediglich zwei Ausgänge notwendig. Aber wie soll die Anzahl der Parameter vor diesem Layer reduziert werden? Eine Möglichkeit der Dimensionsreduktion bietet der GlobalAverage-Pooling1D Layer.

Für die Analyse der Zusammenhänge gehen wir wie folgt vor: Es wird ein Modell mit einem Embedding Layer erzeugt und die Ausgabe betrachtet. Diese Ausgabedaten sind die Eingabedaten des zweiten Modells mit einem GlobalAveragePooling1D Layer. Ein Vergleich der beiden Ausgabedaten der Modelle soll dem Verständnis der Funktionsweisen dieser Layer dienen.

```
emb = tf.keras.layers.Embedding(100, 3, input_length=4)

model = tf.keras.Sequential()
model.add(emb)
```

```
output_array = model.predict(input_array)
print(output_array)

model2 = tf.keras.Sequential()
model2.add(tf.keras.layers.GlobalAveragePooling1D())

output_array2 = model2.predict(output_array)
print(output_array2)
```

Listing 8.3 Zwei Modelle mit jeweils einem Layer

Die Ausgabe für `output_array` nach dem Embedding Layer:

```
[[[ 0.0303422   0.00916262 -0.02895613]
  [-0.04773426  0.00604304 -0.00436129]
  [-0.04543605 -0.04671688 -0.04545806]
  [ 0.03782098  0.02155227  0.02097246]]

 [[-0.00668789 -0.01421345  0.03394908]
  [ 0.0288301   0.03731045  0.04348401]
  [ 0.00281034  0.03294808  0.04089836]
  [-0.02651856  0.04532225 -0.0345437 ]]]
```

Es liegen zwei Sätze mit jeweils vier Wörtern vor, daher bekommen wir als Ergebnis zwei Gruppen mit jeweils vier Vektoren.

Die Ausgabe für `output_array2`, nach dem GlobalAveragePooling1D Layer:

```
[[-0.00625178 -0.00248974 -0.01445076]
 [-0.0003915   0.02534183  0.02094693]]
```

Es findet eine Dimensionsreduktion statt, sodass der Satz nur noch durch einen einzigen Vektor repräsentiert wird und nicht mehr einen Vektor pro Wort. Die Rechnung ist sehr einfach: Es wird der arithmetische Mittelwert pro Spalte gebildet. Nehmen wir als Beispiel die erste Spalte des ersten Wortes aus der Ausgabe:

$$\frac{0{,}030422 - 0{,}04773426 - 0{,}04543605 + 0{,}03782098}{4} = -0{,}00625178$$

Das Ergebnis stimmt mit dem ersten Zahlenwert des Vektors nach dem GlobalAverage-Pooling1D Layer überein. So simpel ist die Rechnung. Sie erinnern sich: Das Netz wurde noch nicht trainiert, diese Zahlen sind Initialisierungswerte.

Nun aber zurück zu der Frage, warum die Wörter zu Vektoren transformiert werden. Wir haben bereits festgestellt, dass man viel Speicherplatz einspart, wenn die Wörter in Zahlen anstatt mittels OHE kodiert werden. Und wenn man auch noch alle Buchstaben klein schreibt, spart man mehr ein, weil »Das« (z. B. am Satzanfang) und »das« durch die gleiche Zahl repräsentiert werden würden. Der kleingeschriebene Satz »das ist ein schönes gebäude« könnte durch die Zahlen [17, 22, 31, 46] repräsentiert werden, je eine Zahl für ein Wort. Der Satz »das ist ein schönes haus« könnte mit den Zahlen [17, 22, 31, 55] kodiert werden. Jetzt taucht ein Problem auf: Die semantische Beziehung zwischen Gebäude und Haus wird komplett vernachlässigt. Wie soll hier ein Lernfortschritt erfolgen? Der Satz »das ist ein schönes auto« würde sich auch nur an einer Stelle von den anderen Sätzen unterscheiden, meint aber etwas völlig anderes. Es muss eine Lösung her, welche die semantischen Beziehungen berücksichtigt. Und hier kommen die Vektoren ins Spiel. Jedes Wort wird durch einen Vektor repräsentiert. Durch das Training werden die Zahlenwerte in den Vektoren und die Gewichte zwischen den Layern in einem KNN so aktualisiert, dass die Sätze »das ist ein schönes auto« und »das ist ein schönes gefährt« zur gleichen Ausgabe führen. Durch Vektorrepräsentation und die Gewichte des KNN können einfache semantische Beziehungen zwischen den Wörtern kodiert werden. Das ist der große Vorteil gegenüber anderen Transformationsmöglichkeiten.

8.3 Text Vectorization

Die Wörter müssen also zuerst in Zahlenwerte überführt werden, bevor der Embedding Layer diese in Vektorrepräsentationen transformiert. Die Wörter werden vorher auch gleich in Kleinbuchstaben überführt und die Interpunktion entfernt. TensorFlow bzw. Keras bietet uns dafür eine einfach zu verwendende Möglichkeit an, die »Text Vectorization«.

Im Programm *K7_textVectorization* werden Unterrichtsbeurteilungen klassifiziert.

```
import pandas as pd
import tensorflow as tf
from keras.models import Model
import numpy as np

# Bewertungstexte
train_data =[
          'Sie sind die beste Lehrkraft!',
          'Ich werde meinen Erstgeborenen nach Ihnen benennen.',
          'Ihr Unterricht ist langweilig',
```

```
            'schrecklich',
            'hervorragend!',
            'Ich habe nur geschlafen.',
            'Der beste Unterricht',
            'Ich habe nichts gelernt.',
            'lahm',
            'Sie sollten mit dem Unterrichten aufhören.'
]
# 0 für schlecht, 1 für gut
train_col = np.array([1,1,0,0,1,0,1,0,0,0])
```

Listing 8.4 Bewertungen des Unterrichtes

In der Variable `train_data` sind die Texte enthalten, in `train_col` die dazugehörigen Bewertungen. Die einzelnen Wörter werden nun in Ganzzahlen umgewandelt.

```
transform = tf.keras.layers.TextVectorization(max_tokens=50,
 output_sequence_length=10)

transform.adapt(train_data)

tain_data_transformed = transform(train_data)

print(tain_data_transformed)
```

Listing 8.5 Transformation der Wörter zu Ganzzahlen

Wir legen fest, dass es insgesamt maximal 50 Wörter zu kodieren gibt. Wenn es mehr Wörter gibt, werden nur die häufigsten 50 Wörter verwendet. Weiterhin legen wir fest, dass die Texte jeweils maximal zehn Wörter haben. Mit `tain_data_transformed = transform(train_data)` wird die Tabelle für die Zuordnung erstellt, `tain_data_transformed = transform(train_data)` transformiert schließlich die Texte in Vektoren. Achten Sie auf die Unterschiede: Diese Vektoren mit den Ganzzahlen bilden die Texte ab, wobei jedes Wort durch eine Ganzzahl repräsentiert wird. Der Embedding Layer hingegen überführt jedes einzelne Wort bzw. die Ganzzahl in einen n-dimensionalen Vektor mit Fließkommazahlen. In der Variable `tain_data_transformed` ist Folgendes gespeichert:

```
tf.Tensor(
[[ 4 10 27  6 17  0  0  0  0  0]
 [ 2  7 16 26 14 22 30  0  0  0]
 [21  3 20 18  0  0  0  0  0  0]
 [11  0  0  0  0  0  0  0  0  0]
```

```
 [23  0  0  0  0  0  0  0  0  0]
 [ 2  5 12 24  0  0  0  0  0  0]
 [28  6  3  0  0  0  0  0  0  0]
 [ 2  5 13 25  0  0  0  0  0  0]
 [19  0  0  0  0  0  0  0  0  0]
 [ 4  9 15 29  8 31  0  0  0  0]], shape=(10, 10), dtype=int64)
```

Da die Werte zufällig generiert werden, kann die Ausgabe bei Ihnen anders aussehen. Vergleichen Sie die einzelnen Vektoren mit den Texten. Das erste Element im ersten Vektor ist die Zahl 4. Der Aufruf

```
print(transform.get_vocabulary()[4])
```

liefert die Ausgabe

```
sie
```

Das ist das erste Wort im ersten Satz. Rufen Sie die Methode auch mit anderen Zahlen in den Vektoren auf. Sie werden sehen, dass die Wörter an entsprechender Stelle durch Zahlen ersetzt worden sind. Bauen wir nun das Modell auf.

```
model = tf.keras.Sequential([
  tf.keras.layers.Embedding(50, 16),
  tf.keras.layers.GlobalAveragePooling1D(),
  tf.keras.layers.Dense(2, activation=tf.nn.softmax)
])
```

Listing 8.6 Aufbau KNN

Der Embedding Layer wird mit zwei Parametern aufgerufen: Es gibt insgesamt maximal 50 Wörter, jedes einzelne Wort soll in einen 16-dimensionalen Vektor überführt werden.

```
model.compile(optimizer='adam', loss='sparse_categorical_crossentropy',
 metrics=['accuracy'])

model.fit(tain_data_transformed, train_col, epochs=200)
```

Listing 8.7 Training des Modells

Nach 200 Epochen erreichen wir eine Korrektklassifizierungsrate von 90 %. Bei diesem kleinen Datensatz und dieser großen Epochenzahl spielt Overfitting bestimmt eine große Rolle. Das ist aber hier nebensächlich, wir wollen das Prinzip verstehen.

```
reviews = [
    "schrecklich",
    "der beste Unterricht",
    "bitte aufhören",
    "schlafe noch"
]
txt = transform(reviews)
pred = model.predict([txt])
print(pred)
```

Listing 8.8 Anwendung des trainierten Modells

Jetzt sollen neue Bewertungen von der trainierten KI klassifiziert werden. Bei den Textfragmenten habe ich bewusst ähnliche Formulierungen verwendet. Für alles andere sind die Trainingsdaten zu klein und die Epochenzahl zu hoch. Die Ausgabe lautet:

```
[[0.6918644  0.30813566]
 [0.48320082 0.5167992 ]
 [0.678091   0.32190904]
 [0.64080495 0.35919502]]
```

Die zweite Bewertung wird der einen Klasse zugeordnet (gut = 1), alle anderen Bewertungen zu der anderen Klasse (schlecht = 0). Dieses sehr einfache Beispiel funktioniert tatsächlich.

8.4 Analyse der Zusammenhänge

Wir könnten jetzt eine KI programmieren, die größere Texte klassifiziert. In anderen Disziplinen (z. B. Elektrotechnik) ist es üblich, bestimmte Zusammenhänge anhand von Experimenten zu verdeutlichen. Dieses Vorgehen soll auch hier angewendet werden: Welche Werte haben die Vektoren vor dem Training und welche Werte danach? Kann man daraus Zusammenhänge erkennen? Sie können die Keras-Dokumentation zu den Layern lesen, aber Details zum Aufbau werden Sie meist nicht finden. Die Dokumentation ist dazu ausgelegt, Sie bei der Verwendung der Module zu unterstützen. Mit der Datei *K7_analyse.ipynb* werden wir versuchen, die Geheimnisse um die Vektoren zu lüften.

```
import pandas as pd
import tensorflow as tf
from keras.models import Model
```

```
import numpy as np

# Testtexte
train_data =[
          'schnelles Auto fahren',
          'schnelles Motorrad fahren',
          'schnelles Fahrrad fahren',
          'interessantes Buch lesen',
          'interessante Zeitschrift lesen',
          'interessanten Text lesen',
]
# 1 für fahren, 0 für lesen
train_col = np.array([1,1,1,0,0,0])
```

Listing 8.9 Einfache Trainingsdaten werden generiert

Diese einfachen Texte ähneln sich. Bei den ersten drei Textfragmenten geht es um schnelles Fahren, bei den anderen ums Lesen von interessanten Texten. Dementsprechend werden diese Texte mit 0 oder 1 klassifiziert.

```
transform = tf.keras.layers.TextVectorization(max_tokens=20,
 output_sequence_length=3)

transform.adapt(train_data)

tain_data_transformed = transform(train_data)

print(tain_data_transformed)
```

Listing 8.10 Wörter in Ganzzahlen transformieren

Nach der bekannten Transformation liegen sechs Vektoren vor, je einer für einen Text. Da die Texte aus drei Wörtern bestehen, haben die Vektoren auch drei Elemente. Der Inhalt der Variable `tain_data_transformed` lautet:

```
tf.Tensor(
[[ 4 14  3]
 [ 7  8  3]
 [ 4 12  3]
 [ 9 13  2]
 [11  5  2]
 [10  6  2]], shape=(6, 3), dtype=int64)
```

Jedes Wort ist durch eine Zahl ersetzt worden. Mit `print(transform.get_vocabulary()[4])` können Sie den Wert zurücktransformieren (ergibt »schnelles«).

```
emb = tf.keras.layers.Embedding(20, 4, input_length=3)
glob = tf.keras.layers.GlobalAveragePooling1D()
dense = tf.keras.layers.Dense(2, activation=tf.nn.softmax)
```

Listing 8.11 Einzelne Layer werden in Variablen gespeichert.

Diese Layer werden in Variablen gespeichert, sodass sie wiederholt aufgerufen werden können.

```
model = tf.keras.Sequential()
model.add(emb)

output_array = model.predict(tain_data_transformed)
print(output_array)

model2 = tf.keras.Sequential()
model2.add(glob)

output_array2 = model2.predict(output_array)
print(output_array2)
```

Listing 8.12 Zwei Modelle mit je einem Layer

Es wird je ein Modell mit einem Embedding und einem GlobalAveragePooling1D Layer erstellt. Als Input bekommt das erste Modell die transformierten Texte, das zweite Modell bekommt den Output des ersten Modells. Die Ausgabe des ersten Modells lautet:

```
[[[-0.01243412 -0.03746061  0.02200991  0.03030192]
  [-0.04163358 -0.01144668  0.03878428 -0.04802252]
  [-0.00094527 -0.00488134  0.0085219   0.00785023]]

 [[-0.0181666   0.04868423  0.04477874 -0.00121886]
  [-0.03838025 -0.00771434 -0.04173648 -0.04354868]
  [-0.00094527 -0.00488134  0.0085219   0.00785023]]

 [[-0.01243412 -0.03746061  0.02200991  0.03030192]
  [-0.01181332 -0.00661544 -0.01860522 -0.02632437]
  [-0.00094527 -0.00488134  0.0085219   0.00785023]]
```

```
[[-0.03821073 -0.03925669  0.02885384  0.00788357]
 [-0.01917316  0.03525311  0.00369475  0.0465091 ]
 [ 0.00206491 -0.02485489  0.04428161  0.04526403]]

[[ 0.00463337 -0.01329988 -0.01873432 -0.0161888 ]
 [-0.00078919 -0.01522597 -0.00452713 -0.00425085]
 [ 0.00206491 -0.02485489  0.04428161  0.04526403]]

[[-0.01627098  0.04197296  0.00484176  0.04096672]
 [-0.02834386 -0.03912646 -0.03916847 -0.00369043]
 [ 0.00206491 -0.02485489  0.04428161  0.04526403]]]
```


Jedes Wort wird durch einen Vektor mit vier Fließkommazahlen repräsentiert, und jeder Text besteht aus drei Vektoren. Sehen Sie sich die Ausgabe genau an und vergleichen Sie diese mit den Texten vor der Transformation. Versuchen Sie, die Zuordnung zu erkennen. Die letzten Vektoren der ersten drei Vektorengruppen sind gleich, da sie das Wort »fahren« repräsentieren. Versuchen Sie, weitere Zusammenhänge herauszufinden. Die Ausgabe des zweiten Modells lautet:

```
[[-0.01833766 -0.01792954  0.02310536 -0.00329012]
 [-0.01916404  0.01202951  0.00385472 -0.01230577]
 [-0.00839757 -0.01631913  0.00397553  0.00394259]
 [-0.01843966 -0.00961949  0.02561007  0.0332189 ]
 [ 0.0019697  -0.01779358  0.00700672  0.00827479]
 [-0.01418331 -0.00733613  0.0033183   0.02751344]]
```

Für die Texte werden spaltenweise die Mittelwerte gebildet, sodass es am Ende pro Text einen Vektor mit Fließkommazahlen gibt.

```
model3 = tf.keras.Sequential()
model3.add(emb)
model3.add(glob)
model3.add(dense)
model3.compile(optimizer='adam', loss='sparse_categorical_crossentropy',
 metrics=['accuracy'])

model3.fit(tain_data_transformed, train_col, epochs=100)
```

Listing 8.13 Aufbau und Training eines dritten Modells mit den zuvor verwendeten Layern

Mit diesen Layern bauen wir ein drittes Modell auf und trainieren es. Wir wollen sehen, wie sich die Werte der Vektoren verändern. Dazu erstellen wir wieder neue Modelle, aber mit denselben zwei Layern von oben.

```
model4 = tf.keras.Sequential()
model4.add(emb)

output_array4 = model4.predict(tain_data_transformed)
print(output_array4)

model5 = tf.keras.Sequential()
model5.add(glob)

output_array5 = model5.predict(output_array4)
print(output_array5)
```

Listing 8.14 Aufbau zweier Modelle mit jeweils einem Layer, um die Werte zu analysieren

Mit diesen einfachen Modellen sollen wieder die ausgegebenen Vektoren analysiert werden. Die Ausgabe des ersten Modells (`model4`):

```
[[[-0.11617085 -0.14511028 -0.08131199 -0.08069155]
  [-0.14537211 -0.11909667 -0.06453957 -0.15901466]
  [-0.10468245 -0.11253189 -0.09480041 -0.10314475]]

 [[-0.12190107 -0.05896183 -0.05854109 -0.11220735]
  [-0.14211471 -0.1153604  -0.14505626 -0.15453719]
  [-0.10468245 -0.11253189 -0.09480041 -0.10314475]]

 [[-0.11617085 -0.14511028 -0.08131199 -0.08069155]
  [-0.11554474 -0.11425846 -0.12192196 -0.13730972]
  [-0.10468245 -0.11253189 -0.09480041 -0.10314475]]

 [[ 0.06547452  0.06834083  0.13212436  0.11882497]
  [ 0.08451208  0.14285056  0.10696527  0.15745053]
  [ 0.10580185  0.08279539  0.14760372  0.15625885]]

 [[ 0.10840053  0.09437823  0.08461826  0.09483075]
  [ 0.10297797  0.09245214  0.09882544  0.1067687 ]
  [ 0.10580185  0.08279539  0.14760372  0.15625885]]
```

```
[[ 0.08748007  0.14963524  0.10817818  0.1519709 ]
 [ 0.07540722  0.06853585  0.06416797  0.10731375]
 [ 0.10580185  0.08279539  0.14760372  0.15625885]]]
```

Sie sehen, dass die Vektoren der ersten drei Texte sich ähneln, in diesem Beispiel sind sie alle negativ. Die Vektoren der nächsten drei Texte sind positiv. Deutlicher werden die Zusammenhänge nach der Mittelwertbildung:

```
[[-0.12207514 -0.12557961 -0.08021732 -0.11428365]
 [-0.12289941 -0.09561804 -0.09946593 -0.12329644]
 [-0.11213268 -0.12396687 -0.09934479 -0.10704867]
 [ 0.08526281  0.09799559  0.12889779  0.1441781 ]
 [ 0.10572678  0.08987525  0.11034914  0.1192861 ]
 [ 0.08956305  0.10032216  0.10664996  0.1385145 ]]
```

Hier kann man besonders deutlich die Ähnlichkeit der jeweiligen Vektoren erkennen. Für den letzten Dense Layer ist es mithilfe der Softmax-Funktion kein Problem mehr, die Vektoren den Klassen zuzuordnen. Mit diesem »Versuchsaufbau« können Sie die Prozesse rund um die Vektoren besser verdeutlichen. Jetzt können wir uns der Klassifizierung von größeren Texten widmen. Das Prinzip bleibt gleich.

8.5 Klassifizierung großer Datenmengen

In diesem Beispiel wird die KI mit der IMDb-Filmdatenbank (Internet Movie Database) trainiert. Die Datei *IMDB-Dataset.csv* enthält 50000 Filmkritiken, zu jeder Kritik ist die Information enthalten, ob der Text eine positive oder negative Kritik enthält.

```
Import tensorflow as tf
import pandas as pd
from sklearn.model_selection import train_test_split

path = "../Data/IMDB-Dataset.csv"
data = pd.read_csv(path, delimiter=', ')

MAX_FEATURES = 10000
SEQUENCE_LENGTH = 250

print(data.head())
print(data.shape)
```

Listing 8.15 Die Module und Datensatz werden geladen.

Sie sehen, dass die Variablen MAX_FEATURES (maximale Wortanzahl) und SEQUENCE_LENGTH (maximale Länge einer Kritik) schon definiert wurden. Wenn Sie diese Werte anpassen wollen, können Sie das hier an einer zentralen Stelle durchführen und müssen nicht im Quellcode nach den entsprechenden Stellen suchen. Diese Variablen werden im Quellcode nicht verändert, es sind also »konstante« Variablen. Es hat sich etabliert, dass Konstanten großgeschrieben werden.

```
# String in Integer Umwandeln
# neue Spalte, alle Werte auf 0 setzen
data['rating'] = 0

# wenn der Inhalt der Spalte 'sentiment' gleich 'positive' ist, setze
# den Eintrag in der Spalte 'rate' auf 1
data.loc[data['sentiment'] == 'positive', 'rating'] = 1

col = data['rating']

# entferne die Spalten 'sentiment' und 'rate'
data.drop(['sentiment', 'rating'], axis = 1, inplace=True)
```

Listing 8.16 Vorbereitung der Daten

Die Werte der Spalte sentiment sind »positive« oder »negative«. Sie sehen hier eine weitere, einfache Möglichkeit, diese Werte in Zahlenwerte zu überführen. Zuerst wird eine neue Spalte rating erstellt und mit der Zahl 0 aufgefüllt. Anschließend wird mit Pandas wie folgt die Konvertierung durchgeführt:

```
data.loc[data['sentiment'] == 'positive', 'rating'] = 1
```

Wenn die Spalte sentiment den Wert »positive« hat, wird in der gleichen Zeile der Wert in der Spalte rating auf 1 gesetzt. Anschließend werden die zwei Tabellen erstellt.

```
train_data, test_data, train_col, test_col = train_test_split(data,
 col, test_size=0.2)
transform = tf.keras.layers.TextVectorization(max_tokens=MAX_FEATURES,
 output_sequence_length=SEQUENCE_LENGTH)

transform.adapt(train_data)

tain_data_transformed = transform(train_data)
```

```
test_data_transformed = transform(test_data)

print(tain_data_transformed)
```

Listing 8.17 Erstellung der vier Tabellen und Transformation der Wörter zu Ganzzahlen

Die vier Tabellen werden erstellt. Die Zuordnungstabelle für die Transformation wird nur für die Trainingsdaten erstellt (`transform.adapt(train_data)`). Die Testdaten simulieren unbekannte Daten, daher darf Text Vectorization diese Daten für die Erstellung der Zuordnungstabelle nicht kennen. Anschließend werden Test- und Trainingsdaten transformiert. Sollten die Testdaten neue, unbekannte Wörter enthalten, werden diese durch eine Zahl, die für »unbekanntes Wort« steht, ersetzt.


```
model = tf.keras.Sequential([
  tf.keras.layers.Embedding(MAX_FEATURES, 16),
  tf.keras.layers.GlobalAveragePooling1D(),
  tf.keras.layers.Dropout(0.2),
  tf.keras.layers.Dense(2, activation=tf.nn.softmax)
])
model.compile(optimizer='adam', loss='sparse_categorical_crossentropy',
 metrics=['accuracy'])

cb_early = tf.keras.callbacks.EarlyStopping(monitor='val_loss', patience=3)

model.fit(tain_data_transformed, train_col, validation_data=(
 test_data_transformed, test_col), epochs=100, callbacks=[cb_early])
```

Listing 8.18 Aufbau, Training und Test des Modells

Mittlerweile sollten Sie selbst diese Zeilen interpretieren können. Wir erreichen hier eine Korrektklassifizierungsrate von über 88 %.

```
examples = [
    "The movie was great",
    "It was boring",
    "Don't waste your time",
]

txt = transform(examples)
pred = model.predict([txt])
print(pred)
```

Listing 8.19 Anwendung des trainierten Modells

Die KI wird nun mit drei neuen, unbekannten Texten getestet. Die Ausgabe lautet:

```
[[0.4801555  0.5198445 ]
 [0.8410477  0.15895234]
 [0.91192335 0.08807658]]
```

Sie sehen an der Ausgabe, dass der positive Text der einen Klasse, die negativen Texte der anderen Klasse zugeordnet werden. Die KI kann nun Filmkritiken lesen und selbst klassifizieren, mit einer Korrektklassifizierungsrate von 88 %.

Der Text enthält Formatierungszeichen (`<br />` für Zeilenumbruch), die Sie mit folgendem Methodenaufruf entfernen können:

```
data['review'] = data['review'].str.replace("<br />"," ")
```

Dabei wird das Formatierungszeichen durch ein Leerzeichen ersetzt.

Mit ein wenig Programmierkenntnissen können sie die KI weiter verbessern. Mit *Stemming* und *Lemmatization* können die Begriffe in Grundformen überführt werden. Dadurch gibt es weniger Variationen bei der Transformation, das Wörterbuch ist kleiner. Bei Stemming werden gegebenenfalls einige Buchstaben des Wortes entfernt. Der Algorithmus kann z. B. die Wörter »programmieren« und »programmiert« zu »programm« überführen. Lemmatization geht einen Schritt weiter und erkennt Wortvariationen. Die Wörter »ging«, »gehen« und »gegangen« können zu »gehen« überführt werden.

8.6 Übungen

Übung 1: Hyperparameter-Optimierung

Versuchen Sie durch Hyperparameter-Optimierung, die Korrektklassifizierungsrate des Programmes *K7_imdb.ipynb* zu erhöhen. Für diese Aufgabe gibt es keine Musterlösung.

Übung 2: Textklassifizierung

Programmieren Sie eine KI, welche die Datei *spam.csv* einliest und die Texte in »ham« oder »spam« klassifiziert.

Übung 3: Textklassifizierung mit Upsampling

Erweitern Sie die vorherige Aufgabe so, dass für eine Ausgewogenheit bei den Daten gesorgt wird.

Kapitel 9
Clusteranalyse

Die Clusteranalyse ermöglicht es, Ähnlichkeiten in den Datensätzen zu erkennen und diesen entsprechend Gruppen zu bilden.

Worum geht es in diesem Kapitel?

- grafische Analyse der Daten mit Scatterplot
- Funktionsweise von k-Means-Clustering
- Gruppierung von ungelabelten Daten mit k-Means-Clustering

Nehmen wir unsere mittlerweile wohlbekannten Schwertliliendaten als Beispiel. Wie kann so eine Datensammlung zustande kommen? Eine Biologin bzw. ein Biologe geht durch die Felder, vermisst die Blüten der verschiedenen Schwertlilien und sammelt diese Daten in einer Tabelle. Dank des Fachwissens kann die Tabelle gleich um den Namen der Unterart ergänzt werden.

Sie können jetzt mit dieser Tabelle eine KI programmieren, die zukünftig die Einordnung in die Untergruppe übernimmt. Lediglich die Blätter müssen vermessen werden (dazu braucht es keine Biologen mehr), die KI kann die Unterart dann selbst bestimmen.

Bei der Clusteranalyse geht man einen Schritt weiter: Als Laie möchte ich die Blätter der Schwertlilien messen und die Daten in einer Tabelle festhalten, ohne irgendein Wissen über Unterarten. Die KI soll im Anschluss analysieren, ob es Ähnlichkeiten im Datensatz gibt. Dementsprechend sollen die Daten in Gruppen eingeteilt werden, idealerweise in die Unterarten. Somit braucht man überhaupt keine Biologen mehr, um diese Daten zu klassifizieren bzw. Unterarten zu bestimmen.

Aber selbst bei dem einfachen Schwertliliendatensatz ist es so, dass die generierten Gruppen nicht exakt mit der erwarteten Zielspalte (nämlich den Unterarten) übereinstimmen. Das im Folgenden vorgestellte Verfahren gruppiert die Daten anhand der vorliegenden Attribute, das Ergebnis muss nicht mit Ihrer Erwartungshaltung übereinstimmen. Wir werden uns das Ganze noch mit Beispielen anschauen.

Wozu ist die Clusteranalyse dann zu gebrauchen? Nun, nehmen wir an, Sie haben einen größeren, ungelabelten Datensatz zu Bestellungen durch Kunden. Mit der Clusteranalyse können Sie diese Daten gruppieren lassen und versuchen, dadurch Muster zu erkennen. Vielleicht kann man von den generierten Gruppen ableiten, dass z. B. Kund*innen aus einem bestimmten Gebiet ähnliche Bestellungen aufgeben.

Zur Vorstellung des Verfahrens wird wieder der einfache Schwertliliendatensatz verwendet, um die Ergebnisse besser bewerten zu können. Aber betrachten Sie die Clusteranalyse als ein Verfahren, um Muster in einem Datensatz zu erkennen und dementsprechend Gruppen zu bilden. Es muss nicht das Ergebnis bzw. die Zielspalte herauskommen, die Sie erwarten.

9.1 Grafische Analyse der Daten

Zum Verständnis der Clusteranalyse ist die Visualisierung der Daten sehr hilfreich. Mit dem Programm *K9_analyse.ipynb* werden wir die Daten grafisch analysieren.

```
import pandas as pd
import matplotlib.pyplot as plt
from sklearn.cluster import KMeans

path = "../Data/iris.csv"
data = pd.read_csv(path, delimiter=',')

print(data.head())
```

Listing 9.1 Module und Datei laden

Die benötigten Module werden importiert, die Datei eingelesen und die ersten Zeilen ausgegeben.

```
plt.scatter(data['sepal.length'], data['sepal.width'])
plt.xlabel('sepal.length')
plt.ylabel('sepal.width')
plt.show()
```

Listing 9.2 Ausgabe des Scatterplots, Sepalum

Wir betrachten im ersten Plot die Sepallänge und -breite (siehe Abbildung 9.1). Hier sehen Sie das erste Problem bei der Visualisierung von Daten: Nur die Länge und die Breite einer Blattart (hier Sepalum) können gleichzeitig angezeigt werden, auf der x- bzw. y-Achse. Mit einem dreidimensionalen Plot können auch drei Spalten bzw. Attribute ausgegeben werden, aber vier Spalten können Sie nicht mehr visuell darstellen.

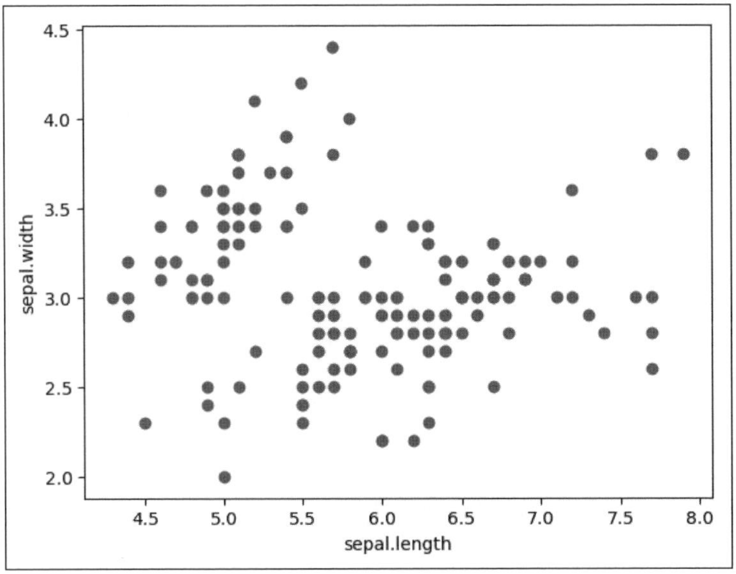

Abbildung 9.1 Scatterplot des Kelchblattes (Sepalum)

Das Modul Matplotlib hat viele Möglichkeiten, Daten zu visualisieren. Wir betrachten hier nur den sogenannten Scatterplot. Jeder Punkt in diesem Scatterplot entspricht einer Zeile in der CSV-Datei. Für jeden Punkt können Sie (ungefähr) ablesen, welche Länge und Breite dieses Blatt hat.

```
plt.scatter(data['petal.length'], data['petal.width'])
plt.xlabel('petal.length')
plt.ylabel('petal.width')
plt.show()
```

Listing 9.3 Ausgabe des Scatterplots, Petalum

Entsprechend können wir die Länge und Breite des Kronblattes (Petalum) betrachten, siehe Abbildung 9.2. Die Zeilen bleiben ähnlich, lediglich die neuen Daten für die Achsen müssen aktualisiert werden.

Wichtig ist, dass Sie sich zwei sinnvolle Spalten aussuchen, deren Zusammenhang Sie betrachten wollen. Hier sind es jeweils die Länge und die Breite einer Blattart. Zum Beispiel würde es wahrscheinlich wenig Sinn machen, den Zusammenhang zwischen Sepallänge (*x*-Achse) und Petalbreite (*y*-Achse) zu betrachten.

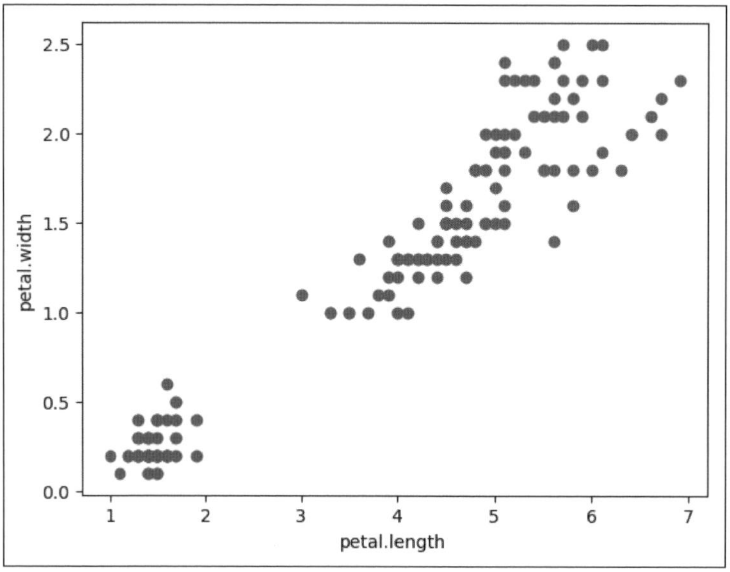

Abbildung 9.2 Scatterplot des Kronblattes (Petalum)

Bei Schwertliliendaten ist es nicht schwer, die richtigen zwei Spalten auszusuchen. Aber was könnte man z. B. bei den Daten zur Weinqualität betrachten? Da gibt es viele Möglichkeiten. Wie wäre es mit pH-Wert (*x*-Achse) und Qualität (*y*-Achse)? Alkoholgehalt und Qualität? Bei drei zusammenhängenden Spalten wäre auch ein 3-D-Plot möglich.

Bis jetzt haben wir die Daten ohne Hinweise auf die Gruppierung ausgegeben. Im Datensatz zur Schwertlilie ist die Zuordnung zu den Unterarten bereits enthalten. Wir können mithilfe von Pandas diese Daten mit jeweils einer Zeile in die verschiedenen Gruppen aufteilen und anschließend diese Daten mit verschiedenen Farben und Formen visualisieren.

```
setosa = data[data['species']=='Setosa']
versicolor = data[data['species']=='Versicolor']
virginica = data[data['species']=='Virginica']

plt.scatter(setosa['sepal.length'], setosa['sepal.width'], color = 'red', marker='s')
plt.scatter(versicolor['sepal.length'], versicolor['sepal.width'], color = 'blue',
 marker='o')
plt.scatter(virginica['sepal.length'], virginica['sepal.width'], color = 'green',
 marker='^')
```

```
plt.xlabel('sepal.length')
plt.ylabel('sepal.width')
plt.show()
```

Listing 9.4 Scatterplott mit Berücksichtigung der Gruppierung, Sepalum

Die drei Unterarten werden jeweils mit den Farben rot, blau und grün sowie den Formen Quadrat, Kreis und Dreieck ausgegeben.

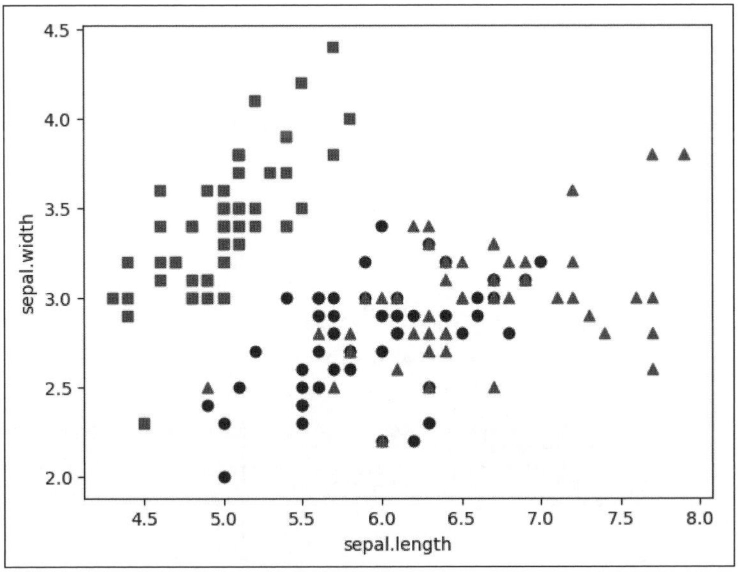

Abbildung 9.3 Scatterplot des Kelchblattes mit Aufteilung in verschiedene Unterarten

Sehen Sie sich den Plot in Abbildung 9.3 an. Würde unsere Tabelle nur die Länge und Breite des Kelchblattes (Sepalum) enthalten, wäre eine eindeutige Klassifizierung nicht möglich. Viele Punkte im Scatterplot überschneiden sich oder sind so verteilt, dass man sie nicht in Bereiche einteilen kann. Wonach sollte sich ein Algorithmus richten? Egal, welche Bereiche man in dieser zweidimensionalen Abbildung für bestimmte Gruppen definiert, es gäbe immer Punkte, die der falschen Gruppe zugeordnet werden würden. Es wird also ein Verfahren benötigt, nicht gruppierte Daten (wie in Abbildung 9.1) so zu gruppieren, dass das Ergebnis Abbildung 9.3 entspricht.

Nun können wir auch die Länge und Breite des Kronblattes (Petalum) betrachten, wenn wir die Daten für die Achsen aktualisieren.

```
setosa = data[data['species']=='Setosa']
versicolor = data[data['species']=='Versicolor']
```

```
virginica = data[data['species']=='Virginica']

plt.scatter(setosa['petal.length'], setosa['petal.width'], color = 'red', marker='s')
plt.scatter(versicolor['petal.length'], versicolor['petal.width'], color = 'blue',
 marker='o')
plt.scatter(virginica['petal.length'], virginica['petal.width'], color = 'green',
 marker='^')

plt.xlabel('petal.length')
plt.ylabel('petal.width')
plt.show()
```

Listing 9.5 Scatterplott mit Berücksichtigung der Gruppierung, Petalum

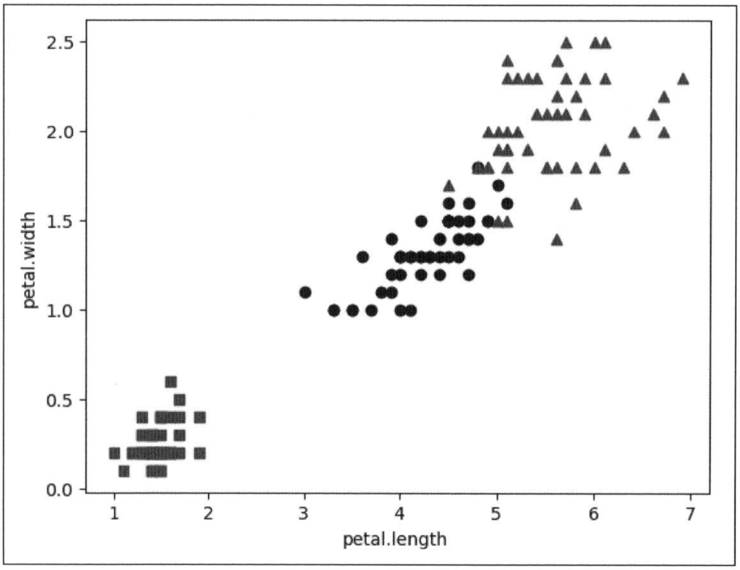

Abbildung 9.4 Scatterplot des Kronblattes mit Aufteilung in verschiedene Unterarten

Die Verteilung in Abbildung 9.4 sieht mehr danach aus, dass man hier Bereiche definieren könnte, welche die jeweilige Unterart enthalten. Es gibt zwar auch hier Überschneidungen, aber bei weitem nicht so viele wie beim Kelchblatt.

Halten wir fest: Eine einfache Gruppierung dieser Daten im zweidimensionalen Raum ist nicht oder kaum möglich. Die Gegenüberstellung der Scatterplots von bereits gruppierten und nicht gruppierten Daten soll das verdeutlichen.

9.2 Der Algorithmus k-Means-Clustering

Sehen wir uns an, wie die Daten bestimmten Gruppen zugeordnet werden können. Wir werden den Algorithmus nicht selbst programmieren, sondern Module mit entsprechenden Methoden verwenden. Es ist aber für die Entwicklung des Modells und die spätere Bewertung des Ergebnisses hilfreich, wenn Sie eine Idee davon haben, wie das Verfahren funktioniert.

Im Prinzip geht es bei k-Means-Clustering darum, bestimmte Datenzentren zufällig zu platzieren und diese anschließend iterativ so zu verschieben, dass sich diese Datenzentren jeweils im Zentrum einer Gruppe von Daten befinden.

Das Modul Yellowbrick

Das Python-Modul Yellowbrick basiert auf Matplotlib und bietet viele Möglichkeiten zur grafischen Analyse von Daten. Das Modul wurde im Hinblick auf wichtige Plots entwickelt, die im Bereich des maschinellen Lernens die Entwicklung erleichtern bzw. unterstützen. Ein Blick auf die Website des Moduls ist lohnenswert (*https://www.scikit-yb.org/en/latest*).

Bitte installieren Sie das Modul, bevor Sie die folgenden Programme ausführen.

Zuerst müssen wir festlegen, wie viele Gruppen es geben soll. Jetzt werden Sie sich vielleicht fragen, woher wir das wissen sollen. Wir benötigen ja ein Verfahren, welches genau das für uns erledigen soll. Nun, darauf gehen wir später ein.

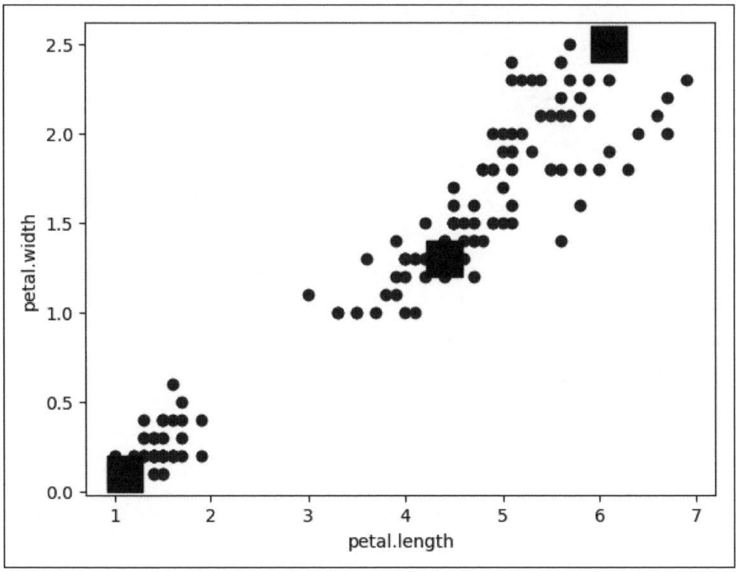

Abbildung 9.5 Drei zufällig ausgewählte Punkte in der Datenmenge

Es wird wieder der Schwertliliendatensatz verwendet, jedoch ohne die Zielspalte. Zur Demonstration der Funktionsweise des Verfahrens geben wir drei Gruppen vor. Aus der Datenmenge werden zufällig drei Punkte ausgewählt. Nennen wir diese Punkte Zentren. In Abbildung 9.5 sehen Sie die Zentren im Scatterplot eingezeichnet.

Jeder Datenpunkt berechnet den Abstand zu den drei Zentren. Die Datenpunkte werden demjenigen Zentrum zugeordnet, zu welchem sie den geringsten Abstand haben. Die ersten, ungenauen (und temporären) Gruppen sind somit gebildet.

Nun wird die Position der drei Zentren aktualisiert. Dazu werden jeweils die Positionen bzw. Abstände der Datenpunkte zu den Zentren in der temporären Gruppe ermittelt und der Mittelwert gebildet. Das sind die neuen Positionen der Zentren.

Danach wird die Prozedur wiederholt. Die temporären Gruppen werden aufgelöst, die Abstände neu berechnet, neue temporäre Gruppen gebildet, die jeweiligen Mittelpunkte gebildet und die Position der Zentren aktualisiert.

Diese Prozedur wird so lange wiederholt, bis es zu keiner Positionsänderung mehr kommt. Die Zentren bilden dann die Schwerpunkte der jeweiligen finalen Gruppen (siehe Abbildung 9.6).

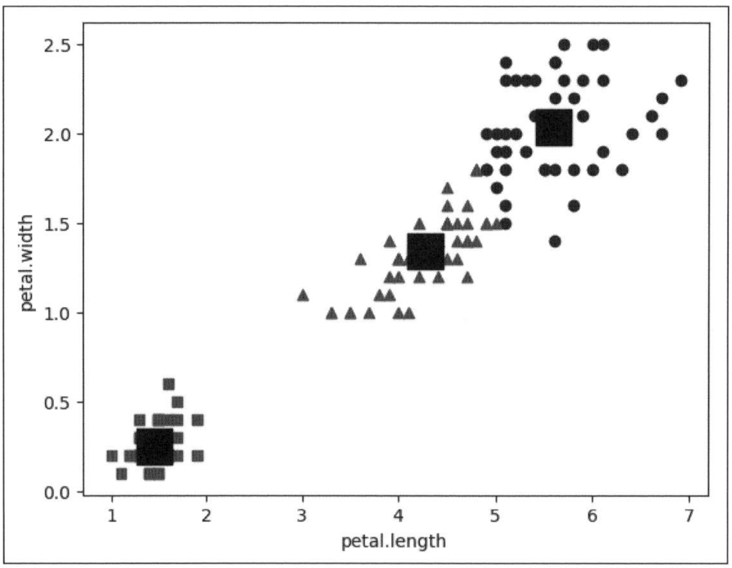

Abbildung 9.6 Drei Zentren als Schwerpunkte der finalen Gruppen

Nun zurück zu der Frage: Woher sollen wir denn im Voraus wissen, wie viele Gruppen es geben soll? Die Antwort lautet: Wir können es gar nicht wissen.

Wir testen den Algorithmus iterativ, z. B. mit 2 (k = 2) bis 10 (k = 10) Zentren, und berechnen jeweils ein Gütekriterium. Anschließend werden die Ergebnisse miteinander verglichen. Ein mögliches Gütekriterium ist *Sum of Squares Error* (*SSE*), auch *Distortion Score* bzw. *Inertia* genannt.

$$\text{SSE} = \sum_{i=1}^{n} (y_i - \hat{y}_i)^2$$

y_i ist dabei der tatsächliche Wert (hier Position vom Datenpunkt), $\hat{y}_i$ der Zielwert (Position des Zentrums). Dabei werden die einzelnen Differenzen aller Datenpunkte zu den jeweilen Schwerpunkten berechnet, jeweils quadriert und dann aufsummiert. Für unser Beispiel mit den drei Schwerpunkten ist SSE = 31,37. Wenn wir zwei Zentren wählen, ist SSE = 86,39, bei vier Zentren 19,47.

Es wichtig festzuhalten, dass die Abstände insgesamt kleiner werden, wenn es mehr Zentren gibt. Vergleichen Sie dies bitte mit folgender Situation: Je mehr Menschen sich in einem Raum aufhalten, desto geringer ist der durchschnittliche Abstand zwischen ihnen. Die alleinige Interpretation dieser Abstände für sich ist also nicht ausreichend, um die empfohlene Anzahl der Gruppen zu berechnen. Sonst würde ja die Devise lauten, je mehr Zentren (je höher der Wert für k), desto besser. Analysieren wir dazu die SSE zwischen k = 2 bis k = 8 in Abbildung 9.7 grafisch.

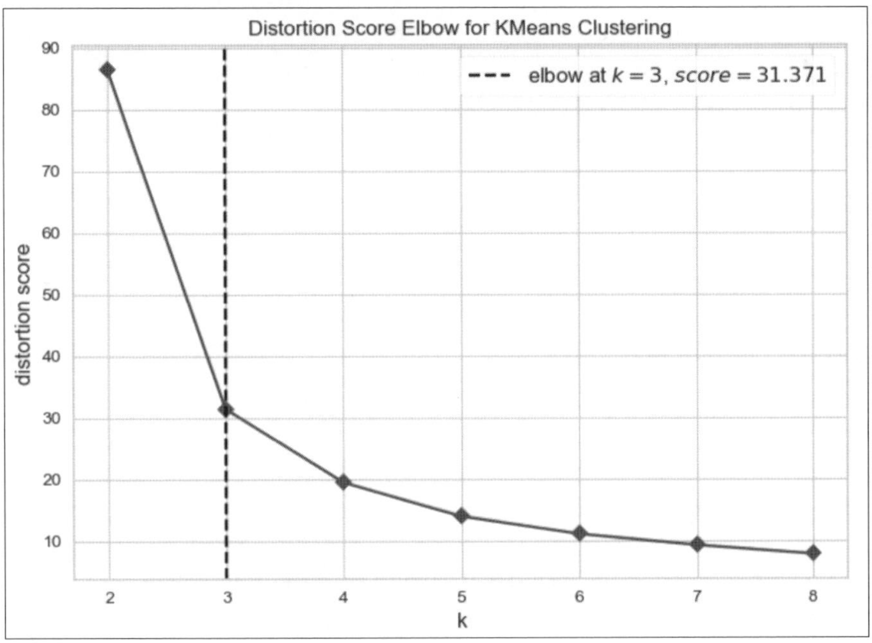

Abbildung 9.7 Distortion Score für k = 3 bis k = 8

Wie bestimmen wir die optimale Zahl für k (Anzahl Zentren)? Wir fangen bei $k = 2$ an und beobachten, wann die negative Steigung abflacht. Das ist hier bei $k = 3$ der Fall, die SSE sinkt danach nicht mehr so rapide. Man nennt das auch die Ellenbogenmethode. Wir müssen nicht selbst diesen Knickpunkt visuell bestimmen, mit dem Modul Yellowbrick kann dieser automatisch ermittelt werden. Dieser (auf Abstände basierende) Knickpunkt impliziert bei dem Verfahren die ermittelte Anzahl der Gruppen im Datensatz.

Bitte beachten Sie, dass mit k-Means-Clustering nicht immer ein zufriedenstellendes Ergebnis ermittelt werden kann. Wenn die Datenpunkte stark verstreut sind oder wenn es viele Überschneidungen gibt, kann es zu fehlerhaften Gruppenbildungen kommen. Dafür kann die Methode auch bei mehrdimensionalen Daten (hier bedeuten mehr Dimensionen mehr Spalten bzw. Attribute) angewendet werden, wobei die Gefahr für falsch gruppierte Daten steigt.

9.3 Das fertige Programm

Wir haben mit dem Schwertliliendatensatz viel analysiert, um den Algorithmus zu verstehen. Mit dem Programm *K9_iris.ipynb* werden wir das Erlernte an dem Schwertliliendatensatz kurz und bündig anwenden, sodass Sie mit kleinen Änderungen das Programm an andere Datensätze anpassen können.

```
import pandas as pd
from sklearn.cluster import KMeans
from yellowbrick.cluster import KElbowVisualizer
from sklearn.preprocessing import StandardScaler

path = "../Data/iris.csv"

data = pd.read_csv(path, delimiter=',')

# Daten ohne Zielspalten erzeugen
data_unknown = data.drop(['species'], axis = 1)

print(data_unknown.head())
```

Listing 9.6 Module und Datensatz laden, Zielspalte entfernen

Der Datensatz wird geladen und gleich die Zielspalte entfernt. Wir wollen ja selbst die Daten gruppieren bzw. vom Algorithmus gruppieren lassen.

```
s_scaler = StandardScaler()

data_unknown = pd.DataFrame(s_scaler.fit_transform(data_unknown),
 columns = data_unknown.columns)
```

Listing 9.7 Daten normieren

Das Normieren der Daten kann zu besseren Ergebnissen führen, da sonst (bei manchen Daten) die Positionen der Schwerpunkte verzerrt werden, insbesondere wenn verschiedene Spalten sehr unterschiedliche Wertebereiche haben. Der Scaler verwirft die Spaltenüberschriften, daher erstellen wir mit dem Ergebnis ein DataFrame, wobei die alten Spaltenüberschriften übernommen werden.

```
model = KMeans()

visualizer = KElbowVisualizer(model, k=(2,9), timings=False)
visualizer.fit(data_unknown)
visualizer.show()
```

Listing 9.8 Visualisierung der Ergebnisse für k = 2 – 9

Es wird ein Modell erstellt und dem Visualizer übergeben. Zusätzlich geben wir den Zahlenbereich für *k* an. Der Ellenbogen wird geplottet und der Knickpunkt ermittelt. Die Ausgabe entspricht Abbildung 9.8. Hier wird zusätzlich angegeben, dass die Berechnungszeit nicht mit ausgegeben werden soll. Sie können testweise `timings=True` setzen.

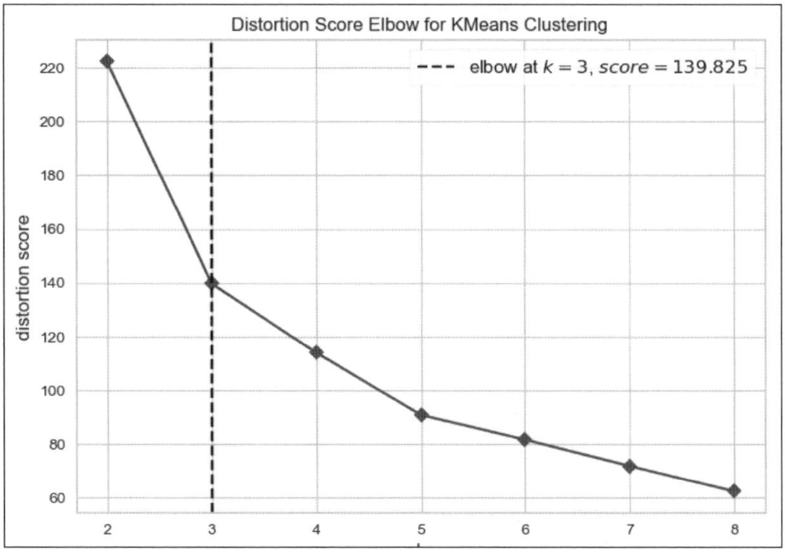

Abbildung 9.8 Distortion Score für k = 2 bis k = 8 mit normierten Daten

```
kmeans = KMeans(n_clusters=3)

pred = kmeans.fit_predict(data_unknown)
```

Listing 9.9 k wird auf 3 festgelegt, und die Daten werden gruppiert.

Nachdem wir die Zahl 3 für *k* grafisch ermittelt haben, legen wir ein Modell mit drei Zentren an und lassen die Daten gruppieren. Die Ergebnisse stehen in `pred`.

```
data_new = pd.concat([data, pd.DataFrame(pred, columns=['label'])], axis=1)
print(data_new)
```

Listing 9.10 Der Datensatz wird um die neue Zielspalte erweitert.

Die neue Spalte wird der ursprünglichen Tabelle mit der Überschrift »label« angehängt. Sie sehen im Ergebnis, dass die Daten den Gruppen 0 bis 2 zugeordnet worden sind.

```
data_new.to_csv("./data_new.csv")
```

Das Ergebnis wird in einer CSV-Datei gespeichert. Sie können sie aus Jupiter heraus mit einem Doppelklick öffnen.

sepal.length	sepal.width	petal.length	petal.width	species	label
5.7	2.8	4.5	1.3	Versicolor	1
6.3	3.3	4.7	1.6	Versicolor	2
4.9	2.4	3.3	1.0	Versicolor	1
6.6	2.9	4.6	1.3	Versicolor	1
5.2	2.7	3.9	1.4	Versicolor	1
5.0	2.0	3.5	1.0	Versicolor	1
5.9	3.0	4.2	1.5	Versicolor	1
6.0	2.2	4.0	1.0	Versicolor	1
6.1	2.9	4.7	1.4	Versicolor	1
5.6	2.9	3.6	1.3	Versicolor	1
6.7	3.1	4.4	1.4	Versicolor	2
5.6	3.0	4.5	1.5	Versicolor	1
5.8	2.7	4.1	1.0	Versicolor	1
6.2	2.2	4.5	1.5	Versicolor	1
5.6	2.5	3.9	1.1	Versicolor	1
5.9	3.2	4.8	1.8	Versicolor	2
6.1	2.8	4.0	1.3	Versicolor	1

Abbildung 9.9 Auszug aus der generierten CSV-Datei

Analysieren Sie bitte die resultierende CSV-Datei, und betrachten Sie insbesondere die Spalten *species* und *label*. Es gibt einige falsche Klassifizierungen bzw. die Ergebnisse stimmen nicht immer mit den ursprünglichen Unterkategorien überein.

Entfernen Sie die Zeile mit der Normierung aus dem Code (bzw. kommentieren Sie diese aus), und betrachten Sie die Ergebnisse erneut. Die Normierung der Daten bei k-Means-Clustering ist insbesondere dann zu empfehlen, wenn Attribute sehr unterschiedliche Wertebereiche haben, siehe z. B. die Diskussion unter *http://r-wrk.de/9763-scale-data*.

Wenn die Datensätze nichtnumerische Spalten haben, müssen diese vorher in numerische Werte überführt werden.

Bedenken Sie, dass auch bei diesem Verfahren das Ergebnis von den vorhandenen Daten abhängt. Bei Weindaten kann das Clustering auf der Suche nach Gruppen bezüglich der Qualität nicht mit der Bewertung von Menschen verglichen werden, da Menschen nicht immer objektiv bewerten bzw. verschiedene Personen dieselbe Flasche Wein unterschiedlich bewerten.

Das Verfahren versucht, Gruppen in den gegebenen Daten zu finden. Es muss nicht die »Zielspalte« rauskommen, die Sie erwarten. Sie benötigen bei einem Datensatz vielleicht die Gruppierung nach Qualität, bekommen als Ergebnis aber eine Gruppierung nach chemischen Eigenschaften. Es ist wünschenswert, einige Testdaten zu haben (mit der Zielspalte), um die Ergebnisse bewerten zu können. Wenn hingegen viele Daten mit der Zielspalte vorliegen, können Sie gleich ein anderes Verfahren (z. B. Klassifizierung mit XGBoost) anwenden. Dann kann das Modell mit diesen Daten trainiert werden und anschließend neue Daten selbstständig klassifizieren.

9.4 Übungen

Übung 1: Gruppierung von Diamanten

Programmieren Sie eine KI, um die Daten der Datei *diamonds.csv* zu gruppieren. Entfernen Sie dazu die Spalte *cut*, und versuchen Sie, durch Clustering diese Gruppierung erneut zu erreichen. Sie werden merken, dass das Ergebnis von der Zielspalte abweicht. Die Frage sollte bei solchen Aufgabenstellungen eher lauten: Kann man neue Erkenntnisse aus den generierten Gruppen gewinnen?

Übung 2: Gruppierung von Pilzen

Programmieren Sie eine KI, um die Daten der Datei *mushrooms.csv* zu gruppieren. Verwenden Sie den kompletten Datensatz für das Verfahren.

Hinweis

Mit folgenden Zeilen können Sie alle Spalten eines Datensatzes zu Zahlenwerten transformieren:

```
data_unknown = data_unknown.astype('category')
data_unknown = data_unknown.apply(lambda x: x.cat.codes)
print(data_unknown)
```

Kapitel 10
AutoKeras

AutoKeras baut die KI für Sie auf und bereitet die Daten vor. Mit nur wenigen Zeilen Quellcode bekommen Sie beeindruckende Ergebnisse.

Worum geht es in diesem Kapitel?

Für bekannte Problemstellungen, die in vorherigen Kapiteln behandelt worden sind, werden mit AutoKeras KI-Modelle entwickelt:

- Klassifizierung und Regression mit tabellarischen Daten
- Bild- und Textklassifizierung

Das Ziel ist es, die Entwicklung von KI-Modellen noch weiter zu vereinfachen.

Bei der Entwicklung von KI-Modellen wird Ihnen aufgefallen sein, dass sich viele Schritte wiederholen: Daten vorbereiten, KI aufbauen, trainieren, testen und optimieren. AutoKeras automatisiert vieles für Sie, sodass die Entwicklung von KNN noch einfacher wird.

AutoKeras

François Chollet hat mit Keras eine Bibliothek entwickelt, mit der man recht einfach künstliche neuronale Netze (KNN) programmieren kann. Das Modul AutoKeras kann als nächste Evolutionsstufe dieser Bibliothek betrachtet werden. Haifeng Jin, François Chollet, Qingquan Song und Xia »Ben« Hu haben ein Modul geschaffen, das Ihnen viele Schritte bei der Entwicklung von KI-Modellen abnimmt. Mit sehr übersichtlichen Programmen können Sie KI-Modelle entwickeln, die Ihnen viele Arbeitsschritte abnehmen und wirklich gute Ergebnisse liefern.

Auf *https://autokeras.com/* finden Sie weitere Tutorials, falls Sie Ihr Wissen vertiefen wollen. Bevor wir unser erstes Programm erstellen, müssen Sie das Modul AutoKeras über Anaconda installieren.

In vorherigen Kapiteln haben wir bereits KI-Modelle für die hier verwendeten Datensätze programmiert. In diesem Kapitel werden wir neue KI-Modelle mithilfe von AutoKeras entwickeln. So haben Sie einen direkten Vergleich der Entwicklungsmethoden für die gleichen Datensätze. Es kommen hier wieder Klassifizierung, Regression, Bild- und Textklassifizierung zum Einsatz.

10.1 Klassifizierung

Lassen Sie uns wieder die wohlbekannten Schwertlilien klassifizieren (*K10_iris-1.ipynb*). Es geht also darum, anhand der Länge und Breite der Blätter eine Schwertlilie zu klassifizieren. Diesmal wird das Programm für diesen Datensatz noch übersichtlicher als bei den Modellen, welche wir in den vorherigen Kapiteln entwickelt haben.

```
import pandas as pd
from sklearn.model_selection import train_test_split
import autokeras as ak

path = "../Data/iris.csv"
data = pd.read_csv(path, delimiter=',')
print(data.head())
print(data.info())
```

Listing 10.1 Module und Datensatz laden

Die Module werden importiert, die ersten Zeilen ausgegeben (siehe Abbildung 10.1). Mit der Methode `info()` bekommen Sie weitere Informationen zu den Daten, wie z. B. die Datentypen der Spalten und Angaben darüber, ob leere Zellen enthalten sind.

```
   sepal.length  sepal.width  petal.length  petal.width species
0           5.1          3.5           1.4          0.2  Setosa
1           4.9          3.0           1.4          0.2  Setosa
2           4.7          3.2           1.3          0.2  Setosa
3           4.6          3.1           1.5          0.2  Setosa
4           5.0          3.6           1.4          0.2  Setosa
##################################################
<class 'pandas.core.frame.DataFrame'>
RangeIndex: 150 entries, 0 to 149
Data columns (total 5 columns):
 #   Column        Non-Null Count  Dtype
---  ------        --------------  -----
 0   sepal.length  150 non-null    float64
 1   sepal.width   150 non-null    float64
 2   petal.length  150 non-null    float64
 3   petal.width   150 non-null    float64
 4   species       150 non-null    object
dtypes: float64(4), object(1)
memory usage: 6.0+ KB
```

Abbildung 10.1 Ausgabe von Listing 10.1

Wie gewohnt müssen die Tabellen gebildet werden:

```
# Was soll vorhergesagt werden? Spaltenname in Variable speichern.
col_name = 'species'

# Hier findet die Aufteilung in zwei Tabellen statt (Input=data und Output=col).
col = data[col_name]
data = data.drop([col_name], axis = 1)

# Aus den zwei Tabellen vier Tabellen erzeugen
train_data, test_data, train_col, test_col = train_test_split(data,col, test_size=
 0.2, random_state=42)
```

Listing 10.2 Aufteilung in vier Tabellen

Die benötigten vier Tabellen wurden erstellt. Dank AutoKeras müssen wir hier keine Datentypen umwandeln.

```
# Modell aufbauen und trainieren lassen.
model = ak.StructuredDataClassifier(max_trials=3, overwrite=True)
model.fit(train_data, train_col, validation_data=(test_data, test_col))
```

Listing 10.3 Das Modell anlegen, trainieren und testen

Mit `StructuredDataClassifier` legen wir ein Modell (eigentlich ein Objekt, welches verschiedene Modelle aufbaut und testet) für tabellarische Daten und die Klassifizierung an. Es werden drei verschiedene Konfigurationen getestet. Wenn Sie einen schnellen Rechner und etwas Zeit haben, können Sie die Zahl erhöhen oder ganz weglassen, in dem Fall werden 100 Modelle getestet. Mit `overwrite=True` legen wir fest, dass ein erneutes Ausführen die gegebenenfalls vorhandenen Modelle überschreibt. Das war es auch schon. Hiermit erreichen wir mit den Testdaten eine Korrektklassifizierungsrate von 100 %.

```
best_model = model.export_model()
best_model.save('model.h5')
```

Listing 10.4 Das Modell mit dem besten Ergebnis speichern

Sie können, falls Sie es wünschen, das Model mit den besten Testwerten für eine Wiederverwendung speichern.

Bis jetzt lautete die Empfehlung in diesem Buch, bei KI-Modellen für tabellarische Daten auf XGBoost zu setzen. Die Optimierung der Hyperparameter war für KNN oft sehr zeitaufwändig, außerdem benötigt man einiges an Erfahrung, um in Frage kommende Parameter mit bestimmten Wertbereichen zu testen. Dank AutoKeras können Sie nun auch auf KNN basierende Modelle für solche Datensätze testen und sich dann im Anschluss für einen Ansatz (XGBoost oder KNN mit AutoKeras) entscheiden.

10.2 Regression

Für die Regression (Vorhersage der Kelchblattlänge) können wir das letzte Programm kopieren und müssen es anschließend nur minimal anpassen (*K10_iris-1.ipynb*).

```
import pandas as pd
from sklearn.model_selection import train_test_split
import autokeras as ak

path = "../Data/iris.csv"
data = pd.read_csv(path, delimiter=',')
print(data.head())
print(data.info())

# Aufteilung in zwei Tabellen
col = data['sepal.length']
data = data.drop(['sepal.length'], axis = 1)

# Aus den zwei Tabellen vier Tabellen erzeugen
train_data, test_data, train_col, test_col = train_test_split(data,
 col, test_size=0.2, random_state=42)

# Modell aufbauen und trainieren lassen.
model = ak.StructuredDataRegressor(max_trials=3, overwrite=True)
model.fit(train_data, train_col, validation_data=(test_data, test_col))
```

Listing 10.5 Vollständiges Programm für die Regression

Und was wurde verändert? Wir haben eine neue Zielspalte (`sepal.length`), außerdem verwenden wir jetzt `StructuredDataRegressor`. Das war es auch schon mit den Änderungen. Standardmäßig verwendet AutoKeras für die Berechnung den mittleren quadratischen Fehler und nicht den mittleren absoluten Fehler. Wenn Sie diese Einstellung ändern wollen, rufen Sie den Konstruktor wie folgt auf:

```
model = ak.StructuredDataRegressor(max_trials=3, overwrite=True,
 loss="mean_absolute_error", metrics="mean_absolute_error")
```

Listing 10.6 Verwendung von MAE anstatt MSE

Der mittlere absolute Fehler beträgt 0,29 cm für das beste Modell. Sie können `max_trials` erhöhen, um noch mehr Modelle zu generieren und zu testen.

10.3 Bildklassifizierung

Mit AutoKeras ist es auch kein Problem, eigene KI-Modelle zur Bildklassifizierung zu erstellen. Im nächsten Beispiel wollen wir eine KI programmieren, welche Handgesten zu Stein, Schere und Papier erkennt und klassifiziert (*K10_Bilderkennung.ipynb*). Diese Aufgabenstellung hatten wir bereits mit Transfer Learning gelöst und erreichten dabei eine Korrektklassifizierungsrate von ca. 93 %.

Sie können die hier verwendeten Bilder auf Ihrem Rechner speichern. Im Ordner *Rock-Paper-Scissor* befinden sich die Unterordner *train* und *test*. Diese Ordner haben weitere Unterordner, je ein Unterordner für eine Bildklasse, also *paper*, *rock* und *scissors*. In diesen Unterordnern befinden sich jeweils die entsprechenden Bilder. Die Ordnerstruktur ist also wie folgt (siehe Abbildung 10.2):

- Rock-Paper-Scissor
  - train
    - paper
      - pic1.png
      - pic2.png
      - ...
    - rock
      - ...
    - scissors
      - ...
  - test
    - ...

Abbildung 10.2 Die Labels werden aus der Ordnerstruktur abgeleitet.

Das Großartige ist, Sie müssen die Bilder nicht labeln. Aus der Ordnerstruktur werden die Labels (Zielspalte) abgeleitet. Sie müssen als nicht aufwändig eine Liste mit Labels erstellen mit der Information, welche Klasse auf welchem Bild abgebildet ist.

```
import autokeras as ak
import tensorflow as tf
import numpy as np
import matplotlib.pyplot as plt

IMG_HEIGHT = 180
IMG_WIDTH = 180

data_dir_train = "../Data/Rock-Paper-Scissor/train"
data_dir_test = "../Data/Rock-Paper-Scissor/train"

train_data = ak.image_dataset_from_directory(
    data_dir_train,
    image_size=(IMG_HEIGHT, IMG_WIDTH),
    batch_size=BATCH_SIZE
)

test_data = ak.image_dataset_from_directory(
    data_dir_test,
    image_size=(IMG_HEIGHT, IMG_WIDTH),
    batch_size=BATCH_SIZE
)
```

Listing 10.7 Die Module und Bilder werden geladen.

Wir verwenden Konstanten, um einige Werte gleich zu Beginn zu definieren. Falls an diesen Einstellungen etwas geändert werden soll, kann das an einer zentralen Stelle erfolgen. Die Trainings- und Testdaten werden oben ebenfalls definiert.

```
model = ak.ImageClassifier(overwrite=True, max_trials=2)
model.fit(train_data, validation_data=test_data, epochs=2)
```

Listing 10.8 Modell erstellen, trainieren und testen

Wir stellen hier ein, dass nur zwei Einstellungen getestet und pro Einstellung zwei Epochen trainiert werden sollen, damit der Programmablauf nicht allzu lange dauert. Wenn Sie Zeit und Muße haben, können Sie die Anzahl erhöhen. Sie sehen, dass wir die Zielspalten gar nicht mit angeben, da diese automatisch aus der Ordnerstruktur generiert werden.

Und wieder war es das schon. Ich erreiche mit diesen paar Zeilen eine Korrektklassifizierungsrate von ca. 100 %. Testen wir das beste Modell mit einem Bild von einer Handgeste.

```
file = "../Data/geste.png"

img = tf.keras.utils.load_img(file,target_size=(IMG_HEIGHT, IMG_WIDTH,3))
img = np.array(img)

plt.figure()
plt.imshow(img)
plt.show()
```

Listing 10.9 Ausgabe des Testbildes

Die Ausgabe sehen Sie in Abbildung 10.3.

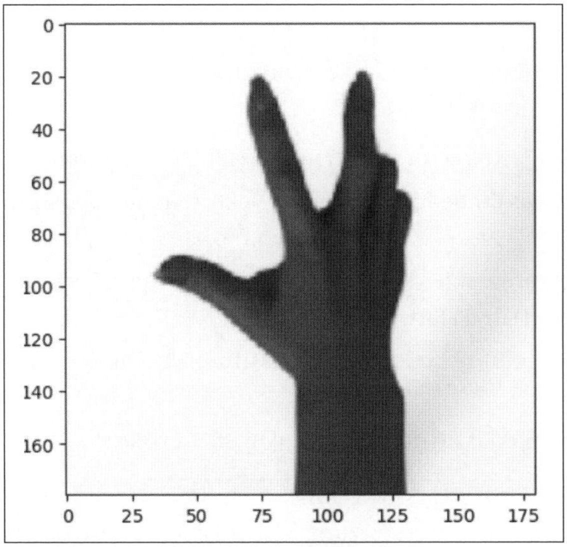

Abbildung 10.3 Testbild »Schere«

Das Bild wird geladen und ausgegeben. Diese Zeilen sollten Ihnen aus Abschnitt 5.5, »Verwendung vortrainierter Netze«, bekannt sein.

```
pred = model.predict(img.reshape(1, IMG_HEIGHT, IMG_WIDTH, 3))
print(pred)
```

Listing 10.10 Klassifizierung des Testbildes

Und tatsächlich, die Schere wird korrekt erkannt, wie die Ausgabe zeigt:

```
[['scissors']]
```

Nun können Sie bei KI-Projekten für Bilder vortrainierte Netze verwenden, per Transfer Learning diese vortrainierten Netze an neue Daten anpassen oder mit AutoKeras das KNN einfach von Grund auf neu erstellen.

10.4 Textklassifizierung

Das Programm *K10_Textklassifizierung.ipynb* trainiert die KI derart, dass Filmkritiken eingelesen und automatisch klassifiziert werden können. Sie erinnern sich noch: Die Kritiken liegen in Textform vor, zusammen mit der Information, ob die Kritik positiv oder negativ ist. Das Ziel ist es, ein KI-Modell zu entwickeln, welches zukünftig anhand einer Filmbewertung in Textform automatisch die Klassifizierung in »positiv« und »negativ« vornimmt.

Auch für diesen Datensatz hatten wir bereits ein KI-Modell entwickelt, siehe Kapitel 8, »Textklassifizierung«. Die Vorgehensweise war wie folgt:

- Die Wörter eines Textes wurden mit Text Vectorization in Ganzzahlen umgewandelt.
- Diese Ganzzahlen wurden mithilfe des Embedding Layers in Vektoren mit Fließkommazahlen transformiert.
- Durch Mittelwertbildung der Vektoren mit dem GlobaleAveragePooling1D Layer fand eine Dimensionsreduktion der Daten statt.
- Das Ergebnis wurde einem KNN zugeführt, welches die Klassifizierung in »positiv« oder »negativ« vornahm.
- Mit diesem Ansatz wurde eine Korrektklassifizierungsrate von 88 % erreicht.

Auch hier wird das Modul AutoKeras uns viel Arbeit abnehmen. Das folgende Programm sollten Sie in Google Colab mit GPU-Unterstützung laufen lassen, sonst dauert die Ausführung sehr lange. Laden Sie dazu das Programm und die Datei *IMDB-Dataset.csv* in Colab hoch.

```
# für die Ausführung in google colab,
# die folgende Zeile verwenden:
!pip install autokeras
```

Listing 10.11 Installation von AutoKeras in Colab

Hiermit wird AutoKeras in Ihrer Google-Colab-Umgebung installiert. Bedenken Sie, dass die Installation erneuert werden muss, wenn Sie die Sitzung beenden und neu starten.

```
import pandas as pd
from sklearn.model_selection import train_test_split
import autokeras as ak
import numpy as np

path = "/content/IMDB-Dataset.csv "

# damit die Datei in Colab richtig eingelesen wird,
# müssen wir die Zeichenkodierung angeben und pandas mit
# der Python-Engine verwenden
data = pd.read_csv(path, delimiter=',', error_bad_lines=False,
 encoding='utf-8', engine="python")
print(data.head())
print(data.info())

data['review'] = data['review'].str.replace("<br />"," ")

# String in Integer Umwandeln
# neue Spalte, alle Werte auf 0 setzen
data['rating'] = 0

# wenn der Inhalt der Spalte 'sentiment' gleich 'positive' ist, setze
# den Eintrag in der Spalte 'rate' auf 1
data.loc[data['sentiment'] == 'positive', 'rating'] = 1

col = data['rating']

# entferne die Spalten 'sentiment' und 'rate'
data.drop(['sentiment', 'rating'], axis = 1, inplace=True)

print(data)
print(col)

# Aus den zwei Tabellen vier Tabellen erzeugen
train_data, test_data, train_col, test_col = train_test_split(data,
 col, test_size=0.2, random_state=42)
```

Listing 10.12 Die Daten werden geladen und die vier Tabellen erstellt.

Die Daten werden eingelesen und die Werte der Zielspalte in Zahlenwerte umgewandelt. Bis hierhin entsprechen die Zeilen weitgehend dem Beispiel in Abschnitt 8.5, »Klassifizierung großer Datenmengen«.

```
# Daten in Arrays umwandeln
train_data = np.array(train_data)
train_col = np.array(train_col)
test_data = np.array(test_data)
test_col = np.array(test_col)
```

Listing 10.13 Umwandlung in Arrays

Das Modell erwartet Daten vom Datentyp Array, daher wandeln wir diese um.

```
# Modell aufbauen und trainieren lassen.
model = ak.TextClassifier(max_trials=3, overwrite=True)
model.fit(train_data, train_col, validation_data=(test_data, test_col), epochs=2)
```

Listing 10.14 Das Modell aufbauen, testen und trainieren

Das beste Modell hat eine Korrektklassifizierungsrate von ca. 93 %. Sie können die Anzahl der Versuche und die Epochenzahl erhöhen, um bessere Ergebnisse zu bekommen.

Er werden zwar nur drei Modelle mit verschiedenen Einstellungen getestet, aber eines dieser Modelle nutzt das performante und vortrainierte Sprachmodell *BERT*.

BERT (Bidirectional Encoder Representations from Transformers)

Dieses Sprachmodell wurde von Google entwickelt. Auch hier werden Worte bzw. Wortbestandteile in Zahlen bzw. Vektoren überführt, aber anschließend wird das Modell mit einem ausgeklügelten Algorithmus trainiert. Auf Wort- bzw. Wortbestandteilebene sind die Verfahren wie folgt:

- Ein Wort in einem Satz wird ausgelassen.
- Ein Wort in einem Satz wird durch ein zufällig ausgewähltes Wort ersetzt.
- Der Satz bleibt gleich (also mit dem ursprünglichen Wort).

Das Modell versucht jeweils, dieses Wort vorherzusagen. Im Paper »BERT: Pre-training of Deep Bidirectional Transformers for Language Understanding« finden Sie detaillierte Informationen zum Verfahren.

Auf Satzebene wird wie folgt vorgegangen:

- Zwei Sätze werden miteinander verbunden. Das Modell wird dahingehend trainiert vorherzusagen, ob die Verbindung Sinn macht oder nicht.

Das Paper finden Sie auf *https://arxiv.org/abs/1810.04805*. Das Modell wurde unter anderem mit Wikipedia-Daten trainiert und kann Wörter dank dieser Trainingsprozedur kontextbezogen zuordnen. Google nutzt BERT z. B. für die Interpretation von Benutzereingaben in der Suchmaschine.

10.5 Übungen

Übung 1: Klassifizierung

Programmieren Sie ein KNN, um Pilze in »essbar« und »giftig« zu klassifizieren. Verwenden Sie die Datei *mushrooms.csv*.

Übung 2: Regression

Programmieren Sie ein KNN, um den Preis von Diamanten zu bestimmen. Verwenden Sie die Datei *diamonds.csv*. Hinweis: Die Ausführung kann sehr lange dauern. Versuchen Sie es mit und ohne vorherige Normierung der Daten.

Übung 3: Bildklassifizierung

Laden Sie die Daten »Horses or Humans« herunter und lassen Sie diese vom KNN klassifizieren. Die Daten finden Sie auf *https://www.kaggle.com/datasets/sanikamal/horses-or-humans-dataset*.

Übung 4: Textklassifizierung

Programmieren Sie eine KI, welche die Datei *spam.csv* einliest und die Texte in »ham« oder »spam« klassifiziert. Arbeiten Sie mit Upsampling.

Kapitel 11
Visuelle Programmierung mit KNIME

Eine KI programmieren, ohne eine Programmiersprache zu lernen, oder aber optional Quellcode einbinden? KNIME macht es möglich.

Worum geht es in diesem Kapitel?

- Einführung in die visuelle Programmierung
- Regression und Klassifizierung mit künstlichen neuronalen Netzen
- Regression und Klassifizierung mit XGBoost
- Bildklassifizierung mit vortrainierten Modellen
- Transfer Learning
- Autoencoder
- Textklassifizierung
- automatische Erstellung von KI-Modellen mit AutoML
- Clusteranalyse
- Zeitreihenanalyse
- Textgenerierung

Mit KNIME können Sie verschiedenste KI-Modelle mithilfe von grafischen Bausteinen programmieren. Einer der Vorteile von visueller Programmierung ist die Übersichtlichkeit. Selbst wenn das Programm von jemand anderem entwickelt worden ist, können Sie sich relativ schnell einarbeiten, der Datenfluss ist einfach nachvollziehbar. Dabei ist KNIME alles andere als eine Spielerei. Viele Firmen und Forschende nutzen diese Software für professionelle Aufgaben.

Mit KNIME ist es auch sehr einfach, mit Daten aus verschiedenen Quellen zu arbeiten. Bei Programmiersprachen wie Python müssen Sie, je nach Datenquelle, verschiedene Module importieren und mithilfe dieser die Daten einlesen. Für Dateiformate wie Excel oder CSV gibt es eigene Module, die jeweils andere Funktionen zur Verfügung stellen. Wenn die Daten aus einer Datenbank eingelesen werden sollen, müssen Sie sich mit der Datenbanksprache SQL (Structured Query Language) vertraut machen. Bei KNIME gibt es jeweils verschiedene Bausteine für die Datenquellen, wie z. B. die Bausteine Excel

READER oder CSV READER. Sogar für Datenbanken gibt es Bausteine, sodass Sie ohne SQL-Kenntnisse die Daten einlesen können. Nachdem die Daten aus der jeweiligen Quelle eingelesen worden sind, kann man sie auf eine einheitliche Art und Weise verarbeiten und für die Entwicklung von KI-Modellen nutzen. Als KI-Entwicklerin bzw. KI-Entwickler müssen Sie sich nicht erst aufwändig mit der Anbindung der Datenquelle oder dem Import der Daten beschäftigen. Sie können auch Python-Quellcode einbinden, wo es Ihnen sinnvoll erscheint.

Python-Bausteine als Alternative für Keras- und TensorFlow-Bausteine

In Kapitel 2, »Installation«, wurden Keras und TensorFlow Environments für Python Deep Learning erstellt. Falls Sie an Ihrem Rechner Probleme bei der Konfiguration haben, stellen Sie alle Environments aus »Base« um, da in diesem Environment alle benötigten Module installiert wurden. Dann können Sie anstelle von Keras- und TensorFlow-Bausteinen einen Python-Baustein mit ein paar Zeilen Code verwenden. Das Laden und Verarbeiten von Daten kann hingegen mit anderen Bausteinen realisiert werden, wie Sie an den Beispielen in diesem Kapitel sehen werden.

Die Programme, die in diesem Buch vorgestellt werden, können Sie selbst programmieren oder aber die zur Verfügung gestellten Programme importieren. Nach dem Import muss der Pfad zur jeweiligen Datenquelle (CSV-Datei) aktualisiert werden. Der Import des Programmes erfolgt über Rechtsklick auf den Zielort im KNIME Explorer (*LOCAL* oder einem Unterordner, der ebenfalls mit Rechtsklick und Auswahl von NEW WORKFLOW GROUP erstellt werden kann). Dann wollen wir mal loslegen.

11.1 Einfache künstliche neuronale Netze

Wenden wir das Erlernte über künstliche neuronale Netze (KNN) hier an. Vergleichen Sie die KNIME-Programme jeweils mit den Python-Programmen, die wir bereits in vorherigen Kapiteln erstellt haben.

11.1.1 Klassifizierung

Der erste Workflow soll mithilfe von einem KNN Schwertlilien klassifizieren. Anhand der Länge und Breite der Blätter soll die Unterart der Schwertlilie bestimmt werden. Für diese Problemstellung haben wir bereits mit KNN und XGBoost KI-Modelle in der Programmiersprache Python entwickelt. Bei diesem ersten Programm werden wir uns die verwendeten Bausteine (*Nodes*) genau anschauen (siehe Abbildung 11.1).

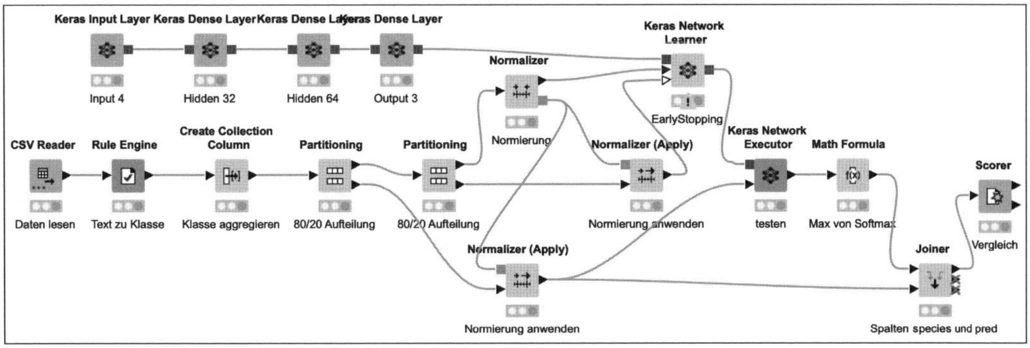

Abbildung 11.1 Das Programm »01-iris.knwf«

Datenvorbereitung

Fangen wir mit der Datenquelle an. Sie können den Baustein CSV-READER in den Workflow-Editor ziehen und mit Rechtsklick und Auswahl von CONFIGURE die gewünschten Einstellungen vornehmen. Alternativ können Sie auch die CSV-Datei in den Workflow-Editor per Drag-and-Drop ablegen. Dann wird automatisch der passende Baustein eingefügt, und es erscheint das Einstellungsfenster (Abbildung 11.2).

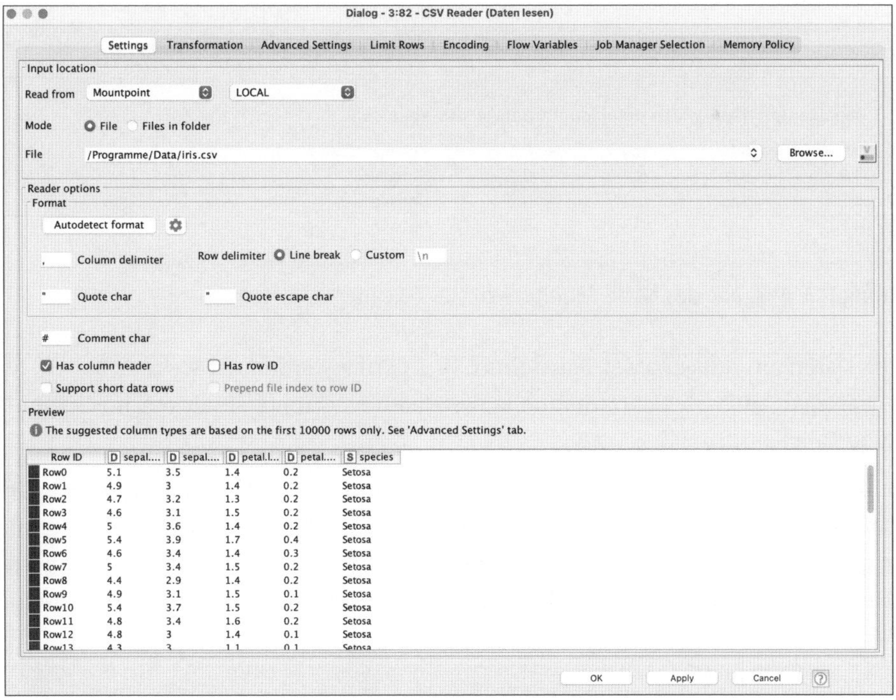

Abbildung 11.2 Das Einstellungsfenster für die CSV-Datei

Die wichtigsten Einstellungen, die vorzunehmen sind:

- der Pfad zur Datei (FILE)
- das Trennzeichen zwischen den Spalten (COLUMN DELIMITER)
- Angabe, ob die Tabelle Spaltenüberschriften hat (HAS COLUMN HEADER)
- Angabe, ob die Tabelle eine Spalte zur Indexierung hat (HAS ROW ID). Wenn die Tabelle selbst eine Spalte z. B. mit aufsteigender Nummerierung hat, um die Zeilen eindeutig zu kennzeichnen, kann diese Spalte verwendet werden. Sonst wir wird eine neue, temporäre Spalte mit eindeutigen Indizes erstellt.

Die Statusanzeige des Bausteins ist nach der Konfiguration gelb. Mit einem Rechtsklick und Auswahl von EXECUTE können Sie den Baustein ausführen, dann wechselt die Statusanzeige auf grün. Alternativ kann der Baustein selektiert und oben in der Menüleiste der PLAY-Button geklickt werden. Im Node-Monitor sehen Sie die Ausgabewerte des Bausteins (Abbildung 11.3).

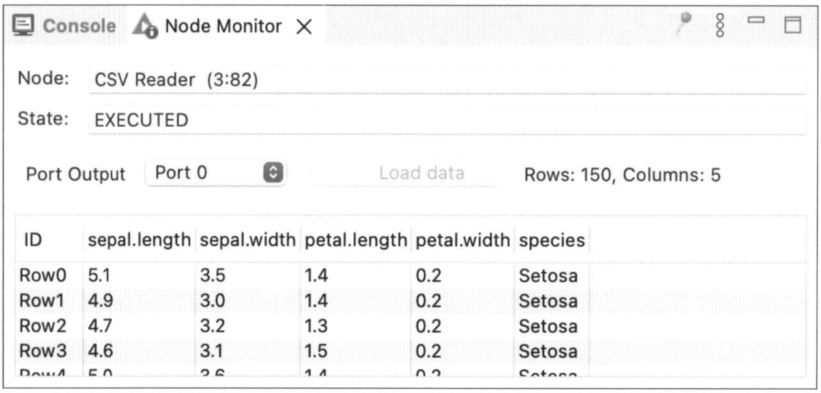

Abbildung 11.3 Ausgabe des Node-Monitors zu »CSV-Reader«

Mit den Daten am Ausgang des Bausteins CSV READER werden wir weiterarbeiten. Ab hier ist es egal, aus welcher Datenquelle die Daten stammen, sie liegen im Ergebnis immer in Tabellenform vor.

Damit das KNN mit den Eingangsdaten rechnen kann, müssen alle dafür benötigten, nicht nummerischen Spalten in Zahlen transformiert werden. Dies betrifft hier nur die Spalte *species*. In diesem Beispiel werden wir dafür den Baustein RULE ENGINE verwenden. Die Ausdrücke, die in diesem Baustein eingegeben werden können, haben eine ungewöhnliche Syntax, wie Sie in Abbildung 11.4 sehen.

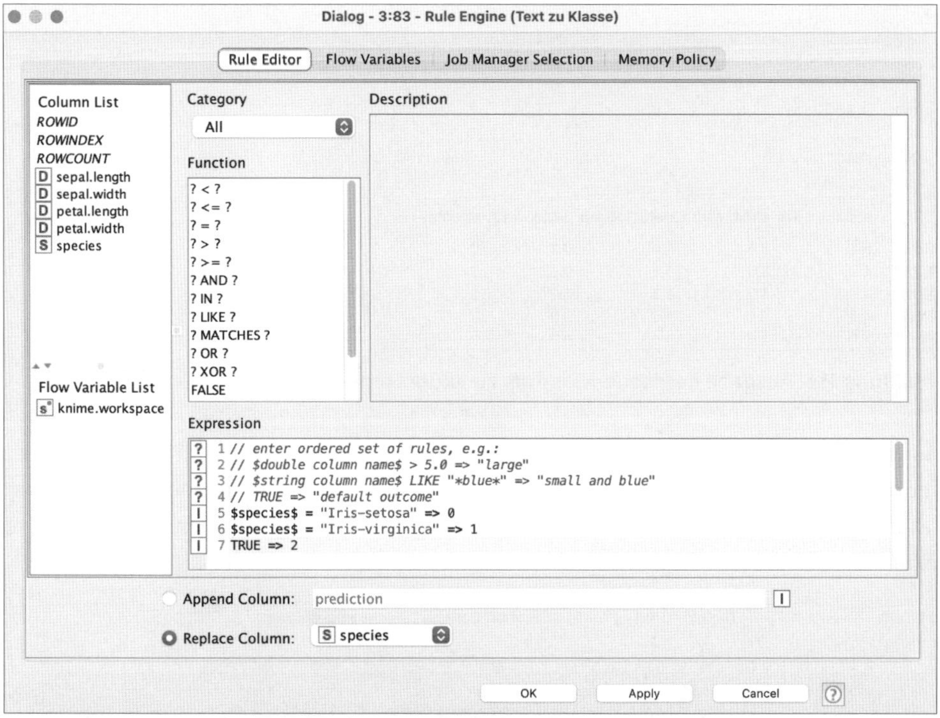

Abbildung 11.4 Das Einstellungsfenster von »Rule Engine«

Die ersten Zeilen enthalten einige auskommentierte Beispiele. Im linken Fenster sehen Sie die Variablen, die Sie verwenden können. Wichtig sind hier die Spaltenüberschriften, insbesondere *species*.

```
$species$ = "Iris-setosa" => 0
$species$ = "Iris-virginica" => 1
TRUE => 2
```

Listing 11.1 Transformation der Daten mit »RuleEngine«

Die erste Zeile bedeutet: Ist der Inhalt der Variable `$species$` »Iris-setosa«, wird die Zahl 0 verwendet. Die zweite Zeile ist entsprechend für die nächste Unterart zu interpretieren. Auch die dritte Zeile könnte genauso für »Iris-versicolor« formuliert werden. Aber hier sehen Sie eine andere Möglichkeit: Bei allen anderen Variableninhalten werden die Werte durch die Zahl 2 ersetzt. Sie können noch einstellen, ob der Inhalt der Spalte *species* überschrieben oder eine neue Spalte mit den Zahlenwerten erstellt werden soll. Nach dem Ausführen des Bausteins ist im NODE MONITOR zu sehen, dass die Transformation erfolgreich durchgeführt wurde. Beachten Sie in der Abbildung 11.5 die Spalte *species*.

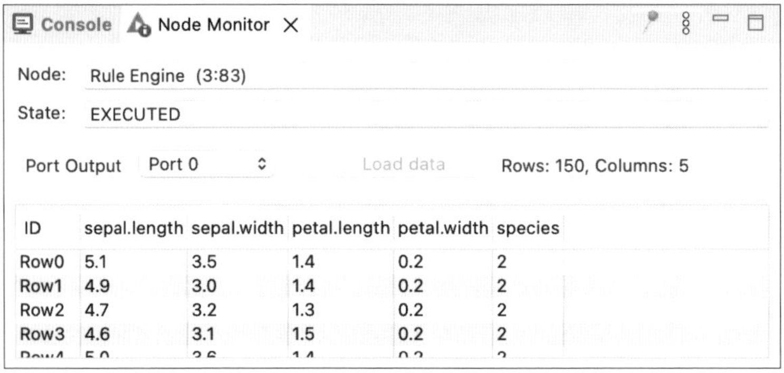

Abbildung 11.5 Ausgabe des Node-Monitors zu »Rule Engine«

Der Baustein für KNN erwartet als Ausgangsdaten (Zielspalte) Listen mit Zahlenwerten, wenn die Softmax-Funktion als Aktivierungsfunktion verwendet werden soll. Dies wird mit dem Baustein CREATE COLLECTION COLUMN realisiert, dessen Einstellungsfenster Abbildung 11.6 zeigt.

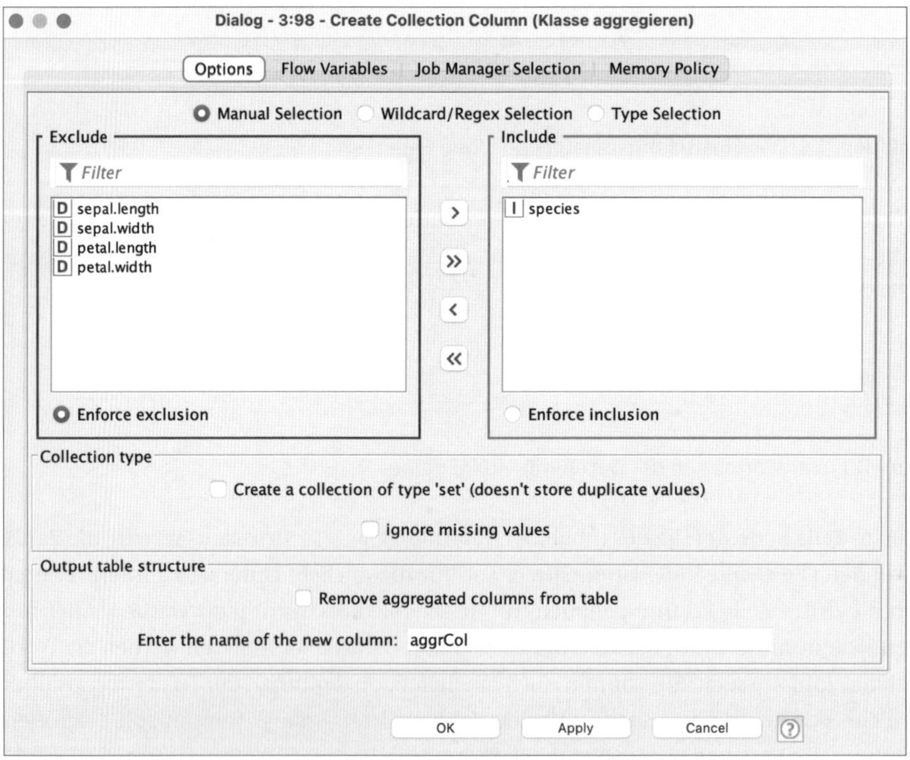

Abbildung 11.6 Das Einstellungsfenster von »Create Collection Column«

Mit diesem Baustein kann man mehrere Spalten in eine Liste zusammenführen. Wir müssen nur die einzelnen Elemente in eine Liste »packen«, damit wir später die Softmax-Funktion verwenden können. Dieser Schritt ist also nur notwendig, weil der Baustein für das KNN mit Softmax als Aktivierungsfunktion diesen Datentyp erwartet. Im Abschnitt INCLUDE werden die Spalten, welche zusammengeführt werden sollen, aufgelistet (hier nur *species*). Weiterhin ergänzen wir die Tabelle wie in Abbildung 11.7 zu sehen um die Spalte *aggrCol*, in welcher die Ergebnisse der Datentypumwandlung (Liste mit jeweils einem Element) gespeichert werden.

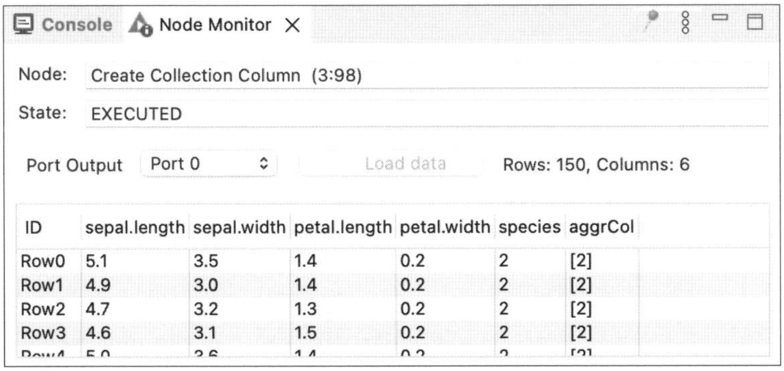

Abbildung 11.7 Ausgabe des Node-Monitors zu »Create Collection Column«

Wenn Sie den Baustein ausführen, sehen Sie im Node-Monitor, dass die Zahlenwerte dieser neuen Spalte in eckigen Klammern stehen (siehe Abbildung 11.7). Dabei wird z. B. aus der Zahl 0 die Liste [0].

Die Daten sind nun eingelesen und vorbereitet. Jetzt können die Daten mit den Bausteinen PARTITIONING in Traings-, Test- und Validierungsdaten aufgeteilt werden (siehe Abbildung 11.8). 80 % der gemischten Daten sollen am oberen Ausgabeknoten ausgegeben werden (Trainingsdaten), der Rest am unteren. Die Daten am unteren Ausgang werden nochmals in Test- und Validierungsdaten aufgeteilt (80 % bzw. 20 %). Wir stellen auch ein, dass die Daten reproduzierbar gemischt werden sollen (USE RANDOM SEED).

Bei Bausteinen mit mehreren Ausgängen können Sie im Node-Monitor einstellen, welche Daten angezeigt werden sollen (PORT OUTPUT).

Mit den Trainingsdaten wird das KNN trainiert, und somit werden die Gewichte aktualisiert. Mit den Testdaten wird die Korrektklassifizierungsrate nach jeder Epoche während der Trainingsphase ermittelt. Die Trainingsdaten dienen bei diesem Programm dazu zu erkennen, ob eine Stagnation auftritt und eine weitere Optimierung der Gewichte ausbleibt. In diesem Fall wird die Trainingsprozedur abgebrochen, um ein Overfitting zu verhindern. Am Ende wird mit den neuen, unbekannten Evaluierungsdaten die Korrektklassifizierungsrate ermittelt.

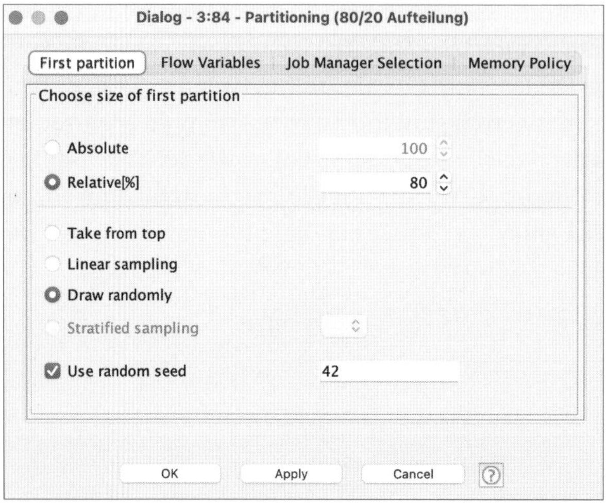

Abbildung 11.8 Das Einstellungsfenster von »Partitioning«

Wie Sie bereits aus vorherigen Kapiteln wissen, können KNN mit normierten Daten bessere Vorhersagen treffen, da sonst die verschiedenen Attribute durch sehr unterschiedliche Wertebereiche der Daten zu einer Verzerrung bei der Aktualisierung der Gewichte führen. Die Eingabedaten werden hier mittels Z-Score normiert (siehe Abbildung 11.9, entspricht dem Standardscaler von sklearn).

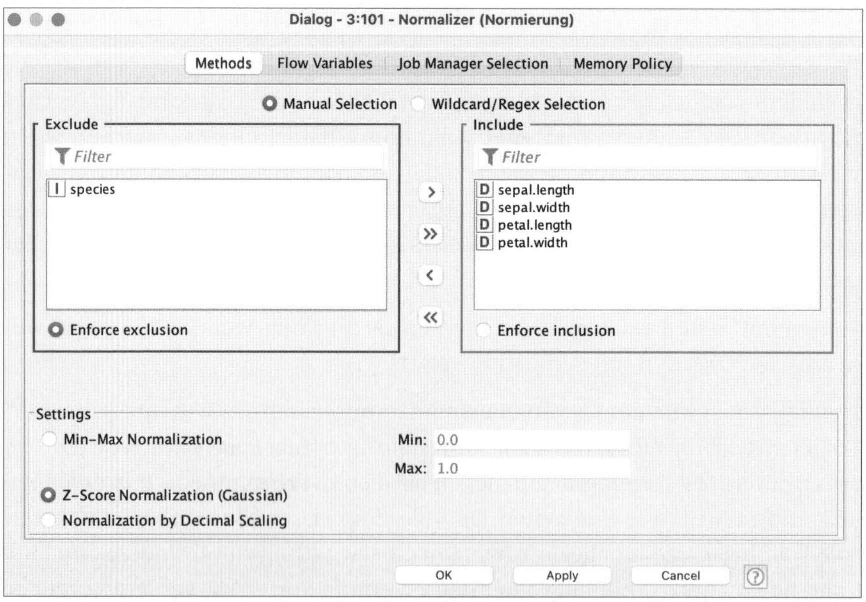

Abbildung 11.9 Das Einstellungsfenster von »Normalizer«

Der Baustein wird nur auf die Trainingsdaten angewandt. Im NODE MONITOR können Sie wieder die Ausgabedaten des Bausteins betrachten:

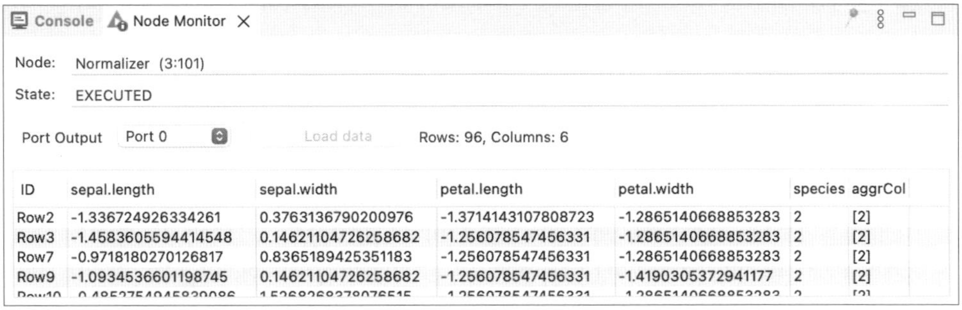

Abbildung 11.10 Ausgabe des Node-Monitors zu »Normalizer«

Sie sehen, dass die Test- und Validierungsdaten bei diesem Programm jeweils mit dem Baustein NORMALIZER (APPLY) normiert werden und dass dieser Baustein mit NORMALIZER verbunden ist. Der Mittelwert und die Standardabweichung werden nur mithilfe der Trainingsdaten ermittelt. Die Test- sowie Validierungsdaten sollen neue, unbekannte Daten simulieren, daher wird die Normierung bei diesen Daten nur angewendet. Dies ist die korrekte Vorgehensweise bei der Normierung von Datensätzen, wenn für praktische Anwendungen programmiert werden soll. Testdaten sollen ja neue, unbekannte Daten simulieren, daher ist es nicht ratsam, diese Werte für die Berechnung von Mittelwert und Standardabweichung zu verwenden.

Aufbau des KNN

Jetzt wird es Zeit, das KNN aufzubauen. Die Verbindungen der bisher verwendeten Bausteine zeigen den Datenfluss an, symbolisiert durch Pfeile. Die Verbindungen der Layer eines KNN sind einfache Linien, welche lediglich eine Verbindung ohne Datenfluss symbolisieren. Am Baustein KERAS NETWORK LEARNER werden wir einige zentrale Einstellungen für das ganze Netz vornehmen (Abbildung 11.11). Dieser Baustein muss vorher mit KERAS INPUT LAYER und drei in Reihe geschalteten KERAS DENSE LAYER-Bausteinen verbunden werden. Der erste Layer hat vier Eingangsknoten. Danach folgen zwei Hidden Layer mit jeweils 32 bzw. 64 Knoten, als Aktivierungsfunktion wählen wir ReLu. Der Output Layer hat drei Knoten mit Softmax als Aktivierungsfunktion.

Das Einstellungsfenster von KERAS NETWORK LEARNER ist in folgenden Registern organisiert; die ersten vier sind:

- INPUT DATA: Die vier Eingangsvariablen werden ausgewählt, unter CONVERSION wird FROM NUMBER (DOUBLE) eingestellt.

- TARGET DATA: Die Spalte *col* wird als Eingabespalte ausgewählt, unter CONVERSION wird FROM COLLECTION OF NUMBER (INTEGER) TO ONE-HOT TENSOR eingestellt. Zusätzlich wird CATEGORICAL CROSS ENTROPY als Verlustfunktion eingestellt.
- OPTIONS: Die Epochenzahl beträgt 40, BATCH SIZE ist 10. Wählen Sie mit SHUFFLE TRAINING DATA BEFORE EACH EPOCHE noch aus, dass reproduzierbar gemischt werden soll. Sie müssen hier eine Zahl für USE RANDOM SEED eingeben, der Wert ist allerdings irrelevant.
- ADVANCED OPTIONS: Hier können Sie Early Stopping (über VALIDATION LOSS) einstellen. Wenn Sie sich dafür entscheiden, können Sie unter OPTIONS die Epochenzahl z. B. auf 100 setzen. In diesem Fall wird der Trainingsprozess abgebrochen, wenn keine Verbesserung mehr auftritt.

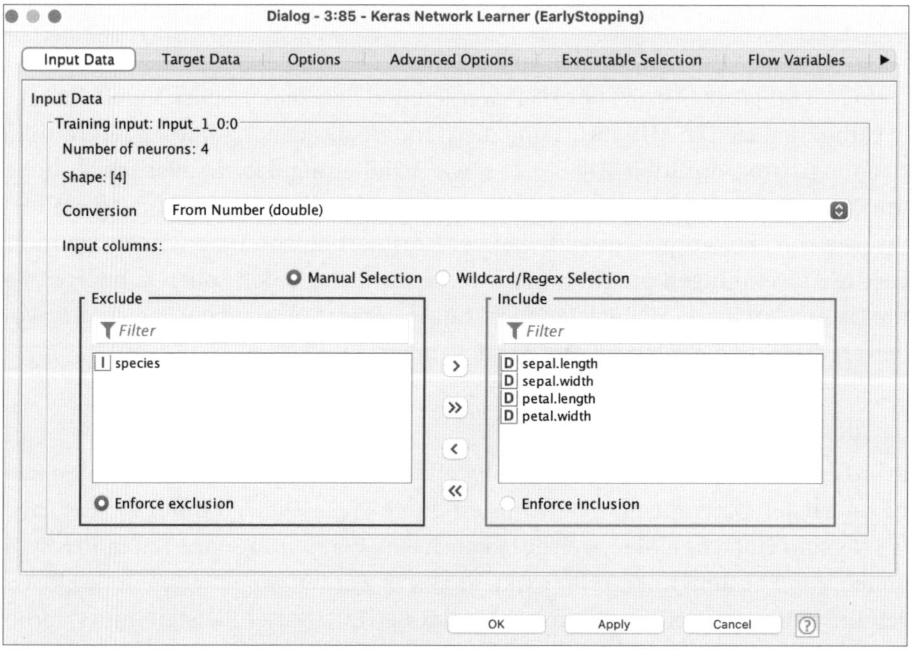

Abbildung 11.11 Das Einstellungsfenster von »Keras Network Learner«

Der Baustein KERAS NETWORK LEARNER wird mit KERAS NETWORK EXECUTOR verbunden. Auch an diesem Baustein sind einige Einstellungen vorzunehmen, alle unter dem Register OPTIONS (siehe Abbildung 11.12):

- Die vier Eingangsvariablen werden ausgewählt, unter CONVERSION wird FROM NUMBER (DOUBLE) eingestellt.

- Mit ADD OUTPUT können Sie den Ausgang hinzufügen. Es muss ausgewählt werden, welcher der Layer als Ausgang definiert werden soll (OUTPUT_1/SOFTMAX:0). Auch bei den Ausgangsdaten muss CONVERSION eingestellt werden, hier TO NUMBER (DOUBLE), wie unten im Bild zu sehen.

Abbildung 11.12 Das Einstellungsfenster von »Keras Network Executor«

Training, Test und Validierung

Wie läuft das Verfahren für Training, Test und Validierung ab? Die Trainings- und Testdaten werden dem Baustein KERAS NETWORK LEARNER zugeführt. Mit den Trainingsdaten wird trainiert (also die Gewichte aktualisiert), mit den Testdaten nach jeder Iteration überprüft, wie gut die Vorhersage des KNN ist (die Gewichte werden dabei nicht aktualisiert). Wenn es zu keiner Verbesserung der Vorhersage bei den Testdaten kommt (Early Stopping), wird die Trainings- und Testprozedur abgebrochen. Anschließend werden dem Baustein KERAS NETWORK EXECUTOR die Validierungsdaten zugeführt. Im Feldeinsatz wäre hier Schluss, wir müssten den Vorhersagen des Bausteins vertrauen. Aber wir kennen ja zu den Validierungsdaten die Zielwerte, daher können wir die tatsächlichen Werte mit den Vorhersagen vergleichen und somit das KNN nochmals validieren.

Der Baustein MATH FORMULA (siehe Abbildung 11.13) vergleicht die drei Werte der Softmax-Funktion des Bausteins KERAS NETWORK EXECUTOR und ermittelt den Index des Maximalwertes. Dadurch sind als Ergebnisse die Zahlen 0 bis 2 möglich, welche den codierten Unterarten entsprechen.

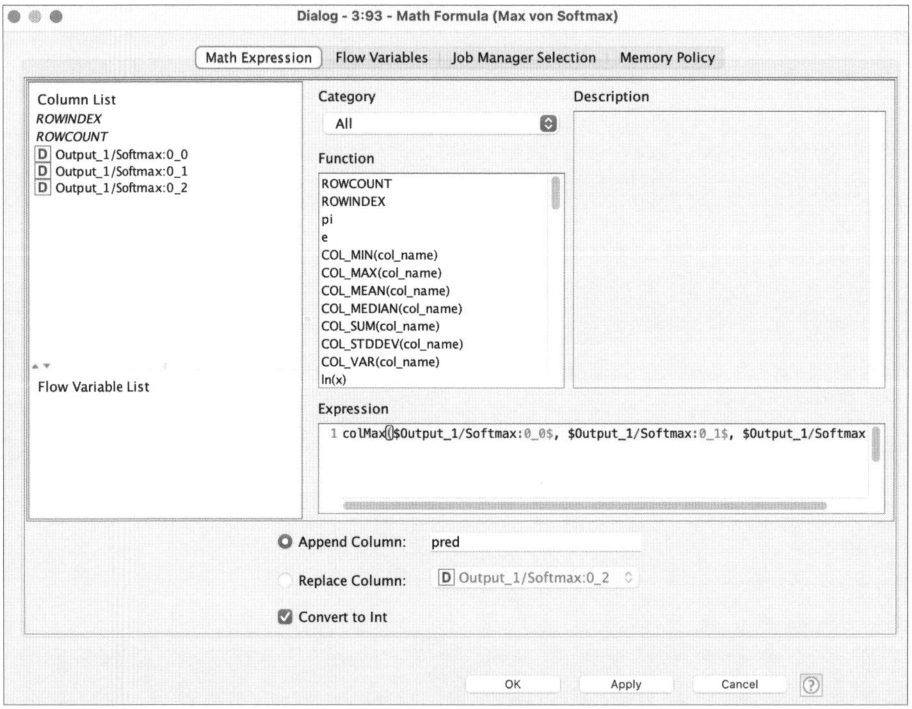

Abbildung 11.13 Das Einstellungsfenster von »Math Formula«

```
colMax($Output_1/Softmax:0_0$, $Output_1/Softmax:0_1$, $Output_1/Softmax:0_2$)
```

Listing 11.2 Ausdruck im Baustein »Math Formula«

Das Ergebnis wird in den Datentyp Integer umgewandelt und in der neuen Spalte *pred* gespeichert (siehe Abbildung 11.14).

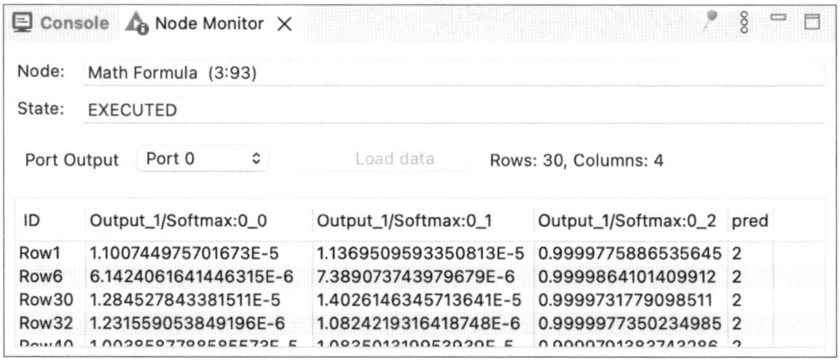

Abbildung 11.14 Ausgabe des Node-Monitors zu »Math Formula«

Diese Spalte *pred* muss mit der Spalte *species* der Validierungsdaten verglichen werden. Mit dem Baustein JOINER wird eine neue Tabelle mit diesen beiden Spalten erstellt. Im Anschluss können wir die Werte dieser Tabelle verwenden, um Berechnungen durchzuführen, in diesem Fall, um die Korrektklassifizierungsrate zu berechnen (siehe Abbildung 11.15).

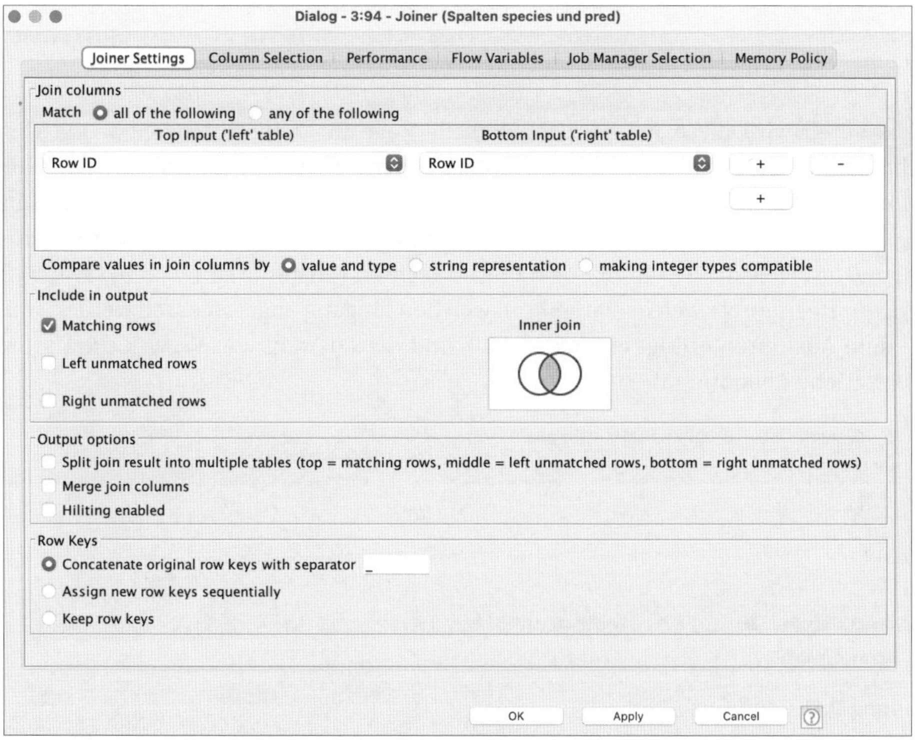

Abbildung 11.15 Das Einstellungsfenster von »Joiner«

Jede Zeile einer Tabelle hat eine eindeutige RowID. Da beide Spalten ursprünglich aus einer einzigen Tabelle stammen, haben die Zeilen der übereinstimmenden Spalten dieselbe RowID. Diese Information aus beiden Tabellen wird als Grundlage für die Zusammenführung verwendet. Weiterhin wird die Schnittmenge (*Inner Join*) der beiden Spalten gebildet. Nur RowIDs, die in beiden Tabellen enthalten sind, werden für die neue Tabelle verwendet. Hat eine Spalte mehr Einträge als die andere oder hat eine Spalte keinen »Gegenpart«, würde diese verworfen werden. Im Register COLUMN SELECTION des Bausteins JOINER wählen wir *pred* der einen und *species* der anderen Tabelle aus.

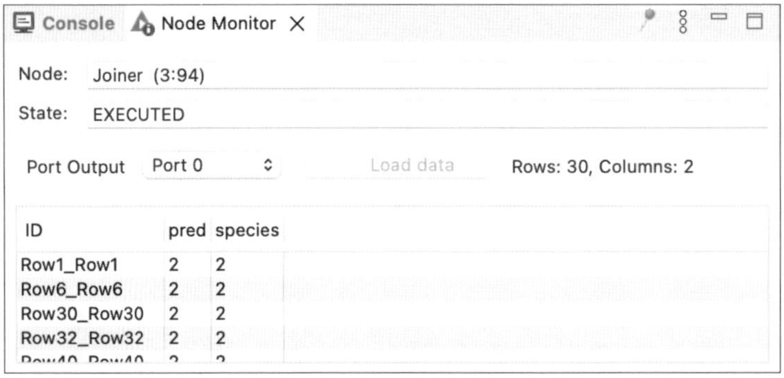

Abbildung 11.16 Ausgabe des Node-Monitors zu »Joiner«

Jetzt könnten wird diese neue Ergebnistabelle Zeile für Zeile durchgehen und uns anschauen, wo eventuell eine Fehlvorhersage generiert worden ist. Das ist aber sehr umständlich und nicht Sinn der Sache. Daher kommt als letzter Baustein SCORER zum Einsatz. Auch hier müssen *pred* und *species* ausgewählt werden. Selektieren Sie den Baustein, und lesen Sie die Beschreibung dafür im rechten Fenster (NODE-BESCHREIBUNG) durch, um zu erfahren, welche Variable an welchen Eingang angeschlossen werden soll. Nach dem Ausführen erfolgt ein Rechtsklick und die Auswahl von VIEW: CONFUSION MATRIX (siehe Abbildung 11.17).

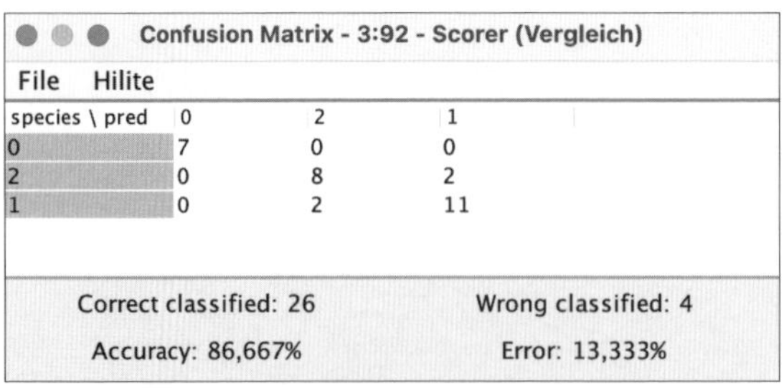

Abbildung 11.17 Confusion Matrix

Mit diesem ersten Entwurf wurde eine Korrektklassifizierungsrate von 87 % erreicht.

11.1.2 Klassifizierung mit Python Node

Sie können die Aufgabenstellung vom vorherigen Abschnitt auch mit Python-Bausteinen lösen (siehe Abbildung 11.18):

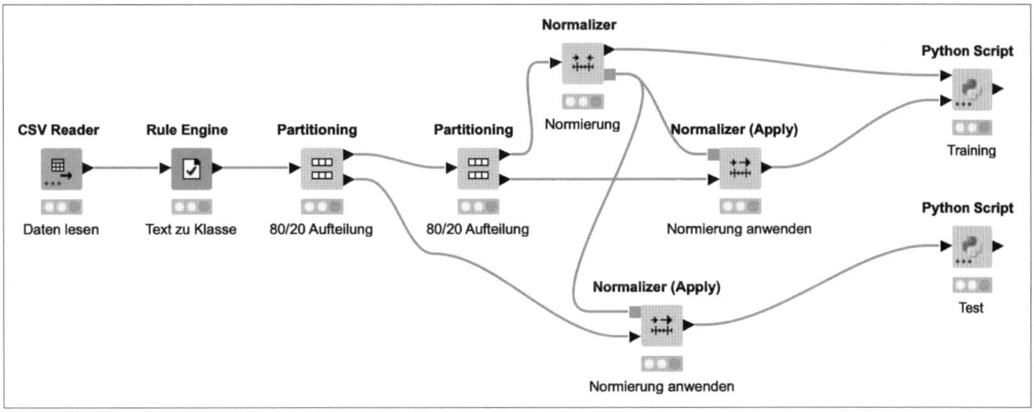

Abbildung 11.18 Das Programm »01-iris-py.knwf«

Der Aufbau des Programmes bleibt ähnlich, es fehlen lediglich die Keras-Bausteine. Dafür kommen zwei PYTHON SCRIPT-Bausteine für Training und Test zum Einsatz.

```
Import knime.scripting.io as knio
import tensorflow as tf
import pandas as pd

# Trainingsdaten
train_col = knio.input_tables[0][4].to_pandas().astype('category')
train_data = knio.input_tables[0][0:4].to_pandas()

# Testdaten
test_col = knio.input_tables[1][4].to_pandas().astype('category')
test_data = knio.input_tables[1][0:4].to_pandas()

# Aufbau Modell
model = tf.keras.Sequential([
    tf.keras.layers.Dense(32, activation=tf.nn.relu, input_dim=4),
    tf.keras.layers.Dense(64, activation=tf.nn.relu),
    tf.keras.layers.Dense(10, activation=tf.nn.softmax)
])
```

```
# Konfiguration, Training und Test
model.compile(optimizer='adam', loss='sparse_categorical_crossentropy',
 metrics=['accuracy'])
cb_early = tf.keras.callbacks.EarlyStopping(monitor='val_loss', patience=3)
history = model.fit(train_data, train_col, epochs=100,
 validation_data=(test_data, test_col),callbacks=[cb_early])

# Modell speichern
model.save("model1.keras")

# Ausgabe des Ergebnisses
out = [history.history['val_accuracy'][-1]]
df = pd.DataFrame(out, columns=['acc'])
knio.output_tables[0] = knio.Table.from_pandas(df)
```

Listing 11.3 Python-Script für das Training des Modells

Der Quellcode sollte leicht zu interpretieren sein, lediglich das Einlesen und Ausgeben der Daten kann ungewöhnlich erscheinen. Die Datentypen dieser Daten müssen jeweils umgewandelt werden, damit der Datenfluss zu anderen Bausteinen gewährleistet ist. Halten Sie sich nicht zu lange mit dieser Konvertierung auf, Sie werden noch weitere Beispiele sehen, die Sie für Ihre zukünftigen Programme kopieren und verwenden können. Bei Interesse finden Sie auf *http://r-wrk.de/9763-input-output* eine ausführliche Dokumentation zur Verarbeitung bzw. Vorbereitung der Ein- und Ausgabedaten. Noch ein Hinweis: Mit `meine_liste[-1]` lesen Sie das letzte Element einer Liste aus. In diesem Programm wird nur der letzte Wert der Evaluierung ausgegeben.

```
Import knime.scripting.io as knio
import tensorflow as tf
import pandas as pd

# Validierungsdaten laden
val_col = knio.input_tables[0][4].to_pandas().astype('category')
val_data = knio.input_tables[0][0:4].to_pandas()

# Modell laden
loaded_model = tf.keras.saving.load_model("model1.keras")

# Evaluation
val_loss, val_acc = loaded_model.evaluate(val_data, val_col)
```

```
# Ausgabe des Ergebnisses
df = pd.DataFrame([val_acc], columns=['acc'])
knio.output_tables[0] = knio.Table.from_pandas(df)
```

Listing 11.4 Python-Script für Test

Das gespeicherte Modell wird geladen und auf die Testdaten angewendet. Der Wert der Korrektklassifizierung wird ausgegeben, sodass Sie ihn im Node-Monitor sehen können.

11.1.3 Regression

Im nächsten Beispiel soll wieder die Länge des Kelchblattes (Sepalum) ermittelt werden. Bei der Vorhersage einer stetigen Zahl mittels KNN führt ebenfalls die Normierung der Daten wie bei der Klassifizierung oft zu besseren Ergebnissen. Wir werden von dem KNN den mittleren absoluten Fehler berechnen lassen. Das gibt uns Aufschluss darüber, wie weit die Vorhersage vom tatsächlichen Wert entfernt ist.

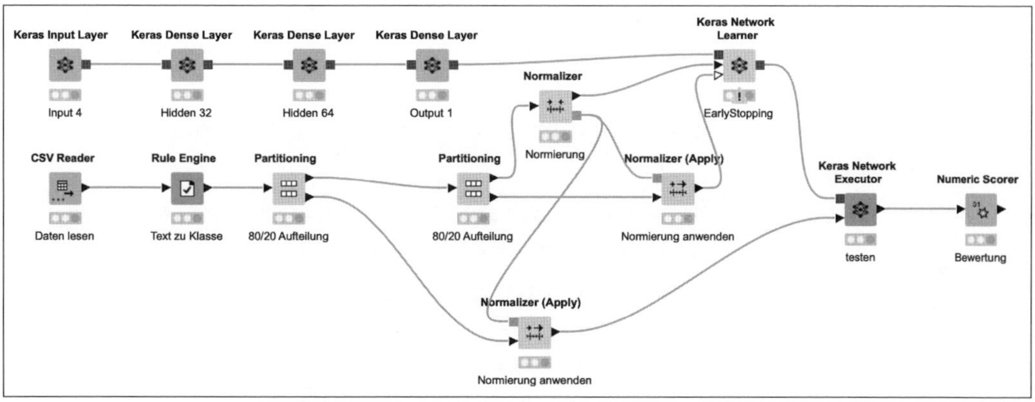

Abbildung 11.19 Das Programm »02-iris.knwf«

Um nicht den ganzen Workflow komplett neu zu erstellen, können Sie den vorherigen kopieren und umbenennen. Vieles bleibt gleich oder ähnlich. Schauen wir uns im Folgenden die Unterschiede an.

Die Zielspalte brauchen wir nicht zu aggregieren, da wir keine Softmax-Funktion benötigen. Unser Ziel ist nicht die Klassifizierung, sondern die Ermittlung des mittleren absoluten Fehlers.

Der Baustein NORMALIZER normiert die Trainingsdaten, die Spalte für die Länge des Kelchblattes (Zielspalte) ist von der Normierung ausgeschlossen. Sonst wären die ermittelten MAE-Werte des KNN auch normiert und müssten zurückskaliert werden, um die Ergebnisse interpretieren zu können (siehe Abbildung 11.20).

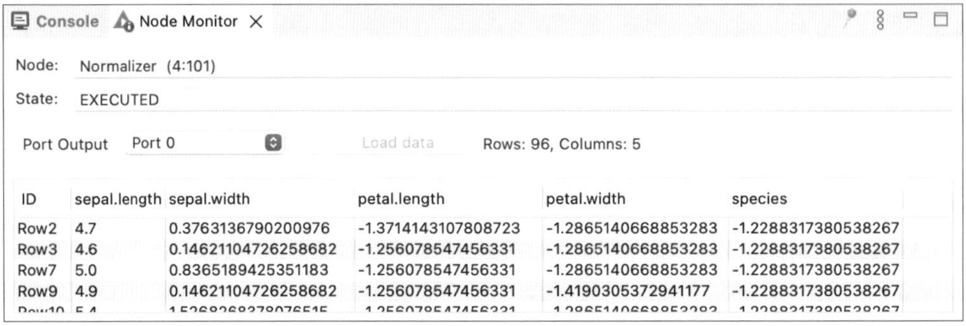

Abbildung 11.20 Ausgabe des Node-Monitors zu »Normalizer«

Der Output Layer des KNN hat jetzt auch nur einen Knoten mit einer linearen Aktivierungsfunktion, Ein- und Ausgabewerte dieser Aktivierungsfunktion sind identisch. Man könnte auch sagen, es wird gar keine Aktivierungsfunktion angewendet. Bei dem Baustein können wir die Aktivierungsfunktion nicht deaktivieren, aber mit der Auswahl dieser Funktion erreichen wir genau das.

Beim Baustein KERAS NETWORK LEARNER sind wieder einige Einstellungen bei folgenden Registern vorzunehmen:

- INPUT DATA: Bei CONVERSION muss FROM NUMBER (DOUBLE) eingestellt werden. Die Länge des Kelchblattes wird vom Datensatz ausgeschlossen.
- TARGET DATA: Bei CONVERSION muss wieder FROM NUMBER (DOUBLE) eingestellt werden. Vom Datensatz wird nur die Länge des Kelchblattes verwendet. Als Verlustfunktion wird MEAN ABSOLUTE ERROR eingestellt.
- OPTIONS: Die Epochenzahl wird auf 100 und die Batch Size auf 10 gesetzt. Die Daten sollen reproduzierbar gemischt werden. Die Wahrscheinlichkeit für Overfitting ist bei dieser Epochenzahl hoch. Aber im nächsten Punkt wird das Problem gelöst.
- ADAVNCED OPTIONS: Early Stopping wird mithilfe von TRAINING LOSS (TOTAL) ausgewählt. Somit wird der Trainingsprozess abgebrochen, wenn keine Verbesserung mehr auftritt.

Bei dem Baustein KERAS NETWORK EXECUTOR müssen ebenfalls die entsprechen Eingangsdaten selektiert werden. Im Abschnitt OUTPUT wird der Ausgang des letzten Output Layers ausgewählt. Selektieren Sie auch KEEP INPUT COLUMNS IN OUTPUT TABLE. Dann stehen am Ausgang des Bausteins die Ist- und die Sollwerte weiterhin zur Verfügung. Somit brauchen Sie keinen Joiner, um diese Spalten für die Berechnung im Anschluss aus anderen Tabellen zusammenzuführen.

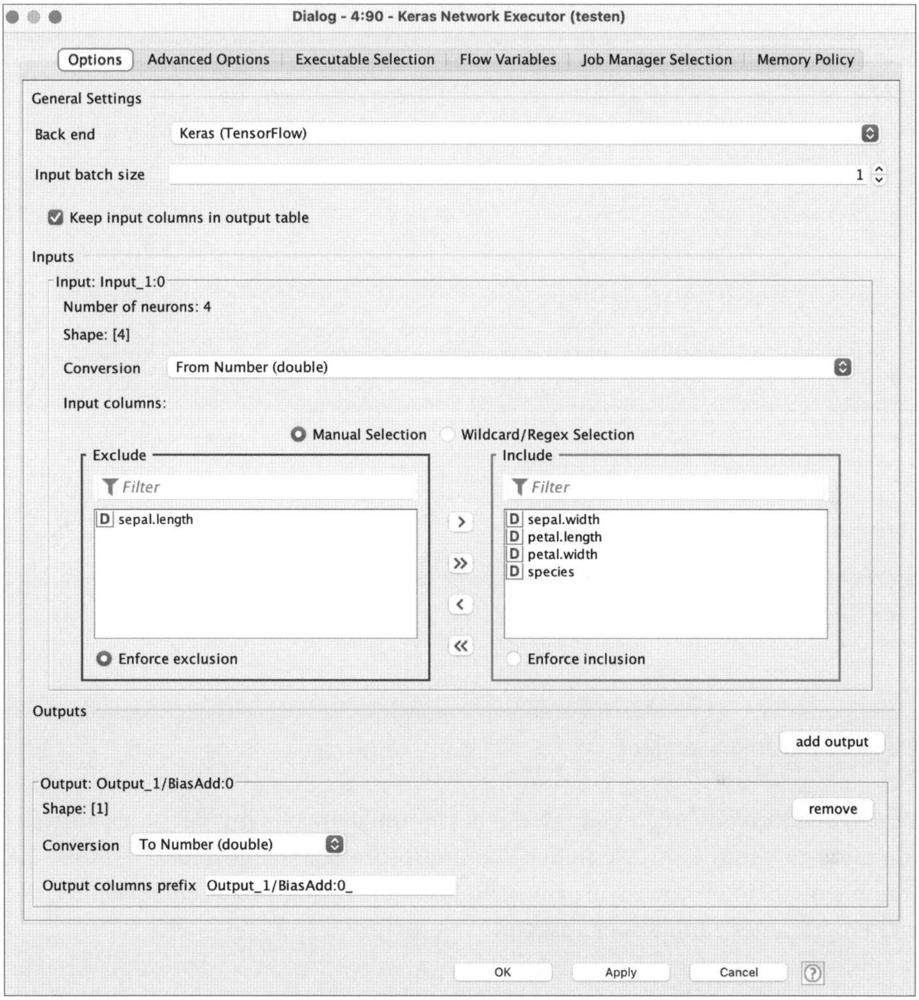

Abbildung 11.21 Das Einstellungsfenster von »Keras Network Executor«

Der Numeric Scorer berechnet unter anderem den MAE, dafür müssen Sie lediglich die zwei Spalten für Ist- und Sollwerte selektieren. Nach dem Ablauf des Programmes können Sie wieder mit Rechtsklick und View: Statistics unter anderem den mittleren absoluten Fehler einsehen (0,45).

Während des Ablaufs oder auch danach können Sie mit Rechtsklick auf Keras Network Learner und Auswahl von Learning Monitor den Trainingsverlauf grafisch analysieren (siehe Abbildung 11.22).

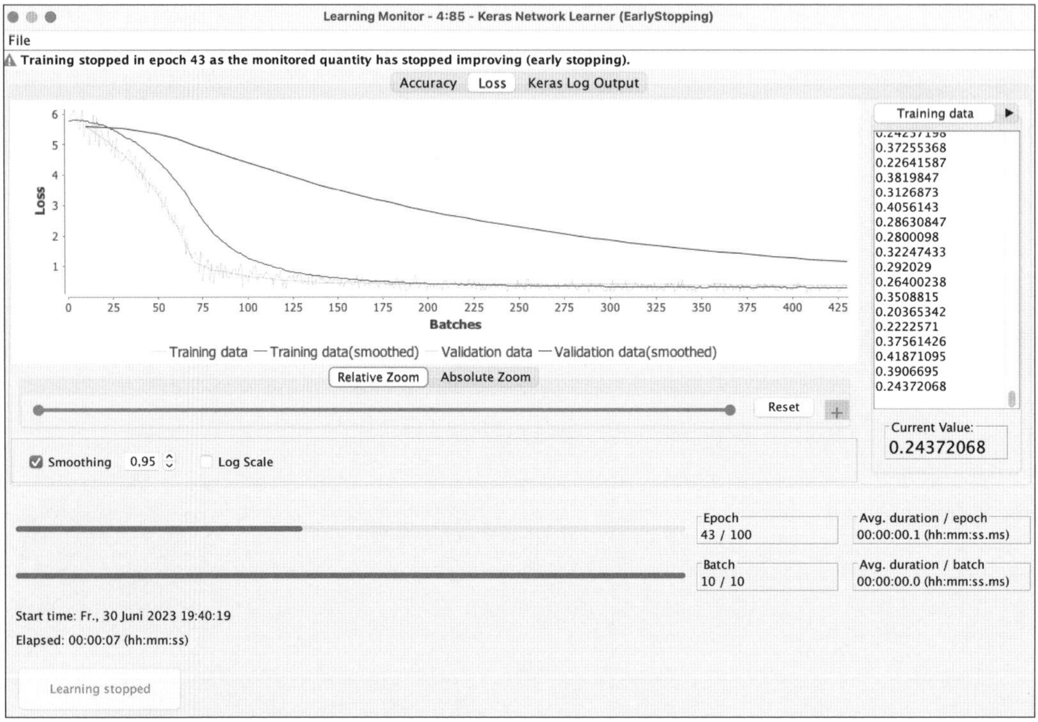

Abbildung 11.22 Learning Monitor

Sie können den Kurvenverlauf glätten und bestimmte Bereiche mit der Maus auswählen, um diese zu vergrößern. Wenn der Trainingsprozess zu lange dauert, können Sie das Training mit dem Button STOP LEARNING beenden. Das führt zu keinem Fehler, der Rest des Programmes kann weiter ausgeführt werden.

11.1.4 Regression mit Python Node

Wenn Sie das Programm mit Python-Bausteinen realisieren wollen, müssen Sie lediglich das KNN selbst programmieren (siehe Abbildung 11.23).

Betrachten wir zuerst den Code für das Training:

```
import knime.scripting.io as knio
import tensorflow as tf
import pandas as pd

# Trainingsdaten
train_col = knio.input_tables[0][0].to_pandas().astype('category')
```

```
train_data = knio.input_tables[0][1:5].to_pandas()

# Testdaten
test_col = knio.input_tables[1][0].to_pandas().astype('category')
test_data = knio.input_tables[1][1:5].to_pandas()

# Aufbau Modell
model = tf.keras.Sequential([
    tf.keras.layers.Dense(32, activation=tf.nn.relu, input_dim=4),
    tf.keras.layers.Dense(64, activation=tf.nn.relu),
    tf.keras.layers.Dense(1)
])

# Konfiguration, Training und Test
model.compile(optimizer='adam', loss='mae', metrics=['mae'])
cb_early = tf.keras.callbacks.EarlyStopping(monitor='val_loss', patience=3)
history = model.fit(train_data, train_col, epochs=100,
 validation_data=(test_data, test_col),callbacks=[cb_early])

# Modell speichern
model.save("model2.keras")

# Ausgabe des Ergebnisses
out = [history.history['val_mae'][-1]]
df = pd.DataFrame(out, columns=['mae'])
knio.output_tables[0] = knio.Table.from_pandas(df)
```

Listing 11.5 Python-Script für Training

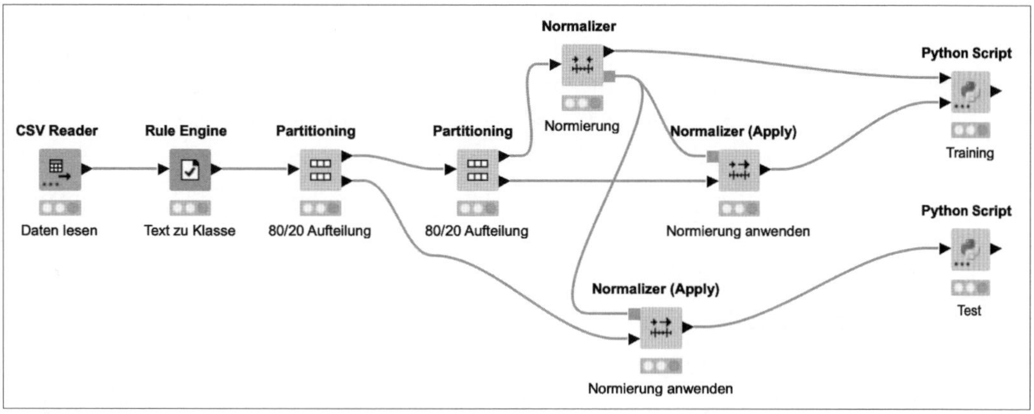

Abbildung 11.23 Das Programm »02-iris-py.knwf«

Auch dieses Modell wird trainiert und gespeichert. Fühlen Sie sich bitte frei, die Hyperparameter zu verändern.

```
import knime.scripting.io as knio
import tensorflow as tf
import pandas as pd

# Validierungsdaten laden
val_col = knio.input_tables[0][0].to_pandas().astype('category')
val_data = knio.input_tables[0][1:5].to_pandas()

# Modell laden
loaded_model = tf.keras.saving.load_model("model2.keras")

# Evaluation
val_loss, val_mae = loaded_model.evaluate(val_data, val_col)

# Ausgabe des Ergebnisses
df = pd.DataFrame([val_mae], columns=['mae'])
knio.output_tables[0] = knio.Table.from_pandas(df)
```

Listing 11.6 Python-Script für Test

Die Testdaten werden ausgewertet und ausgegeben. Im Node-Monitor kann das Ergebnis betrachtet werden.

11.2 XGBoost

In diesem Abschnitt werden wir Regression und Klassifizierung mit XGBoost realisieren. Sie erinnern sich noch: KI-Modelle, die auf XGBoost basieren, sind übersichtlicher, und die Daten müssen nicht aufwändig vorbereitet werden. Auch erreicht man mit diesen Modellen auf einfache Art und Weise sehr gute Ergebnisse. Zuvor muss diese Bibliothek installiert werden. Sie können allgemein Bibliotheken über HELP • INSTALL NEW SOFTWARE... installieren. Suchen Sie nach XGBoost, und installieren Sie »KNIME XGBoost Integration«.

11.2.1 Klassifizierung

Mit dem Programm *03-iris* werden wieder Schwertlilien klassifiziert. Vergleichen Sie den Aufbau mit dem Programm *01-iris*. Sie sehen, wie einfach und übersichtlich das Programm mit XGBoost ist (siehe Abbildung 11.24).

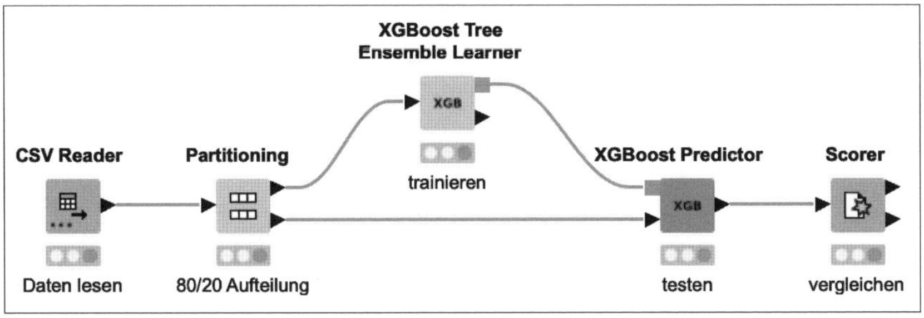

Abbildung 11.24 Das Programm »03-iris.knwf«

Bei dem Baustein XGBOOST TREE ENSEMBLE LEARNER müssen zentrale Einstellungen vorgenommen werden (siehe Abbildung 11.25).

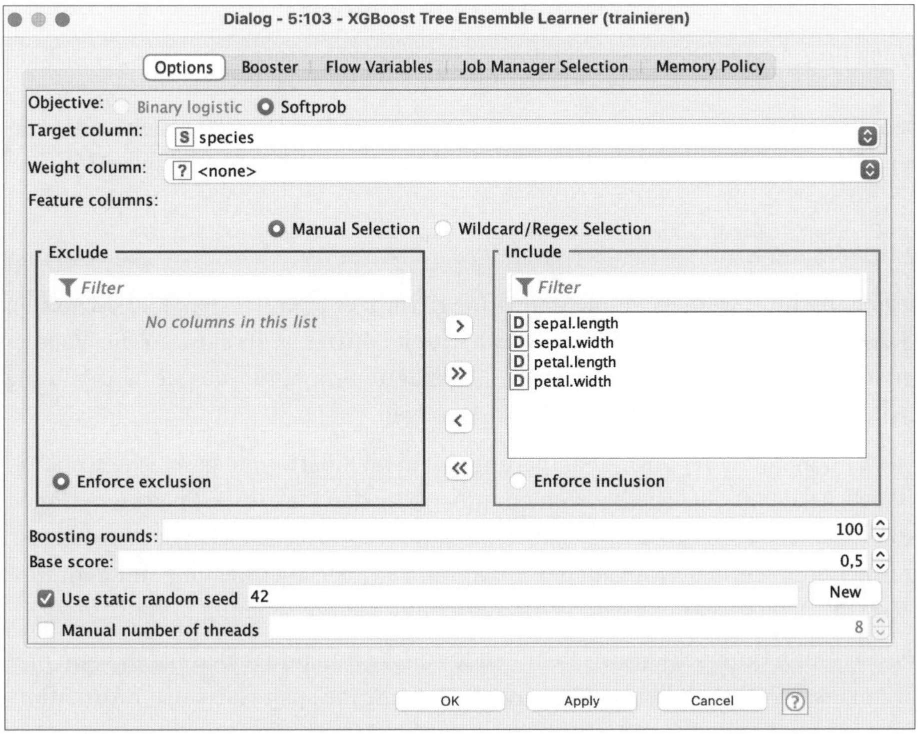

Abbildung 11.25 Das Einstellungsfenster von »XGBoost Tree Ensemble Learner«

Die wichtigsten Einstellungen sind die Auswahl von Eingabe- und Zielspalten. Mit USE STATIC RANDOM SEED werden die Bäume reproduzierbar aufgebaut, sodass ein wiederholter Aufruf auch die gleichen Ergebnisse liefert.

Bei dem Baustein XGBOOST PREDICTOR stellen wir ein, dass die Vorhersagen in der neuen Spalte *pred* gespeichert werden. Der Ausgang dieses Bausteins enthält alle Daten der ursprünglichen Tabelle, ergänzt um die Vorhersage:

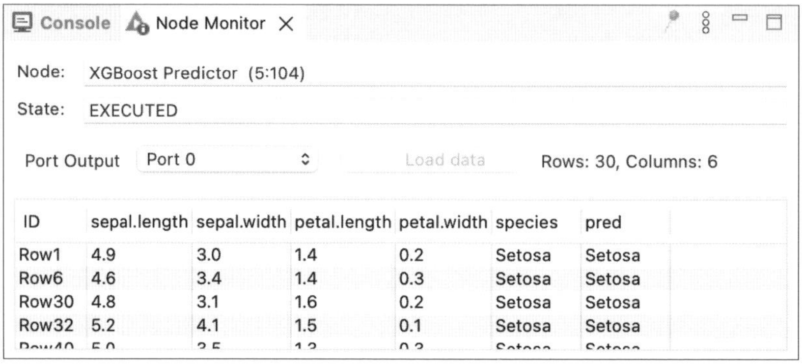

ID	sepal.length	sepal.width	petal.length	petal.width	species	pred
Row1	4.9	3.0	1.4	0.2	Setosa	Setosa
Row6	4.6	3.4	1.4	0.3	Setosa	Setosa
Row30	4.8	3.1	1.6	0.2	Setosa	Setosa
Row32	5.2	4.1	1.5	0.1	Setosa	Setosa

Abbildung 11.26 Ausgabe des Node-Monitors zu »XGBoost Predictor«

Mit dem letzten Baustein SCORER werden die Spalten *pred* und *species* miteinander verglichen. Dieses Programm erreicht eine Korrektklassifizierungsrate von über 93 %.

11.2.2 Deployment

In diesem Abschnitt werden wir nicht nur eine KI trainieren und testen (Klassifizierung von Schwertlilien), sondern auch das Modell (mit MODEL WRITER) und die Validierungsdaten (mit TABLE WRITER) speichern. Ein anderes Programm, das Sie in Abbildung 11.27 sehen, lädt diese Daten und erstellt Vorhersagen.

10 % der Gesamtdaten werden als Validierungsdaten im Binärformat gespeichert, ebenso das Modell. Bei diesen Speicherbausteinen müssen Sie den Pfad sowie Speicheroptionen einstellen. Achten Sie darauf, dass die Einstellung WRITE OPTIONS: OVERWRITE gesetzt ist. Sonst generiert ein erneuter Ablauf des Programmes eine Fehlermeldung mit dem Hinweis, dass die Datei bereits existiert, wie in Abbildung 11.28 zu sehen.

Was ist der große Unterschied zwischen Validierungsdaten und realen Daten beim produktiven Einsatz? Die Validierungsdaten enthalten die Zielspalte (also die Information, was vorhergesagt werden soll). Die KI ist eigentlich dafür da, diese Information zu ermitteln. Aber mit den Validierungsdaten können wir das Modell bewerten, indem wir die Vorhersage mit den tatsächlichen Werten vergleichen (siehe Abbildung 11.29).

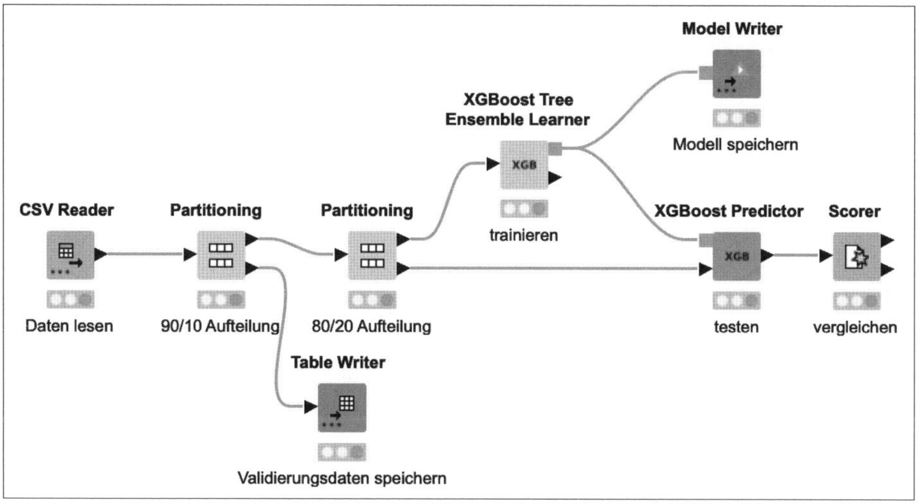

Abbildung 11.27 Das Programm »04a-iris.knwf«

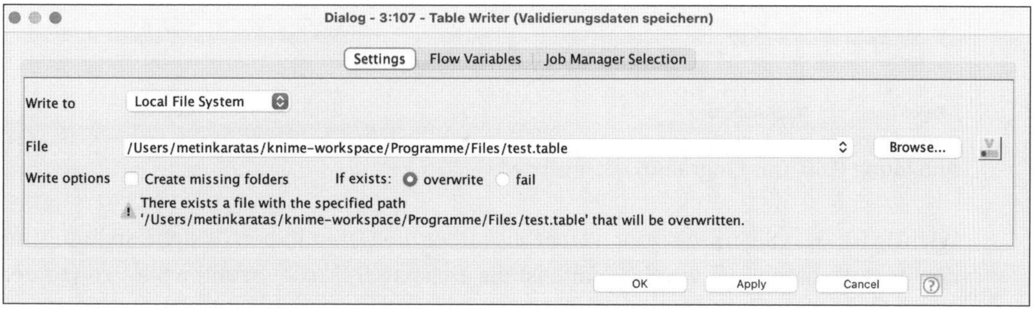

Abbildung 11.28 Das Einstellungsfenster von »Table Writer«

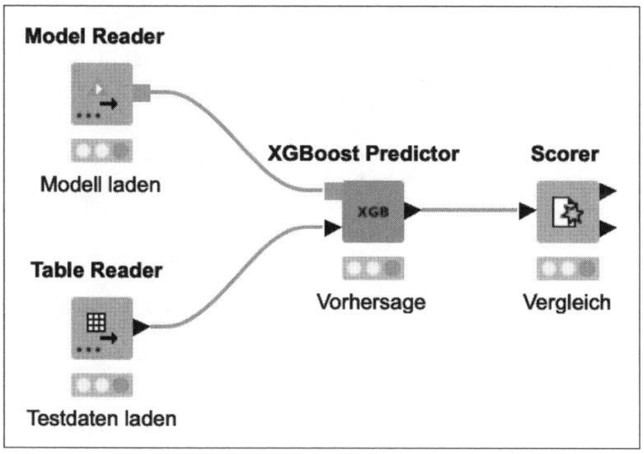

Abbildung 11.29 Das Programm »04b-iris.knwf«

Auch in diesem Programm legt der Baustein eine Spalte *pred* mit den Vorhersagen an, damit SCORER die Korrektklassifizierungsrate ermitteln kann.

Bei einer Vorhersage für reale Daten, in denen die Information der Unterart nicht enthalten ist, wäre der Baustein SCORER hinfällig. Sie müssten den Vorhersagen der KI vertrauen.

11.2.3 Regression

Die Vorhersage von stetigen Zahlenwerten sollte mit Ihrem jetzigen Wissen nicht allzu schwer umzusetzen sein. Es soll die Breite des Kronblattes ermittelt werden (siehe Abbildung 11.30).

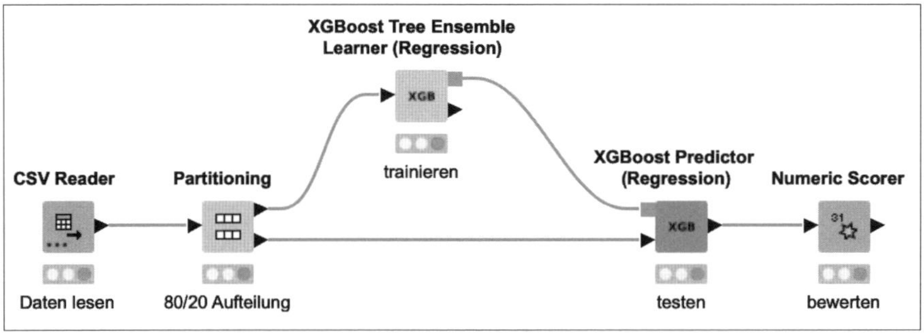

Abbildung 11.30 Das Programm »05-iris.knwf«

Wichtig ist, dass Sie immer einen Überblick über die Daten haben. Welche Spalten sind die Eingangsdaten und welche Spalte ist die Zielspalte? Darüber sollten Sie sich vor der Programmierung Gedanken machen. In diesem Programm wird die Breite des Kronblattes mit einer Genauigkeit von 0,17 cm (MAE) vorhergesagt.

11.3 Bildklassifizierung mit vortrainiertem Modell

Im nächsten Beispiel werden wir ein vortrainiertes Modell verwenden, um ein Objekt auf einem Bild zu klassifizieren (Teddybär). Es wird jeweils ein Programm mit Keras- und Python-Bausteinen.

11.3.1 Bildklassifizierung mit Keras Node

Diesmal verwenden wir nicht VGG19, sondern InceptionV3 (*https://arxiv.org/abs/1512.00567*) von Google. Dieses Modell ist schneller in der Ausführung als VGG19 (zumindest mit KNIME).

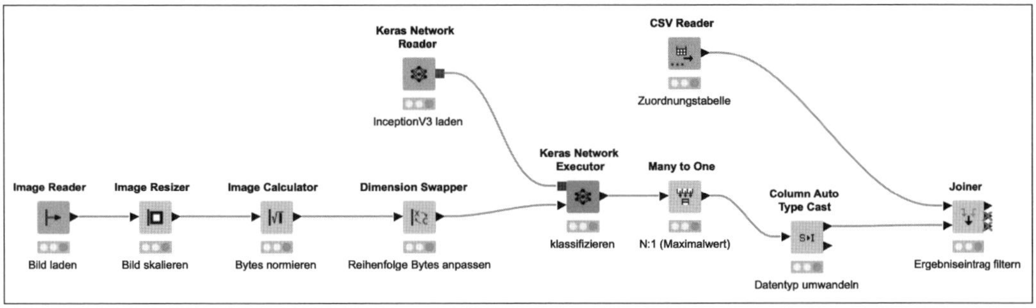

Abbildung 11.31 Das Programm »06-Bildklassifizierung.knwf«

Zuerst laden wir das Bild des Teddybären und skalieren es mit dem Baustein IMAGE CALCULATOR. Wählen Sie wie in Abbildung 11.32 unter den Einstellungen LINEAR INTERPOLATION und ABSOLUTE IMAGE SIZE aus, setzen Sie die Werte X = 299, Y = 299, Z = 0, *Channel* = 3.

11

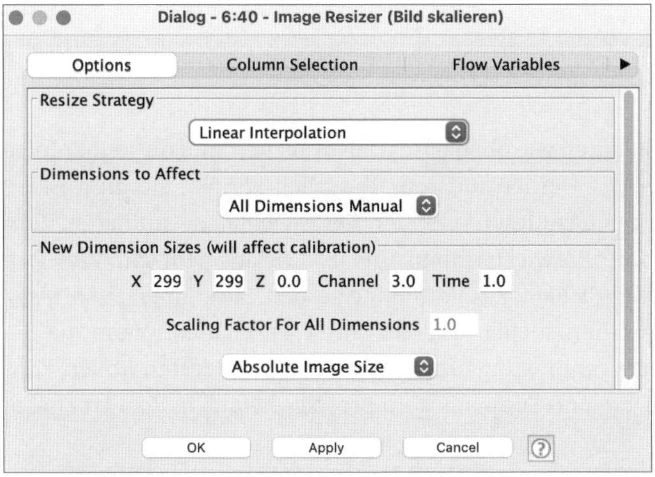

Abbildung 11.32 Das Einstellungsfenster von »Image Resizer«

Das Modell erwartet später die Bilder in der Größe von 299 × 299 Pixel und drei Byte für RGB. Die nächsten zwei Bausteine verarbeiten ebenfalls die Bilddaten so, dass das Model damit arbeiten kann. Unter COLUMN SELECTION stellen Sie ein, dass das vorhandene Bild überschrieben wird (und keine neue Tabelle erstellt wird).

Der Baustein IMAGE CALCULATOR normiert die Pixelwerte passend für InceptionV3 zwischen -1 und +1:

```
(($Image$/255)-0.5)*2
```

Auch wird das vorhandene Bild ersetzt, da das ursprüngliche Bild im weiteren Verlauf nicht mehr benötigt wird.

Der Baustein DIMENSION SWAPPER ordnet die Bildinformationen neu. Aus der Reihenfolge *X, Y, Channel* wird im Ergebnis *Channel, X, Y*. Auch das ist eine Anpassung an das verwendete Modell (siehe Abbildung 11.33).

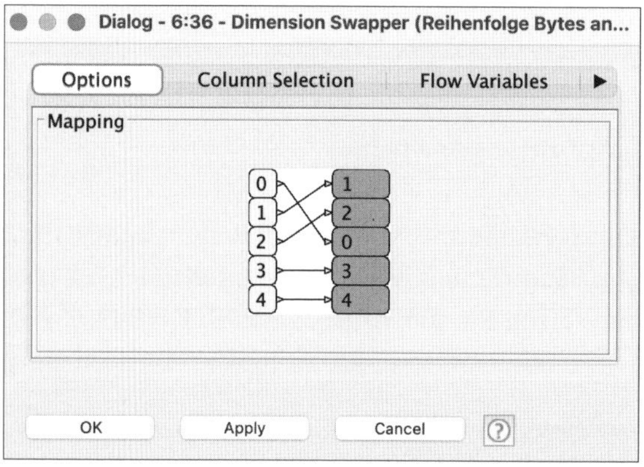

Abbildung 11.33 Das Einstellungsfenster von »Dimension Swapper«

Woher wissen wir, dass die Bilddaten wie oben beschrieben skaliert und die Reihenfolge der Bildinformationen angepasst werden müssen? Natürlich können Sie die wissenschaftlichen Veröffentlichungen dazu lesen oder den Keras-Quellcode studieren. Zum Glück haben das schon andere Entwicklerinnen und Entwickler gemacht und ihre KNIME Programme für die Öffentlichkeit zur Verfügung gestellt. Sie können auf *https://hub.knime.com/* nach Programmen suchen und sich diese anschauen. Wenn die Beschreibung eines Projektes interessant klingt und Sie das Programm testen wollen, können Sie es ganz einfach per Drag-and-Drop aus dem Browser heraus in den Arbeitsbereich von KNIME ziehen.

KERAS NETWORK READER liest die H5-Datei des Modells ein. Sie müssen lediglich den Pfad zu der Datei *inception_v3.h5*, welche sich im Unterordner *data* des Programmes *06-Bildklassifizierung* befindet, einstellen. Sie können den Unterordner auch über den File Explorer Ihres Betriebssystems erreichen.

Nun können die Bilddaten dem Baustein KERAS NETWORK EXECUTOR zugeführt werden (siehe Abbildung 11.34). Unter OPTION • OUTPUTS • CONVERSION wählen Sie TO NUMBER (DOUBLE), OUTPUT COLUMNS PREFIX lassen Sie leer, damit am Ausgang nur Zahlenwerte ausgegeben werden.

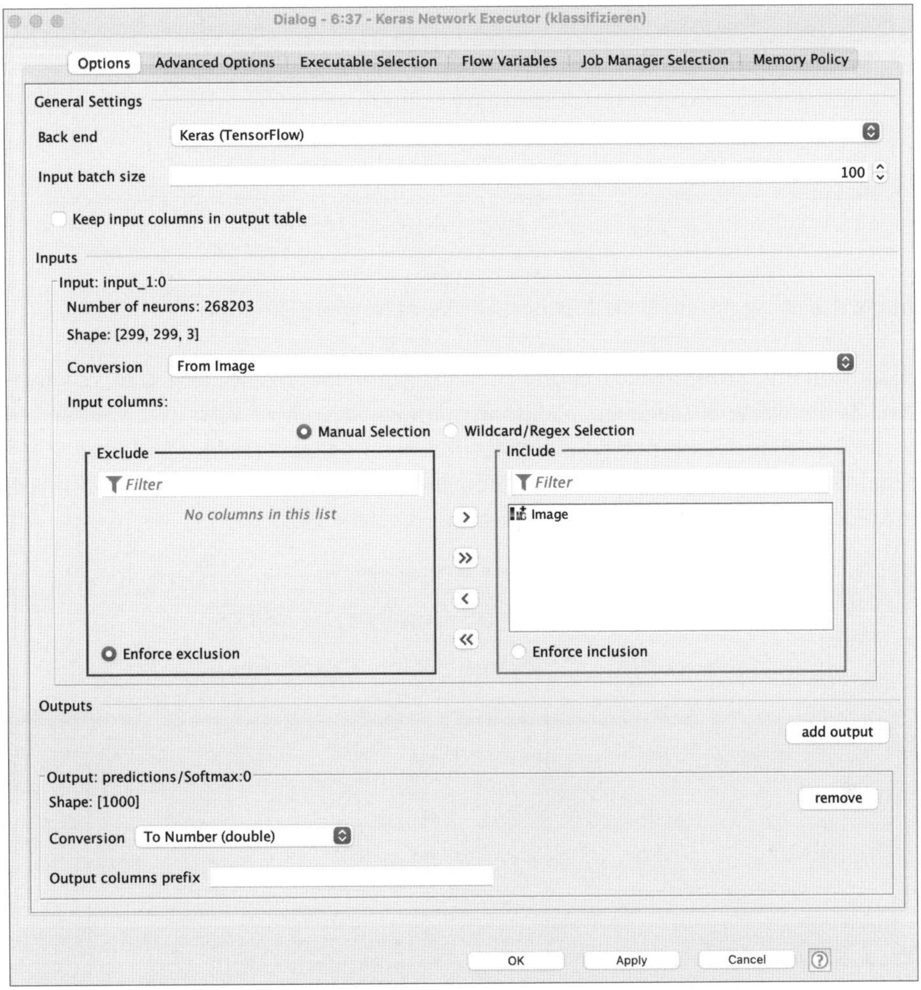

Abbildung 11.34 Das Einstellungsfenster von »Keras Network Executor«

Wenn Sie das Programm ausführen, gibt der Baustein KERAS NETWORK EXECUTOR 1000 Werte aus, welche die entsprechenden Wahrscheinlichkeiten für die jeweiligen Klassen enthalten (mithilfe der Softmax-Funktion gebildet). Selektieren Sie den Baustein, und überzeugen Sie sich im Node-Monitor von dem Ergebnis:

Jetzt müssen wir mit diesen Werten am Ausgang des Bausteins weiterarbeiten. Zu welcher Klasse gehört nun das Bild? Wir müssen das Maximum der Tabelleneinträge am Ausgang des Bausteins ermitteln. Wenn wir den Baustein RULE ENGINE verwenden würden, müssten wir die 1000 Variablen zur Bildung dieses gesuchten Wertes im Baustein einstellen.

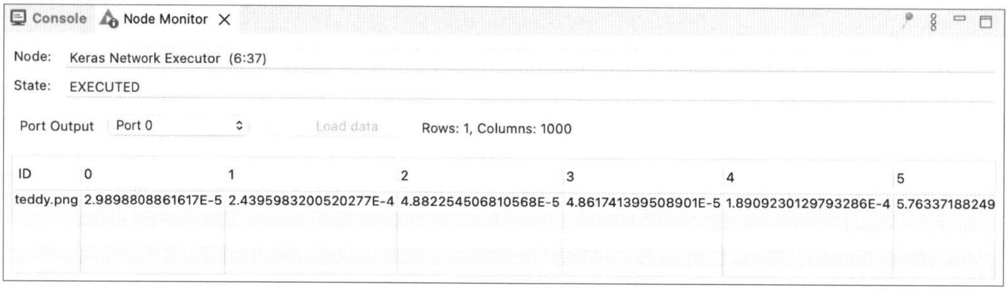

Abbildung 11.35 Ausgabe des Node-Monitors zu »Keras Network Executor«

Durch die von uns gewählte Einstellung am Baustein KERAS NETWORK EXECUTOR werden nur Zahlenwerte ausgegeben, sodass wir den Baustein MANY TO ONE verwenden können. Dieser Baustein ermittelt ebenfalls den Maximalwert (siehe Abbildung 11.36). Der Maximalwert wird in der Spalte *col* gespeichert. Wenn Sie den Baustein ausführen, sehen Sie an dessen Ausgang (im Node-Monitor) die Zahl 850.

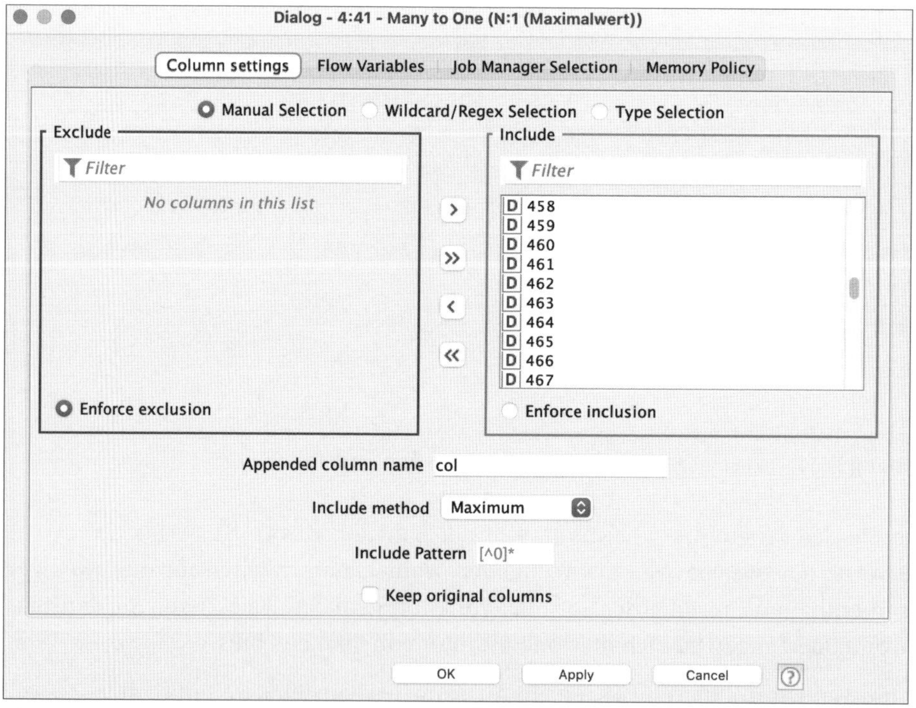

Abbildung 11.36 Das Einstellungsfenster von »Many to One«

Es wird zwar eine Zahl angezeigt, der Datentyp ist aber String, deshalb muss er mit COLUMN AUTO TYPE CAST konvertiert werden. Bei diesem Baustein muss nur die Spalte ausgewählt werden, die restlichen Einstellungen werden automatisch ermittelt. Am Ausgang dieses Bausteins wird die Zahl 850 ausgeben, aber diesmal mit dem richtigen Datentyp. Wir wissen nicht, welche Klasse sich hinter dieser Zahl verbirgt, aber damit können wir weiterarbeiten.

Mit CSV READER wird die Zuordnungstabelle geladen. Beachten Sie, dass diese Datei keine Spaltenüberschriften enthält. In dieser Tabelle ist die Zuordnung von Zahlenwerten zu Klassenbeschreibungen enthalten. Der Baustein JOINER bildet die Schnittmenge der Tabelle mit der Spalte *col* sowie einer Zeile (der Wert 850) und der Zuordnungstabelle (Spalte *Column0*). Im Node-Monitor dieses letzten Bausteins sehen Sie schlussendlich die wichtige Information, zu welcher Klasse das Objekt auf dem Bild gehört: *teddy, teddy bear*.

11.3.2 Bildklassifizierung mit Python Node

Der Aufbau des Programmes ist sehr übersichtlich. Das Bild wird geladen, die Größe angepasst, und die Daten werden umgewandelt, sodass diese im PYTHON SCRIPT verarbeitet werden können. Mit IMAGE VIEWER können Sie das geladene Bild betrachten (siehe Abbildung 11.37).

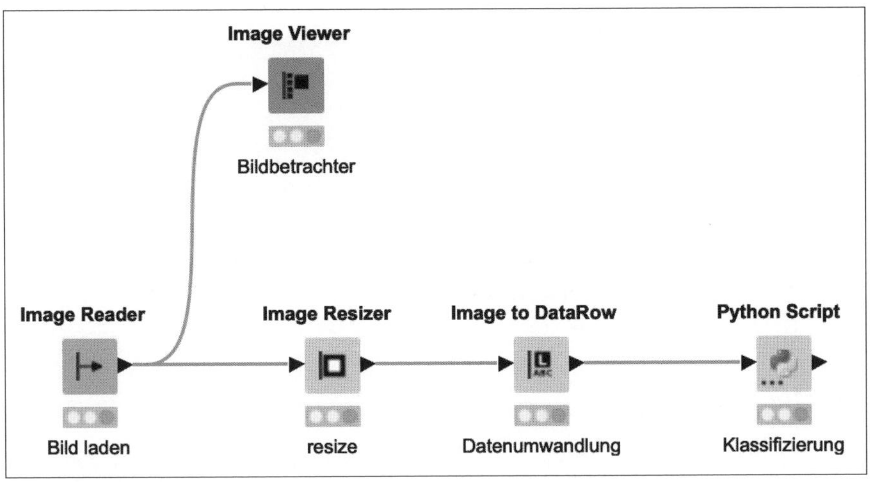

Abbildung 11.37 Das Programm »06-Bildklassifizierung-py.knwf«

Sehen wir uns den Quellcode im Python-Baustein an:

```
import knime.scripting.io as knio
import tensorflow as tf
import pandas as pd
```

```
import numpy as np
from tensorflow.keras.applications import vgg19

# Daten einlesen
pic = knio.input_tables[0].to_pandas()


# Modell instanziieren
model = vgg19.VGG19()

# Daten an das Modell anpassen
img = np.array(pic['Image'][0])
img = img.reshape(1, 224, 224, 3)
img = tf.keras.applications.vgg19.preprocess_input(img)

# top ten
pred = model.predict(img)
top_ten = vgg19.decode_predictions(pred, top=10)

# Ausgabe des Ergebnisses
df = pd.DataFrame(top_ten[0])
df.drop([0], axis = 1, inplace=True)

knio.output_tables[0] = knio.Table.from_pandas(df)
```

Listing 11.7 Python-Script zur Bildklassifizierung

Das Bild wird ausgewertet und das Ergebnis, eine Liste der Top Ten mit den Wahrscheinlichkeiten für die Korrektklassifizierung, ausgegeben.

11.4 Transfer Learning

Auch Transfer Learning kann mit KNIME realisiert werden. Ich werde wieder zwei Möglichkeiten vorstellen: Implementierung mit Keras- sowie Python- Bausteinen. Bei der Variante mit Keras-Bausteinen kommt wieder das vortrainierte Modell InceptionV3 zum Einsatz, da das Training viel performanter ist als VGG19 (trotzdem dauert die Trainingsprozedur ohne Grafikkartenunterstützung sehr lange). Die Variante mit Python-Bausteinen nutzt hingegen VGG19.

11.4.1 Transfer Learning mit Keras Node

Das Ziel ist es, dieses Modell zu verändern und anzupassen, sodass Bilder von Handgesten für Stein, Schere und Papier klassifiziert werden. Diese drei Klassen sind ursprünglich nicht in den 1000 Klassen des vortrainierten Modells enthalten. So könnten Sie auch für zukünftige Projekte zur Bildklassifizierung vorgehen. Sie sammeln Bilder in verschiedenen Ordnern, je ein Ordner pro Klasse. Durch die Ordnerstruktur sind die Bilder den Klassen zugeordnet. Dann verwenden Sie ein bewährtes, vortrainiertes Modell, welches bereits mit über einer Million Bildern trainiert worden ist. Dieses Modell ist zwar für andere Objekte trainiert, aber Sie können den Detektionsteil (dient zur Erkennung von Merkmalen) wiederverwenden. Den Identifikationsteil (zur Klassifizierung) bauen Sie neu auf, ganz so, wie sie ihn brauchen. Das fertige Modell wird anschließend mit den neuen Bildern trainiert, wobei nur die Gewichte des neuen Identifikationsteils aktualisiert werden. Die Gewichte des Detektionsteils werden »eingefroren« und beim Trainingsprozess nicht verändert.

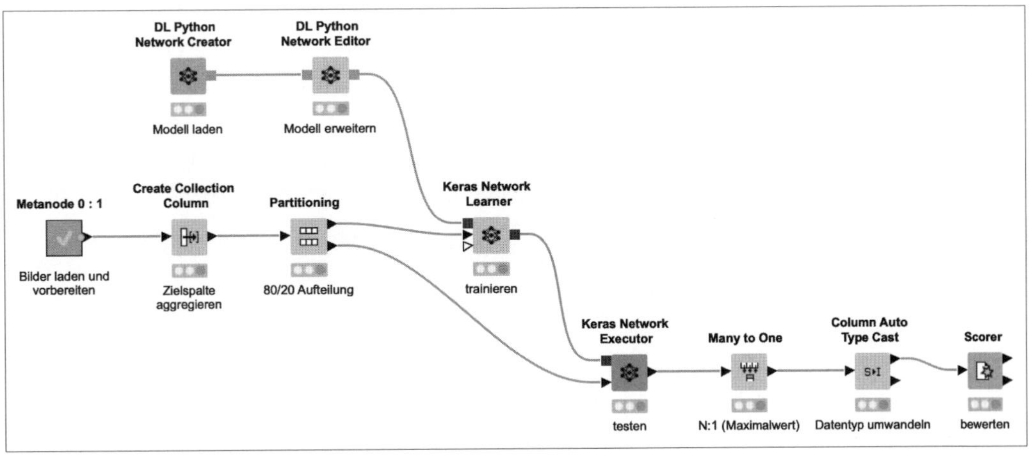

Abbildung 11.38 Das Programm »07-Transfer.knwf«

Im Programm in Abbildung 11.38 sehen Sie einen besonderen Baustein: METANODE. Damit können Abschnitte zusammengefasst und Programme strukturiert werden. Über MENÜLEITSE • NODE • ADD METANODE WIZARD wird der Anlege-Assistent gestartet. Sie können darüber einstellen, wie viele Ein- und Ausgänge der Baustein haben soll (die Anzahl kann auch nachträglich verändert werden). Mit einem Doppelklick wird der Baustein geöffnet.

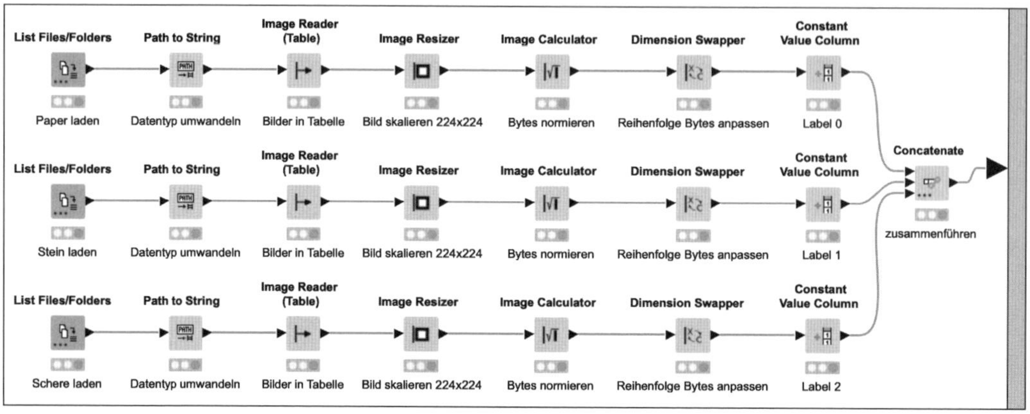

Abbildung 11.39 Metanode zum Laden und Verarbeiten der Bilder

Die Bilder sind in Verzeichnissen gespeichert. Die Pfade zu den Ordnern werden eingestellt, der Datentyp Path wird in String umgewandelt, und anschließend werden die Bilder in Tabellen gespeichert. Anschließend müssen die Bilder skaliert und für das Modell InceptionV3 angepasst werden. Die Pixel werden normiert und die Reihenfolge von der Bildinformationen angepasst. Jede Tabelle bekommt eine Spalte mit einer Zahl als Zielspalte für das KNN. Aus den drei Tabellen wird eine große Tabelle erstellt und das Ergebnis mit dem Ausgang des Bausteins verbunden.

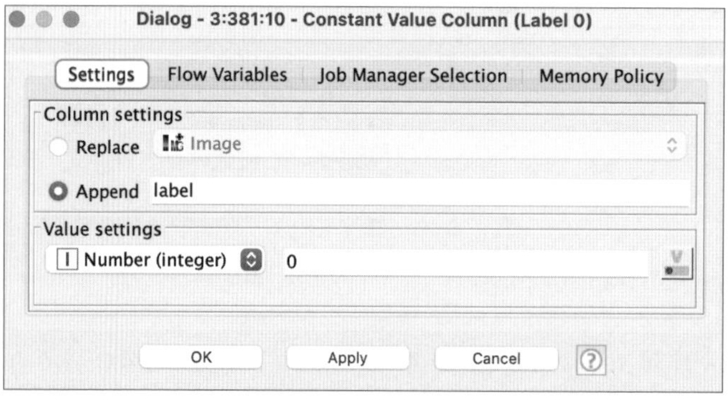

Abbildung 11.40 Das Einstellungsfenster von »Constant Value Column«

Im Hauptprogramm müssen wir die Zielspalte in eine Liste mit nur einem Element umwandeln. Wie Sie bereits wissen, ist dieses Vorgehen notwendig, wenn am Ausgang des KNN die Softmax-Funktion verwendet werden soll.

Mit dem Baustein DL PYTHON NETWORK CREATOR wird das Modul importiert. Hier können Sie Python-Befehle eingeben.

```
# variable name of the output network:  output_network
from keras.applications.inception_v3 import InceptionV3

output_network = InceptionV3(include_top=False,input_shape=[224,224,3])
output_network.trainable = False
```

Listing 11.8 Das Modell wird geladen und der Detektionsteil eingefroren.

Die vorgegebene Ausgangsvariable des Bausteins ist `output_network`. In dieser Variable wird unser Modell gespeichert.

Mit dem Baustein DL PYTHON NETWORK EDITOR wird das Modell erweitert und angepasst. Hierbei ist `input_network` die Eingangsvariable und `output_network` die Ausgangsvariable.


```
# variable name of the input network: input_network
# variable name of the output network:  output_network
from keras.models import Model
import keras

x = keras.layers.Dropout(0.3)(input_network.output)
x = keras.layers.Flatten()(x)
x = keras.layers.Dense(256,activation='relu')(x)
x = keras.layers.Dropout(0.3)(x)
x = keras.layers.Dense(3,activation='softmax')(x)

output_network = Model(inputs=input_network.input, outputs=x)
```

Listing 11.9 Das finale Modell mit neuem Identifikationsteil wird aufgebaut.

Den Rest des Hauptprogrammes sollten Sie mittlerweile interpretieren können. Sie müssen das KNN nur fünf Epochen trainieren (Batch Size = 32), aber auch das wird sehr viel Zeit in Anspruch nehmen. Wichtiges Detail: Setzen Sie die Lernrate auf 0,0001, sonst bekommen Sie nur eine Korrektklassifizierungsrate von ca. 33 %. Mit den hier gewählten Einstellungen erreichen Sie ca. 98 %.

11.4.2 Transfer Learning mit Python Node

Bei dieser Variante ist bleibt das Hauptprogramm ähnlich, aber auch hier fehlen die Keras-Bausteine (siehe Abbildung 11.41).

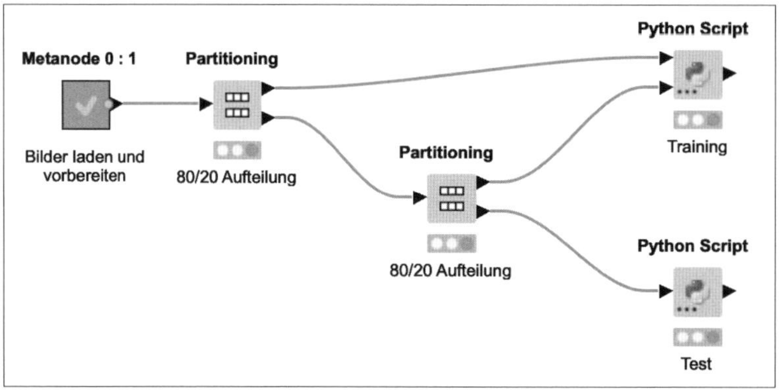

Abbildung 11.41 Das Programm »07-Transfer-py.knwf«

Bei der Vorbereitung der Daten müssen die Bausteine IMAGE CALCULATOR und DIMENSION SWAPPER weggelassen werden, da hier das Modell VGG19 zum Einsatz kommt. Dafür müssen die Daten mit IMAGE TO DATAROW für die Verwendung in PYTHON SCRIPT umgewandelt werden:

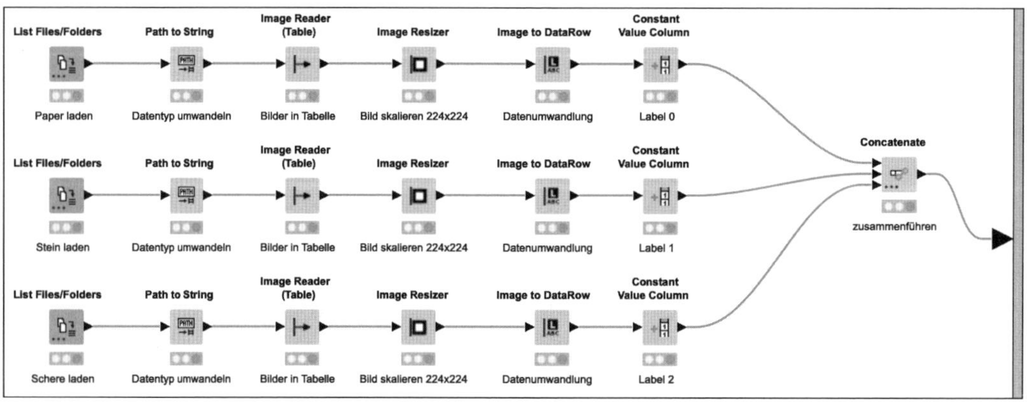

Abbildung 11.42 Der Metanode zum Laden und Verarbeiten der Bilder für VGG19

Betrachten wir zuerst den Baustein PYTHON SCRIPT für das Training. Abgesehen von der Datentypumwandlung sollte Ihnen das Programm bekannt vorkommen.

```
from keras.models import Model
from tensorflow.keras.applications import vgg19

# Daten einlesen
data_0 = knio.input_tables[0].to_pandas()
data_1 = knio.input_tables[1].to_pandas()
```

```
# Daten vorbereiten
train_data = data_0['Image'].to_list()
train_col = data_0['label'].astype('category')

test_data = data_1['Image'].to_list()
test_col = data_1['label'].astype('category')

train_data = np.array(train_data).reshape(-1, 224, 224, 3)
test_data = np.array(test_data).reshape(-1, 224, 224, 3)

# Modell instanziieren
base_model = vgg19.VGG19(include_top=False,input_shape=[224,224,3])
base_model.trainable = False

x = tf.keras.layers.Dropout(0.3)(base_model.output)
x = tf.keras.layers.Flatten()(x)
x = tf.keras.layers.Dense(256,activation='relu')(x)
x = tf.keras.layers.Dropout(0.3)(x)
x = tf.keras.layers.Dense(3,activation='softmax')(x)

model = Model(inputs=base_model.input, outputs=x)

# Konfiguration und Training
cb_early = tf.keras.callbacks.EarlyStopping(monitor='val_loss', patience=3)
# model.compile(loss='sparse_categorical_crossentropy',
# optimizer=tf.keras.optimizers.Adam(learning_rate=0.0001), metrics=['accuracy'])
# Apple M1/M2
model.compile(loss='sparse_categorical_crossentropy',
 optimizer=tf.keras.optimizers.legacy.Adam(learning_rate=0.0001),
 metrics=['accuracy'])
history = model.fit(train_data, train_col, epochs=10,
 validation_data=(test_data, test_col),callbacks=[cb_early])

# Modell speichern
model.save("model7.keras")


# Ausgabe des Ergebnisses
out = [history.history['val_accuracy'][-1]]
df = pd.DataFrame(out, columns=['acc'])
knio.output_tables[0] = knio.Table.from_pandas(df)
```

Listing 11.10 Python-Script für Training

Interessant ist hier der Methodenaufruf `reshape(-1, 224, 224, 3)`. Damit werden Datenpakete mit den Dimensionen 224, 244 und 3 geformt (für x, y und RGB). Wir möchten nicht selbst ermitteln oder berechnen, wie viele Datenpakete generiert werden können. Der Parameter -1 gibt an, dass alle Daten in solche Datenpakete umgeformt werden sollen, so viele, wie eben möglich sind. Der Aufruf der Methode `model.compile` erzeugt auf M1/M2 Chips von Apple eine Warnung, daher sehen Sie hier eine Variante mit angepasstem Optimiereraufruf.

```
import knime.scripting.io as knio
import tensorflow as tf
import pandas as pd
import numpy as np

# Daten laden
data = knio.input_tables[0].to_pandas()

# Daten vorbereiten
val_data = data['Image'].to_list()
val_col = data['label'].astype('category')
val_data = np.array(val_data).reshape(-1, 224, 224, 3)

# Modell laden
loaded_model = tf.keras.saving.load_model("model7.keras")

# Evaluation
val_loss, val_acc = loaded_model.evaluate(val_data, val_col)

# Ausgabe des Ergebnisses
df = pd.DataFrame([val_acc], columns=['acc'])
knio.output_tables[0] = knio.Table.from_pandas(df)
```

Listing 11.11 Python-Script für Training

Das Programm zum Testen des Modells macht nichts anderes, als das trainierte Modell zu laden und die Testdaten auszuwerten.

11.5 Autoencoder

Bei KI-Projekten wie dem Autoencoder sieht man besonders deutlich die Vorteile von visueller Programmierung. Der Datenfluss ist klar erkennbar, der Aufbau leichter nachzuvollziehen. Es ist wichtig, sich nicht in den Details zu verlieren. Sehen Sie sich bitte das Programm an, und versuchen Sie, den Ablauf und die Funktionsweise nachzuvollziehen. Es geht hier darum, auffällige Kreditkartenbuchungen zu erkennen. Da das Verhältnis von normalen zu anormalen Buchungen sehr ungleich ist, kann eine auf Autoencoder basierende KI eine Möglichkeit sein, diese Sonderfälle zu detektieren.

11.5.1 Autoencoder mit Keras Node

Auch in diesem Kapitel betrachten wir zuerst das Programm mit Keras-Bausteinen:

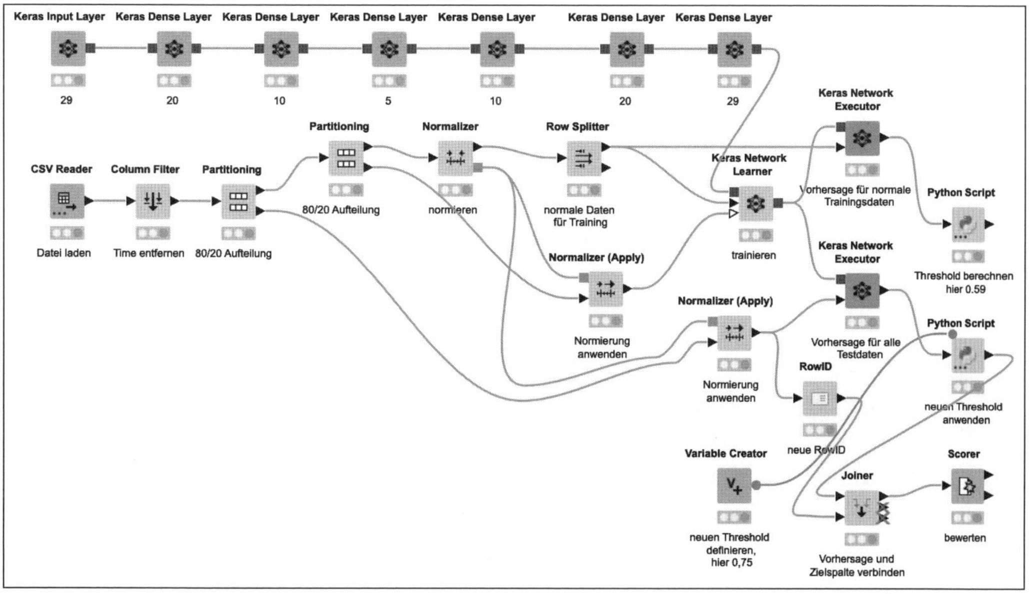

Abbildung 11.43 Das Programm »08-Autoencoder.knwf«

Die Spalte *Time* wird aus der Tabelle entfernt und anschließend diese Tabelle in Trainings- und Testdaten aufgeteilt. Die Trainingsdaten werden nochmals aufgeteilt: Das KNN wird während der Trainingsprozedur nur mit normalen Daten trainiert, aber mit normalen und anormalen Daten getestet.

Der Baustein Row Splitter (siehe Abbildung 11.44) wird so konfiguriert, dass am oberen Ausgang die Daten ohne Sonderfälle ausgegeben werden, am unteren Ausgang die Sonderfälle. Da wir für das Training nur die Daten ohne Sonderfälle benötigen, wird der obere Ausgang verwendet. Die Sonderfälle sind somit rausgefiltert.

Durch diese Aufteilung kann der Baustein Keras Network Learner auch mit Early Stopping trainiert werden. Die Berechnung der benötigten Werte (Mittelwert und Standardabweichung) für die Normierung der Spalte *Amount* sowie die Anwendung der Normierung findet mit den Trainingsdaten statt, bei den restlichen Daten wird die Normierung mit den bereits ermittelten Werten nur angewendet.

Abbildung 11.44 Das Einstellungsfenster von »Row Splitter«

Das KNN besteht aus verschiedenen Layern, welche die Daten komprimieren (Encoder) und anschließend wieder dekomprimieren (Decoder). Das Ziel des Trainings ist es, dass am Ausgang die gleichen Werte rauskommen wie am Eingang reingehen. Durch den Aufbau mit einem Flaschenhals wird dafür gesorgt, dass das KNN für diese Daten optimiert ist und andere Daten zu einer großen Streuung am Ausgang führen. Wenn die Werte am Ausgang einen bestimmten Schwellwert überschreiten, liegen andere Daten vor als jene, mit welchen das KNN trainiert worden ist.

Um den ersten Entwurf für den Schwellwert (Threshold) zu berechnen, brauchen wir die Vorhersagen zu den Trainingsdaten (ohne Anomalien). Dafür verwenden wir wieder die normalen Trainingsdaten. Mithilfe der gefilterten Trainingsdaten wird der Schwellwert berechnet. Dazu verwenden wir Python-Befehle im Baustein PYTHON SCRIPT.

```
import knime.scripting.io as knio
import pandas as pd
from sklearn.metrics import mean_absolute_error
```

Listing 11.12 Import der Module

Auch hier müssen die benötigten Module importiert werden. Falls das Importieren zu Fehlermeldungen führt, verifizieren Sie, ob das jeweilige Modul über Anaconda installiert ist.

```
train_data = knio.input_tables[0][:29].to_pandas()
train_pred = knio.input_tables[0][30:].to_pandas()
```

Listing 11.13 Listen mit Trainings- und Testdaten

Die Eingangsdaten des Bausteins sind in einer Liste gespeichert. Genauer gesagt: Das erste Element dieser Liste enthält eine weitere Liste, in der die Daten gespeichert sind. Die ersten 29 Elemente mit dem Index 0 bis 28 (also bis exklusiv 29) enthalten die Trainingsdaten. Hier wäre auch folgende Schreibweise möglich:

```
train_data = knio.input_tables[0][0:29].to_pandas()
```


Das erste Element von `knio.input_tables` (also `knio.input_tables[0]`) enthält eine Liste, in welcher wir auf die Elemente 0 (inklusiv) bis 29 (exklusiv) zugreifen, diese in den Datentyp DataFrame umwandeln (Pandas) und der Variable `train_data` zuweisen. Sehen Sie sich im Einstellungsfenster die Variablen am Eingang an, und versuchen Sie, diese Zeile nachzuvollziehen.

Alle Elemente ab Index 30 enthalten Vorhersagen, daher speichern wir diese in der Variable `train_pred`. Wir wollen nicht ermitteln, wie viele Elemente die Liste hat. Daher lassen wir die Stelle nach dem Doppelpunkt frei. Der Python-Interpreter erkennt, dass alle Elemente (bis einschließlich des letzten Elementes) verwendet werden sollen.

```
mae = mean_absolute_error(train_pred, train_data)

df = pd.DataFrame([mae], columns = ['mae'])

knio.output_tables[0] = knio.Table.from_pandas(df)
```

Listing 11.14 Berechnung des Ergebnisses

Der mittlere absolute Fehler wird berechnet. Der Ausgang des Bausteins ist eine Tabelle, daher legen wir eine Variable vom Typ DataFrame mit der Spalte *mae* an und speichern in der einzigen Zeile diesen Wert. Anschließend wird aus der Variable die Ausgangstabelle erzeugt. Wenn das KNN trainiert und die Vorhersagen generiert sind, sehen Sie am Ausgang des Bausteins PYTHON SCRIPT den Schwellwert (0,59).

Darauf aufbauend berechnen wir die Vorhersagen für neue Testdaten (inklusive Anomalien) und vergleichen, ob der mittlere absolute Fehler größer ist als der oben berechnete Schwellwert. Wenn ja, liegt eine Anomalie vor. Es muss immer wieder überprüft werden, wie viele Daten korrekt klassifiziert worden sind. Wenn man mit dem Ergebnis nicht zufrieden ist, erhöht man den Schwellwert und bewertet neu. Es ist sehr wahrscheinlich, dass der neue Schwellwert, mit dem tatsächliche Anomalien erkannt werden, größer sein muss, als der vorher berechnete.

Damit Sie nicht jedes Mal den Baustein öffnen und im Python-Quellcode die Variable verändern müssen, speichern wir den neuen Schwellwert im Baustein VARIABLE CREATOR. Hier legen wir die Variable `newThreshold` vom Typ Double (Fließkommazahl) mit einem Wert über 0,59 an. Sie erinnern sich: Wir nehmen für den ersten Entwurf des neuen Schwellwertes den zuvor berechneten mittleren absoluten Fehler an und erhöhen diesen so lange, bis wir mit dem Ergebnis zufrieden sind. Ich hoffe, ich beraube Sie nicht um die Spannung, wenn ich Ihnen verrate, dass 0,75 gute Ergebnisse liefert.

Sie können Bausteine mit sogenannten Flow-Variablen konfigurieren. Dazu führen Sie einen Rechtsklick auf den zweiten Baustein PYTHON SCRIPT aus und klicken auf SHOW FLOW VARIABLE PORTS. Jetzt können Sie die Variable mit dem Baustein verbinden und im Baustein darauf zugreifen.

```
import knime.scripting.io as knio
import tensorflow as tf
import pandas as pd

new_threshold = knio.flow_variables['newThreshold']
```

Listing 11.15 Der neue Schwellwert wird in einer Variable gespeichert.

Hier greifen wir auf die Flow-Variable `newThreshold` zu und speichern den Wert in einer neuen Variable.

```
Test_data = knio.input_tables[0][:29].to_pandas()
test_pred = knio.input_tables[0][30:].to_pandas()
```

Listing 11.16 Trainings- und Testdaten

Die Testdaten und Vorhersagen werden wieder in zwei Variablen gespeichert.

```
Maes = tf.keras.losses.mae(test_data, test_pred)
pred_col_bool = tf.math.greater(maes, new_threshold)
pred_col = tf.cast(pred_col_bool, dtype=tf.int32)
```

Listing 11.17 Ermittlung der Vorhersagen

Es wird zeilenweise überprüft, ob der mittlere absolute Fehler größer ist als der Schwellwert. Wenn ja (im Betrugsfall), wird die Zahl 1 gespeichert, sonst 0. In der CSV-Datei steht auch die Zahl 1 für einen Betrugsfall.

Würde in der CSV-Datei die Zahl 0 für einen Betrugsfall stehen, müssten wir die Logik umkehren und überprüfen, ob die Abweichung kleiner ist als der Schwellwert. Wenn ja (im Normalfall), wird die Zahl 1 gespeichert, sonst 0.

```
Df = pd.DataFrame()
df['pred_col']=pd.Series(pred_col.numpy())

knio.output_tables[0] = knio.Table.from_pandas(df)
```

Listing 11.18 Das Ergebnis wird am Ausgang des Bausteins ausgegeben.

Hier wird eine neue Variable vom Typ DataFrame erzeugt, in der Spalte *pred_col* werden die Vorhersagen gespeichert und anschließend in eine Tabelle überführt. Nach dem Ausführen sehen Sie am Ausgang des Bausteins diese Spalte mit den Vorhersagen. Diese Spalte muss mit den tatsächlichen Werten in der CSV-Datei verglichen werden. Wir werden eine Tabelle mit diesen zwei Spalten erzeugen und eine Konfusionsmatrix erstellen.

Der Baustein PARTITIONING gibt am unteren Ausgang die Testdaten aus. Mit dem Baustein ROWID setzen wir eine neue, aufsteigende Nummerierung der Zeilen. Damit haben die entsprechenden Zeilen der Testdaten und der Vorhersagen die gleichen Zeilennummern und können mit dem Baustein JOINER zusammengeführt werden. Der Scorer kann nun die Konfusionsmatrix berechnen:

Confusion Matrix - 3:17 - Scorer (bewerten)

File Hilite

pred_col \ Class	0	1
0	50393	11
1	6461	97

Abbildung 11.45 Ausgabe der Konfusionsmatrix

97 Betrugsfälle werden richtig erkannt, 11 nicht. Knapp 90 % der Betrugsfälle können also ermittelt werden. 11 % der normalen Transaktionen (6461) werden als Betrugsfälle klassifiziert. Auch hier gilt: Wenn die Kunden in diesem Fall eine E-Mail bekommen, dass eine Transaktion durchgeführt wurde, ist das Ergebnis vielleicht akzeptabel.

11.5.2 Autoencoder mit Python Node

Analysieren wir in diesem Abschnitt nur die Abweichungen zum vorherigen Programm.

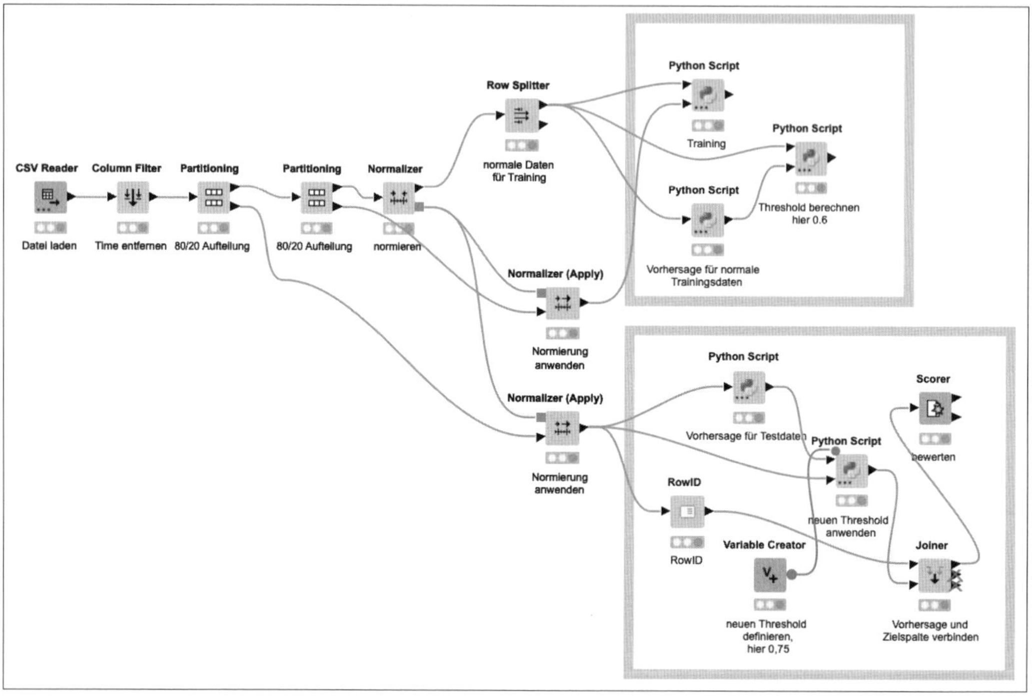

Abbildung 11.46 Das Programm »08-Autoencoder-py.knwf«

Im Bereich rechts oben (siehe Abbildung 11.46) wird das Modell trainiert und der erste Entwurf für Threshold berechnet, rechts unten wird dieser verändert und auf die Testdaten angewendet.

```
import knime.scripting.io as knio
import tensorflow as tf
import pandas as pd

# Trainingsdaten
train_data = knio.input_tables[0][0:30].to_pandas()

# Testdaten
test_data = knio.input_tables[1][0:30].to_pandas()
test_col = knio.input_tables[1]['Class'].to_pandas()

encoder = tf.keras.Sequential(name='encoder')
encoder.add(layer=tf.keras.layers.Dense(units=20, activation=tf.nn.sigmoid,
 input_shape=[30]))
```

```
encoder.add(layer=tf.keras.layers.Dense(units=10, activation=tf.nn.sigmoid))
encoder.add(layer=tf.keras.layers.Dense(units=5, activation=tf.nn.sigmoid))

decoder = tf.keras.Sequential(name='decoder')
decoder.add(layer=tf.keras.layers.Dense(units=10, activation=tf.nn.sigmoid,
input_shape=[5]))
decoder.add(layer=tf.keras.layers.Dense(units=20, activation=tf.nn.sigmoid))
decoder.add(layer=tf.keras.layers.Dense(units=30, activation=tf.nn.sigmoid))

autoencoder = tf.keras.Sequential([encoder, decoder], name='autoencoder')
autoencoder.compile(optimizer='adam', loss='mae', metrics=['mae'])

# Konfiguration, Training und Test
autoencoder.compile(optimizer='adam', loss='mae', metrics=['mae'])
cb_early = tf.keras.callbacks.EarlyStopping(monitor='val_loss', patience=1)
history = autoencoder.fit(train_data, train_data, epochs=100,
 validation_data=(test_data, test_col),callbacks=[cb_early])

# Modell speichern
autoencoder.save("model8.keras")

# Ausgabe des Ergebnisses
out = [history.history['val_mae'][-1]]
df = pd.DataFrame(out, columns=['mae'])
knio.output_tables[0] = knio.Table.from_pandas(df)
```

Listing 11.19 Python-Script für das Training des Modells

Das Modell wird mit Early Stopping trainiert. Bitte verändern Sie einige Hyperparameter, um das Modell zu verbessern, und vergleichen Sie die Ergebnisse.

```
import knime.scripting.io as knio
import tensorflow as tf
import pandas as pd

# Trainingsdaten
data = knio.input_tables[0][0:30].to_pandas()

print(data)
# Modell laden
loaded_model = tf.keras.saving.load_model("model8.keras")
```

```
test_pred = loaded_model.predict(data)

print(test_pred.shape)
# Ausgabe des Ergebnisses
df = pd.DataFrame(test_pred)
knio.output_tables[0] = knio.Table.from_pandas(df)
```

Listing 11.20 Python-Script zur Generierung von Vorhersagen mit Trainingsdaten

Das trainierte Modell wird verwendet, um Vorhersagen für die Trainingsdaten zu generieren. Die Vorhersagen werden im nächsten Baustein mit den tatsächlichen Daten verglichen, um den ersten Entwurf für den Threshold zu ermitteln.

```
import knime.scripting.io as knio
import numpy as np
import pandas as pd
from sklearn.metrics import mean_absolute_error

train_data = knio.input_tables[0][:30].to_pandas()
train_pred = knio.input_tables[1][:].to_pandas()

mae = mean_absolute_error(train_pred, train_data)

df = pd.DataFrame([mae], columns = ['mae'])

knio.output_tables[0] = knio.Table.from_pandas(df)
```

Listing 11.21 Python-Script zur Berechnung des Thresholds

Mithilfe der Trainingsdaten und den Vorhersagen wird, basierend auf dem mittleren absoluten Fehler, der Threshold berechnet. Diesen Wert werden wir bei den Testdaten anpassen und anwenden, um Anomalien zu detektieren. Der Code des Bausteins zur Vorhersage der Testdaten entspricht dem Code vom Baustein zur Vorhersage der Trainingsdaten, nur eben mit anderen Eingabedaten (nämlich den Testdaten).

```
import knime.scripting.io as knio
import tensorflow as tf
import pandas as pd
import numpy as np

new_threshold = knio.flow_variables['newThreshold']
```

```
test_data = knio.input_tables[0][:30].to_pandas()
test_pred = knio.input_tables[1][:30].to_pandas()

maes = tf.keras.losses.mae(test_data, test_pred)
pred_col_bool = tf.math.greater(maes, new_threshold)
pred_col = tf.cast(pred_col_bool, dtype=tf.int32)

df = pd.DataFrame()
df['pred_col']=pd.Series(pred_col.numpy())

knio.output_tables[0] = knio.Table.from_pandas(df)
```

Listing 11.22 Python-Script zur Anwendung des Thresholds

Die Abweichung zwischen den Vorhersagen und tatsächlichen Werten der Trainingsdaten wird ermittelt und überprüft, ob der neu eingestellte Schwellwert überschritten wird. Dementsprechend wird die Ausgangsspalte mit einer 0 bzw. 1 gefüllt. Diese Ausgabe wird wieder mit den Testdaten verglichen, eine Konfusionsmatrix erstellt und ausgegeben.

11

11.6 Textklassifizierung

In Python brauchen Sie gute Programmierkenntnisse, um Texte zu bearbeiten bzw. für KIs vorzubereiten. In KNIME können Sie alles mit Bausteinen erledigen oder Python-Bausteine verwenden. Die folgende KI soll wieder Filmbewertungen klassifizieren. Auch hier können Sie das Programm mit dem Python-Code aus Kapitel 8, »Textklassifizierung«, vergleichen.

11.6.1 Textklassifizierung mit Keras Node

Hier wird die Textklassifizierung vollständig mit visuellen Bausteinen realisiert:

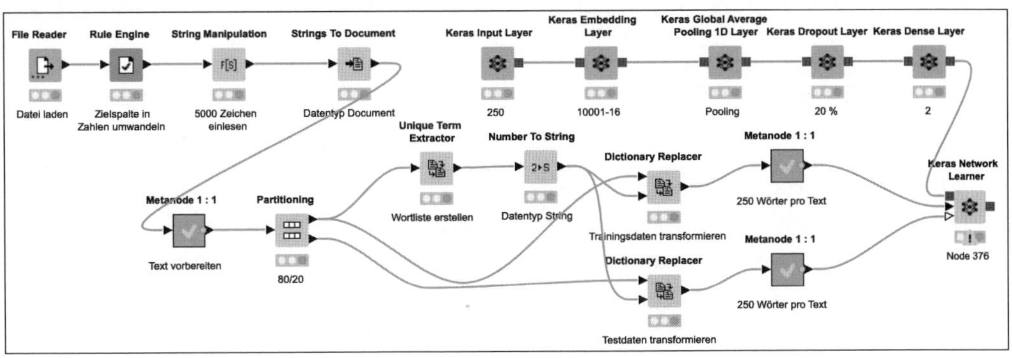

Abbildung 11.47 Das Programm »09-Textklassifizierung.knwf«

Der Baustein CSV READER hat Probleme, die große Datei *IMDB-Dataset.csv* zu laden, daher wurde der Baustein FILE READER verwendet (ganz links in der Abbildung 11.47). Anschließend werden aus jeder Zeile jeweils 5000 Zeichen eingelesen, gegebenenfalls der Rest abgeschnitten. Für die Textverarbeitung muss der Datentyp in Document umgewandelt werden. Die Bausteine zur Textverarbeitung sind hier in einem *Metanode* organisiert, dadurch bleibt das Hauptprogramm übersichtlich. Das Ziel ist es, eine Zuordnung von Wörtern zu Ganzzahlen zu definieren. Wenn ein Wort mal groß (z. B. am Satzanfang) und mal klein geschrieben ist, würde es unnötigerweise zwei Einträge in der Liste geben. Beim Training des KI-Modells wären das zwei verschiedene Daten. Die Zuordnungsliste sollte also keine redundanten Einträge enthalten.

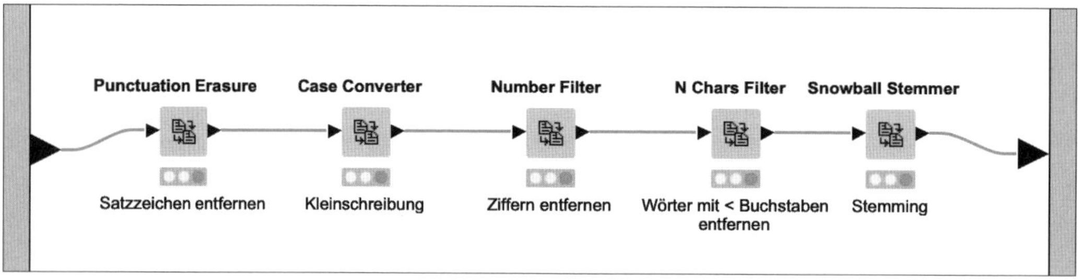

Abbildung 11.48 Der Metanode »Text vorbereiten«

Die Interpunktion wird entfernt, und alle Zeichen werden kleingeschrieben. Zusätzlich werden Ziffern und Wörter mit weniger als drei Zeichen (z. B. »a« und »or«) entfernt. Mit Stemming werden gegebenenfalls einige Buchstaben des Wortes entfernt. Der Algorithmus ersetzt z. B. das Wort »watching« mit »watch«. Manchmal kommen keine sinnvollen Wörter dabei raus. Das ist aber überhaupt nicht schlimm, denn das Ergebnis ist für die KI bestimmt, nicht für menschliche Augen. Vor dem Baustein zur Textverarbeitung lautete ein Satz:

> *One of the other reviewers has mentioned that after watching just 1 Oz episode you'll be hooked.*

Nach der Verarbeitung bekommen wir folgendes Ergebnis:

> *one the other review has mention that after watch just episod you hook*

Die Daten werden in Trainings- und Testdaten aufgeteilt und das Wörterbuch (die Zuordnungsliste) mit den Trainingsdaten erstellt. Diese Testdaten simulieren »echte« Daten aus der Praxis, und auch diese müssten Sie mit dem vorhandenen Wörterbuch transformieren. Die Testdaten werden also nicht zur Erstellung der Wörterbuches verwendet, sondern das vorhandene Wörterbuch zur Transformation verwendet. Der Baustein UNIQUE TERM EXTRACTOR erstellt das Wörterbuch für die 10000 Wörter, die am meisten in den Bewertungen vorkommen. Die neu erstellte Spalte *Index* mit den Zahlenwerten wird in den Datentyp String konvertiert. Mit dem Baustein DICTIONARY REPLACER werden schließlich die Wörter durch die Zahlenwerte (als String) ersetzt. Wörter, die nicht im Wörterbuch enthalten sind, ersetzen wir durch »10000« (siehe Abbildung 11.49).

Nun müssen die Texte so vorbereitet werden, dass Sie jeweils 250 Wörter enthalten. Sind diese länger, wird der Rest abgeschnitten. Kürzere Texte müssen mit 10000 aufgefüllt werden. Warum 10000? Das ist das Wort mit dem geringsten Vorkommen, daher verwenden wir es als Platzhalter für alles »Unnötige«. Im nächsten Metanode findet diese Verarbeitung statt. Hier sehen Sie auch gleich einen weiteren Vorteil von Metanodes: Wenn Sie mit dem Baustein für die Trainingsdaten fertig sind, können Sie ihn kopieren und für die Testdaten verwenden.

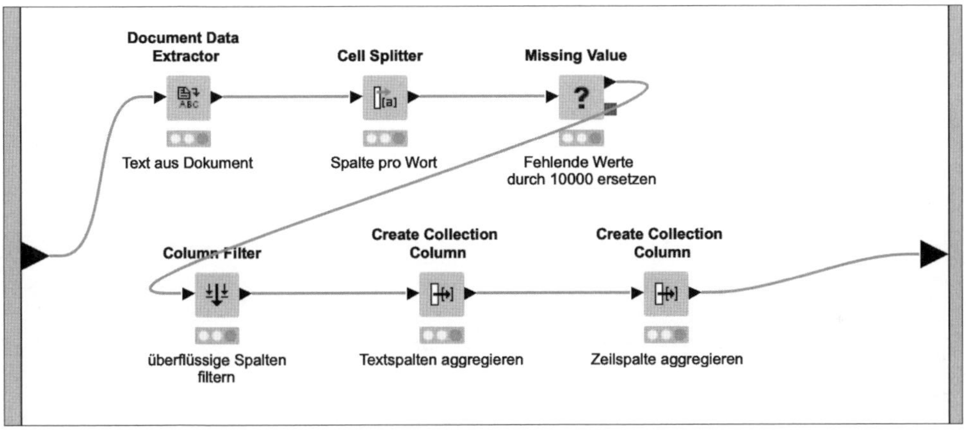

Abbildung 11.49 Der Metanode »250 Wörter pro Text«

Als Erstes müssen die Texte aus dem Datentyp extrahiert werden. Anschließend erstellen wir eine große Tabelle, in welcher jedes Wort in einer Spalte enthalten ist. Die Anzahl der Spalten (mit dem Index 0 beginnend) entspricht den Wörtern im längsten Text. Nun können wieder fehlende Werte durch unseren Platzhalter 10000 ersetzt werden, dann gibt es keine leeren Zellen mehr. Im Anschluss werden alle überflüssigen Spalten (auch Spalten >= 250) entfernt und die notwendigen Spalten wieder zusammengeführt. Der letzte Baustein aggregiert wieder die Zielspalte, damit wir das KNN mit der Softmax-Funktion aufbauen können.

Das KNN hat entsprechend 250 Eingangsknoten. Der Embedding Layer hat 10001 Eingangsknoten, da dieser Baustein eine Liste mit Elementen von 0 bis *n* benötigt, wobei in unserem Programm $n = 10000$ ist. Das sind insgesamt 10001 Elemente. Die restlichen

Layer kennen Sie noch von dem entsprechenden Python-Programm. Sie können es sich noch mal anschauen und mit diesem visuellen Programm vergleichen. Dieses Programm erreicht eine Korrektklassifizierungsrate von ca. 89 %.

11.6.2 Textklassifizierung mit Python Node

Die Vorbereitung der Daten wird auch hier vollständig mit KNIME-Bausteinen realisiert, es gibt nur einen wesentlichen Unterschied zur Variante mit Keras Nodes: Die Zielspalte muss nicht aggregiert werden (siehe Abbildung 11.50).

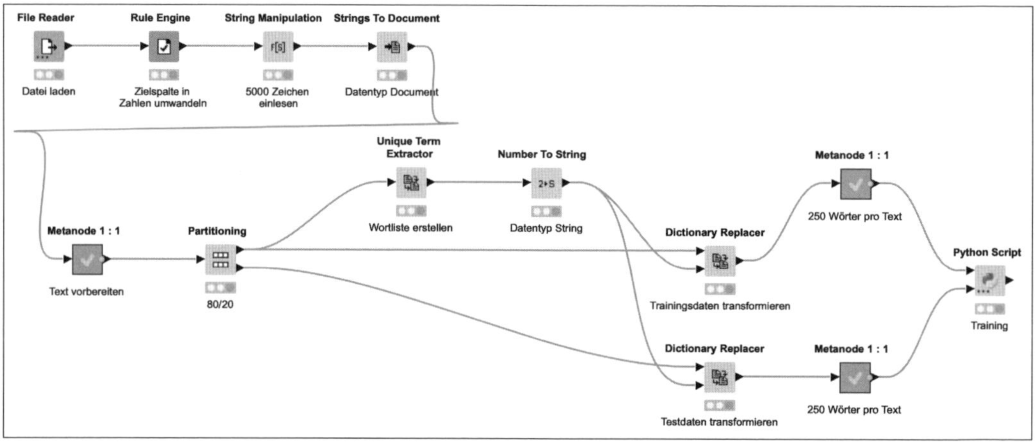

Abbildung 11.50 Das Programm »09-Textklassifizierung-py-iris.knwf«

Es gibt nur einen einzigen Python-Baustein, in dem das Modell aufgebaut, trainiert und getestet wird.

```
import knime.scripting.io as knio
import tensorflow as tf
import pandas as pd
import numpy as np

# Daten einlesen
data_0 = knio.input_tables[0].to_pandas()
data_1 = knio.input_tables[1].to_pandas()

# Daten vorbereiten
train_data = data_0['AggregatedValues'].to_list()
train_col = data_0['rating'].astype('category')
```

```
test_data = data_1['AggregatedValues'].to_list()
test_col = data_1['rating'].astype('category')

train_data = np.array(train_data).reshape(-1, 250)
test_data = np.array(test_data).reshape(-1, 250)

#print(train_data)

model = tf.keras.Sequential([
  tf.keras.layers.Embedding(10001, 16),
  tf.keras.layers.GlobalAveragePooling1D(),
  tf.keras.layers.Dropout(0.2),
  tf.keras.layers.Dense(2, activation=tf.nn.softmax)
])
model.compile(optimizer='adam', loss='sparse_categorical_crossentropy',
 metrics=['accuracy'])

cb_early = tf.keras.callbacks.EarlyStopping(monitor='val_loss', patience=3)

history = model.fit(train_data, train_col, validation_data=(test_data, test_col),
 epochs=100, callbacks=[cb_early])

# Ausgabe des Ergebnisses
out = [history.history['val_accuracy'][-1]]
df = pd.DataFrame(out, columns=['acc'])
knio.output_tables[0] = knio.Table.from_pandas(df)
```

Listing 11.23 Python-Script zur Textklassifizierung

Auch dieses Modell mit dem Baustein PYTHON SCRIPT erreicht eine Korrektklassifizierungsrate von 89 %. Versuchen Sie, durch Hyperparameter-Optimierung diesen Wert zu verbessern.

11.7 AutoML

KNIME bietet mit dem Baustein AUTOML auch eine Möglichkeit, KI-Modelle für Sie zu erstellen. Dieser Baustein normiert Daten und füllt gegebenenfalls leere Zellen mit Mittelwerten dieser Spalte. Bei kategorischen Daten werden leere Zellen durch die häufigste Klasse, die in den Daten vorkommt, ersetzt. Weiterhin werden die Daten in Test- und Trainingsdaten aufgeteilt.

Mit AutoML werden verschiedene KI-Modelle bzw. Ansätze angewendet und bewertet. Anschließend können Sie die Ergebnisse betrachten und sich für eines dieser Modelle entscheiden. Danach wird die KI mit Validierungsdaten getestet und bewertet.

11.7.1 Installation

Gehen Sie auf die Seite *https://hub.knime.com/*, und suchen Sie nach AutoML, die Ergebnisse filtern Sie nach Components. Wählen Sie den Baustein AutoML von KNIME:

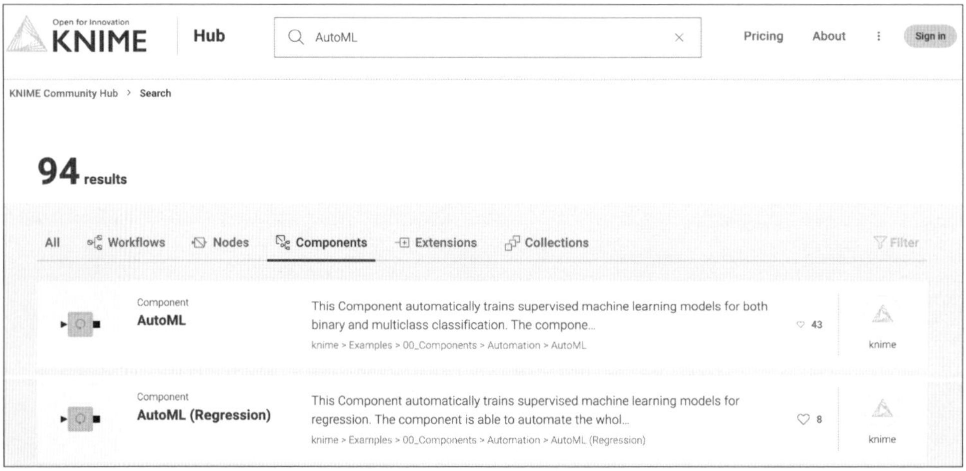

Abbildung 11.51 Suche nach »AutoML«

Components sind eine andere Möglichkeit (als Alternative zu Metanodes) zur Strukturierung von Programmen. Wenn Sie innerhalb eigener Strukturbausteine z. B. mit lokal eingekapselten Flow-Variablen arbeiten wollen, sollten Sie den Metanode in einen Component-Baustein umwandeln (Rechtsklick auf den Baustein und Auswahl von Convert to Component). Um ein Component-Baustein zu öffnen, müssen Sie einen Rechtsklick ausführen und den entsprechenden Eintrag wählen. Mit Doppelklick auf den Baustein funktioniert es nicht, vielmehr erscheint ein Konfigurationsfenster (wenn eines eingestellt ist). Eine ausführliche Gegenüberstellung dieser Strukturierungsmöglichkeiten finden Sie auf *https://www.knime.com/blog/metanode-or-component*.

Wenn Sie den Eintrag AutoML im Ergebnisfenster auswählen, gelangen Sie auf die Beschreibung des Bausteins:

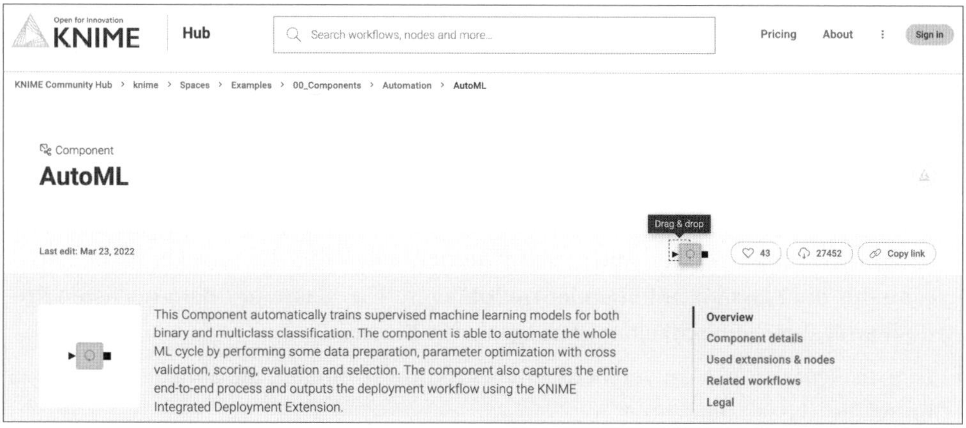

Abbildung 11.52 Beschreibung des Bausteins »AutoML«

Von der Informationsseite können Sie den Baustein per Drag-and-Drop in Ihren Arbeitsbereich (Workflow) ablegen. KNIME schlägt vor, weitere benötigte Pakete zu installieren – bestätigen Sie das.

11.7.2 Klassifizierung

Nun können Sie den Baustein verwenden. Verbinden Sie den Baustein AUTOML mit der Datenquelle, nachdem Sie die Daten wie gewohnt aufgeteilt haben. Klassifizieren wir wieder die Schwertlilien, dann können wir die Ergebnisse mit anderen Modellen vergleichen und bewerten (siehe Abbildung 11.53).

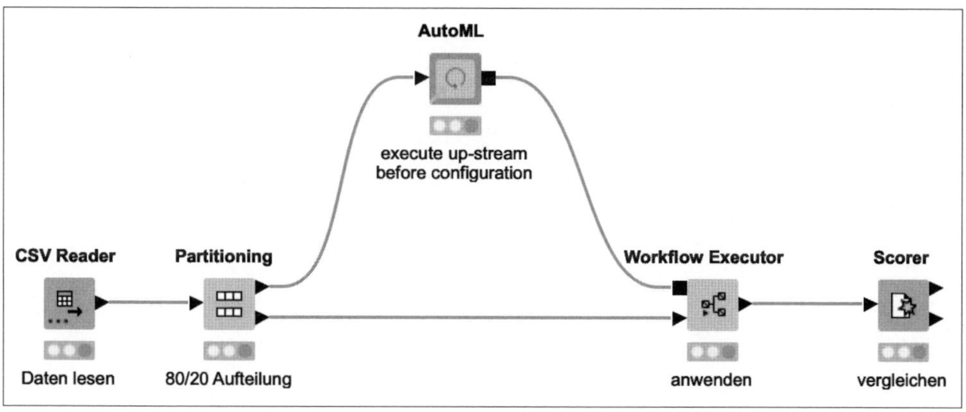

Abbildung 11.53 Das Programm »10-AutoML-iris.knwf«

Nach dem Sie den neuen Baustein mit PARTITIONING verbunden haben, können Sie es mit einem Rechtsklick konfigurieren. Geben Sie die Modelle an, die getestet werden sollen, ebenso die Zielspalte und die Metrik.

Die meisten der vorgeschlagenen Modelle haben Sie bereits kennengelernt. Einige sind neu und wurden im Rahmen dieses Einsteigerbuches nicht behandelt:

- *Naive Bayes*: Beim Training werden für alle Attribute die Wahrscheinlichkeiten einer Klasse berechnet. Bei der Anwendung werden die Wahrscheinlichkeiten der Attribute (für die Klassen) miteinander multipliziert. Die Klasse mit dem höchsten Produkt an Wahrscheinlichkeiten ist die gesuchte Klasse.
- *Logistic Regression*: Man versucht, eine Funktion zu finden, die abhängig von Attributen die Klassen berechnet.
- *Generalized Linear Model (H2O)* und *H2O AutoML* basieren auf der Open-Source-Bibliothek H2O des Unternehmens H2O.ia.

Wenn Sie die gewünschten Einstellungen vorgenommen haben, können Sie den Baustein ausführen. Danach bitte einen Rechtsklick ausführen und INTERACTIVE VIEW: AUTOML auswählen. Das Ergebnis sehen Sie in Abbildung 11.54.

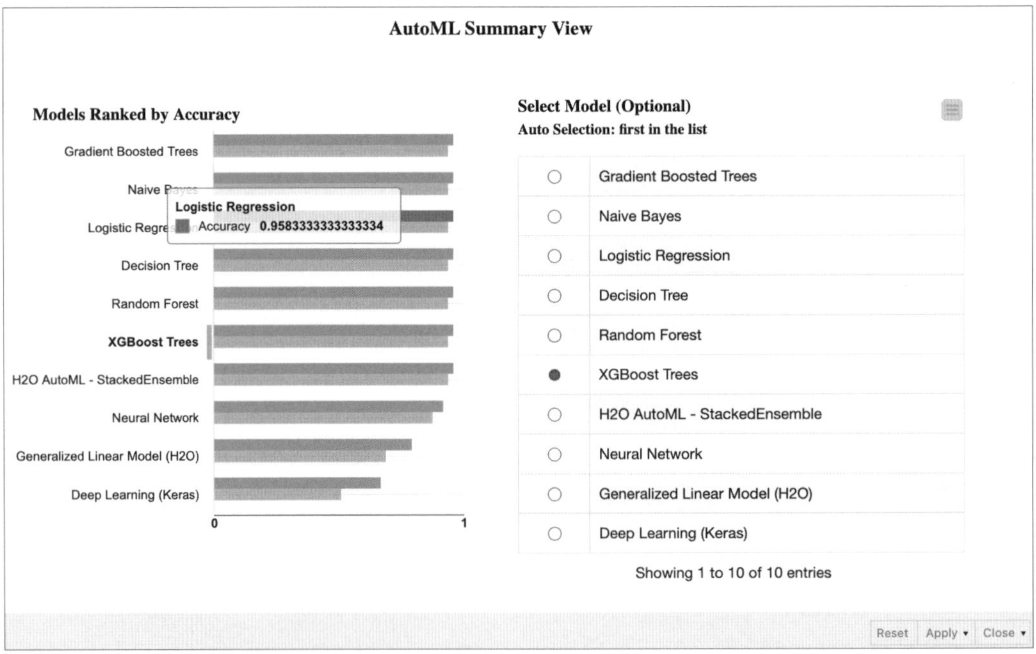

Abbildung 11.54 Interactive View

Sie können mit der Maus über die Balken fahren und sich nähere Details über die Trainings- und Testdaten ausgeben lassen. Selektieren Sie schließlich rechts ein Modell Ihrer Wahl, und klicken Sie unten rechts auf APPLY. Im folgenden Hinweisfenster bestätigen Sie, dass dies nur eine temporäre Auswahl ist, und schließen das Fenster. Wenn Sie nicht explizit eine Auswahl treffen, wird das beste Modell für Sie verwendet.

Nun können Sie die Validierungsdaten und AutoML mit dem Baustein WORKFLOW EXECUTOR verbinden. Im Konfigurationsfenster wählen Sie AUTO-ADJUST PORTS (CARRIED OUT ON APPLY), wie in Abbildung 11.55 zu sehen. Jetzt können Sie dem Baustein die Validierungsdaten zuführen und den Ausgang mit dem Scorer verbinden.

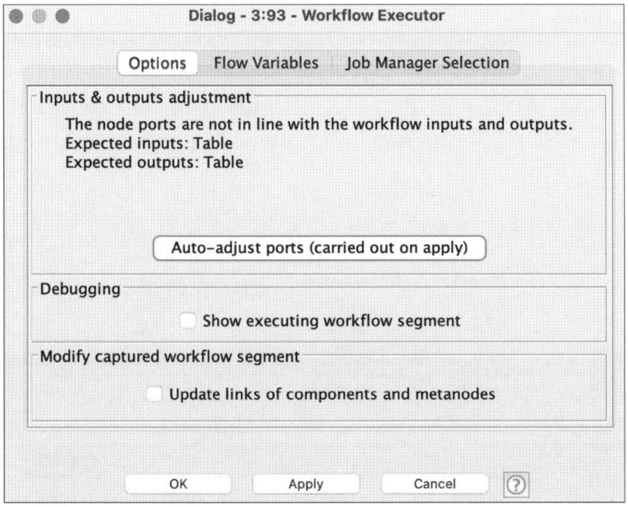

Abbildung 11.55 Das Einstellungsfenster von »Workflow Executor«

Mit dem Baustein AUTOML werden also die Daten vorbereitet, verschiedene KI-Modelle erstellt und miteinander verglichen. Dieser Baustein nimmt Ihnen bei der Entwicklung viel Arbeit ab und liefert zudem gute Ergebnisse.

11.8 Clusteranalyse

Mit der Clusteranalyse können wir nach Ähnlichkeiten in Datenmengen suchen und diese gruppieren. In diesem Abschnitt sollen die Schwertlilienarten gruppiert werden. Die Spalte *species* mit der Information über die Unterart entfernen wir nicht, damit wir die Ergebnisse vergleichen können. Zur Erinnerung: Sie können bei der Clusteranalyse nicht erwarten, dass die Gruppierung so erfolgt, wie Sie sich das vorstellen. In diesem

Beispiel würden idealerweise die Unterarten der Schwertlilie erkannt und die Daten entsprechend gruppiert werden. Sie werden sehen, das funktioniert nicht sehr gut.

Die Gruppierung der Daten erfolgt anhand der vorhandenen Attribute bzw. der Spalten. In einem unbekannten, ungelabelten Datensatz kann man mithilfe dieses Verfahrens nach Mustern suchen und diesen entsprechend Gruppen bilden. Wir verwenden auch hier den Schwertliliendatensatz, da wir die Ergebnisse dank der gesammelten Erfahrung mit diesem Datensatz besser einordnen können. Bei den Übungen können Sie mit anderen Datensätzen experimentieren.

11.8.1 Manuelle Clustereinstellung

Im ersten Beispiel wird die Anzahl der Cluster manuell eingestellt (also drei). Das Ziel ist es ja eigentlich, Gruppenanzahl- und -größe von dem Algorithmus ermitteln zu lassen. Mit diesem Workflow sollen Sie sich erst mit den benötigten Bausteinen vertraut machen.

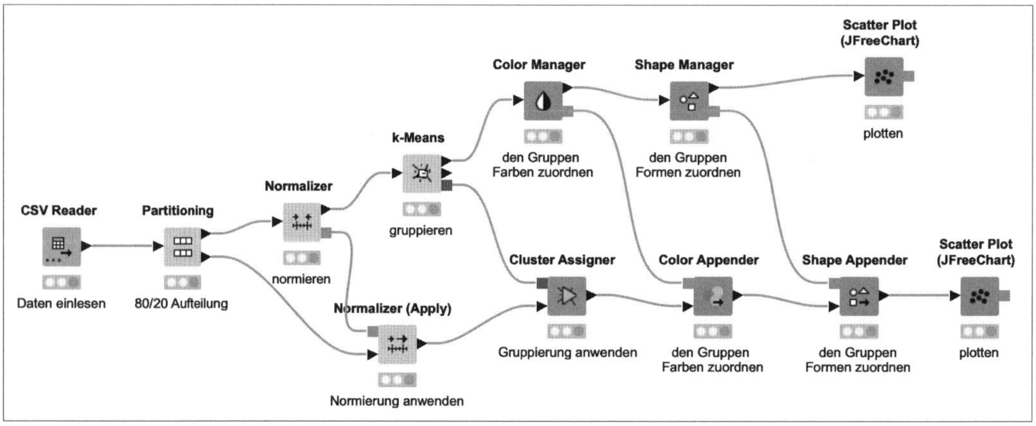

Abbildung 11.56 Das Programm »11-cluster-iris.knwf«

Am Baustein K-MEANS stellen Sie die vier Spalten mit den Größenangaben ein; die Anzahl der Cluster ist 3.

Der Baustein COLOR MANAGER weist jedem Cluster eine Farbe zu, der Baustein SHAPE MANAGER eine Form. Mit diesen eingestellten Farben und Formen können die Datenpunkte mit dem Baustein SCATTER PLOT (JFREECHART) geplottet werden. Plotten Sie nacheinander die Sepal- und Petalinformationen, und analysieren Sie die Ausgabe der Bausteine K-MEANS und CLUSTER ASSIGNER am Node-Monitor. Sie werden erkennen, dass eine neue Spalte *Cluster* erstellt wurde und hier die Gruppeninformation (zum Beispiel cluster_0) gespeichert wird.

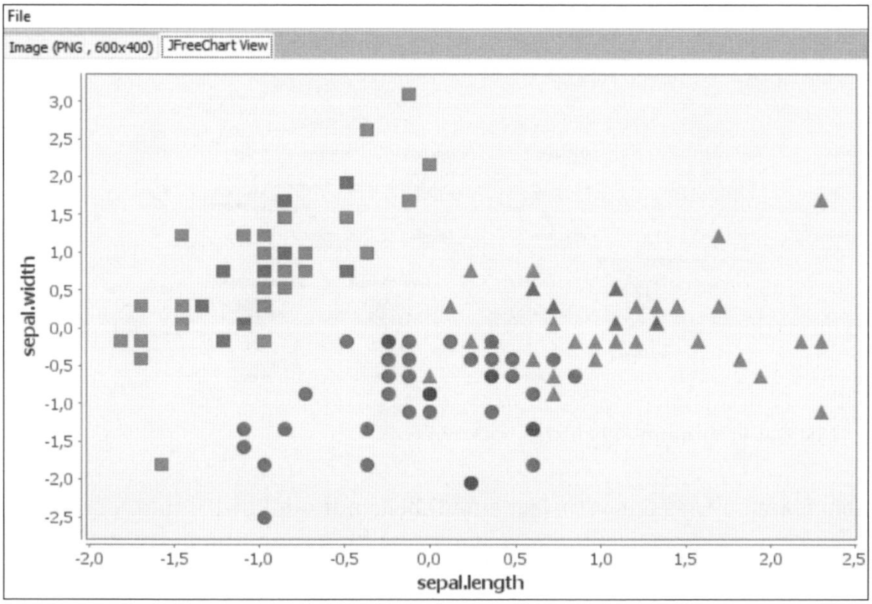

Abbildung 11.57 Plot der Trainingsdaten

Mit den Trainingsdaten und dem Baustein K-MEANS findet die iterative Positionierung der drei Zentren statt, sodass jeweils alle Datenpunkte, die einem Zentrum am nächsten sind, der entsprechenden Gruppe zugeteilt werden. Mit dem Baustein CLUSTER ASSIGNER werden die Testdaten gruppiert, wobei die Position der Zentren nicht mehr verändert wird.

In Kapitel 9, »Clusteranalyse«, wurde das Verfahren detailliert analysiert. Bei offenen Fragen sollten Sie noch mal zurückblättern.

11.8.2 Clustereinstellung mit einem Loop

In diesem Workflow werden wir die erste Schleife programmieren. In der Schleife wird K-MEANS mit der Variable $k = 2$ ausgeführt, das Ergebnis bewertet und k um eins erhöht. Anschließend wird die Prozedur wiederholt bis einschließlich $k = 11$. Nach der Schleife werden die Bewertungsergebnisse geplottet, damit wir den Ellenbogen analysieren und die optimale Clusteranzahl ermitteln können. Der erste Punkt (hier Wert für k), an dem die Kurve abflacht, ist der optimale Wert für k.

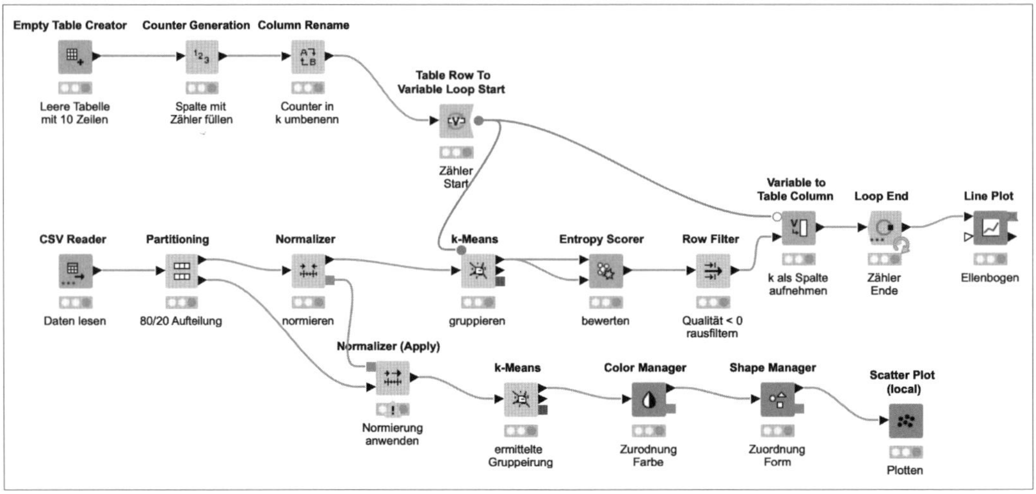

Abbildung 11.58 Das Programm »12-cluster-iris.knwf«

Der Baustein EMPTY TABLE CREATOR legt eine Tabelle nur mit RowIDs und zehn Zeilen an. COUNTER GENERATION erstellt eine neue Spalte Counter und füllt die Zellen von oben nach unten mit den Werten 2 bis 9. COLUMN RENAME nennt die Spalte Counter in k um. Nach diesem Baustein sollten Sie die Tabelle mit der Spalte *k* und den Werten 2 bis 11 im Node-Monitor sehen. Die Zählvariable *k* ist somit als Spalte erstellt.

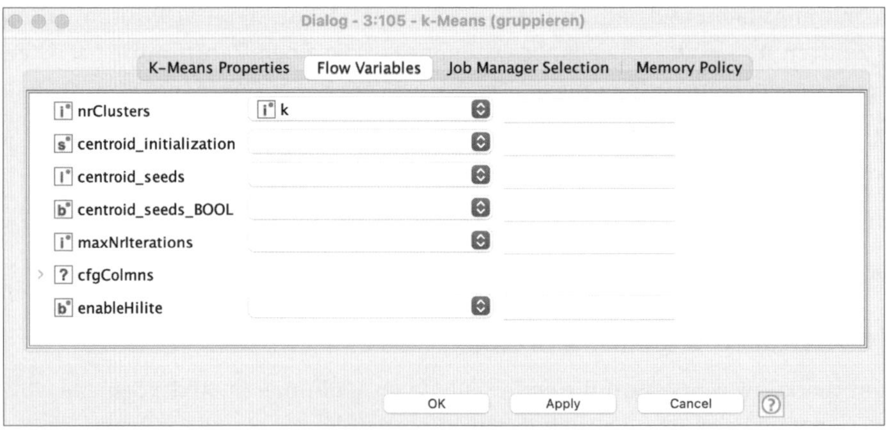

Abbildung 11.59 Das Einstellungsfenster von »k-Means«

Beim Baustein TABLE ROW TO VARIABLE LOOP START selektieren wir die Spalte *k* als Datenspalte. Beim Baustein K-MEANS aktivieren wir FLOW VARIABLE PORTS mit einem Rechtsklick und verbinden diesen mit dem zuvor genannten Baustein. Bei K-MEANS selektieren Sie zudem die vier Spalten des Schwertliliendatensatzes, die Clusteranzahl lassen Sie hingegen leer. Im Reiter FLOW VARIABLES kann die Clusteranzahl mit der Flow-Variable *k* verbunden werden (siehe Abbildung 11.59). Somit wird *k* bei jeder Iteration automatisch erhöht.

ENTROPY SCORER bewertet die Spalten Cluster und species, im Anschluss müssen Qualitätswerte kleiner 0 herausgefiltert werden, da der Plot sonst unbrauchbar ist. Abschließend wird in der Schleife noch der Schleifenwert in einer Spalte gespeichert. Nach dem Baustein LOOP END kann die Spalte *Entropy* geplottet werden (*k* für die x-Achse, *Entropy* für die y-Achse):

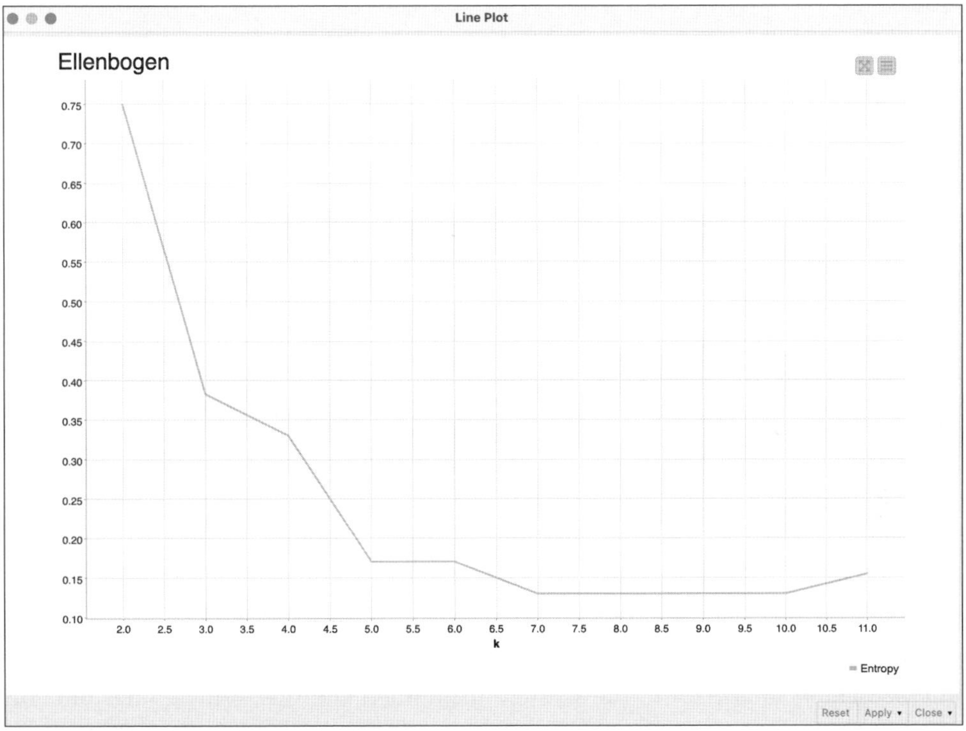

Abbildung 11.60 Die Ellenbogen-Linie

Sie sehen am Plot, dass die Entropiekurve bei $k = 3$ abflacht. Seien wir aber ehrlich: Würden wir den Datensatz nicht kennen und nur die Kurve interpretieren, wäre bei diesen Daten auch eine Clusteranzahl von fünf möglich.

Die Testdaten werden mit dieser ermittelten Zahl 3 für *k* gruppiert und das Ergebnis wieder geplottet (siehe Abbildung 11.61).

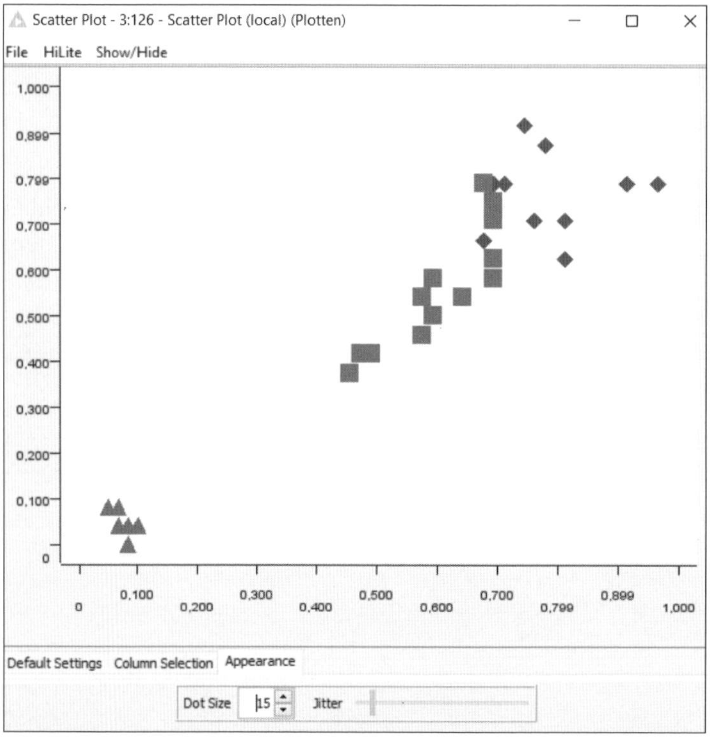

Abbildung 11.61 Plot der Gruppierung, hier Kronblätter (x = Länge, y = Breite)

11.9 Zeitreihenanalyse

Die Blackbox für KNN im Bereich Supervised Machine Learning umfasst, wie Sie wissen, die Bereiche Feed Forward, Backpropagation und Gradientenverfahren.

Die Daten werden vom Eingang bis zum Ausgang verarbeitet. Die Eingabedaten werden mit Gewichten multipliziert, die Werte aufsummiert und der Aktivierungsfunktion zugeführt. Man kann sagen, es gibt eine Funktion f, welche die Gewichte und den Input miteinander verrechnet. nämlich f(*W, i*). Später haben Sie auch erfahren, dass zu jedem Knoten ein Bias *b* addiert wird, somit wäre die Funktion f(*W, i, b*).

Die Ergebnisse bilden die Eingangsdaten der nächsten Schicht im KNN. Am Ausgang werden die Ergebnisse mit Sollwerten verglichen und die Regeldifferenz bzw. die Ergebnisse der Verlustfunktion anteilig an die Gewichte im KNN verteilt. Anschließend werden die alten und neuen Gewichte per Gradientenverfahren so miteinander verrechnet, dass die Abweichung mit der Zeit am Ausgang immer kleiner wird. Man kann sich den Prozess wie eine Datenwelle vorstellen, welche sich vom Eingang bis zum Ausgang und dann wieder Richtung Eingang bewegt. Das Ganze wiederholt sich mehrere Male (Epochenanzahl).

Die Eingangsdaten in den Programmen waren meist Tabellendaten, wobei eine Spalte als Zielspalte deklariert worden ist, welche vorhergesagt werden sollte. Dem KNN wurde eine Zeile der Tabelle ohne Zielspalte zugeführt, der Eintrag der Zielspalte wurde mit dem Ausgang des KNN verglichen und die Abweichung berechnet, die Gewichte wurden aktualisiert usw. Mit Bilddaten war es ähnlich: Die Pixel wurden gefiltert und nacheinander aufgereiht, sodass am Eingang des KNN eine Zeile (ähnlich der Zeilen einer Tabelle) mit Pixeldaten vorlag. Das bedeutet, der Ausgang war bis jetzt immer nur vom Eingang direkt abhängig. Das System hatte kein Gedächtnis für alte Ergebnisse.

Betrachten wir folgende Problemstellung: Sie halten den Stromverbrauch der letzten Monate geordnet in einer Tabelle fest. Jetzt soll eine KI entwickelt werden, welche mit diesen Daten trainiert wird und dann voraussagt, welcher Stromverbrauch in nächster Zeit zu erwarten ist. Dafür braucht die KI ein Gedächtnis. Außerdem sollte es einleuchtend sein, dass diese Trainingsdaten nicht gemischt werden dürfen, da die Reihenfolge ja wichtig ist. Unser Modell in der Blackbox muss also erweitert werden.

11.9.1 Rekurrente neuronale Netze

Für Problemstellungen, die eine »Gedächtnisfunktion« benötigen, wurde das Modell der rekurrenten neuronalen Netze (*Recurrent Neural Network, RNN*) entwickelt. Dieses Modell für wird oft wie folgt visualisiert: Die Input und Output Layer werden jeweils als einzelner Knoten dargestellt. Auch die Hidden Layer werden zu einem einzigen Knoten zusammengefasst, mit einer Verbindung zu sich selbst (siehe Abbildung 11.62). Genauer gesagt: Die Werte vom vorherigen Aufruf werden beim aktuellen Aufruf gewichtet mit verrechnet.

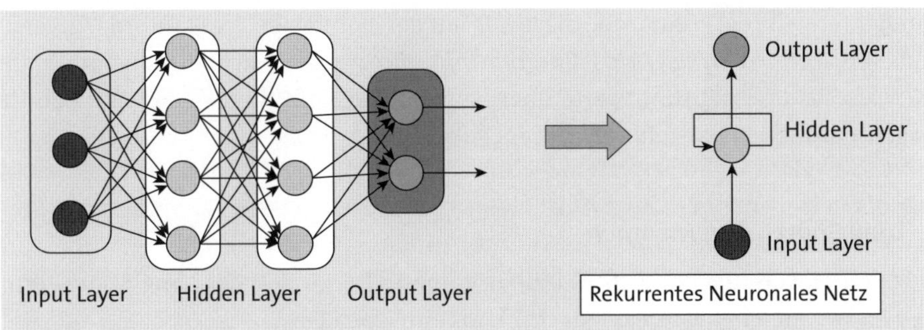

Abbildung 11.62 Das Modell für RNN

Es ist jetzt auch relevant, bei welcher Iterationsstufe sich das Netz befindet, da die vorherigen Werte mit verrechnet werden. Um diese Relevanz von Iterationsstufen zu verdeutlichen, wird mithilfe des komprimierten Modells eine Reihenschaltung von Zellen dargestellt. Jedes Glied in der Kette symbolisiert einen Aufruf des Layers zum Zeitpunkt *t*. Dabei steht die Variable *x* für die Eingangswerte, *y* für die Ausgangswerte und *h* für die Gewichte in den Hidden Layern bzw. für die Zustandsinformationen.

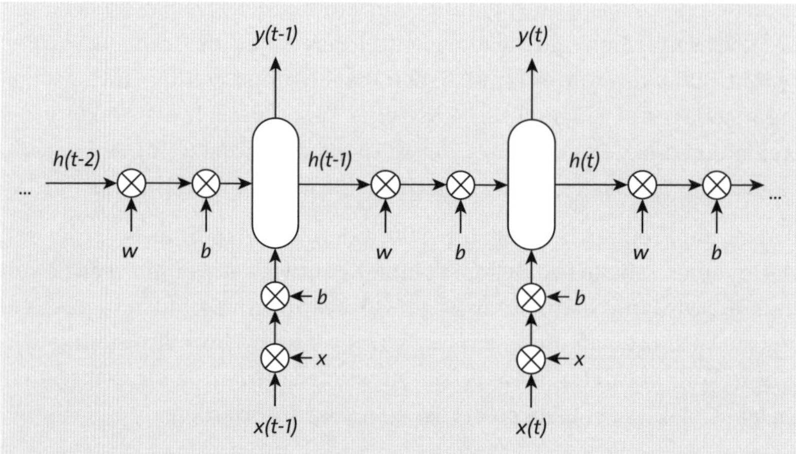

Abbildung 11.63 Reihenschaltung von RNN-Layern

Wie werden die Werte miteinander verrechnet bzw. wie kommen die Ergebnisse zustande?

Die Zustandsinformation von der vorherigen Zelle, die eigentlichen Eingabewerte sowie die aktuelle berechnete Zustandsinformation werden mit den jeweiligen Gewichten multipliziert, anschließend wird ein Bias dazu addiert. Im Blockschaltbild in Abbildung 11.63 sehen Sie die Zusammenhänge dargestellt. Wenn Sie die genauen mathematischen Verfahren interessieren, können Sie diese z. B. auf der Homepage der Stanford Universität studieren (*http://r-wrk.de/9763-stanford-rnn*). Ein großer Nachteil von einfachen RNN ist, dass sie die Erfahrungswerte über längeren Zeitraum vergessen. Man könnte auch sagen, das Modell hat kein sehr gutes Gedächtnis.

11.9.2 Long Short-Term Memory

Das 1997 von Hochreiter und Schmidhuber vorgestellte Modell des Long Short-Term Memory (LSTM) hat ein besseres Gedächtnis als einfache RNN.

Der obere Pfad in Abbildung 11.64 stellt die Gedächtnisspur dar, der untere den Zustand. Die Gedächtnisspur und die Zustandsinformation werden an die nächste Zelle weitergegeben, wobei die Zustandsinformation gleichzeitig die Ausgabe der Zelle ist, es gibt keinen weiteren Ausgang *y*.

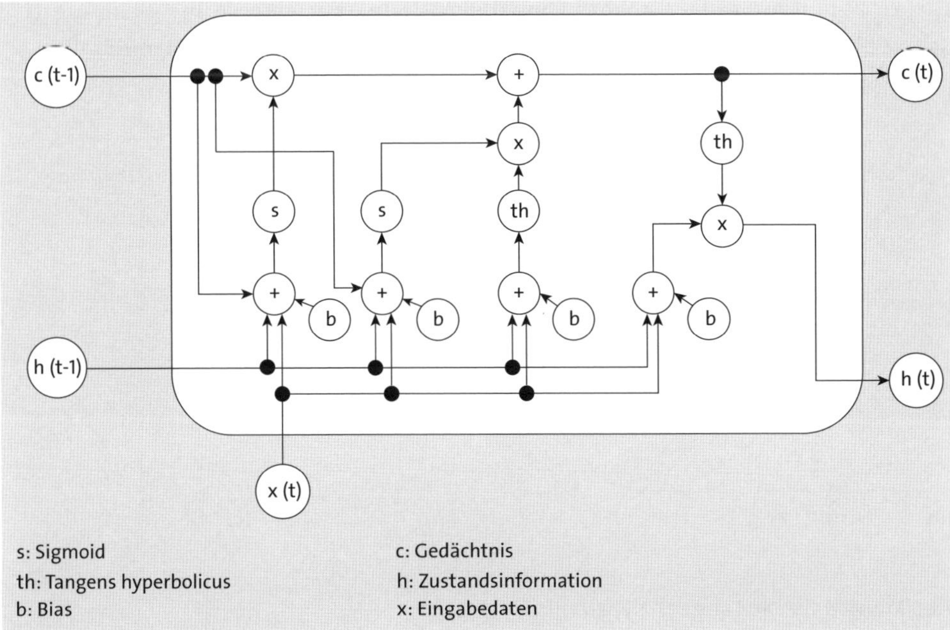

Abbildung 11.64 LTSM-Zelle

Die Sigmoid-Funktionen in der Abbildung sollen unsere Referenzpunkte in Blockschaltbild sein:

- **Erste Sigmoid-Funktion**: Die Zustandsinformation, die Eingabewerte und der Bias werden addiert und der Sigmoid-Funktion zugeführt. Mit dem Ergebnis werden die Gedächtniswerte multipliziert. Da die Sigmoid-Funktion nur Werte zwischen 0 und 1 ausgibt, werden die Gedächtniswerte durch diese Multiplikation herunterskaliert. Hier wird also eingestellt, wie viel Erfahrung vergessen werden soll.
- **Zweite Sigmoid-Funktion**: Diese Sigmoid-Funktion hat die gleichen Eingangsvariablen (mit eigenem Bias) wie die erste. Der Ausgang wird mit dem Ausgang der Funktion Tangens Hyperbolicus multipliziert. Diese Tangens-Hyperbolicus-Funktion bekommt ähnliche Eingangsvariablen, außer den Erfahrungswerten. Das Produkt wird zu den Gedächtniswerten addiert. Zuvor wurde also vergessen, jetzt kommen auf die Gedächtnisspur in Abbildung 11.64 (oberer Pfad) neue Erfahrungswerte dazu. Ist der Summand jedoch negativ, werden die Gedächtniswerte noch kleiner.
- **Dritte Sigmoid-Funktion**: Hier fließen überhaupt keine Erfahrungswerte mehr ein. Der Ausgang der Funktion wird aber wieder mit dem Ausgang einer Tangens-Hyperbolicus-Funktion, welche die neuen Erfahrungswerte als Eingangsvariable erhält, multipliziert. Das Produkt bildet die neuen Zustandsinformationen, basierend auf neuen Erfahrungswerten.

Die Funktionskurve der Tangens-Hyperbolicus-Funktion, die Sie in Abbildung 11.65 sehen, ähnelt der Sigmoid-Funktion, der Wertebereich liegt aber zwischen -1 und 1.

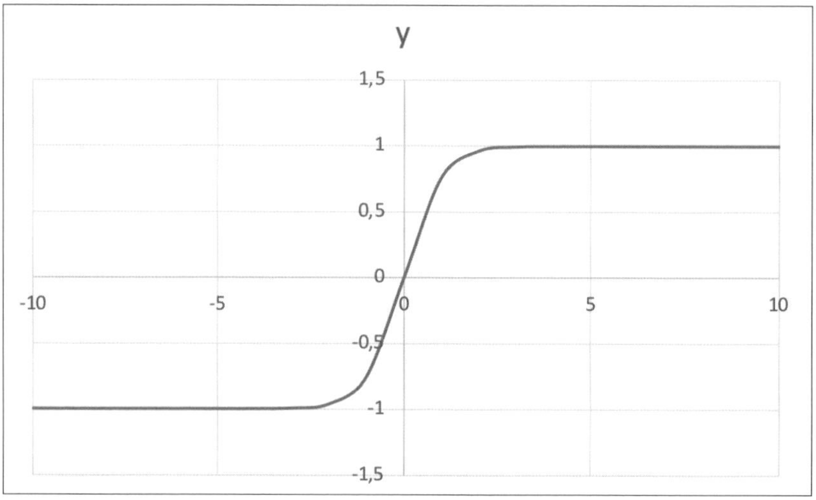

Abbildung 11.65 Die Tangens-Hyperbolicus-Funktion

Auch hier gilt: Sie müssen die mathematischen Verfahren nicht nachrechnen können. Ein »Gefühl« für die Zusammenhänge reicht erst mal vollkommen aus.

Nun können wir KNN mit Gedächtnissen programmieren, die aus den Erfahrungen der Vergangenheit für die Zukunft lernen können.

11.9.3 Vorhersage des Energieverbrauchs (nächste Stunde) mit Keras Node

Die nächste KI soll den Energieverbrauch der nächsten Stunde vorhersagen. Die Daten wurden in Irland im Jahr 2009 für verschiedene Bereiche gesammelt (*http://r-wrk.de/9763-bigdata-energy*). Die KI soll den Energieverbrauch der Geschäfte (Spalte *Cluster 26* des Datensatzes) für die nächste Stunde vorhersagen (siehe Abbildung 11.66).

Die Daten müssen geladen und vorbereitet werden. Dies geschieht hier wieder in einem Metanode, damit das Hauptprogramm übersichtlich bleibt.

Energieverbrauch

Selbstverständlich kann Energie nicht wirklich *verbraucht* werden. Wir wollen uns aber nicht an elektrotechnischen Details festhalten.

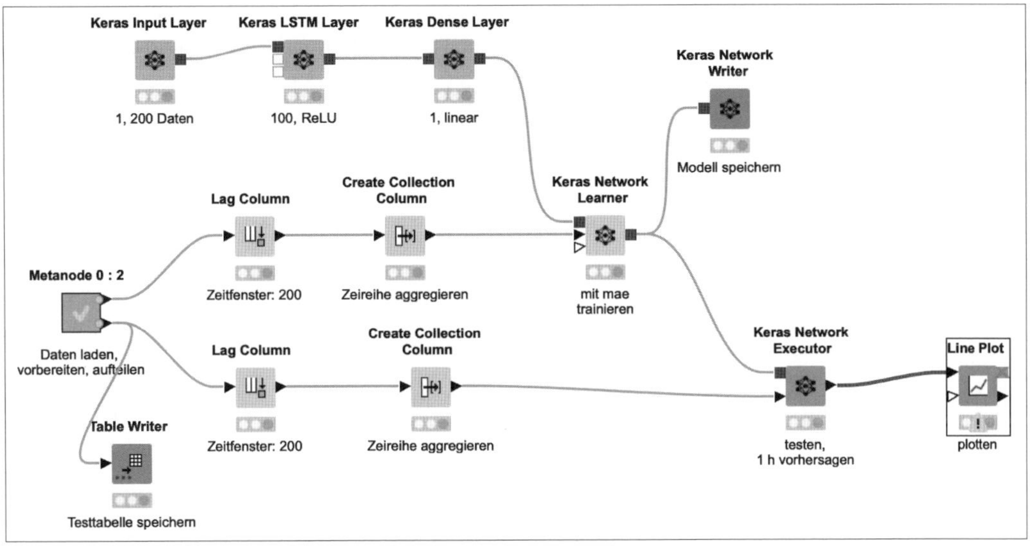

Abbildung 11.66 Das Programm »13a-Zeitreihen.knwf«

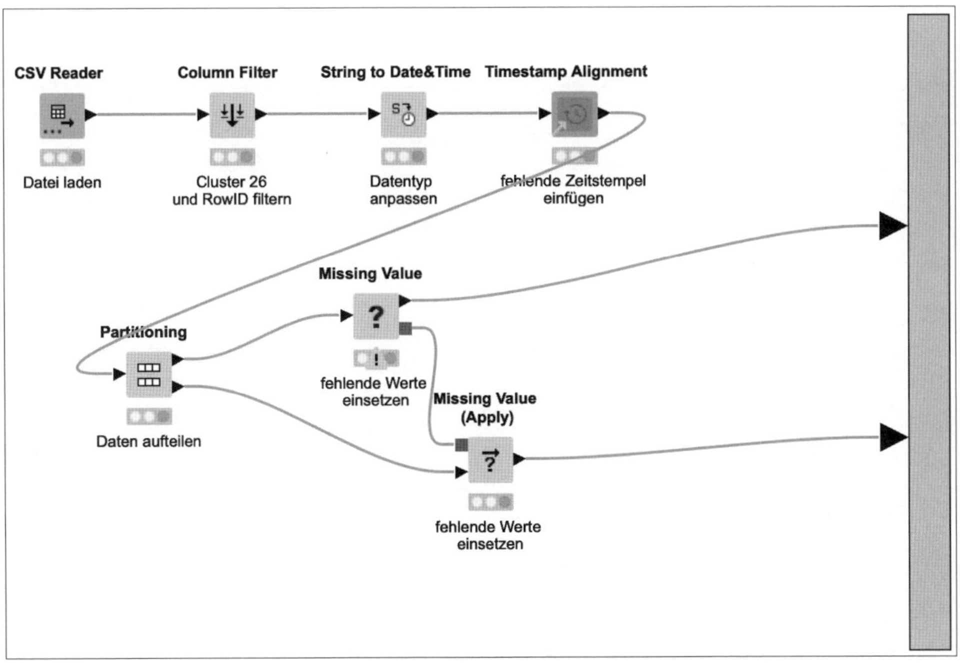

Abbildung 11.67 Der Metanode zum Laden und Vorbereiten der Daten

Überlegen Sie sich immer, wie Sie Programmteile strukturieren können, hier also das Laden und Vorbereiten der Daten. Dann machen Sie sich Gedanken darüber, wie viele Ein- und Ausgänge ein Metanode haben sollte. In diesem Fall habe ich mich für zwei Ausgänge entschieden. Neben den Trainings- und Testdaten werden auch die Evaluierungsdaten am Ausgang ausgegeben und im Hauptprogramm gespeichert. Man könnte die Evaluierungsdaten aber auch im Metanode speichern.

Die CSV-Datei wird geladen und die Spalten *rowID* (Datum und Zeit) sowie *cluster_26* gefiltert. Bitte analysieren sie im Node-Monitor zu CSV READER den Ausgang des Bausteins, und verschaffen Sie sich einen Überblick über die Daten. Der Datentyp von der Spalte *rowID* muss in Date&Time umgewandelt werden (siehe Abbildung 11.68).

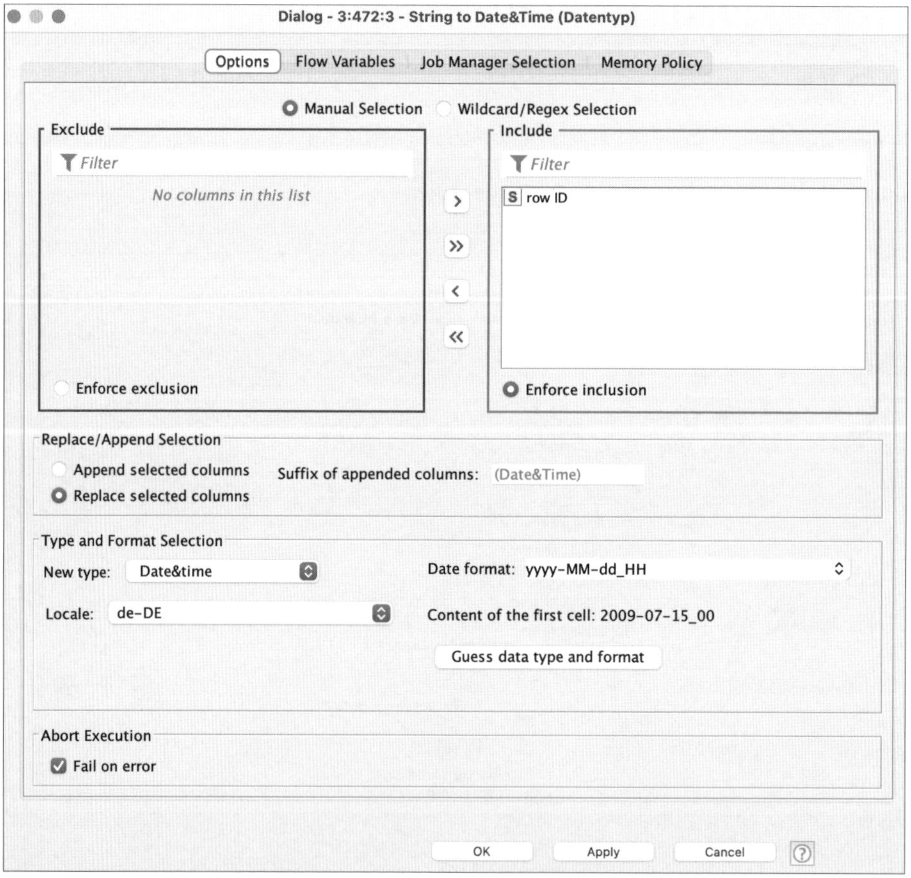

Abbildung 11.68 Das Einstellungsfenster von »String to Date&Time«

Mit dem Baustein STRING TO DATE&TIME wählen Sie die entsprechende Spalte aus und klicken auf GUESS DATA TYPE AND FORMAT, dann wird das richtige Datumsformat erkannt und der Datentyp umgewandelt. Bei anderen Dateien kann es sein, dass Sie die Strings in der Spalte verändern müssen, damit das Datumsformat richtig erkannt werden kann.

Der Baustein TIMESTAMP ALIGNMENT erkennt fehlende Zeitstempel (in unserem Fall fehlende, stündliche Zeilen) und fügt gegebenenfalls neue ein. Nach dem Ausführen dieses Bausteins haben Sie eine Tabelle mit einer Zeile pro Stunde. Sie können die Zeitperiode und die Spalte einstellen. Wenn Sie den Baustein nicht im Node Repository finden können, laden Sie es über die KNIME-Homepage herunter (per Drag-and-Drop). Anschließend wird die Tabelle in Trainings- und Testdaten aufgeteilt (aber nicht gemischt).

Wenn nun neue Zeilen in der Tabelle generiert wurden (durch TIMESTAMP ALIGNMENT), haben diese keine Energieangaben bzw. die neuen Zellen sind leer. Mit dem Baustein MISSING VALUE können wir einstellen, mit welchen Daten diese leeren Zellen gefüllt werden sollen. Wir wählen hier LINEAR INTERPOLATION aus, dann werden die Daten aus den Informationen der vorherigen und nachfolgenden Zellen generiert. Bei den Testdaten wenden wir die Einstellung ebenfalls an.

Mit dem Baustein LAG COLUMN werden die Zeilen in der Spalte *cluster_26* zu Spalten transformiert, das Ergebnis sind Zeitfenster. Sie müssen einstellen, wie groß LAG ist (wie viele Elemente das Zeitfenster hat) und welches n-te Element (LAG INTERVALL) aus LAG verwendet werden soll. Unser Zeitfenster hat 200 Elemente, je Stunde ein Element, wie Abbildung 11.69 zeigt.

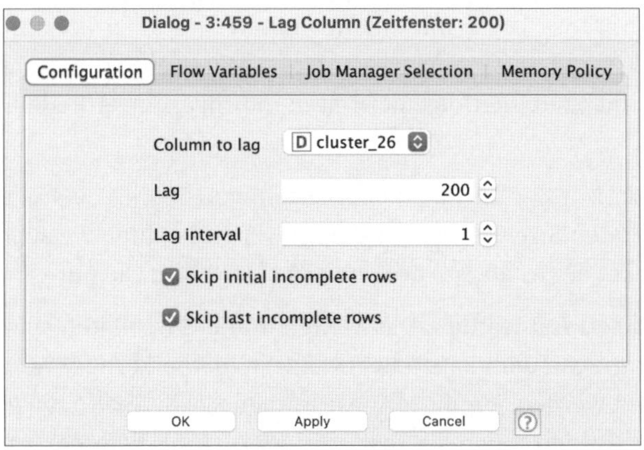

Abbildung 11.69 Das Einstellungsfenster von »Lag Column«

Anschließend werden die Spalten der Zeitfenster in einer Spalte zusammengefasst. Achten Sie auf die aggregierten Werte im Node Monitor (siehe Abbildung 11.70). Hier sehen Sie, wie die Zeitfenster aufgebaut sind.

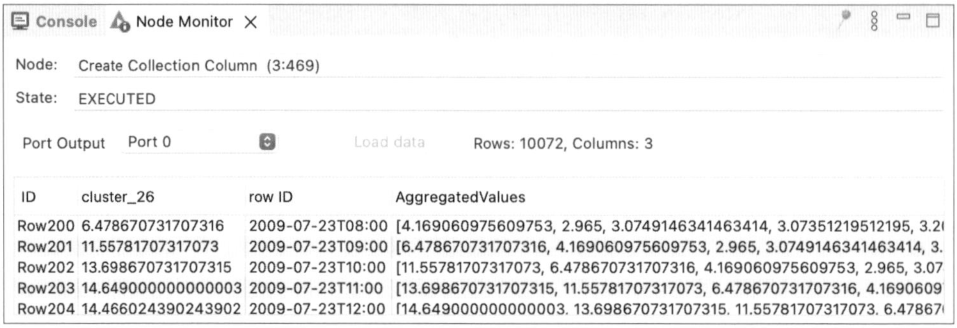

Abbildung 11.70 Der Node-Monitor zu »Create Collection Column«

Beachten Sie das erste Element in *AggregatedValues*: 4,169... Dieser Wert ist in der nächsten Zeile das zweite Element, dann das dritte usw. Die Datenpakete sind also so aufgebaut, dass in der nächsten Zeile jeweils das letzte Element entfernt wird und dafür ein neues Element hinzukommt. Die Richtung der Datenpakete (zeitliche Reihenfolge) geht also von rechts nach links. Die Elemente sind die Energieverbrauchsdaten der jeweiligen Stunden. Das KNN muss für eine Zeile mit 200 Elementen jeweils einen Wert vorhersagen, nämlich den Verbrauch der nächsten Stunde.

Als Nächstes bauen wir das KNN auf. Der Input Layer hat als Shape 1,200. Damit wird der Aufbau der Datenpakete beschrieben, denn eine Zeile hat auch 200 Elemente. Darauf folgt ein LSTM Layer (ReLu als Aktivierungsfunktion, Sigmoid als rekurrente Aktivierungsfunktion), abschließend ein Dense Layer mit einem Knoten und einer linearen Aktivierungsfunktion. Beim LSTM Layer müssen wir GO BACKWARDS selektieren (siehe Abbildung 11.71 unten), da die zeitliche Reihenfolge der Daten in umgekehrter Reihenfolge vorliegt.

Am Baustein KERAS NETWORK LEARNER sollte eine Epochenzahl von 50, MAE als Verlustfunktion und eine Trainings-Batch-Size von 128 eingestellt werden. Achten Sie auch darauf, dass die Zeile als Datenpaket der Input ist, die Spalte *cluster_26* der Output.

Nun kann das KNN trainiert und getestet werden. Das Modell und die Testdaten speichern wir für das nächste Programm. Mit dem Baustein LINE PLOT, in Abbildung 11.72 zu sehen, soll das Ergebnis visualisiert werden. Für die x-Achse wählen Sie die Spalte *rowID* (Datentyp Date&Time), angezeigt werden sollen die Spalten *cluster_*26 (als Referenz aus der ursprünglichen Tabelle) und *dense_1_0:0_0* (die Vorhersage).

Das Ergebnis ist recht gut, Soll- und Istwerte stimmen akzeptabel überein. Zu jedem Datenpaket bzw. Zeitfenster mit 200 Elementen wurde die nächste Vorhersage (Energieverbrauch für die nächste Stunde) generiert.

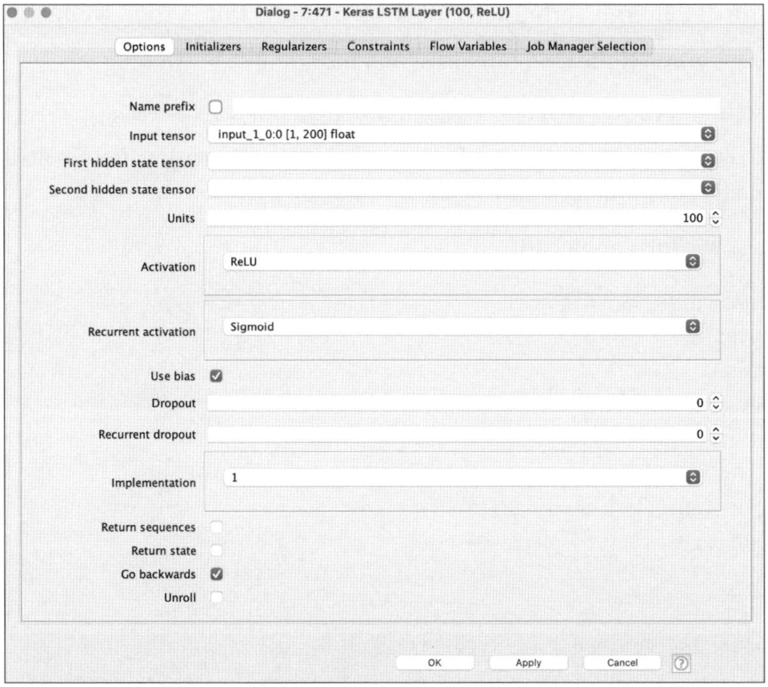

Abbildung 11.71 Das Einstellungsfenster von »Keras LSTM Layer«

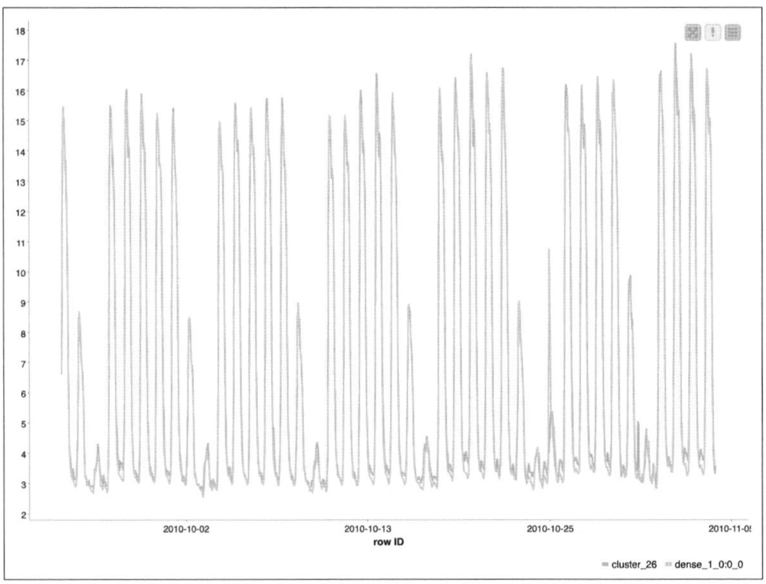

Abbildung 11.72 Lineplot der Soll- und Istwerte

11.9.4 Vorhersage des Energieverbrauchs (nächste Stunde) mit Python Node

Bei der Variante mit Python Node sind nur kleine Veränderungen notwendig:

- Die Keras-Bausteine werden durch den Baustein PYTHON SCRIPT ersetzt.
- Die RowIDs der Vorhersagen und Testdaten müssen erneuert werden, damit sie in einer neuen Tabelle zusammengeführt werden können.

Der Python-Code ist wie folgt aufgebaut:

```
import knime.scripting.io as knio
import tensorflow as tf
import pandas as pd
import numpy as np

# Daten einlesen
data_0 = knio.input_tables[0].to_pandas()
data_1 = knio.input_tables[1].to_pandas()

# Daten vorbereiten
train_data = data_0['AggregatedValues'].to_list()
train_col = data_0['cluster_26']

test_data = data_1['AggregatedValues'].to_list()
test_col = data_1['cluster_26']

train_data = np.array(train_data).reshape(-1, 1, 200)
test_data = np.array(test_data).reshape(-1, 1, 200)


model = tf.keras.Sequential()
model.add(tf.keras.layers.LSTM(8,input_shape=(1,200),go_backwards=
True, activation="relu"))
model.add(tf.keras.layers.Dense(1))

# Konfiguration, Training und Test
model.compile(optimizer='adam', loss='mae', metrics=['mae'])
cb_early = tf.keras.callbacks.EarlyStopping(monitor='val_loss', patience=5)
history = model.fit(train_data, train_col, epochs=100,
 validation_data=(test_data, test_col),callbacks=[cb_early])

model.save("../model13.keras")
```

```
test_pred = model.predict(test_data)

# Ausgabe des Ergebnisses
df = pd.DataFrame(test_pred, columns=['pred'])
knio.output_tables[0] = knio.Table.from_pandas(df)
```

Listing 11.24 Python-Script für LSTM

Wie Sie Daten einlesen, verarbeiten und ausgeben können, haben Sie schon bei den vorherigen Beispielen gesehen. Neu hier ist der Python-Code für das LSTM-Modell. Im Prinzip ist es nicht viel anders als der Aufbau anderer Modelle. Wenn Sie dieses Beispiel komplett in Python realisieren wollen (ohne KNIME), müssen Sie sich aber auch um das Ordnen der Daten kümmern (als Ersatz für LAG COLUMN).

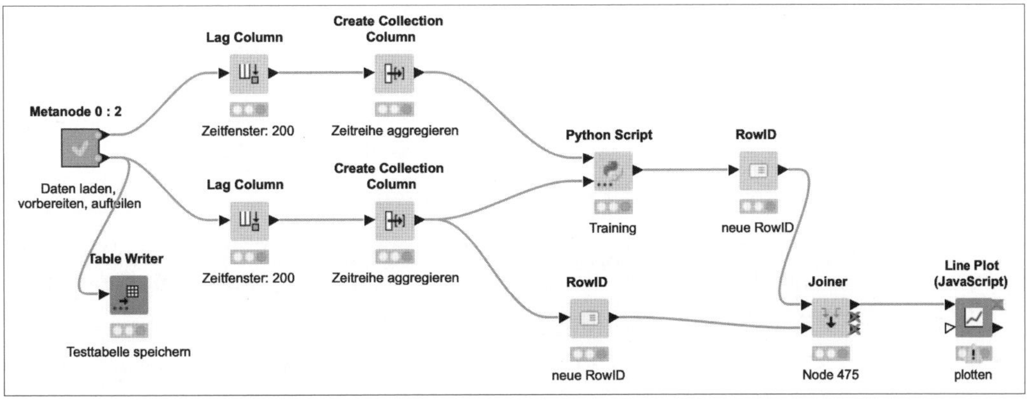

Abbildung 11.73 Das Programm »13b-Zeitreihen-py.knwf«

11.9.5 Vorhersage des Energieverbrauchs (nächste 500 Stunden) mit Keras Node

Mit dem nächsten Programm werden den Energieverbrauch der nächsten 500 h vorhersagen. Wir beginnen mit einem Datenpaket bzw. Zeitfenster mit 200 Elementen, dabei wird der Energieverbrauch der nächsten Stunde vorhergesagt. Anschließend wir das letzte Element in der Liste entfernt und die Vorhersage eingefügt. Diese Prozedur wird in einer Schleife 500-mal wiederholt. Das Zeitfenster wird dabei jeweils um ein Element verschoben. Wir brauchen nur ein Zeitfenster der Testdaten, den Rest generiert unsere KI.

Das Modell und die Testdaten werden geladen. Benennen Sie aggregierte Liste im Baustein CREATE COLLECTION COLUMN zu *Liste* um, da die Schleife mit dieser Liste arbeitet. In diesem Beispiel verwenden wir den Baustein TENSORFLOW NETWORK EXECUTOR, weil die Ausführung in der Schleife sehr performant ist.

Die Schleife startet mit nur einer Zeile der Testdaten. Anschließend wird eine Vorhersage generiert und im oberen Pfad der RECURSIVE LOOP END zugeführt. Dieser Baustein speichert die oberen Werte in einer Spalte (lesen Sie bitte auch die Beschreibung des Bausteins). Im unteren Pfad wird die Liste aufgelöst, die letzte Spalte entfernt, der neue Wert hinzugefügt und eine neue Liste generiert. Damit wird das Zeitfenster um ein Element verschoben. Über die Schleife wiederholt sich die Prozedur.

Jetzt ist es wichtig, dass Sie die Bausteine bis zu RECURSIVE LOOP END einzeln ausführen. Den Baustein RECURSIVE LOOP END müssen Sie schrittweise ausführen (Rechtsklick und Auswahl von STEP LOOP EXECUTION), dann startet die Schleifenausführung. Führen Sie wieder mit einem Rechtsklick einen Iterationsschritt aus. Danach müssen Sie bei allen Bausteinen in der Schleife überprüfen, welche Daten selektiert sind. Die von Ihnen eingestellten Werte sollen ja mit jeder Iteration von der Schleife aktualisiert werden.

Daher werden die Werte der Liste durch neue Werte ersetzt (z. B. Split Value 1). Nach diesem Iterationsschritt und den korrekt eingestellten Werten können Sie das Programm vollständig ausführen. Es ist notwendig, diesen einen Schritt durchzuführen und die Daten in den Bausteinen anzupassen. Sie werden zu Beginn bestimmt einige Anläufe brauchen, um dies korrekt hinzubekommen. Im nächsten Beispiel mit Python Nodes sehen Sie als alternativen Ansatz auch, wie Sie Spalten nach Namen herausfiltern können.

Die Daten der Spalte *cluster_26* und die vom Loop generierte Vorhersage werden zusammengeführt, um den Vergleich zu visualisieren. Zuvor müssen jedoch neue RowIDs vergeben werden, damit eine Schnittmenge gebildet werden kann.

Mit nur einem Datenpaket von 200 Werten haben wir 500 Werte generiert. Das Ergebnis ist akzeptabel, wie Sie am Plot in Abbildung 11.75 erkennen können.

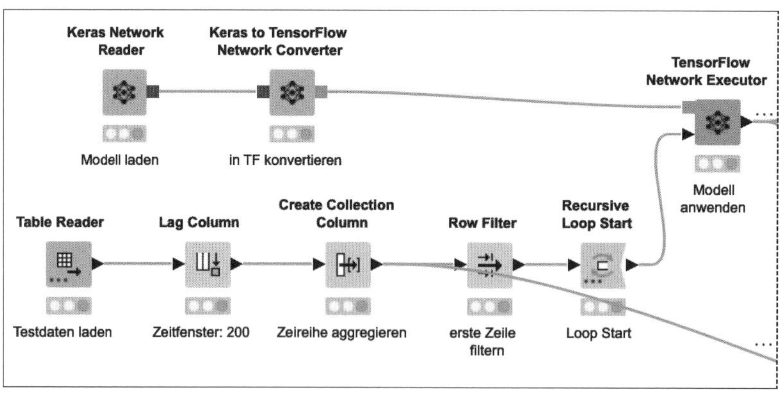

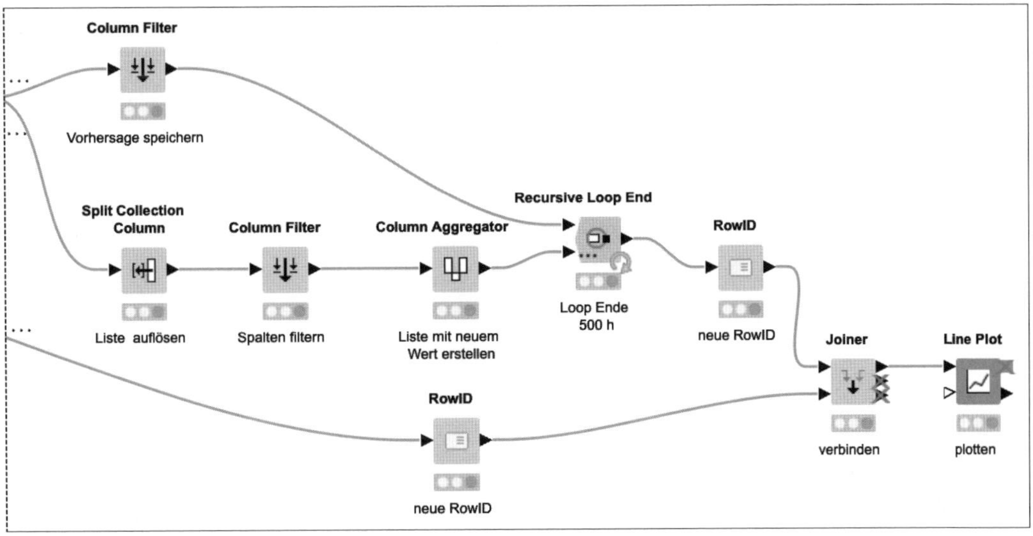

Abbildung 11.74 Das Programm »13b-Zeitreihen.knwf«

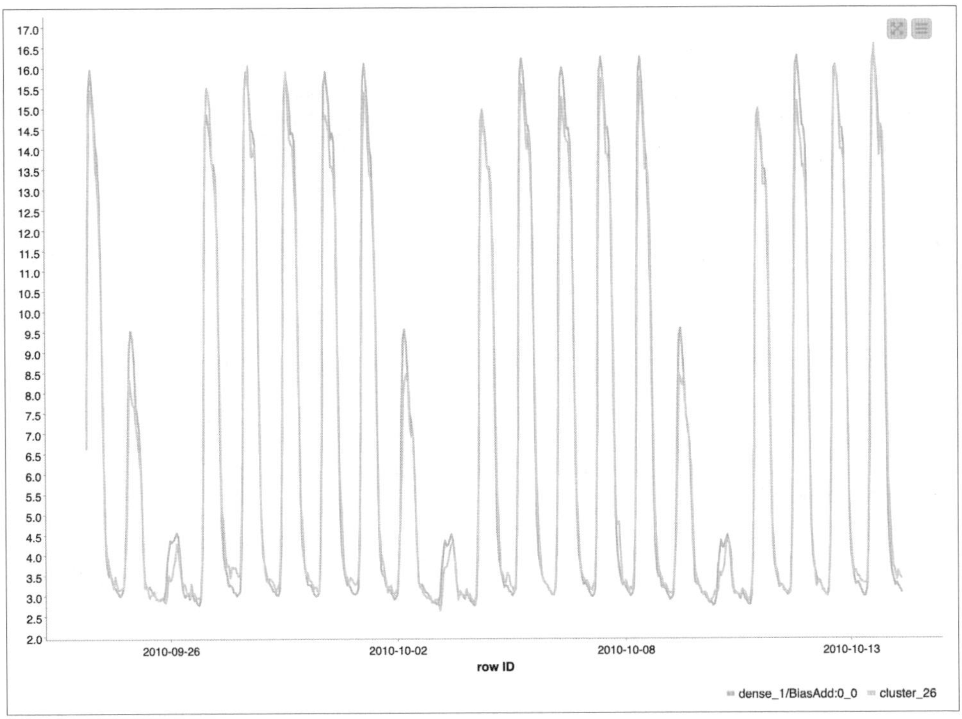

Abbildung 11.75 Lineplot der Soll- und Istwerte

11.9.6 Vorhersage des Energieverbrauchs (nächste 500 Stunden) mit Python Node

Das folgende Programm ist ähnlich aufgebaut wie das vorherige, mit einigen wenigen Abweichungen:

- Die Keras-Bausteine wurden durch einen Python-Baustein ersetzt.
- Die Zielspalte muss nicht aggregiert werden, da die Verarbeitung in Python erfolgt.
- Die überflüssige Spalte bei der Erstellung der Pakete wird herausgefiltert.

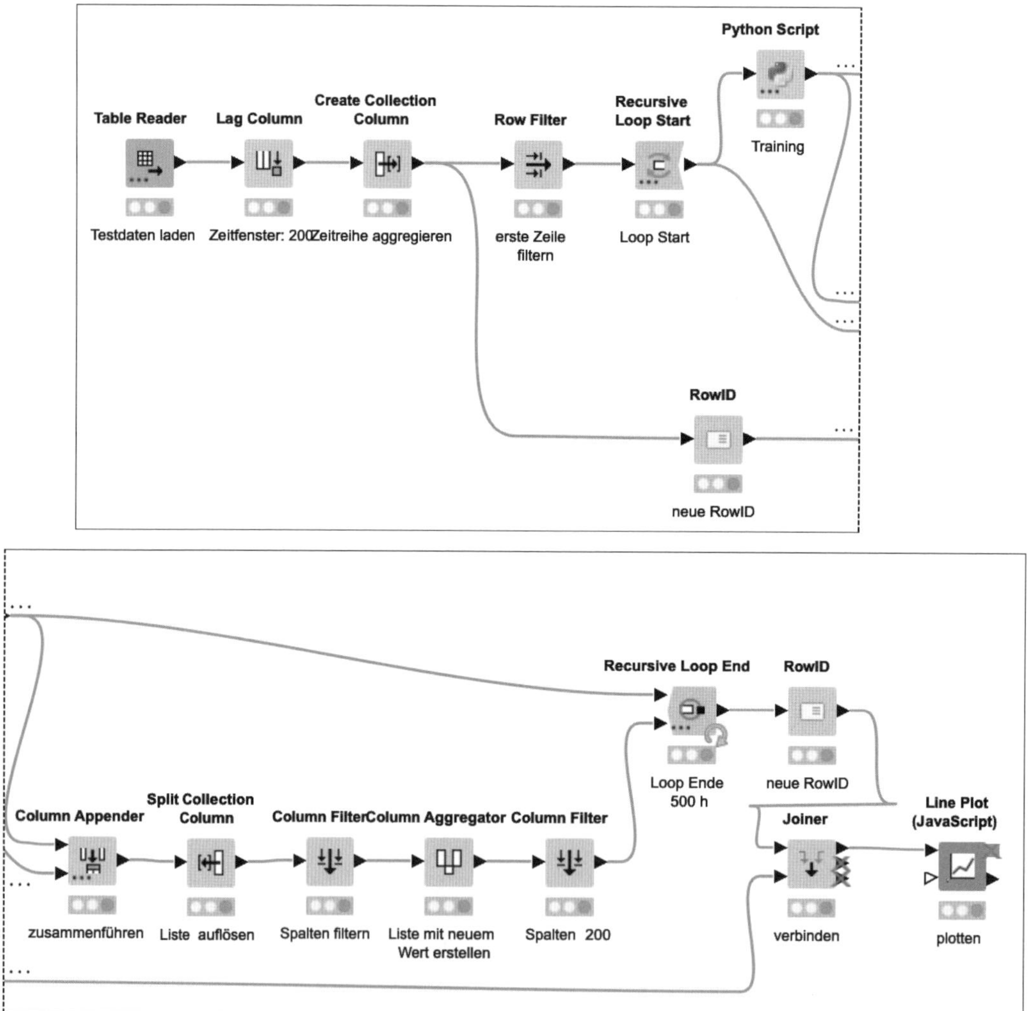

Abbildung 11.76 Das Programm »13b-Zeitreihen-py.knwf«

Fangen wir mit dem Quellcode im Baustein PYTHON SCRIPT an:

```
import knime.scripting.io as knio
import tensorflow as tf
import pandas as pd
import numpy as np

# Daten einlesen
data_0 = knio.input_tables[0].to_pandas()

# Daten vorbereiten
train_data = data_0['List'].to_list()
train_data = np.array(train_data).reshape(-1, 1, 200)

# Modell laden
loaded_model = tf.keras.saving.load_model("../model13.keras")

pred = loaded_model.predict(train_data)

# Ausgabe des Ergebnisses
df = pd.DataFrame(pred, columns=['pred'])
knio.output_tables[0] = knio.Table.from_pandas(df)
```

Listing 11.25 Python-Script für die Vorhersage

Das trainierte Modell wird geladen, eine Vorhersage für die Eingabedaten bzw. das Datenpaket generiert und das Ergebnis ausgegeben. In der Wiederholungsschleife wird dieses Ergebnis wieder verwendet, um das neue Datenpaket für die nächste Iteration aufzubauen. Im Vergleich zum vorherigen Beispiel wird im Baustein ein Wert nach Bezeichnung ausgefiltert (siehe Abbildung 11.77).

Alle Spalten, deren Namen mit »Split Value 200« beginnen (das letzte Element des vorherigen Datenpakets), werden vom neuen Datenpaket ausgeschlossen. Im Anschluss wird COLUMN FILTER verwendet, und diese Spalten werden auch aus der Ergebnistabelle ausgeschlossen.

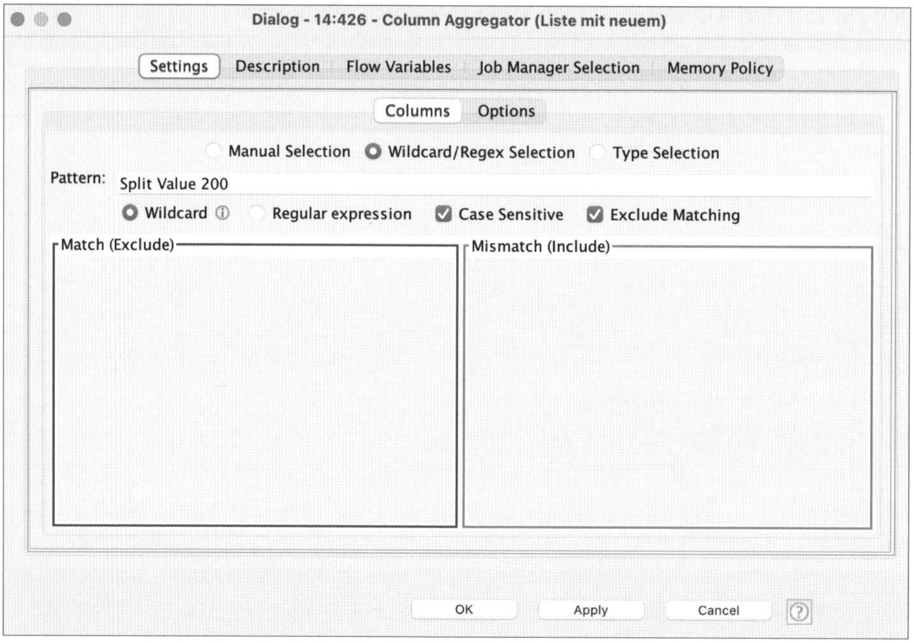

Abbildung 11.77 Das Einstellungsfenster von »Column Aggregator«

11.10 Textgenerierung

In diesem Abschnitt werden wir eine KI programmieren, welche mit dem Text von Goethes »Faust« (bzw. einen Auszug davon) trainiert wird. Die KI soll dann im Anschluss selbst Text in diesem Stil generieren.

Bevor wir gleich mit der Programmierung beginnen, ist es ratsam, sich Gedanken über die Struktur des Programmes zu machen. Wir müssen zuerst den Text laden und vorbreiten. Auf der Homepage des Gutenberg-Projektes finden Sie viele literarische Texte zum freien Download (*https://www.gutenberg.org/*).

Bei dem Programm zur Textklassifizierung haben wir Wörter zu Zahlen transformiert, bevor wir diese der KI zugeführt haben. Ähnlich könnte man hier auch vorgehen, aber das Wörterbuch wäre sehr lang. Für jedes Wort bzw. jede Wortvariation müsste eine Zahl generiert werden. Daher werden wir in diesem Programm auf der Ebene der Buchstaben bzw. Satzzeichen arbeiten: Jeder Buchstabe und jedes Satzzeichen werden durch eine Zahl repräsentiert. Sie werden sehen, dass unsere Zuordnungstabelle (Zeichen zu Zahl) knapp über 70 Einträge haben wird.

Nehmen wir nun das Programm zur Vorhersage des Energieverbrauchs zur Orientierung. Ein KNN mit einem LSTM Layer wird mit diesen Zahlen trainiert und soll im Anschluss wieder Zahlen generieren. Beim Umgang mit Zeichen wird die Zuordnungstabelle wiederverwendet, diesmal aber »in umgekehrter Richtung«. Die Zahlen werden wieder zu Zeichen transformiert und zusammengefügt.

Hier muss auch beachtet werden, dass wir mit ganzen Zahlen arbeiten. Daher bietet es sich an, die Zeichen mittels OHE zu kodieren, damit die Zeichen nicht ungewollt gewichtet werden. Nur weil ein Zeichen einen höheren Wert in der Zuordnungstabelle hat, bedeutet es nicht, dass es mehr Wert oder bedeutungsvoller ist.

Nach diesen Vorüberlegungen analysieren wir das Programm in der Datei *14a-Textgenerierung.knwf*, das Sie in Abbildung 11.78 sehen.

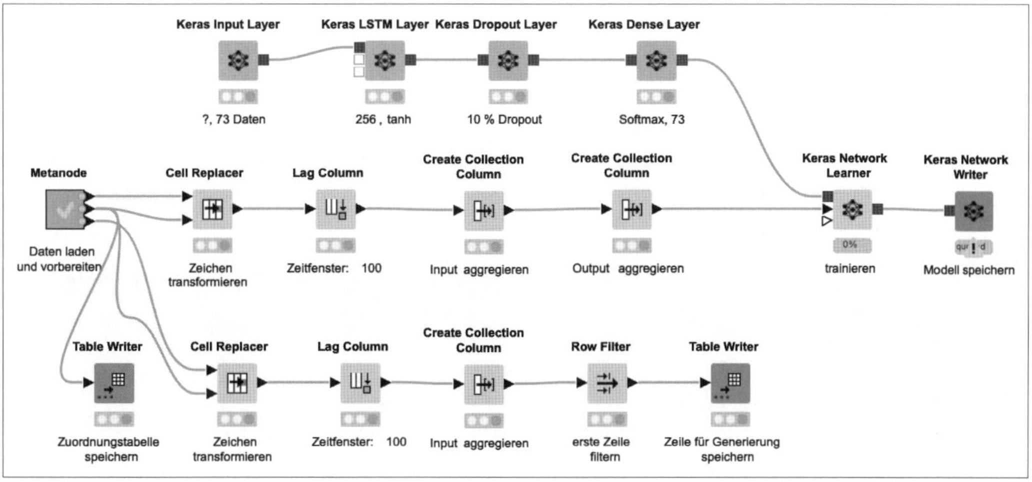

Abbildung 11.78 Das Programm »14a-Textgenerierung.knwf«

11.10.1 Datenvorbereitung

In einem Metanode werden die Daten geladen, die Zeichen extrahiert und die Zuordnungstabelle erstellt.

Zuerst wird die Textdatei *Faust.txt* geladen und die Spalte *Column0* (Textinhalt) in *TXT* umgewandelt sowie ein Leerzeichen an das Ende jeder Zeile eingefügt. Anschließend werden die Metainformationen (Quelle usw.) aus dem Text entfernt und nur ein Teil des Gesamttextes gefiltert. Dies geschieht mithilfe des Bausteins Row Filter, aber nur die Zeilen 24 bis 3000 werden gefiltert, der Rest wird entfernt.

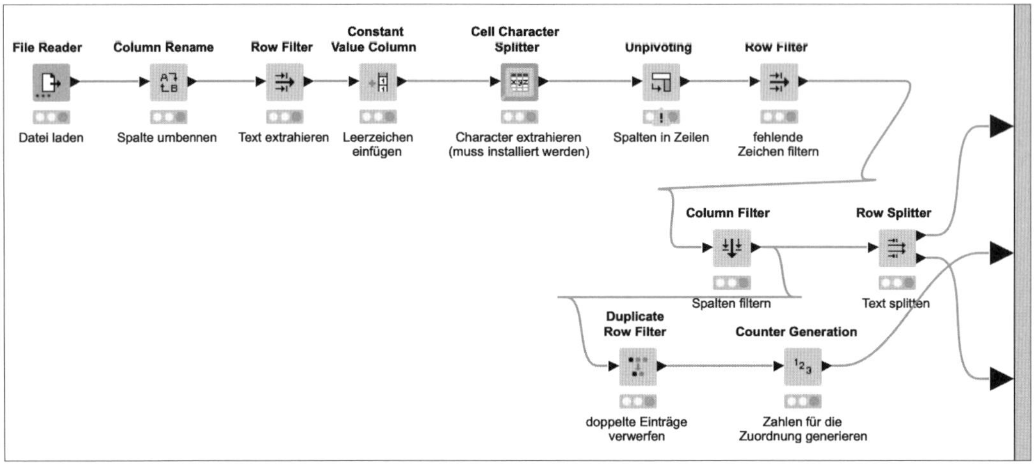

Abbildung 11.79 Metanode zum Laden und Vorbereiten der Daten

Abbildung 11.80 zeigt den Baustein CELL CHARACTER SPLITTER, der die Wörter der Spalte *TXT* in einzelne Zeichen auflöst, wobei jedes Zeichen in einer Spalte abgebildet wird. Wenn dieser Baustein nicht im Node Repository vorhanden ist, laden Sie es bitte von der Homepage herunter.

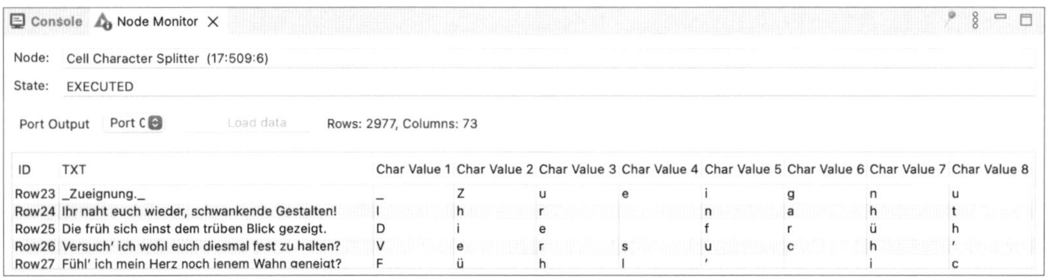

ID	TXT	Char Value 1	Char Value 2	Char Value 3	Char Value 4	Char Value 5	Char Value 6	Char Value 7	Char Value 8
Row23	_Zueignung._	_	Z	u	e	i	g	n	u
Row24	Ihr naht euch wieder, schwankende Gestalten!	I	h	r		n	a	h	t
Row25	Die früh sich einst dem trüben Blick gezeigt.	D	i	e		f	r	ü	h
Row26	Versuch' ich wohl euch diesmal fest zu halten?	V	e	r	s	u	c	h	'
Row27	Fühl' ich mein Herz noch jenem Wahn geneigt?	F	ü	h	l	'		i	c

Abbildung 11.80 Der Node-Monitor zum Baustein »Cell Caracter Splitter«

Im Anschluss werden diese einzelnen Spalten zu einer Spalte zusammengeführt, sodass der Text in einer Spalte, von oben nach unten, abgebildet ist. Dies geschieht mithilfe des Bausteins UNPIVOTING.

Die leeren Zellen werden durch ein Fragezeichen dargestellt. Mit dem Baustein ROW FILTER und den Einstellungen EXCLUDE ROWS BY ATTRIBUTE VALUE und ONLY MISSING VALUES MATCH werden diese leeren Zellen herausgefiltert. Das Ergebnis befindet sich in der Spalte *ColumnValues*, die den Text buchstabenweise darstellt:

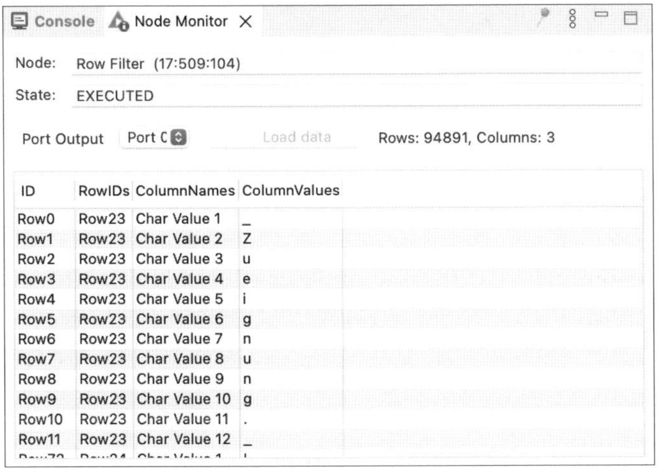

Abbildung 11.81 Der Node-Monitor zum Baustein »Row Filter«

Der Baustein COLUMN FILTER verwirft alle Spalten außer *ColumnValues*. Dieses Ergebnis wird mit ROW SPLITTER in zwei Teile aufgeteilt, und die ersten 60000 Zeichen werden oben aus dem Node geführt, der Rest unten.

Mit DUPLICATE ROW FILTER wird eine Spalte mit allen Zeichen erstellt, die im Text vorkommen (73 Zeichen insgesamt). Der nächste Baustein COUNTER GENERATION erstellt eine zusätzliche Spalte mit den Zahlen 0 bis 72. Damit ist auch die Zuordnungstabelle fertig, welche wir mit dem mittleren Ausgang aus dem Node herausführen.

11.10.2 Training

Das KNN hat einen Input Layer, welcher die 73 Zeichen jeweils OHE-kodieren soll. Die Datenpakete sind 100 Zeichen lang, aber mit einem Fragezeichen können wir den Layer variabel halten, also ist »Shape=?,73«. Der LSTM Layer hat 256 Knoten, als Aktivierungsfunktion »Tanh« und als rekurrente Aktivierungsfunktion »Sigmoid«. Es folgen ein Dropout Layer (10 %) und ein Dense Layer (73 Knoten, Softmax als Aktivierungsfunktion). »Keras Network Learner« wird 75 Epochen trainiert, die Batch Size ist 256.

Bevor die Daten dem KNN zugeführt werden, müssen diese Zeichen in Zahlen überführt werden. Dazu verwenden wir den Baustein CELL REPLACER. Mit LAG COLUMN werden 100 Spalten mit je einem Zeichen generiert, mit CREATE COLLECTION COLUMN diese Zeichen in einer Liste mit 100 Elementen zusammengeführt (siehe Abschnitt 11.9, »Zeitreihenanalyse«). Auch hier ist die zeitliche Reihenfolge der Datenpakete umgekehrt, also von rechts nach links. Daher muss beim LSTM Layer die Option GO BACKWARDS aktiviert werden. Da wir mit OHE arbeiten, muss auch die Zielspalte in eine Liste mit jeweils einem Element überführt werden.

Das Modell, die Zuordnungstabelle sowie eine Zeile des Datenpaketes werden für die Generierung gespeichert.

11.10.3 Generierung

Das Programm zur Textgenerierung ähnelt dem Programm zur Vorhersage des Energieverbrauchs, nur die Zahlenwerte müssen jeweils in Zeichen rücktransformiert werden.

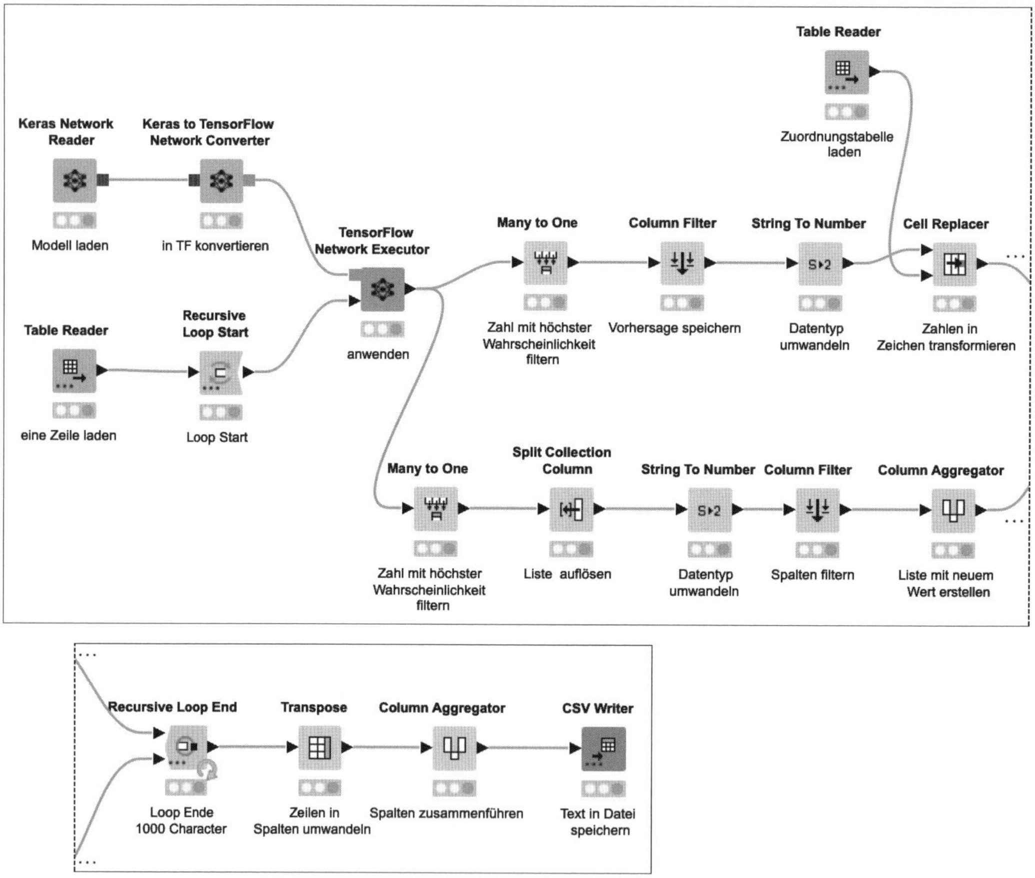

Abbildung 11.82 Das Programm »14b-Textgenerierung.knwf«

Das Modell wird geladen und zu einem TensorFlow-Modell umgewandelt, um die Ausführung zu beschleunigen. Ebenfalls wird eine Zeile des Datenpakets geladen, damit die KI darauf aufbauend einen Text generieren kann.

Betrachten wir nun die Schleife. Zuerst dient das Datenpaket als Input. Der untere Zweig nimmt die folgende Zahl mit der höchsten Wahrscheinlichkeit, löst die Liste auf, wandelt den Datentyp der Vorhersage um, entfernt das letzte Element und fügt die Vorhersage ein. Das neue Datenpaket ist nun um ein Element verschoben und dient der nächsten Iteration als Input.

Im oberen Zweig wird die Zahl mit der höchsten Wahrscheinlichkeit herausgefiltert, der Datentyp umgewandelt und zu einem Zeichen rücktransformiert. Die Daten am oberen Eingang vom Baustein RECURSIVE LOOP END werden in einer Spalte untereinander gespeichert. Diese Prozedur wird 1000-mal wiederholt, es werden also 1000 Zeichen generiert.

Anschließend werden die Zeilen mit den Vorhersagen in Spalten transformiert und in einer Spalte zusammengeführt. Mit dem Baustein CSV WRITER wird das Ergebnis in einer Datei gespeichert. Sehen wir uns das Ergebnis an:

> *chen. _Dar Armal mir die Erreimen wie er leider Schlan. Die Sange sich im Stoffen kangt. _Faust._ Wenn eint sie heiße glieben kannt. Wie gan ner Flusch, das ihr der Herre sollt, Sich am erstand vor allen Heren geben. Das ist nicht sindet mich heran, Das sie das Busen Schräcken. Des Himmelstralt und Frude? So stehlt sich n auf dem Gange heiter zu verwißren. Die Mange schlingt der Worte schon verweisen. Die grünche Glick das Kunst alles weilgen Ins geben war mit heilen Hampe schlogen. Jeher den Vo*

Versuchen wir es mal mit anderen Parametern: Lesen wir nur die ersten 2000 Zeilen ein, verwenden 40000 Zeichen zum Trainieren, das Wörterbuch hat 72 Zeichen, der LSTM Layer hat 512 Knoten:

> *unen, Als mit dem Steiten und Schaue, Der sie entstreut zu schwitzen, Und wir zu harte wehl's, Auch das die Herzen zu verleinen. Die Antre beben schon vor ein geschan._Bauner._ Hier warcht is Worsen fahre wohle._Faust._Du hast doch so verkünnt, sie du gewinden Mäßter nach ersch und er fassen. Sied er nicht alle Haus und aller Stause._ Die Harde. __Faust._ Du siehst du nicht das Wehre vorgelallt. Ihr gange hilter weiter Feren, An die Belegt, ihr Spangelags ausgewegen, Der Feinen, Feister, Sonn*

Und noch ein Versuch: Lesen wir nur die ersten 500 Zeilen ein, verwenden 15000 Zeichen zum Trainieren, das Wörterbuch hat 68 Zeichen, der LSTM Layer hat 128 Knoten, kein Dropout:

> *nicht so gleich gewinnen,Der Klangen nichts aus der Staube hag._Alter Bauer._Herr wocter so lich gezu begeben!Er ist es auf Vermagungen,Mit Stören wie er streben zu verlieren.Die Götter Füllen, der Solch als und alle mich im Schafe._Mephistopheles._ Der Sonne, wohl es wohlen war er nur gewahrt,Sey gehnt gewichte wir den Augenblicken,Die schwinge der Volle Feustereist,In die er seine Wensen,Wir zu verkannt, das wette nicht vergebens.Doch der Vor die Zeiten weichen Magn,Als ein Geist*

Ein letzter Versuch: Lesen wir nur die ersten 3000 Zeilen ein, verwenden 60000 Zeichen zum Trainieren, das Wörterbuch hat 74 Zeichen, der LSTM Layer hat 512 Knoten, 10 % Dropout:

> *erst entlich dar fern er gegt.Wir sich die gölne HöhnenHier und selbst die Glisker braften,Und wirke sieh die Thier, bereit trrüben,Und der Gefängewall die Braft und Augenbarung,Dann wassen wir zum Nachhalt es schen,Wie man verstrauß, mit seinem Schuellen stieben,Und rathe nun dir, kurz und gut,Dergleichen gleichfalls anzulegen;Damit du, losgebunden, freg, er mird und bey!Em braucht sich einen großen Kreis,Um ihn gewissers eine leichen nicht._Geist._Wer ruth' ich nohn!_Mephistophe*

Nun, sie sehen, so einfach kann Goethe nicht durch eine KI ersetzt werden. Sie können verschiedene Hyperparameter verändern und testen, ob der Text realistischer wird. Das ist allerdings sehr zeitaufwändig. Doch wichtig ist: Sie haben jetzt eine Idee davon, wie Chatbots funktionieren. Natürlich ist der Aufbau solcher KIs komplexer, sie werden mit viel mehr Daten trainiert. Auch wird sehr viel Zeit in das Training und die Optimierung gesteckt. Aber das Grundprinzip bleibt ähnlich: Zu einer Zeichenkette wird das nächste Zeichen ermittelt. Diese neue Zeichenkette wird wieder verwendet, um erneut das nächste Zeichen zu ermitteln usw. Auf diese Art und Weise werden Texte von KI-Modellen generiert.

Wenn Sie sich weiter mit der Thematik befassen wollen, finden Sie auf den Webseiten von Keras und KNIME viele Beispiele zur Textgenerierung. Sie brauchen aber einen leistungsstarken Rechner, gute Python-Kenntnisse und viel Freude am Experimentieren. Seit ChatGPT kann man sehr schnell und bequem Texte auf einem ganz anderen Niveau generieren, ohne selbst mit großem Aufwand eine (geben wir es zu: bescheidene) KI trainieren zu müssen. Das kann einem die Laune beim Experimentieren trüben.

Textgenerierung mit Python Node

Ich habe hier bewusst auf die Textgenerierung mit Python Nodes verzichtet, da die Ausführung des Programmes viel zu lange dauern würde. Sie sehen an der Qualität des generierten Textes, dass diese Zeitinvestition nicht wirklich gerechtfertigt ist. Wenn Sie mit Python Texte generieren wollen, schlage ich vor, dass Sie auf KNIME verzichten. Dazu sollten Sie aber Ihre Python-Kenntnisse vertiefen. Sehr gute Beispiele dazu finden Sie auf der Website von Keras: *https://keras.io/examples/generative/text_generation_gpt*.

11.11 Weitere Hinweise zu KNIME

Sie haben jetzt verschiedene KI-Programme mit KNIME kennengelernt. Meinen Schülerinnen und Schülern macht die visuelle Programmierung sehr viel Spaß. Wenn Sie sich tiefer in diese Software einarbeiten wollen, sollten Sie in Erwähnung ziehen, GPU-Unterstützung an Ihrem Rechner zu konfigurieren. Die Einrichtung kann zeitaufwändig sein (wenn Ihre Grafikkarte überhaupt unterstützt wird), spart bei der Ausführung der Programme jedoch sehr viel Zeit. Sie können aber KNIME auch voll eingerichtet auf einem Server gegen Gebühr mieten. Details dazu finden Sie auf der KNIME-Homepage.

Es ist ebenso möglich, Ihre KNIME-Workflows auf einem Server laufen zu lassen, sodass User über eine Webmaske Zugriff darauf haben. Weitere Details dazu finden Sie ebenfalls auf der KNIME Homepage *http://r-wrk.de/9763-knime-intro*.

11.12 Übungen

Übung 1: XGBoost für Klassifizierung, Pilze

Programmieren Sie eine KI mit XGBoost, um Pilze in »essbar« und »giftig« zu klassifizieren. Verwenden Sie die Datei *mushrooms.csv*. Informationen zu den Attributen finden Sie unter der Adresse *https://www.kaggle.com/datasets/uciml/mushroom-classification*. Sie können auch auf anderen Seiten im Internet nach Informationen zu den Daten suchen.

Übung 2: XGBoost für Regression, Diamanten

Programmieren Sie eine KI mit KNN, um den Preis von Diamanten zu bestimmen. Verwenden Sie die Datei *diamonds.csv*. Informationen zu den Attributen finden Sie z. B. auf *https://www.kaggle.com/datasets/shivam2503/diamonds*.

Übung 3: Bildklassifizierung mit InceptionV3

Erstellen Sie ein Bild, oder laden Sie es aus dem Internet herunter, und lassen Sie es von dem vortrainierten Modell klassifizieren.

Übung 4: Transfer Learning, »Mensch oder Pferd«

Laden Sie die Daten »Horses or Humans« herunter, und lassen Sie diese mittels Transfer Learning klassifizieren. Die Daten finden Sie auf *https://www.kaggle.com/datasets/sanikamal/horses-or-humans-dataset*.

Übung 5: Anomaliedetektion mit Autoencoder, EKG

Verwenden Sie die Datei *ekg.csv*, um Anomalien in den Daten (Herzrhythmen) zu detektieren. Der Wert der letzten Spalte soll vorhergesagt werden. Achtung: Bei diesen Daten klassifiziert die Zahl 0 die Anomalie. Bei mir wurde nach dem Laden der Spalten automatisch der Datentyp Double (Fließkommazahl) zugewiesen. Mit dem Baustein DOUBLE TO INT können Sie den Datentyp der Spalte in Integer (Ganzzahl) umwandeln. Der Baustein SCORER braucht zwei Integerspalten für die Erstellung der Konfusionsmatrix.

Übung 6: Textklassifizierung

Programmieren Sie eine KI, welche die Datei *spam.csv* einliest und die Texte in »ham« oder »spam« klassifiziert. Hinweis: Sie können den Baustein SMOTE für Upscaling verwenden. Recherchieren Sie zu diesem Baustein nach Informationen und Verwendungsmöglichkeiten.

Übung 7: AutoML für Regression

Programmieren Sie einen Workflow, um mit dem Baustein AUTOML (Regression) die Länge des Kelchblattes (Sepal) zu bestimmen. Sie müssen vorher den Baustein dafür installieren.

Übung 8: Clusteranalyse

Versuchen Sie, die Spalte *class* der Datei *mushrooms.csv* nach der Ellenbogen-Methode zu clustern. Kategorische Daten können mit CATEGORY TO NUMBER in Zahlenwerte überführt werden. Die Zählervariable *k* sollte bei 1 beginnen. Der Baustein COLUMN RESORTER kann Spalten umsortieren, sodass *Cluster* und *class* nebeneinander sind und analysiert werden können. Es wird nochmals deutlich: Das Ergebnis der Gruppierung wird nicht mit dem übereinstimmen, was Sie erwarten, nämlich den Werten der Spalte *class*. Das Verfahren gruppiert lediglich Daten nach einem bestimmten Verfahren. Sie können solche generierten Gruppen analysieren und eventuell Zusammenhänge identifizieren. Versuchen Sie auch, andere Spalten zu entfernen und die restlichen Daten zu gruppieren. Vergleichen Sie jeweils die Ergebnisse der Gruppierungen.

Hinweis: Essen Sie bitte keine Pilze, nur weil Ihre KI sagt, diese seinen ungiftig.

Übung 9: Zeitreihenanalyse

Programmieren Sie eine KI, welche die Beträge, die am nächsten Tag an der Börse gehandelt werden, vorhersagt. Verwenden Sie die Datei *yohoo_stock.csv*, die Zielspalte ist *Volume*. Verändern Sie Hyperparameter, um die Vorhersage zu verbessern.

Übung 10: Textgenerierung

Verändern Sie die Hyperparameter des Programmes *14a-Textgenerierung.knwf*, und bewerten Sie jeweils den generierten Text. Für diese Aufgabe gibt es keine Musterlösung.

Kapitel 12
Reinforcement Learning

Diese Form von KI lernt durch Trial-and-Error, selbstständig einen Weg zu finden, um Belohnungen zu maximieren und Bestrafungen zu minimieren.

Worum geht es in diesem Kapitel?

Bei den bisher vorgestellten Ansätzen zur KI-Entwicklung wurde immer ein Datensatz benötigt, um ein KI-Modell zu trainieren. Beim Reinforcement Learning wird darauf verzichtet. In diesem Kapitel soll eine Spielfigur selbstständig die optimalen Spielzüge erlernen.

- In der Trainingsphase werden die Konsequenzen möglicher Spielzüge für jeden Zustand gelernt.
- In der Testphase bzw. Anwendung wird entsprechend für jeden Zustand der optimale Spielzug durchgeführt.

Gehen wir wieder von einem konkreten Beispiel aus, damit die Erläuterungen nicht zu abstrakt bleiben. In einem Computerspiel wird die Spielfigur durch ein Labyrinth geführt. Das Ziel ist es, Schätze zu sammeln und tödlichen Gefahren aus dem Weg zu gehen.

Wenn Sie selbst als Spieler oder Spielerin die Figur steuern, werden Sie am Anfang wahrscheinlich nicht sehr erfolgreich sein. Aber mit der Zeit werden Sie immer geübter darin, die Gefahren zu umgehen und Schätze anzuhäufen.

Wie kann ein Programm entwickelt werden, welches selbstständig und erfolgreich die Spielfigur steuert? Eine Möglichkeit wäre, das komplette Spiel zu analysieren und Regeln aufzustellen, z. B.

- Gehe zwei Felder vorwärts.
- Gehe drei Felder nach rechts.
- Nimm den Schatz an dich.
- Drehe um.
- usw.

So ein Programm würde im Ergebnis für Außenstehende Beeindruckendes leisten: Die Figur würde komplett selbstständig das Spiel bewältigen. Aber: Die Entwicklerin bzw. der Entwickler muss das ganze Spiel vorher analysieren (jeden Schritt), um genau einen Pfad zu definieren. Wenn sich am Programm etwas ändert, müssen die Analyse und die Programmierung von Neuem erfolgen. Das ist sehr viel Arbeit und auch unnötig, wenn Sie sich mit *Reinforcement Learning* (*verstärkendem Lernen*) vertraut machen. Soll doch die Spielfigur selbst mithilfe einer KI lernen, das Spiel zu gewinnen.

Die Aufgabenstellung lautet nun konkret: Eine Spielfigur soll durch einen Flur geführt werden. Je nachdem, wo sie sich aufhält und in welche Richtung sie sich bewegt, befinden sich tödliche Gefahren oder der gesuchte Ausgang. In diesem einfachen Spiel kann man sich nur nach rechts oder links bewegen. Die Spielfigur soll mithilfe der KI selbst lernen, das Spiel zu bewältigen, indem sie die Gefahren meidet und den Ausgang findet.

Abbildung 12.1 In einem Flur befinden sich in einer Richtung tödliche Gefahren, in der anderen Richtung der gesuchte Ausgang.

Es muss eine Trainingsphase geben, in der die Figur die Spielzüge lernt. Anschließend folgt eine Testphase, in welcher das Erlernte angewendet wird.

12.1 Q-Learning

Q-Learning ist ein möglicher Algorithmus für die Umsetzung von verstärkendem Lernen. Dabei steht »Q« für Qualität, und zwar für die Qualität einer Aktion bezüglich der

Belohnung. Die Qualität einer Aktion wird aber nicht von vornherein festgelegt, vielmehr wird diese in der Trainingsphase durch Trial-and-Error mit der Zeit ermittelt. Nach der Trainingsphase sind die Qualitäten aller möglichen Aktionen in allen Zuständen bekannt.

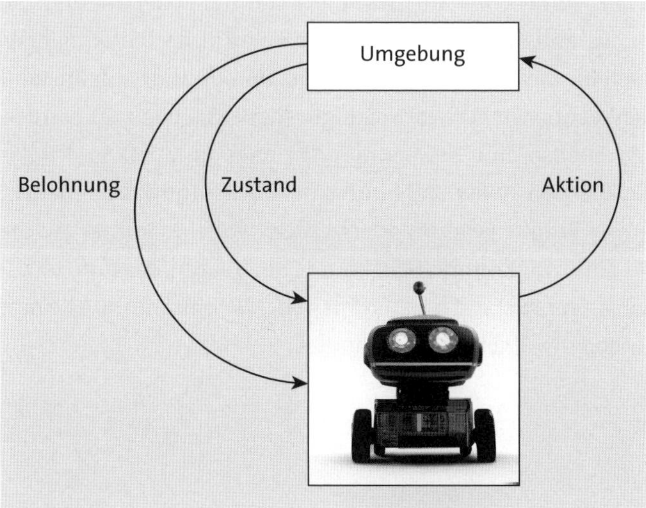

Abbildung 12.2 Szenario des verstärkenden Lernens

Ein trainierter Agent beobachtet in der anschließenden Test- bzw. Anwendungsphase den Zustand der Umgebung und führt dementsprechend die Aktion aus, welche die größte Belohnung liefert. Das Erlernte wird also nur noch angewendet. In unserem Beispiel ist die Spielfigur der Agent, das Spiel die Umgebung. Findet die Spielfigur den Ausgang bzw. die Richtung zum Ausgang, muss sie belohnt werden. Wenn hingegen die falsche Richtung eingeschlagen wird (welche zum Tod oder zu Punktabzug führt), muss eine Bestrafung erfolgen.

Betrachten wir das Spiel aus einer abstrakteren Ebene heraus. Es gibt z. B. zehn Felder (der Flur ist in Felder unterteilt), welche den Ausgang, die tödliche Gefahr oder aber nichts von alledem beinhalten.

Zustand	0	1	2	3	4	5	6	7	8	9
Feld	**Ausgang**	nichts	nichts	**Tod**	nichts	nichts	nichts	nichts	nichts	**Ausgang**

Abbildung 12.3 Zustände des Spiels

Nehmen wir an, die Figur befindet sich im Zustand 6, also auf dem sechsten Feld. Eine Bewegung nach links müsste die Belohnung verringern bzw. eine Bestrafung auslösen, eine Bewegung nach rechts die Belohnung vergrößern.

Es muss also eine Trainingsphase geben, um diese Spielzüge zu lernen. Aber auch während des Trainings muss die Spielfigur wissen, wann es zu einer Belohnung oder Bestrafung kommt. Dazu erstellen wir im ersten Schritt eine *Belohnungstabelle* der Umgebung mit den Extremwerten (+100 oder -100 Punkte). In dieser Tabelle sind die Informationen enthalten, auf die es am Ende ankommt, z. B. wann das Spiel gewonnen oder verloren ist. Befindet sich die Spielfigur im Zustand 1 und bewegt sich um eine Tür nach links, gibt es die volle Punktzahl. Das gilt auch für die Bewegung nach rechts im Zustand 8. Im Zustand 2 bedeutet eine Bewegung nach rechts den Tod der Spielfigur (das Öffnen der Tür wird in diesem Modell vernachlässigt), ebenso eine Bewegung nach links im Zustand 4. Alles andere muss die Spielfigur selbst lernen. In der Belohnungstabelle wird also festgehalten, in welchen Fällen man bestimmte Punkte gewinnt oder verliert, wobei es immer auf die Kombination von Zustand und Aktion ankommt. Man könnte auch sagen, das Punktesystem des Spiels ist in Abhängigkeit von Zustand und Aktion in der Belohnungstabelle hinterlegt. Diese Tabelle wird während des Spiels nicht verändert.

Zustand	links	rechts
0	0	0
1	100	0
2	0	-100
3	0	0
4	-100	0
5	0	0
6	0	0
7	0	0
8	0	100
9	0	0

Tabelle 12.1 Belohnungstabelle

Wir benötigen noch eine dynamisch erstellte Tabelle, die in der Trainingsphase zu jedem Zustand abhängig von der Bewegungsrichtung Punkte auflistet, die *Q-Tabelle*. Diese Tabelle enthält nicht nur Extremwerte, sondern alle Punkte abhängig von Zustand und Bewegungsrichtung. Somit sind dann für jeden Zustand und jede Aktion Punkte aufgelistet, die Aufschluss darüber geben, welche Bewegungsrichtung die vielversprechendste ist. Der Weg, der zum Ziel führt, ist mit höheren Punktzahlen »gepflastert« als andere. Die Tabelle soll selbstständig vom Programm während des Trainings erstellt werden, die Werte werden iterativ nach jedem Spiel aktualisiert.

Beim ersten Durchlauf werden die Felder in der Q-Tabelle, die sich neben den Extremwerten in der Belohnungstabelle befinden, aktualisiert. Es werden also alle Felder aktualisiert, die nur einen Schritt von den Extremwerten entfernt sind. Alle anderen Felder bleiben unverändert. Im nächsten Durchlauf werden dann auch die Felder aktualisiert, die einen Schritt von den zuletzt aktualisierten Feldern und somit zwei Schritte von den Extremwerten entfernt sind usw. Nach jedem Durchlauf gibt es dadurch immer mehr Felder, die den Weg zum Ausgang oder Tod deuten.

Das bedeutet also, wir brauchen die Tabelle nicht selbst mit den richtigen Zahlenwerten zu füllen. Aber wie soll das funktionieren bzw. wie werden diese Zahlen ermittelt?

Die initiale Q-Tabelle hat nur Zellen, welche den Wert 0 enthalten. Während des Trainings werden die Werte der Zellen aktualisiert.

Zustand	links	rechts
0	0	0
1	0	0
2	0	0
3	0	0
4	0	0
5	0	0
6	0	0
7	0	0
8	0	0
9	0	0

Tabelle 12.2 Initiale Q-Tabelle

Wir benötigen eine einfache Strategie, um die Werte der Q-Tabelle zu ermitteln bzw. zu aktualisieren. Je nach Zustand werden wir zufällig eine Aktion auswählen (Bewegung nach rechts oder nach links), diese ausführen und die Q-Tabelle und den aktuellen Zustand aktualisieren. Die Prozedur wird sich mehrere Male wiederholen.

Und wie sollen die aktualisierten Werte für die Q-Tabelle ermittelt werden? Hier gibt es eine Formel, um diese Werte zu berechnen:

$$Q_{\text{neu}}(s,a) = Q_{\text{alt}}(s,a) + \alpha * [R(s,a) + \gamma * \max(Q(s',a')) - Q_{\text{alt}}(s,a)]$$

Bedeutungen:

- s ist der aktuelle Zustand.
- a ist die aktuelle Aktion.
- s' ist der folgende Zustand.
- a' ist die folgende Aktion.
- $Q_{\text{neu}}(s, a)$ ist der neue Q-Wert, abhängig von dem Zustand und der Aktion.
- $Q_{\text{alt}}(s, a)$ ist der alte (vorherige) Q-Wert, abhängig von dem Zustand und der Aktion.
- α ist die Lernrate.
- R ist die Belohnung.
- γ ist die Verminderungsrate.
- $\max(Q(s', a'))$ ist der maximale Q-Wert, der in dem folgenden Zustand mit einer folgenden Aktion erreicht werden kann.

Analysieren wir die Formel detailliert, um zu verstehen, wie die Rechnung konkret erfolgt:

$$Q_{\text{alt}}(s,a)$$

Das ist der vorherige Wert aus der Q-Tabelle für den Schritt und die Aktion.

$$\max(Q(s',a'))$$

Hier wird wieder der Q-Tabelle entnommen, welche Aktion für den nächsten Zustand den höchsten Wert enthält. Wenn im nächsten Zustand eine Aktion ausgeführt werden kann, die zum Ziel führt, wird der Wert in der Kombination Zustand/Aktion erhöht. Bei wiederholter Ausführung wird dafür gesorgt, dass der Weg zum Ziel stückchenwiese mit entsprechenden Punkten »gepflastert« wird.

Betrachten Sie nochmals den Ausdruck in der eckigen Klammer:

$$[\mathrm{R}(s,a) + \gamma * \max(Q(s',a')) - Q_{\text{alt}}(s,a)]$$

Zu einer Belohnung R (wird der Belohnungstabelle mit den Extremwerten abhängig vom Zustand und Aktion entnommen) wird der höchstmögliche Q-Wert addiert, der vom nächsten Zustand aus mit einer Aktion erreicht werden kann. Dieser maximale Wert des nächsten Zustandes wird mit der Verminderungsrate γ skaliert. Wäre der Wert von γ 0, würde der Fokus nur auf der Gegenwart liegen. Bei einem Wert von 1 wären die Werte in alle Richtungen sehr groß (nahe den Extremwerten), sodass insbesondere bei Spielen mit mehreren möglichen Richtungen eine klare Richtungsempfehlung nicht abgeleitet werden könnte. Sie können das später im Programm testen und die Werte der Felder betrachten. In vielen Anwendungen liegt der Wert von γ bei etwa 0,9. Die Aktualisierung der Werte erfolgt in Relation zum aktuellen Wert, daher wird dieser subtrahiert.

Mit der Lernrate α kann man die Gewichtung des neu berechneten Wertes einstellen. Wäre der Wert von α 0, würde der vorherige Wert einfach beibehalten werden. Bei einem Wert von 1 wären die Sprünge sehr groß. Ein typischer Wert für α ist 0,1. Mit einer kleinen Lernrate sorgen Sie dafür, dass der Werteverlauf zum Ausgang oder zum Tod sanft verläuft. Auch mit diesem Hyperparameter können Sie im Anschluss experimentieren und die Werte der Felder analysieren.

Zurück zu unserem Spiel. Wenn Sie 1000-mal das Spiel spielen und die Werte mithilfe der Formel aktualisieren, haben Sie die finale Q-Tabelle bestimmt.

Zustand	links	rechts
0	0	0
1	100	80,7
2	89,9	-100
3	0	0
4	-100	65,6
5	59,05	72,9
6	65,6	81
7	72,9	90
8	81	100
9	0	0

Tabelle 12.3 Fertige Q-Tabelle

Nach der Erstellung der Q-Tabelle kann man sagen, dass die KI trainiert ist. Mit dieser Tabelle (betrachten wir es als Gedächtnis) kann nun eine Spielfigur das Spiel erfolgreich bewältigen. In der Testphase bzw. bei der Anwendung wird diese Tabelle nicht mehr verändert, sondern nur noch verwendet. Die Belohnungstabelle wird nicht mehr benötigt, sie war nur für das Training relevant. Dies ist ein völlig anderer Ansatz für eine KI-

Anwendung, man benötigt keine gesammelten Trainingsdaten mit einer Zielspalte wie bei den Modellen, die Sie in vorherigen Kapiteln kennengelernt haben. Halten wir deshalb nochmals folgende Punkte fest:

- Es wird eine Belohnungstabelle benötigt, welche nur die Extremwerte (Belohnung oder Bestrafung) enthält.
- Die Belohnungstabelle wird in der Trainingsphase verwendet. Dabei wird zu jedem Zustand und zu jedem möglichen Spielzug eine Punktzahl ermittelt und in einer anderen Tabelle, der Q-Tabelle, festgehalten. Im Vergleich zur Belohnungstabelle hat die Q-Tabelle also nicht nur Extremwerte, sondern für jeden Zustand und Aktion Punkte aufgelistet.
- In der Testphase bzw. in der Anwendung wir nur noch die Q-Tabelle verwendet, um die Spielfigur zu steuern. Für jeden möglichen Spielzug kann der Q-Tabelle die Qualität der Aktion (Punktzahl) entnommen werden. Die Belohnungstabelle spielt hier keine Rolle mehr.

Analysieren Sie die Q-Tabelle, und vergleichen Sie sie mit den Türen des Spiels. Egal wo sich die Spielfigur befindet, sie wird mithilfe der Punktevergabe immer zum Ausgang gelotst.

12.2 Erforderliche Python-Kenntnisse für das Spiel

In diesem Abschnitt sollen die benötigten Grundlagenkenntnisse besprochen werden, damit Sie im Anschluss den Quellcode des Spiels nachvollziehen können. Sie finden die hier besprochenen Beispiele in der Datei *K12_python.ipynb*.

12.2.1 Listen

Wie bereits in vorherigen Abschnitten besprochen, können in Listen mehrere zusammenhängende Werte gespeichert werden. Die Werte können auch verschiedene Datentypen haben.

```
liste_1 = [0,1,2,3]
liste_2 = ["hallo", 1, 2.3]

print(liste_1)
print(len(liste_2))
```

Listing 12.1 Initialisierung und Ausgabe von Listen

Hier werden zwei Listen erstellt. Im Anschluss wird die erste Liste ausgegeben, danach die Anzahl der Elemente von der zweiten Liste (hier drei).

```
print(liste_2[0])
```

Listing 12.2 Ausgabe »hallo«

Bedenken Sie, dass die Indizierung mit 0 beginnt. Um auf das erste Element zuzugreifen, müssen Sie den Index 0 wählen (»hallo«). Das letzte Element hat den Index 2.

```
liste_3 = [liste_1, liste_2]
print(liste_3)
```

Listing 12.3 Eine Liste kann auch Listen enthalten.

Eine Liste kann wiederum Listen enthalten. `liste_3` besteht aus zwei Listen.

```
print(liste_3[1])
```


Listing 12.4 Ausgabe des zweiten Elementes

Hier wird das zweite Element ausgegeben. Dies entspricht `liste_2`.

```
print(liste_3[1][0])
```

Listing 12.5 Ausgabe »hallo«

Jetzt wird es interessant. Was wird hier wohl ausgegeben? `liste_3[1]` gibt das zweite Element (also `liste_2`) aus. `liste_3[1][0]` gibt dementsprechend das erste Element dieser Liste aus (»hallo«).

12.2.2 Verzweigungen

Sehr oft soll ein Teil des Quellcodes nur dann ausgeführt werden, wenn bestimmte Bedingungen erfüllt sind. Hier kommen die Verzweigungen ins Spiel.

```
note = 3

if note < 5:
    print("bestanden")
print("ende")
```

Listing 12.6 Einfache Verzeigung

Es wird nur dann der Text »bestanden« ausgegeben, wenn die Note besser als 5 ist. Alle Einrückungen nach einer if-Abfrage werden grundsätzlich nur dann ausgeführt, wenn die Bedingung erfüllt ist. Die anschließende Ausgabe »ende« erfolgt in jedem Fall.

Die Bedingung kann auch umformuliert werden:

```
if note <= 4:
    print("bestanden")
print("ende")
```

Listing 12.7 Alternative Variante für die Bedingung

Es wird nur dann »bestanden« ausgegeben, wenn die Note besser oder gleich 4 ist. Diese Programmzeilen bewirken damit genau dasselbe wie jene zuvor.

```
if note < 5:
    print("bestanden")
else:
    print("nicht bestanden")
print("ende")
```

Listing 12.8 Verzweigung mit »wenn«- und »sonst«-Pfaden

Es wird nur dann »bestanden« ausgegeben, wenn die Note besser als 5 ist, sonst wird »nicht bestanden« ausgegeben. Die abschließende Ausgabe »ende« erfolgt in jedem Fall.

```
if note < 5:
    print("bestanden")
elif note == 5:
    print("nicht bestanden, Note 5")
elif note == 6:
    print("nicht bestanden, Note 6")
else:
    print("ungültige Benotung")
```

Listing 12.9 Verkettete Verzweigungen

Hier sehen Sie, wie Sie mit verketteten Abfragen mehrere Bedingungen prüfen können. Es wird nur dann »bestanden« ausgegeben, wenn die Note besser als 5 ist. Wenn diese Bedingung nicht erfüllt ist, wird geprüft, ob die Note 5 ist. Wenn ja, erfolgt die entsprechende Ausgabe. Ist diese Bedingung jedoch auch nicht erfüllt, wird geprüft, ob die Note 6 ist. Wenn ja, erfolgt die entsprechende Ausgabe. In allen anderen Fällen wird »ungültige Benotung« ausgegeben.

```
if 1 in liste_2:
    print("Element enthalten")
else:
    print("Element nicht enthalten")
```

Listing 12.10 Prüfung, ob ein bestimmtes Element in der Liste enthalten ist

Es wird geprüft, ob die Zahl 1 ein Element von `liste_2` ist (mit dem Schlüsselwort »in«). Wenn ja, wird »Element enthalten« ausgegeben. Wenn nicht, erfolgt die Ausgabe »Element nicht enthalten«. Mit einer Abfrage können Sie somit ermitteln, ob der Wert in der Liste enthalten ist oder nicht.

12.2.3 Schleifen

Manchmal müssen Teile des Quellcodes mehrere Male ausgeführt werden. Dies kann mittels Schleifen erreicht werden.

```
i = 0

while i < 5:
    print(i)
    i = i + 1
```

Listing 12.11 »while«-Schleife

Der Wert der Variable *i* beträgt zu Beginn 0. Mit `while` wird die Bedingung geprüft, ob *i* kleiner 5 ist. Der eingerückte Code wird so lange von oben nach unten ausgeführt, bis die Bedingung nicht mehr erfüllt ist. Hier dürfen Sie nicht vergessen, die Variable bei jeder Iterationsstufe um eins zu erhöhen, sonst haben Sie eine Endlosschleife implementiert.

```
for i in range(5):
    print(i)
```

Listing 12.12 »for«-Schleife

Diese `for`-Schleife macht genau dasselbe wie die Codezeilen zuvor. Die Variable *i* wird automatisch mit jedem Iterationsschritt erhöht.

12.2.4 Random Choice

Wir müssen später beim Training im finalen Programm z. B. die Richtung zufällig auswählen. Sehen wir uns hier an, wie man so etwas realisieren kann.

```
import random

for i in range(6):
    zahl = random.choice([0,1])
    print(zahl)
```

Listing 12.13 Zufällige Auswahl der Zahlen 0 oder 1

Die Zeilen in der obigen for-Schleife werden sechsmal ausgeführt (für $i = 0$ bis $i = 5$). Jedes Mal wird zufällig eine Zahl (entweder 0 oder 1) ausgewählt und diese Zahl dann ausgegeben.

```
for i in range(6):
    element = random.choice(liste_1)
    print(element)
```

Listing 12.14 Zufällige Auswahl der Listenelemente

Bei jedem Iterationsschritt wird ein Element der Liste liste_1 zufällig ausgewählt und ausgegeben.

```
for i in range(6):
    zahl = random.choice(range(3))
    print(zahl)
```

Listing 12.15 Zufällige Auswahl der Zahlen 0, 1 oder 2

Bei jedem Iterationsschritt wird eine Ganzzahl zwischen 0 und 2 zufällig ausgewählt und ausgegeben.

```
for i in range(6):
    index = random.choice(range(len(liste_1)))
    print(index)
```

Listing 12.16 Zufällige Auswahl der Zahlen 0 bis 3

Die Liste liste_1 enthält vier Elemente, len(liste_1) ergibt also 4. Bei jedem Iterationsschritt wird eine Ganzzahl zwischen 0 und 3 zufällig ausgewählt und ausgegeben.

12.2.5 Funktionen

Mithilfe von Funktionen können Sie Programmteile auslagern und gegebenenfalls. auch wiederverwenden.

```
def sagHallo():
    print("Hallo")
```

Listing 12.17 Definition einer Funktion

Hier wird eine Funktion definiert, die nichts anderes macht, als »Hallo« auszugeben.

```
sagHallo()
```

Listing 12.18 Aufruf der Funktion

Jedes Mal, wenn Sie diese Funktion aufrufen, wird »Hallo« ausgegeben.


```
def plus_eins(zahl):
    return zahl + 1
```

Listing 12.19 Definition einer Funktion mit Parameter

Diese Funktion erhöht die als Parameter mitgegebene Zahl um 1 und gibt der aufrufenden Stelle das Ergebnis zurück.

```
z1 = plus_eins(5)
print(z1)
```

Listing 12.20 Aufruf der Funktion mit Parameter

Die Funktion wird mit 5 aufgerufen, das Ergebnis (der Rückgabewert der Funktion) wird in `z1` gespeichert. Wenn Sie diese Variable ausgeben, sehen Sie, dass `z1` die Zahl 6 enthält.

12.3 Training

Analysieren wir das Programm *K12_game.ipynb*. Das Spiel ist sehr einfach gehalten, damit der Fokus auf dem Algorithmus des verstärkenden Lernens liegt.

```
import random

gamma = 0.9
learning_rate = 0.1
```

```
ACTION_LEFT = 0
ACTION_RIGHT = 1
TRAINING_ROUNDS = 1000
```

Listing 12.21 Definition benötigter Variablen bzw. Konstanten

Das Modul `random` wird geladen (benötigen wir später), und die Hyperparameter `gamma` und `learning_rate` werden festgelegt. Für die Bewegung nach links und nach rechts sowie die Anzahl der Trainingsrunden legen wir Konstanten fest.

```
rewards = [[0, 0],[100, 0],[0, -100],[0, 0],[-100, 0],[0, 0],[0, 0],[0, 0],
 [0, 100],[0, 0]]

q_table = [[0, 0],[0, 0],[0, 0],[0, 0],[0, 0],[0, 0],[0, 0],[0, 0],[0, 0],[0, 0]]

gameOver_states = [0,3,9]
```

Listing 12.22 Initialisierung benötigter Listen

Die Belohnungstabelle wird entsprechend des Spielfeldes mit Belohnungs- bzw. Bestrafungswerten gefüllt, den Extremwerten. Diese Liste wird für die Trainingsphase benötigt. Die initiale Q-Tabelle enthält nur den Wert 0 und muss im Verlauf des Trainings aktualisiert werden. Diese Listen enthalten wiederum Listen. Das erste Element in der jeweiligen Liste steht z. B. für Zustand 0, welche wieder eine Liste mit zwei Elementen ist ([0, 0]). Diese innere Liste hat je zwei Elemente: Das erste Element steht für »links«, das zweite steht für »rechts«. Vergleichen Sie die Listen `rewards` und `q_table` bitte mit der Q-Tabelle bzw. der Belohnungstabelle, die wir oben besprochen haben.

Die Felder, welche das Aus des Spiels bedeuten, sind in der Liste `gameOver_states` festgehalten. Bitte vergleichen Sie die Listen `reward` und `gameOver_states`. Wenn sich die Spielfigur auf dem Feld 2 befindet und nach rechts bewegt, ist das Spiel verloren. Daher gibt es für diesen Spielzug -100 Punkte. Auf dem Feld 8 bekommt man für eine Bewegung nach rechts 100 Punkte, da das Spiel dann gewonnen wird.

Um das Hauptprogramm noch übersichtlicher zu halten, definieren wir im Folgenden ein paar Hilfsfunktionen.

```
def getNextAction(state):
    if state == 0:
        action = ACTION_RIGHT
    elif state == len(q_table)-1:
        action = ACTION_LEFT
```

```
    else:
        action - random.choice([ACTION_LEFT,ACTION_RIGHT])
    return action
```

Listing 12.23 Richtungsauswahl

Abhängig von der aktuellen Position werden mögliche Bewegungsrichtungen ermittelt. Wenn die Spielfigur sich ganz links befindet, kann sie sich nur nach rechts bewegen. Befindet sie sich hingegen ganz rechts, ist nur eine Bewegung nach links möglich. Bei allen anderen Feldern sind prinzipiell beide Richtungen möglich, daher wird die Bewegungsrichtung zufällig ermittelt.

Es ist wichtig festzuhalten, dass der Zufall bei der Ermittlung des Optimums eine große Bedeutung hat. Nur so können neue Pfade beschritten und bewertet werden.


```
def getNextState(state, action):
    if action == ACTION_LEFT:
        return state - 1
    else:
        return state + 1
```

Listing 12.24 Zustandsaktualisierung

Je nach aktuellem Zustand und gewählter Aktion wird ein Folgezustand eingenommen. Hier ist es ganz einfach: Die Spielfigur befindet sich im Anschluss ein Feld weiter links oder rechts.

```
def isGameOver(state):
    return state in gameOver_states
```

Listing 12.25 Prüfung, ob das Spiel vorbei ist

Wenn die Spielfigur sich in bestimmten, vorher definierten Feldern befindet, ist das Spiel vorbei. Es wird hier gar nicht ermittelt, ob man gewonnen oder verloren hat. Später werden Sie das an der Ausgabe der Position erkennen.

Betrachten wir nun das Programm für das Training. Wenn man die leeren Zeilen abzieht, besteht es nur aus 8 Zeilen Quellcode.

```
for i in range(TRAINING_ROUNDS):
    # Startposition einnehmen
    state = random.choice(range(len(q_table)))
```

```
    while not isGameOver(state):

        action = getNextAction(state)
        next_state = getNextState(state, action)

        q_table[state][action] = q_table[state][action] +
 learning_rate * (rewards[state][action] +
 gamma * max(q_table[next_state]) - q_table[state][action])

        state = next_state

print(q_table)
```

Listing 12.26 Trainingsphase

Das Spiel wird 1000-mal gespielt, und die Werte der Q-Tabelle werden aktualisiert. Die Startposition wird jeweils zufällig ermittelt. Nach der letzten Spielrunde werden die finalen Werte der Q-Tabelle ausgegeben. Die Ausgabe für die Q-Tabelle lautet:

```
[[0, 0], [99.99858841836136, 80.92014975146536], [89.98454388096631, -99.99382963480826],
 [0, 0], [-99.9999999998435, 65.60999991019521], [59.04899982514381, 72.8999999990858],
 [65.60999999863937, 80.99999999948363], [72.89999999911996, 89.99999999970404],
 [80.99999999703546, 99.99999999991682], [0, 0]]
```

Damit kann nun eine Spielfigur das Spiel erfolgreich bewältigen.

12.4 Test

Mit der erstellten Q-Tabelle soll jetzt die KI das Spiel selbstständig spielen. Hierfür benötigen wir eine neue Funktion, welche abhängig vom aktuellen Zustand eine Aktion ermittelt.

```
def getNextActionPlay(state):
    if state == 0:
        action = ACTION_LEFT
    elif state == len(q_table)-1:
        action = ACTION_RIGHT
    else:
        action = max(q_table[state])
    return action
```

Listing 12.27 Richtungsauswahl

Auch hier wird dafür gesorgt, dass sich die Spielfigur nicht links oder rechts über den Spielfeldrand bewegt. Sonst wird einfach die vielversprechendste Richtung aus der Q-Tabelle übernommen. Der Zufall spielt für die Richtungsauswahl keine Rolle mehr. Das ist unsere simple, aber gut funktionierende KI.

```
state = random.choice(range(len(q_table)))
print("Startposition:", state)

while not isGameOver(state):
    action = getNextActionPlay(state)
    next_state = getNextState(state, action)
    state = next_state

    print("Position:", state)
```

Listing 12.28 Spielablauf mit zufälliger Startposition

Diese letzte Codezelle können Sie mehrmals hintereinander ausführen. Die Ausgabe lautet z. B. bei einer Ausführung wie folgt:

```
Startposition: 5
Position: 6
Position: 7
Position: 8
Position: 9
```

Das Spiel wird von der KI immer gewonnen. Wenn allerdings die zufällig ermittelte Startposition einem Zustand entspricht, welche den Tod bedeutet, ist das Spiel gleich vorbei.

12.5 Ausblick

Nehmen wir an, das Spiel wird erweitert zu einem zweidimensionalen Feld mit der Größe 1000 × 1000. Außerdem soll es Türen zu Räumen bzw. Schätzen geben, welche der Spielfigur besondere Fähigkeiten verleihen. Eine Q-Tabelle, die alle diese Informationen speichern müsste, wäre sehr groß. Daher werden bei solchen Anwendungen künstliche neuronale Netze verwendet, um Q-Werte zu ermitteln. Man spricht in diesem Zusammenhang von *Deep Q-Learning*.

Auf der Seite *https://keras.io/examples/rl* finden Sie Beispiele zu komplexeren Spielen und Anwendungen mit grafischen Oberflächen.

Möchten Sie mit KNIME ein Spiel mit Deep Q-Learning implementieren, empfehle ich, sich die Seite *https://www.knime.com/blog/an-introduction-to-reinforcement-learning* anzusehen. Dort finden Sie ein fertiges Beispiel in Form des Spiels Tic-Tac-Toe. Es wird auch erklärt, wie Sie das Spiel auf einem Server laufen lassen können, sodass das Spiel über einen Browser gespielt werden kann.

12.6 Übungen

Übung 1: Hyperparameter

Verändern Sie die Hyperparameter des Spiels, und analysieren Sie die Ausgaben, insbesondere die Werte, die zum Tod oder Ausgang führen. Für diese Aufgabe gibt es keine Musterlösung.

Übung 2: Erweiterung des Spiels

Erweitern Sie das Spiel derart, dass es zwölf Felder gibt. Ein Feld soll einen Ausgang darstellen, ein anderes zum Tod der Spielfigur führen.

Kapitel 13
Genetische Algorithmen

Sie benötigen einen Algorithmus, um ein Problem zu lösen oder eine Optimierung zu erreichen? Stellen Sie sich die folgende Frage: Wie würde die Natur dieses Problem angehen?

Worum geht es in diesem Kapitel?

Inspiriert von der Evolutionstheorie werden Optimierungsaufgaben gelöst:

- Ordnung der Zahlenreihenfolge in einer Liste
- Lösen von mathematischen Gleichungen
- Ausblick auf die Anwendung in der Praxis am Beispiel eines Regelkreises

Wie sind die Arten in der Natur entstanden? Diese Frage beschäftigte schon die alten Griechen. Im Verlauf der Zeit wurden viele Theorien entwickelt, und Anhänger einer bestimmten Theorie verteufelten alle anderen Ansichten und deklarierten die eigene als die einzig wahre. Und es gab über die Zeit wirklich viele Ideen, wie z. B. die, dass die Entstehung der Arten im Wasser oder Schlamm erfolgt sein soll. Viele gingen (und gehen heute noch) davon aus, dass die Entstehung durch einen göttlichen Akt erfolgte.

Im 19. Jahrhundert entwickelten die beiden Forscher Charles Darwin und Alfred Wallace unabhängig voneinander die Evolutionstheorie. 1859 veröffentlichte Darwin sein Buch »Die Entstehung der Arten«, und die Welt stand Kopf. Breite Teile der Gesellschaft, insbesondere religiöse Institutionen aber auch viele andere Forschende, lehnten die Theorie nicht nur ab, sondern reagierten mit Spott, Häme und Hass darauf. Es wurden Karikaturen von Darwin als Affe veröffentlicht. Seine Theorie wurde auf die einfache Aussage, der Mensch stamme vom Affen ab, reduziert. Darwin hat das aber nie behauptet. Vielmehr erkannte er, dass Menschen und Affen einen gemeinsamen Ursprung haben mussten.

In den folgenden Jahren stellte sich jedoch heraus, dass keine andere Theorie so gute, nachvollziehbare Antworten auf Fragen über die Entstehung bzw. Veränderung der Arten liefern konnte wie die Evolutionstheorie. Im Jahr 1874 wurde Charles Darwin in die American Academy of Arts and Sciences gewählt und fand somit noch zu Lebzeiten Anerkennung für seine Arbeiten Rund um das Thema Evolution.

Die Evolutionstheorie als Erklärungsmodell für die Entstehung der Arten ist sehr plausibel und nachvollziehbar, sodass sie in anderen Wissenschaftszweigen Anwendung findet. Mithilfe dieser Theorie können Sie komplexe Optimierungsaufgaben lösen. Algorithmen, die sich auf die Evolutionstheorie beziehen, werden als *evolutionäre Algorithmen* bezeichnet. Für unsere Aufgabenstellung werden wir eine spezielle Unterart der evolutionären Algorithmen, nämlich den *genetischen Algorithmus* verwenden. Auch bei dieser Unterart sind leichte Variationen möglich, sie fallen aber unter den Oberbegriff *genetische Algorithmen*.

Die einfache Aufgabenstellung, mit der wir uns in die Thematik einarbeiten werden, lautet: Erstellen Sie eine Liste mit zehn aufsteigenden Elementen zwischen 0 und 9, also [0,1,2,3,4,5,6,7,8,9].

13.1 Der Algorithmus

Der Algorithmus »simuliert« die Natur und bildet den Evolutionszyklus nach (siehe Abbildung 13.1):

- Es wird eine *Startgeneration* mit mehreren Individuen gebildet, ein Individuum besteht im Folgenden aus nur einem einzelnen Chromosomenstrang mit mehreren Genen. Ein Gen wird wiederum als eine Zahl repräsentiert. Die Zahlenwerte werden in der Startgeneration zufällig gebildet.
- Bei der *Selektion* werden die Individuen mithilfe einer Fitnessfunktion bewertet. Dadurch wird festgelegt, wie stark oder schwach ein Individuum ist. Je höher der *Fitnesswert*, desto stärker das Individuum. Ein hoher Fitnesswert erhöht die Chance auf das Überleben und die Paarung.
- Bei der *Reproduktion* dürfen sich einige starke Individuen paaren und Kinder zeugen.
- Die Kinder erben jeweils die Gene (Zahlenwerte) der Eltern. Bei einem bestimmten Prozentsatz findet eine *Mutation* statt (Veränderung der Gene bzw. Zahlenwerte). Diese Mutation kann entweder den Fitnesswert erhöhen oder aber senken.
- Mit dieser resultierenden neuen Generation wird das Verfahren wiederholt, insgesamt z. B. für 50 Zyklen.
- Am Ende des Evolutionskreislaufes wird das Individuum mit dem höchsten Fitnesswert für die Lösung der Aufgabenstellung verwendet.

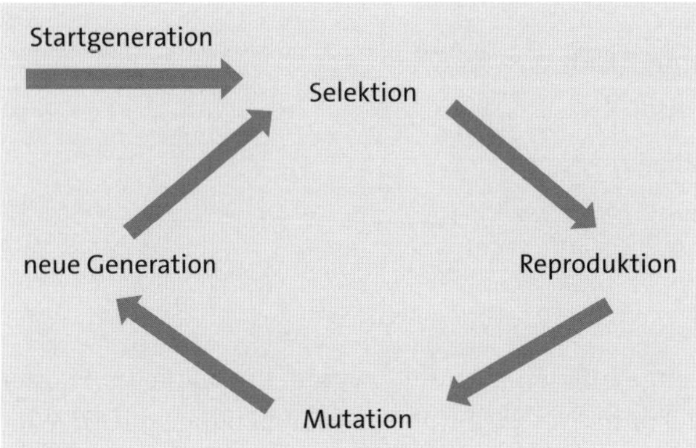

Abbildung 13.1 Der Evolutionszyklus

Im Folgenden werden wir diese Schritte des Evolutionszyklus analysieren und die Erkenntnisse auf unsere Aufgabenstellung übertragen.

13.1.1 Startgeneration

Bevor wir uns der Startgeneration widmen, müssen wir zuerst einige Begriffe definieren. Außerdem benötigt auch dieser Algorithmus einige Hyperparameter, welche wir zu Beginn festlegen müssen.

Ein Gen speichert Informationen über die Merkmale eines Organismus. In unserem Beispiel sollen die zehn Elemente die einzelnen Gene repräsentieren. Ein Chromosom enthält eine Kette aus Genen. Eine Liste, welche die zehn Elemente enthält, soll ein Chromosom darstellen.

Wir müssen auch festlegen, wie viele Chromosomenstränge (also Ketten aus Genen) generiert werden sollen. In diesem Beispiel sollen es 100 sein. Die Ziffern der Elemente (die Gene) werden zufällig generiert, wobei jedes Element Werte zwischen 0 und 9 einnehmen kann. Damit hätten wir folgenden Aufbau:

chromosom_1 = [0,9,7,3,4,5,4,3,4,5]

chromosom_2 = [0,1,2,6,6,5,6,7,8,2]

chromosom_3 = [8,9,7,6,5,6,3,4,2,3]

usw.

Die Startgeneration ist damit erstellt. Außerdem haben wir schon einige Hyperparameter festgelegt:

- Anzahl der Gene (10)
- Anzahl der Chromosomenstränge (100)
- minimaler Grenzwert (0, inklusiv)
- maximaler Grenzwert (10, exklusiv)
- Datentyp Integer (ganze Zahlen)

13.1.2 Selektion

Die einzelnen Chromosomenstränge müssen bewertet werden, um starke Individuen von schwachen unterscheiden zu können. Es wird eine Funktion benötigt, die für jeden Chromosomenstrang die Fitness berechnet. Je höher der Wert, desto größer die Wahrscheinlichkeit, zu überleben und sich zu paaren.

In diesem Beispiel verwenden wir folgenden Algorithmus: Wenn die Ziffer (der Inhalt) des Elementes mit dem Index übereinstimmt, wird der Fitnesswert erhöht. Das erste Element hat den Index 0. Wenn der Wert ebenfalls 0 beträgt, hat man einen Fitnesswert von 1. Wenn das zweite Element den Wert 1 hat, beträgt der Fitnesswert 2 usw. Beispiele:

chromosom_1 = [0,9,7,3,4,5,4,3,4,5] hat den Wert 4

chromosom_2 = [0,1,2,6,6,5,6,7,8,2] hat den Wert 7

chromosom_3 = [8,9,7,6,5,6,3,4,2,3] hat den Wert 0

usw.

Alle Chromosomenstränge (Listen) werden nun mithilfe dieser Funktion bewertet und auf den nächsten Schritt im Evolutionszyklus vorbereitet.

13.1.3 Reproduktion

Nun findet eine Paarung statt, wobei die Kinder ihre Gene sowohl von der Mutter als auch vom Vater erben können. Doch wer darf sich paaren? Hier gibt es verschiedene Ansätze.

Eine Möglichkeit ist es, dass sich z. B. die fittesten 20 Listen paaren dürfen. Diese Anzahl wird um eine bestimmte Anzahl zufällig ausgesuchter »Glücklicher«, die sich ebenfalls Paaren dürfen, erweitert. Diese Glücklichen werden unabhängig von ihrem Fitnesswert ausgesucht. Dieses Vorgehen frischt tatsächlich den Genpool auf. Nur die Festlegung auf den Fitnesswert führt zu einer Überzüchtung, sodass die Optimierung stagniert. Jedes Paar zeugt wiederum 100 Kinder, eine neue Generation. Die komplette Generation stirbt anschließend aus, in der nächsten Generation gibt es nur die Kinder.

Eine andere Möglichkeit ist die, dass nur einige wenige Listen pro Generation zur Paarung oder zum Tod ausgewählt werden, sodass ein großer Teil der Population überlebt und es in die nächste Generation schafft. Wir werden diese zweite Möglichkeit anwenden.

Wie sind die Gene der Kinder konkret aufgebaut? Nehmen wir an, chromosom_1 und chromosom_2 sind zur Paarung ausgewählt. Es wird per Zufall ermittelt, wo die Splittung stattfinden soll. In unserem Beispiel soll jeweils nach dem dritten Element gesplittet werden. Diese Teile der Chromosomenstränge werden gekreuzt und bilden die Chromosomenstränge der Kinder. Beispiel:

chromosom_1 = [*0,9,7,***3,4,5,4,3,4,5**] hat den Wert 4

chromosom_2 = [**0,1,2,***6,6,5,6,7,8,2*] hat den Wert 7

kind_1_chrom12 = [0,1,2,3,4,5,4,3,4,5]

Für jedes Kind kann neu gewürfelt werden, wo die Splittung erfolgen soll (und welche Sequenz von welchem Elternteil geerbt werden soll). Selbstverständlich kann die Kreuzung auch mal zu einer Verschlechterung führen, aber in der Summe wird die Optimierung verbessert.

Definieren wir wieder neue Hyperparameter:

- Anzahl der Elternpaare (10)
- Anzahl der Kinder (100)

13.1.4 Mutation

In der Natur findet gelegentlich eine Mutation statt, welche den Fitnesswert erhöhen oder senken kann. Eine Mutation kann etwas Positives (das Lebewesen ist besonders stark, schön, intelligent usw.) oder etwas Negatives bewirken (z. B. eingeschränkter Geruchssinn, Sehschwäche, fehlende Gliedmaßen). Diese Mutation ist der Motor des Evolutionskreislaufes, ohne die Mutation stagniert die Optimierung der Spezies.

In unserem Beispiel legen wir fest, dass 20 % der Nachfahren eine Mutation aufweisen sollen (Hyperparameter). Dazu wird einmal gewürfelt, um zu ermitteln, welches Element mutiert werden soll. Dann wird noch mal gewürfelt, um zu ermitteln, welchen Wert dieses Element haben soll. Somit sind die Gene dieses mutierten Nachkommens nicht nur von den Eltern geerbt.

Beispiel: Das achte Element wird durch die Zahl 7 ersetzt. Dieses Gen ist mutiert.

kind_1_chrom12 = [0,1,2,3,4,5,4,**7**,4,5]

Ein neuer Hyperparameter lautet somit:

- Prozentsatz für Mutation

13.1.5 Neue Generation

Die neue Generation ist wieder bereit für die nächste Iteration. Es muss noch festgelegt werden, wie viele Generationen der Algorithmus durchlaufen soll.

Ein weiterer Hyperparameter lautet:

- Anzahl der Generationen (hier 50)

13.2 Beispiel einer sortierten Liste

Natürlich könnten wir den vorgestellten Algorithmus selbst implementieren. Aber warum das Rad neu erfinden? Mit PyGAD steht uns ein leistungsstarkes Modul kostenlos zur Verfügung.

PyGAD

PyGAD ist eine Open-Source-Python-Bibliothek, mit deren Hilfe man Programme entwickeln kann, die auf evolutionären Algorithmen basieren, siehe *https://pygad.readthedocs.io/en/latest*.

Bitte installieren Sie über den Anaconda-Navigator das Modul PyGAD.

Betrachten wir das Programm *K13_liste-1.ipynb*. Dank der Verwendung eines Moduls für genetische Algorithmen bleibt das Programm sehr übersichtlich.

```
import pygad

# Hyperparameter

# Anzahl der Gene
num_genes = 10
# Anzahl der Generationen
num_generations = 50
# Anzahl der Chromosomen
sol_per_pop = 100
# Anzahl der Eltern
num_parents_mating = 10
# Wahrscheinlichkeit zur Mutation
mutation_percent_genes = 20
```

```
# untere Grenze der Zufallszahl
init_range_low = 0
# obere Grenze der Zufallszahl
init_range_high = 10
# Datentyp
gene_type = int
```

Listing 13.1 Definition der Hyperparameter

Hier werden das benötigte Modul geladen und Hyperparameter festgelegt.

```
# Fitnessfunktion

# die Parameter sind "vorgegeben"
# solution ist besonders wichtig, enthält die Liste
def fitness_func(ga_instance, solution, solution_idx):
    fitness = 0
    for i in range(len(solution)):
        if i == solution[i]:
            fitness = fitness + 1
    return fitness
```

Listing 13.2 Definition der Fitnessfunktion

Für jede Aufgabenstellung müssen Sie eine eigene Fitnessfunktion implementieren. Der Algorithmus muss ermitteln können, welche Chromosomen besser sind als andere. Hier ist es ganz einfach: Beim ersten Element beginnend wird geprüft, ob der Inhalt mit dem Index übereinstimmt. Wenn ja, wird die Fitnesszahl erhöht.

```
# lege eine Instanz an
ga_instance = pygad.GA(num_generations=num_generations,
                       num_parents_mating=num_parents_mating,
                       fitness_func=fitness_func,
                       sol_per_pop=sol_per_pop,
                       init_range_low=init_range_low,
                       init_range_high=init_range_high,
                       num_genes=num_genes,
                       mutation_percent_genes=mutation_percent_genes,
                       gene_type=gene_type)
```

Listing 13.3 Der PyGAD-Konstruktor

Eine Instanz wird angelegt, der Konstruktor mit den Hyperparametern aufgerufen.

```
# starte Evolutionszyklus
ga_instance.run()
```

Listing 13.4 Die Evolution wird gestartet.

Dieser Aufruf startet den Evolutionskreislauf. Je nach Konfiguration des Programmes und Rechnerausstattung kann die Ausführung eine Weile dauern.

```
# ermittle Ergebnisliste, Fitnesswert und Index der Ergebnisliste
# (hier wird nur die Ergebnisliste benötigt)
solution, solution_fitness, solution_idx = ga_instance.best_solution()

print("Beste Parameter:", solution)
print("Höchster Fitnesswert:", solution_fitness)
```

Listing 13.5 Ermittlung des Ergebnisses

Die Ergebnisse (beste Liste und deren Fitnesswert) werden ermittelt und ausgegeben. Es hat funktioniert, die Ausgabe lautet:

```
Beste Parameter: [0 1 2 3 4 5 6 7 8 9]
Höchster Fitnesswert: 10
```

Die Liste enthält die aufsteigenden Elemente, der Fitnesswert wurde korrekt berechnet.

```
# plotte das Ergebnis
ga_instance.plot_fitness()
```

Listing 13.6 Plot für die visuelle Analyse

Abschließend plotten wir den Verlauf des Fitnesswertes in Abhängigkeit von der Generation (siehe Abbildung 13.2).

Man kann erkennen, dass ziemlich früh das Optimum erreicht wurde. Hier könnten Sie den Hyperparameter für die Anzahl der Generation anpassen (z. B. 15) und das Programm erneut ausführen.

Es kann dann aber sein, dass nicht jeder Programmdurchlauf zum Erfolg führt und die Liste nicht wie gewünscht generiert wird. Wenn also immer die Liste wie gewünscht generiert werden soll, können Sie z. B. die Anzahl der Generationen auf 100 erhöhen und das Programm erneut testen. Dann ist die Wahrscheinlichkeit höher, dass jeder Programmablauf zielführend ist. Dafür müssen Sie nur ein wenig Rechenzeit investieren.

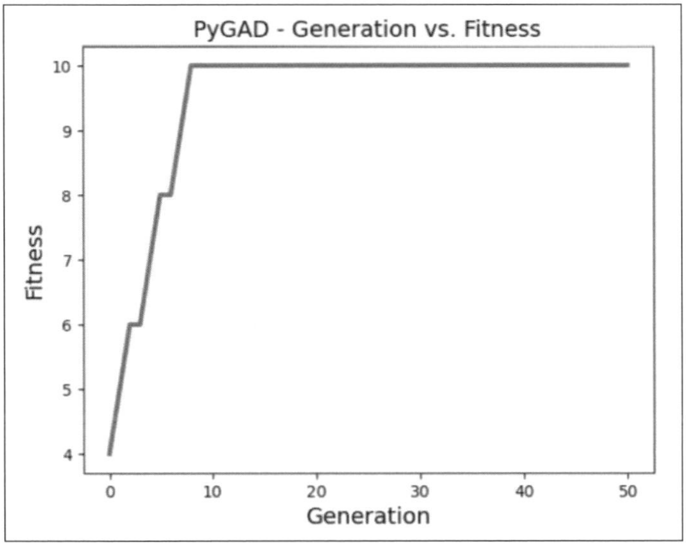

Abbildung 13.2 Plot des Verlaufes

13.3 Beispiel für Gleichungssysteme

Im nächsten Beispiel, *K13_gleichung-1.ipynb*, sollen mithilfe der Evolutionstheorie die drei Unbekannten (x, y und z) in einem Gleichungssystem bestimmt werden:

$$-3x - 4y + 3z = -5$$

Welche Änderungen sind notwendig? Hier müssen wir die Anzahl der Gene auf 3 (drei Unbekannte) setzen. Außerdem stellen wir die Anzahl der Generationen auf 500 und den Datentyp auf Float ein. Die Zufallszahlen sollen sich im Bereich zwischen -10 und +10 befinden. Da hier nur drei Gene vorhanden sind, setzen wird die Mutationswahrscheinlichkeit auf 34 %, damit überhaupt eine Mutation erfolgen kann.

Es ist sehr wichtig, für die Aufgabenstellung eine passende Fitnessfunktion zu implementieren. In diesem Beispiel werden wir die ermittelten Werte jeweils in die Gleichung einsetzen und das Ergebnis berechnen. Danach werden wir die Abweichung von der Zahl -5 ermitteln. Je kleiner die Abweichung, desto besser. Aber für den Evolutionsprozess bedeutet ein größerer Wert eine höhere Wahrscheinlichkeit zum Überleben bzw. für die Paarung. Daher werden wir die Differenz mit der Zahl mit -1 multiplizieren. Dadurch werden die Fitnesswerte umso negativer ausfallen, je schlechter sie sind. Je näher der Wert an der Zahl 0 ist, desto besser. Durch diesen Trick haben stärkere Chromosomen wieder höhere Fitnesswerte als schwächere.

```
import pygad

# Hyperparameter

# Anzahl der Gene
num_genes = 3
# Anzahl der Generationen
num_generations = 500
# Anzahl der Chromosomen
sol_per_pop = 100
# Anzahl der Eltern
num_parents_mating = 10
# Wahrscheinlichkeit zur Mutation
mutation_percent_genes = 34

# untere Grenze der Zufallszahl
init_range_low = -10
# obere Grenze der Zufallszahl
init_range_high = 10
# Datentyp
gene_type = float

# Fitnessfunktion

# die Gleichung lautet: -3x -4y +3z = -5

# die Parameter sind "vorgegeben"
# solution ist besonders wichtig, enthält die Liste
def fitness_func(ga_instance, solution, solution_idx):
    x = solution[0]
    y = solution[1]
    z = solution[2]
    result = -3*x - 4*y + 3*z
    fitness = abs(-5-result) * (-1)

    return fitness

# lege eine Instanz an
ga_instance = pygad.GA(num_generations=num_generations,
                       num_parents_mating=num_parents_mating,
```

```
                    fitness_func=fitness_func,
                    sol_per_pop=sol_per_pop,
                    init_range_low=init_range_low,
                    init_range_high=init_range_high,
                    num_genes=num_genes,
                    mutation_percent_genes=mutation_percent_genes,
                    gene_type=gene_type)

# starte Evolutionszyklus
ga_instance.run()

# ermittle Ergebnisliste, Fitnesswert und Index der Ergebnisliste (hier nicht
benötigt)
solution, solution_fitness, solution_idx = ga_instance.best_solution()

print("Beste Parameter:", solution)
print("Höchster Fitnesswert:", solution_fitness)
```

Listing 13.7 Lösung der Funktionsgleichung mithilfe der Evolution

Die Ausgabe lautet:

```
Beste Parameter: [-7.60901208  8.26523211  1.74462676]
Höchster Fitnesswert: -1.1942404153586494e-05
```

Führen wir eine Rechnung mit den ermittelten Werten durch, um zu verifizieren, dass die ermittelten Parameter richtig sind.

```
# Rechnung mit dem besten Ergebnis
x = solution[0]
y = solution[1]
z = solution[2]
result = -3*x - 4*y + 3*z

print(result)
```

Listing 13.8 Testrechnung mit den Ergebnissen

Das Ergebnis lautet -5,000012. Das ist doch nicht schlecht. Stellen Sie noch den Datentyp auf Integer um, und testen Sie das Programm erneut.

13.4 Beispielanwendung aus der Praxis

Der Ansatz, bei der Optimierung die Natur zu imitieren, ist genial. Vielleicht können Sie das bei den vorgestellten Beispielen nicht erkennen und werden sich fragen, warum man nicht einfach eine geordnete Liste erstellt oder die Gleichungssysteme löst und so einen Aufwand mit genetischen Algorithmen betreibt. Es ging in den Beispielen nur darum, Ihnen das Verfahren näher zu bringen. Mit fortgeschrittenen Python-Kenntnissen können Sie viele Optimierungsaufgaben mit diesem Verfahren lösen. Ein praktisches Beispiel möchte ich hier noch vorstellen: den Entwurf eines Reglers.

Ein *Regelkreis* ist, vereinfacht ausgedrückt, ein System, bei dem man einen gewünschten Zustand einstellen kann und dieser auch bei Störungen (im gewissen Rahmen) eingehalten wird.

- Temperaturregelung: Sie stellen die Raumtemperatur ein, das System wird auf diesen Wert geregelt. Wenn Sie das Fenster aufmachen, sorgt der Regler dafür, dass diese Störung ausgeregelt wird, indem z. B. die Heizleistung automatisch erhöht wird.
- Drehzahlregelung: Sie stellen die Motordrehzahl ein. Wenn der Motor durch ein Gewicht belastet wird, sorgt der Regler dafür, dass die Leistung angepasst wird und die Drehzahl gleichbleibt.

Die Kunst liegt darin, einen Regler für solche Systeme zu entwerfen. Oft verwendet man den *PID-Regler*, der aus einem Proportional-, Integral- und Differentialanteil besteht. Für jede konkrete Problemstellung gilt es, diese drei Parameter optimal einzustellen. Hierzu gibt es z. B. empirische (Trial-and-Error) oder höhere, mathematische Einstellverfahren. Man kann aber auch die Evolution imitieren, um die drei Parameter zu ermitteln.

Während der Evolutionszyklen werden verschiedene Parameterkombinationen für den Regler generiert, welche bewertet werden müssen. Wir brauchen also eine Fitnessfunktion, um die Qualität der Regler zu bestimmen. Der Regler wird eingestellt (Sollwert), das System eingeschaltet und das Verhalten (Istwert) beobachtet. Die Anforderungen an den Regler sind:

- Es sollte kein oder wenig *Überschwingen* geben. Wenn sie am Thermostat 25 °C einstellen (Sollwert), soll die Temperatur nicht erst auf 35 °C steigen und dann wieder auf 25 °C (Istwert) sinken.
- Das System sollte nicht *oszillieren*. Wenn 25 °C eingestellt sind, soll die Temperatur nicht dauernd zwischen 20 °C und 30 °C hin- und herwechseln.
- Die *Einschwingzeit* sollte nicht zu lange sein. Wenn Sie eine Temperatur einstellen, soll diese nicht erst nach vier Stunden erreicht werden.

- Der *Regelabstand* sollte nicht zu groß sein. Wenn Sie 25 °C einstellen, meinen Sie das auch so. Es soll dann nicht eine Temperatur von 23 °C konstant eingehalten werden.

Wir müssen also zu jedem generierten Regler diese Anforderungen messen und bewerten bzw. einen Fitnesswert vergeben. Mit ein wenig Python-Code ist das gut realisierbar. Ich habe dazu ein Programm geschrieben, zu finden auf *https://github.com/mck-sbs/PyConSys*.

Sehen Sie sich bitte den Plot von einem ungeregelten bzw. schlecht geregelten System in Abbildung 13.3 an. In Zeitschritt 1000 wird die Sollgröße (in der Regelungstechnik spricht man von der *Führungsgröße w*) auf 1 (100 %) eingestellt. Das System bzw. der Istwert erreicht diesen Wert nicht, fängt an zu schwingen (in der Regelungstechnik spricht man von der *Regelgröße x*).

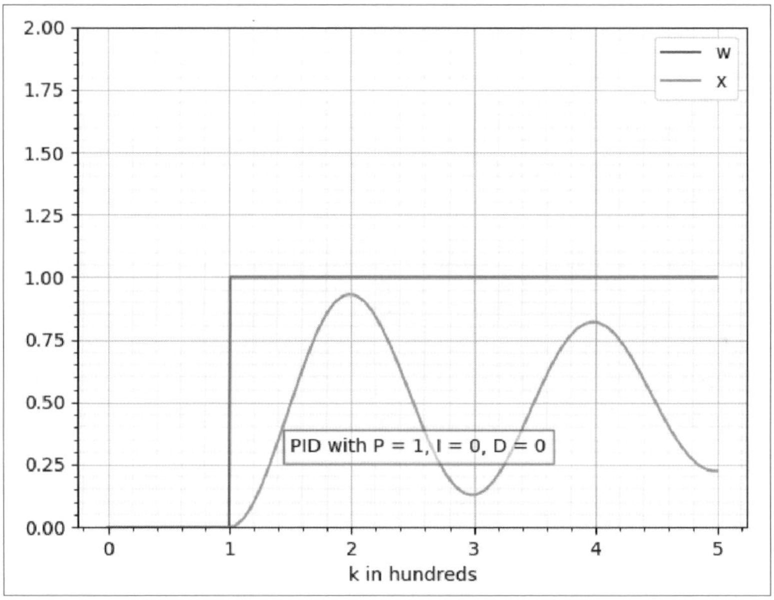

Abbildung 13.3 Ungeregeltes System

Im Folgenden werden die Regelparameter P, I und D so eingestellt, dass die oben genannten Anforderungen an den Regler erfüllt werden. Zu jedem generierten Regler erfolgt eine Simulation, und der Fitnesswert wird ermittelt. Das Programm PyConSys geht dabei wie folgt vor:

- 800 Regler mit zufälligen generierten PID-Kombinationen werden eingesetzt und simuliert.
- Zu jedem Regler wird der Fitnesswert ermittelt, z. B. PID1 = 456, PID2 = 564 usw.

- Die fittesten zehn Regler (mit den höchsten Fitnesswerten) und zufällig ausgesuchte 150 »Glückliche« (unabhängig vom Fitnesswert) dürfen sich paaren. Die Kinder erben die Eigenschaften der Eltern. Ein PID-Kind1 erbt z. B. den P-Anteil vom Vater, I- und D-Anteile von der Mutter. PID-Kind2 erbt hingegen P- und D-Anteile vom Vater, I-Anteil von der Mutter usw. Welcher Parameter von wem geerbt wird, ist vom Zufall abhängig.
- 5 % der Kinder haben eine Mutation, ein Parameter wird jeweils zufällig generiert. Genauer: 5 % werden per Zufall ermittelt. Bei jedem dieser Kinder wird wieder zufällig ermittelt, welcher Parameter mutiert (P, I oder D), anschließend wird dessen Wert zufällig generiert.
- Dann folgen Simulationen für die Kinder, Ermittlung der Fitnesswerte, Paarung usw. Der Kreislauf beginnt also von Neuem. Insgesamt gibt es 20 Generationen.
- Abschließend wird der Regler mit dem besten Fitnesswert für das System verwendet.

Das Ergebnis sehen Sie in Abbildung 13.4. Sehen Sie, wie schön sich der Istwert an den Sollwert anschmiegt? Für Regelungstechniker*innen ist das fast ein romantischer Anblick.

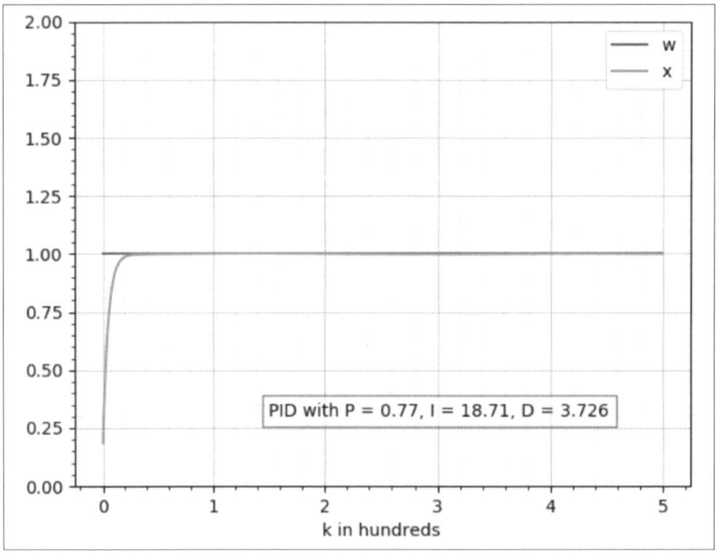

Abbildung 13.4 Regelkreis mit einem ermittelten PID-Regler

Die PID-Parameter wurden mithilfe des evolutionären Algorithmus bestimmt. Der Sollwert wird schnell erreicht, es gibt kein Überschwingen und das System oszilliert nicht. Alles genau so, wie wir es haben wollten.

13.5 Übungen

Übung 1: Hyperparameter-Optimierung

Erstellen Sie eine Kopie des Programmes *K13_gleichung-1.ipynb*, verändern Sie einige Hyperparameter, und analysieren Sie jeweils die Ergebnisse. Für diese Aufgabe gibt es keine Musterlösung.

Übung 2: Gleichungssystem

Folgende Gleichung ist gegeben:

$$a \cdot \sin(b) + c \cdot \cos(d) + e \cdot \tan(f) = 12$$

Bestimmen Sie die Unbekannten a bis f.

Hinweis: Die Winkelfunktionen finden Sie im Modul `math`. Importieren Sie das Modul, der Aufruf erfolgt danach z. B. mit `math.sin(0.3)`.

Kapitel 14

ChatGPT und GPT-4

Die Firma OpenAI hat mit der Veröffentlichung von ChatGPT (Generative Pre-trained Transformer) einen regelrechten Hype ausgelöst.

Worum geht es in diesem Kapitel?

In diesem Kapitel sehen wir uns die Möglichkeiten an, die uns dieser mächtige Chatbot bietet.

- Prompts formulieren
- zielgerichtet Inhalte generieren lassen
- Texte, auch PDF-Dateien, analysieren und zusammenfassen
- ChatGPT als Programmierhilfe einsetzen
- die Programmierschnittstelle mit Parametern, Rollen, User-Profilen und Filtern verwenden
- längere Konversationen über die Programmierschnittstelle realisieren
- Audiodateien verwenden

Der Hype um ChatGPT ist nicht ungerechtfertigt. Ein Chatbot mit diesen Fähigkeiten hatte die Menschheit noch nicht gesehen; innerhalb von zwei Monaten hatten sich über 100 Millionen User angemeldet. Zum Vergleich: Instagram benötigte für diese User-Zahl zwei Jahre. Viele sehen in dieser Technologie neue Chancen, die sich z. B. in den Bereichen Kunst, Kultur und Wissenschaft eröffnen. Andere wiederum weisen auf die Gefahren hin, die sie sehen: Wegfall von Arbeitsplätzen, Betrügereien in der Bildung usw. Wie so oft wird die Wahrheit wohl irgendwo dazwischen liegen. Aber auch diese Technologien wird sich nicht aufhalten lassen. Sie werden selbst sehen, wie hilfreich so ein Chatbot sein kann.

Und was können Sie nun mit diesem Chatbot machen? Nutzen Sie ChatGPT wie ihren ganz persönlichen digitalen Assistenten. Stellen Sie über die Webseite fragen, lassen Sie Vorlagen erstellen, dichten, texten, programmieren, erklären usw. Die erste Hürde, die sie davon abhalten wird, das volle Potenzial auszuschöpfen, wird die sein, dass Sie sich nicht vorstellen können, was das Tool alles kann, und dass Sie somit durch zurückhaltende Anfragen selbst die Qualität der Ergebnisse beschränken. Eine weitere Hürde ist die detaillierte Formulierung der Anfrage, damit der Chatbot genau weiß, was von ihm erwartet wird. Dazu bedarf es ein wenig Übung.

Mit den zur Verfügung gestellten Programmierschnittstellen können Sie eigene Anwendungen programmieren, die wiederum ChatGPT bzw. den Nachfolger GPT-4 verwenden. Sie benötigen einen Chatbot für den Support, ein Tutoring-System oder eine Übersetzung? Nutzen Sie diese Programmierschnittstelle, und erstellen Sie mit wenig Code mächtige Anwendungen.

Denken Sie immer daran, dass auch diese KI mit Daten aus der Vergangenheit trainiert wurde, aktuelle Themen sind dem Tool deshalb noch unbekannt. Außerdem: Nur weil die Daten irgendwo dem Chatbot zur Verfügung standen, bedeutet es nicht, dass diese der Wahrheit entsprechen. Insbesondere bei der Nutzung der Programmierschnittstelle sollten Sie Ihre Anwendung gründlich testen.

Fragen wir ChatGPT selbst oder seinen Nachfolger GPT-4, wie sie funktionieren (*https://chat.openai.com*). Für die Nutzung müssen Sie ein Konto einrichten.

User: *Ich habe gute KI-Grundkenntnisse. Erkläre mir die technischen Details: Wie funktionierst du?*

Antwort: *Natürlich, gerne erkläre ich dir die technischen Details meiner Architektur!*

*1. **Modellarchitektur**: Ich bin auf der Transformer-Architektur basiert, die 2017 von Vaswani et al. vorgestellt wurde. Die spezifische Implementierung, die ich verwende, ist bekannt als GPT (Generative Pre-trained Transformer), und ich basiere auf der vierten Version, GPT-4.*

*2. **Schichten und Neuronen**: GPT-4 besteht aus mehreren Transformer-Schichten, wobei jede Schicht eine bestimmte Anzahl von Neuronen oder "Einheiten" enthält. Diese Schichten sind in zwei Hauptteile unterteilt: den Multi-Head Attention Mechanismus und Feed-Forward-Netzwerke.*

*3. **Multi-Head Attention**: Dies ermöglicht es dem Modell, Informationen aus verschiedenen Teilen des Eingabetextes gleichzeitig zu berücksichtigen. Die Attention-Scores zeigen, wie stark die Wörter im Text miteinander in Beziehung stehen, und Multi-Head Attention erlaubt es dem Modell, diese Beziehungen aus verschiedenen "Sichtwinkeln" zu betrachten.*

*4. **Feed-Forward-Netzwerke**: Diese bestehen aus mehreren dicht verbundenen Schichten und einer Aktivierungsfunktion. Sie sind dafür verantwortlich, komplexe Muster und Beziehungen in den Daten zu erkennen.*

*5. **Tokenisierung**: Eingabetexte werden in Tokens unterteilt, die dann in Vektoren umgewandelt werden, um sie durch das Netzwerk zu leiten.*

*6. **Training**: Das Modell wurde durch Supervised Learning trainiert, indem es eine große Anzahl von Texten verwendet hat. Dabei wurden die Gewichte des Modells so angepasst, dass die Wahrscheinlichkeit der Vorhersage des nächsten Wortes in einem Satz maximiert wurde.*

*7. **Feinabstimmung**: Zusätzlich zur Vorabausbildung kann das Modell auf spezifische Aufgaben oder Datensätze abgestimmt werden, um seine Leistung in bestimmten Bereichen zu verbessern.*

*8. **Skalierung**: Einer der Gründe, warum GPT-4 so leistungsfähig ist, liegt in der schieren Größe des Modells. Es hat mehr Parameter und Schichten als seine Vorgänger, was es ihm ermöglicht, komplexere Muster und Abstraktionen in den Daten zu erfassen.*

*9. **Aktivierungsfunktionen und Optimierer**: Es verwendet spezifische Aktivierungsfunktionen wie ReLU und Optimierer wie Adam, um den Lernprozess zu steuern.*

*10. **Regularisierung**: Um das Überanpassen (Overfitting) zu verhindern, werden Techniken wie Dropout und Layer Normalization verwendet.*

Zusammen ermöglichen diese Komponenten dem Modell, aus einem großen Textkorpus zu lernen und menschenähnliche Texte zu generieren. Die Entwicklung und das Training solcher Modelle sind jedoch extrem rechenintensiv und erfordern erhebliche Hardware-Ressourcen.

Die Antwort der Chatbots fasst das Wichtigste kurz und bündig zusammen. Sie können bei Interesse natürlich weitere, detailliertere Fragen stellen. In der Antwort ist von Tokens die Rede. Nehmen wir folgenden Satz als Beispiel: »Was sind Tokens?«. Dieser Satz wird in Wörter, Wortbestandteile und Zeichen zerlegt, welche als *Tokens* bezeichnet werden. Für dieses Beispiel lauten die Tokens »Was«, »s«, »ind«, »Tokens«, »?«. Würde man mit Wörtern statt mit Tokens arbeiten, gäbe es viele Wortvariationen zu betrachten und zu berücksichtigen. Das andere Extrem, die Betrachtung von Buchstaben, würde die Anzahl der Verarbeitungsschritte sehr stark erhöhen.

Wenn es weitere Begriffe oder Themen gibt, die Sie nicht verstehen, fragen Sie einfach weiter nach. Das Tool wird nie entnervt die Konversation abbrechen.

Mit unserem Programm Textgenerierung in Abschnitt haben wir eine KI programmiert, welche mit einem Text von Goethe trainiert worden ist und anschließend selbst Text in diesem Stil generiert hat, wobei das Ergebnis ehrlich gesagt etwas bescheiden war. Aber diese Kenntnisse sollten dazu dienen, dass Sie das Prinzip von Chatbots besser verstehen. In unserem Programm wurde zu einer Zeichenfolge mit 100 Zeichen das nächste Zeichen mit der höchsten Wahrscheinlichkeit generiert. ChatGPT und GPT-4 arbeiten mit Tokens. Zu einer Sequenz von Tokens wird das nächste Token generiert. Dieses Ergebnis mit dem neuen Token wird nochmals analysiert und zu der neuen Sequenz wieder ein Token generiert. Diese Prozedur wiederholt sich mehrere Male.

Die Preise für ChatGPT richten sich nach dem verwendeten Modell und der Anzahl der Tokens. Die Nutzung einfacher Modelle über die Webmaske ist für ChatGPT-3.5 kostenlos, wobei der Zugriff z. B. bei Auslastung der Server nicht garantiert wird. Wenn Sie jedoch die Programmierschnittstelle oder performante Modelle nutzen wollen, müssen Sie für diese Dienste bezahlen. Die Preise für GPT-3.5 beginnen aktuell bei 0,0015 US$ pro Token. Sie können davon ausgehen, dass 75 Wörter etwa 100 Tokens darstellen. Für das aktuelle Modell GPT-4 müssen Sie zurzeit ein Plus-Abo für 20 US$ pro Monat abschließen. Dafür ist das Modell viel leistungsstarker, und Sie haben einen priorisierten Zugang zum Server, auch bei hoher Auslastung. Auf der Homepage (*https://openai.com/pricing*) finden Sie die aktuellen Preise und Gegenüberstellungen verschiedener Pakete.

14.1 Prompt Engineering

Die Schnittstelle zur Interaktion ist der sogenannte Prompt. Bevor Rechner grafische Oberflächen hatten, waren Prompts die einzige, direkte Interaktionsmöglichkeit zu Computersystemen. Die Eingabeaufforderung von Windows sowie der Terminal bei Linux oder macOS sind Beispiele dafür. Vor dem Siegeszug von ChatGPT hätte wohl keiner gedacht, dass sich diese Form der Interaktion zu Computern wieder stärker verbreiten würde.

Jede Nutzerin bzw. jeder Nutzer kann ohne viel Vorwissen Fragen bzw. Anweisungen formulieren. Aber auch hier kann man bessere Ergebnisse erzielen, wenn man sich vorher mit der Thematik auseinandersetzt. In diesem Abschnitt werden dazu einige Beispiele vorgestellt.

14.1.1 Inhalte generieren

Nehmen wir an, Sie haben einen neuen Familienhund und brauchen einige Namensvorschläge. Die Antworten sind jeweils gekürzt, ausgelassene Textstellen durch drei Punkte ersetzt.

User: *Schlage mir Namen für unseren neuen Familienhund vor.*

Antwort: *Natürlich, ich helfe gerne bei der Namenssuche für euren neuen Familienhund! Hier sind einige Vorschläge, sowohl männliche als auch weibliche und unisex. Natürlich hängt die Wahl auch von der Rasse, Größe, Farbe oder dem Charakter des Hundes ab.*

Männliche Namen:

1. Max

2. Bruno

3. Felix

...

Weibliche Namen:

1. Bella

2. Luna

3. Daisy

...

Unisex Namen:

1. Lucky

2. Bailey

3. Teddy

...

Witzige oder Themenbezogene Namen:

1. Einstein (für einen besonders klugen Hund)

2. Cookie (süß wie ein Keks!)

3. Captain (für einen Anführer)

...

Ich hoffe, diese Vorschläge helfen euch bei der Namensfindung für euren neuen vierbeinigen Freund!

Nun, kann man so machen. Aber je genauer die Information sind, die Sie dem Chatbot mitgeben, desto präziser werden die Antworten.

User: *Wir haben einen neuen Familienhund. Es ist ein Männchen, die Rasse ist Malteser, die Farbe ist weiß. Schlage einige Namen vor.*

Antwort: *Natürlich! Da es sich um einen männlichen Malteser handelt, der weiß ist, könnten folgende Namen gut passen:*

1. Schneeball (passend zur weißen Farbe)

2. Biscuit

3. Marshmallow

4. Casper

5. Finn

...

Die Malteser sind dafür bekannt, liebevoll und verspielt zu sein, und diese Namen spiegeln sowohl die Farbe als auch den freundlichen Charakter der Rasse wider. Ich hoffe, einer dieser Namen passt zu eurem neuen Familienmitglied!

Diese Antworten sind jetzt viel präziser. Sie können aber noch mehr Kontext eingeben. Wenn Sie ein Fan von Star Wars sind, teilen Sie es doch mit. Sie müssen dabei die Frage nicht komplett neu eingeben. Ergänzen Sie im nächsten Prompt Ihre Frage bzw. Anweisung. Solange Sie keinen neuen Chat starten, wird der Kontext der Unterhaltung beibehalten.

User: *Wir sind Fans von Star Wars. Schlage Namen in diesem Zusammenhang vor.*

Antwort: *Da ihr Fans von Star Wars seid, gibt es viele coole Möglichkeiten, euren Malteser nach einem Charakter oder einem Begriff aus diesem Universum zu benennen. Hier sind einige Vorschläge:*

*1. **Luke** (nach Luke Skywalker)*

*2. **Chewie** (kurz für Chewbacca)*

*3. **Yoda** (für einen weisen kleinen Hund)*

*4. **Solo** (nach Han Solo)*

*5. **Obi** (kurz für Obi-Wan Kenobi)*

*6. **R2** (nach R2-D2)*

*7. **Leia's Freund** (wenn ihr einen weiblichen Hund in der Familie habt)*

*8. **Kylo** (nach Kylo Ren)*

...

Diese Namen könnten die Verbindung zwischen eurem neuen Hund und eurer Liebe zu Star Wars symbolisieren. Möge die Macht mit euch sein!

Sie können z. B. noch mitteilen, wie viele Namen es vorschlagen soll. Je mehr Kontext, desto besser dic Antworten.

Ein anderes Beispiel: Sie besuchen die Technikerschule in Herzogenaurach und möchten sich für eine Praktikumsstelle in der IT-Abteilung der Stadt Herzogenaurach initiativ bewerben. Sie benötigen dafür ein Bewerbungsschreiben. Seien wir ehrlich, auch ohne ChatGPT würden Sie im Internet recherchieren, wie man so ein Schreiben zielführend aufsetzen könnte.

User: _Ich bin Schüler an der Technikerschule und möchte mich für eine Praktikumsstelle in der IT-Abteilung der Stadt Herzogenaurach initiativ bewerben. Ich benötige dafür ein Bewerbungsschreiben. Erstelle das Schreiben, maximal eine Seite lang._

Als Antwort bekommen Sie einen ersten Entwurf. Betrachten Sie diesen aber bitte kritisch. Ohne viel Kontext könnten die Ergebnisse auch von einer Suchmaschine stammen. In diesem Schreiben fehlen z. B. Ihre Fachkenntnisse, wie Programmiersprachen usw. Im nächsten Prompt können Sie das ergänzen und das Schreiben noch mal generieren lassen. Oder noch besser: Fragen Sie ChatGPT, welche Kontextinformationen es für ein besseres Schreiben benötigt.

User: _Welche Kontextinformationen benötigst du, um das Schreiben detaillierter zu verfassen?_

Antwort: _Um das Bewerbungsschreiben noch detaillierter und zielgerichteter verfassen zu können, wäre es hilfreich, folgende Informationen zu kennen:_

1. **Spezifische Kenntnisse und Fähigkeiten**: Welche konkreten Fähigkeiten, Programmiersprachen oder Technologien beherrschst du, die besonders relevant für die Position sein könnten?

2. **Projekterfahrung**: Gibt es bestimmte Projekte oder Kurse, an denen du teilgenommen hast, die direkt mit der Arbeit in der IT-Abteilung der Stadt Herzogenaurach in Verbindung stehen könnten?

3. **Persönliche Motivation**: Was zieht dich speziell zur IT-Abteilung der Stadt Herzogenaurach? Gibt es bestimmte Projekte oder Initiativen, die dich besonders interessieren?

4. **Zeitrahmen des Praktikums**: Wann möchtest du das Praktikum beginnen, und wie lange soll es dauern? Ist es ein Pflichtpraktikum im Rahmen deines Studiums?

5. **Kontaktinformationen des Unternehmens**: Falls du den Namen der zuständigen Person in der IT-Abteilung hast, könnte das Schreiben persönlicher gestaltet werden.

6. **Frühere relevante Erfahrungen**: Hast du bereits Praktika oder andere relevante Arbeitserfahrungen in der IT oder verwandten Bereichen?

*7. **Anforderungen der Stelle**: Falls du spezifische Informationen darüber hast, welche Qualifikationen oder Erfahrungen für die Position erwünscht oder erforderlich sind, kann das Schreiben entsprechend angepasst werden.*

Diese Informationen würden es ermöglichen, das Bewerbungsschreiben stärker auf die spezifische Position und deine einzigartigen Qualifikationen zuzuschneiden.

Sie benötigen ein Arbeitsblatt zu Winkelfunktionen mit Musterlösungen? Lassen Sie es sich generieren. Viele Schülerinnen und Schüler fragen vor Leistungsnachweisen nach zusätzlichem Übungsmaterial. Mit ChatGPT können sie sich selbst Aufgaben und Lösungen generieren lassen. Und wenn Sie eine Aufgabe nicht verstehen, kann es das Tool bei Bedarf noch mal bzw. anders erklären. Ergänzungen wie »Erkläre es mir, als wäre ich zwölf Jahre alt!« führen zu einfacheren Erläuterungen.

Manchmal hat man als Lehrkraft für ein bestimmtes Themenfeld eine Idee und möchte diese auf neue Themenfelder übertragen. Auch das funktioniert sehr gut.

User: *Es folgt eine Handlungssituation zu einem Spannungsteiler im Fach Elektrotechnik, 10. Klasse. Erzeuge eine ähnliche Handlungssituation zur Diode. Die Handlungssituation zum Spannungsteiler lautet: Ihr Flugzeug ist im Dschungel abgestürzt, und Sie sind der einzige Überlebende. Leider ist die Batterie (eigentlich Akku) Ihres Smartphones leer, sodass Sie sich auf dem Weg machen müssen, um Hilfe zu holen. Auf der Suche nach Hilfe finden Sie auf einem abgelegenen Weg ein verlassenes Auto, an dem alle Reifen abmontiert sind. Das Auto ist nicht fahrtüchtig, aber die Batterie (eigentlich Akku) hat noch Spannung. Im Auto befinden sich ein Taschenrechner, ein Lineal, zehn einstellbare Widerstände (Potis), ein funktionstüchtiges Tablet mit einem E-Technik-Simulationsprogramm (ein x-Gerät, daher Akku nicht ausbaubar), karierte Blätter und eine E-Technik-Formelsammlung. Sie wollen Ihr Smartphone über die Autobatterie laden, welche eine Spannung von 12 V hat. Der USB-Anschluss Ihres Smartphones benötigt jedoch 5 V und der maximale Laststrom beträgt 1 A. Ihr Überleben hängt davon ab, dass Sie eine Schaltung entwickeln, um ihr Smartphone über die Autobatterie zu laden und Hilfe zu holen.*

Antwort: *Natürlich! Hier ist eine Handlungssituation zur Diode, die ähnlich gestaltet ist und in einem Kontext der 10. Klasse im Fach Elektrotechnik passt:*

Ihr Schiff ist auf einer unbewohnten Insel gestrandet, und Sie sind der einzige Überlebende. Glücklicherweise befindet sich ein alter Leuchtturm auf der Insel, dessen Lichtsignal Sie nutzen könnten, um Hilfe zu signalisieren. Das Problem ist, dass die Batterie (eigentlich Akku) des Leuchtturms schwach ist und nur noch für eine begrenzte Zeit Energie liefern kann.

Sie entdecken im Leuchtturm eine Schachtel mit verschiedenen elektronischen Bauteilen, darunter mehrere Dioden, ein Multimeter, ein Solarpanel, einige Drähte, ein funktionierendes Tablet mit einem E-Technik-Simulationsprogramm (ein x-Gerät, daher Akku nicht ausbaubar), karierte Blätter und eine E-Technik-Formelsammlung.

Ihr Plan ist es, das Solarpanel so mit der Batterie des Leuchtturms zu verbinden, dass es die Batterie während des Tages aufladen kann, ohne dass Energie in umgekehrter Richtung fließen kann. Dies würde bedeuten, dass die Batterie in der Nacht genug Energie hätte, um das Lichtsignal zu senden. Sie wissen, dass eine Diode genau diesen Zweck erfüllen kann, da sie den Strom in nur einer Richtung fließen lässt.

Ihr Überleben hängt davon ab, dass Sie die richtige Schaltung entwickeln, um die Batterie mit dem Solarpanel unter Verwendung der Dioden zu verbinden, damit Sie das Lichtsignal in der Nacht nutzen und Hilfe holen können.

Diese Handlungssituation führt das Konzept einer Diode in einem spannenden und praxisrelevanten Kontext ein. Es könnte als Grundlage für Unterrichtsaktivitäten oder Übungen dienen, um das Verständnis der Schüler für die Funktion einer Diode zu fördern.

Ob dieses Beispiel wirklich praxisrelevant ist, sei dahingestellt. Aber der Stil wurde tatsächlich übernommen. Jetzt könnten im Anschluss auch konkrete Aufgaben mit Rechnungen und Lösungen generiert werden. In Zeiten von Instagram und TikTok muss man sich als Lehrkraft immer neue Dinge einfallen lassen, um die Aufmerksamkeit der Klasse ein paar Minuten aufrecht zu erhalten. Sonst wischen die Schülerinnen und Schüler gefühlt innerlich weiter.

Natürlich kann es nun problematisch sein, Hausaufgaben zu vergeben und die Ergebnisse zu benoten. Je nach Aufgabenstellung können die Schülerinnen und Schüler generative KI-Tools verwenden und diese Aufgaben teilweise oder gar komplett von diesen lösen lassen. Aber man kann das Ganze auch aus einem anderen Blickwinkel sehen. Anwendungen wie diese können ein Stück weit auch zu Bildungsgerechtigkeit führen. Schülerinnen und Schüler, die keine Akademiker*innen als Eltern haben, können sich nun auch zuhause helfen lassen. Ähnliches gilt auch für Erwachsene, die sich fortbilden wollen. Nicht alle können sich teure Kurse leisten. Lassen Sie sich z. B. von ChatGPT eine Struktur für einen Kurs generieren, in Form einer Inhaltsangabe. Im Anschluss können Sie die einzelnen Kapitel verfeinern oder weiter untergliedern lassen. Danach können Lehrinhalte generiert werden. Ergänzend dazu kann man sich auch über Videos oder Bücher informieren. Jedes Kapitel kann sogar durch einen generierten Test abgeschlossen werden. Selbstverständlich kann dieses Vorgehen keinen wohlüberlegten, vielfach bewährten Kurs ersetzen (noch nicht), aber Interessierte haben jetzt neue, noch nie dagewesene Möglichkeiten.

Wir können festhalten, dass man immer bessere Ergebnisse bekommt, wenn viel Kontextinformation mitgegeben wird. Dann muss der Chatbot selbst weniger Annahmen treffen, um die Interpretationslücken zu schließen. Sie können gleich die Frage oder Anweisung mit viel Kontext formulieren oder diese im Anschluss in den nächsten Prompts ergänzen. Im Zweifelsfall fragen Sie ChatGPT, welche Kontextinformationen zu besseren Ergebnissen führen könnten.

Eine große Hürde liegt darin, dass man am Anfang gar nicht glauben möchte, zu was alles dieses Tool in der Lage ist. Sie werden immer wieder selbst überrascht sein, welche Ergebnisse es liefert. Lassen Sie für Ihre Liebsten ein Gedicht verfassen, testen Sie neue Kochrezepte, kreieren Sie einen neuen Trainingsplan, lassen Sie Presseartikel formulieren. Wenden Sie es an, und sammeln Sie Erfahrung.

Sie sollten die Ergebnisse aber kritisch überprüfen. Ein generiertes Schreiben z. B. kann Ihnen viel Zeit ersparen. Oft weiß man nicht, wie die Struktur sein sollte oder wo man beginnen sollte. Ein Vorschlag von einem Chatbot ist da sehr hilfreich. Nehmen Sie sich im Anschluss jedoch die Zeit, den Text zu überprüfen und anzupassen.

14.1.2 Programmieren

Wenn es in der Vergangenheit um Jobängste in Zusammenhang mit KIs ging, waren die Programmiererinnen und Programmierer immer ausgenommen. Auch das hat sich jetzt geändert. Der Markt für Fachkräfte ist aber immer noch weit von der Sättigung entfernt, also keine Sorge. Sehen Sie ChatGPT als eine Art Programmierhilfe, die Sie bei der Entwicklung unterstützt. Eine erfahrene Entwicklerin bzw. einen erfahrenen Entwickler kann es (und wieder ein »noch«) nicht ersetzen.

Sie können von dem Tool z. B. Teile vom Quellcode generieren lassen. Im nächsten Beispiel soll ChatGPT einen Quellcode in der Programmiersprache Python generieren, welche die Primzahlen zwischen 1 und 100 ausgibt.

User: *Generiere Python-Quellcode für eine Funktion, die alle Primzahlen bis 1000 ausgibt. Der Quellcode soll auch Kommentare enthalten, welche die Anweisungen beschreiben.*

Auf diese Frage bekommen Sie eine ausführliche Antwort, welche auch den Algorithmus im Allgemeinen beschreibt. Und natürlich den Quellcode, den Sie einfach kopieren und in Ihre Anwendungen einfügen können.

```
def primzahlen_bis_1000():
    # Eine Liste, um die gefundenen Primzahlen zu speichern
    primzahlen = []
```

```
    # Schleife, um alle Zahlen von 2 bis 1000 zu überprüfen
    for num in range(2, 1001):
        # Annahme, dass die aktuelle Zahl eine Primzahl ist
        ist_primzahl = True

        # Schleife, um die aktuelle Zahl durch alle bisher gefundenen
        # Primzahlen zu teilen
        for prim in primzahlen:
            # Wenn die Zahl teilbar ist, ist sie keine Primzahl
            if num % prim == 0:
                ist_primzahl = False
                break
            # Optimierung: Wir müssen nicht weiter testen, wenn die aktuelle
            # Primzahl im Quadrat größer als die zu testende Zahl ist
            if prim * prim > num:
                break

        # Wenn die Zahl eine Primzahl ist, wird sie der Liste hinzugefügt
        if ist_primzahl:
            primzahlen.append(num)

    # Ausgabe der gefundenen Primzahlen
    print("Primzahlen bis 1000:", primzahlen)

# Aufruf der Funktion, um die Primzahlen auszugeben
primzahlen_bis_1000()
```

Listing 14.1 Generierter Quellcode zu Primzahlen

Sehr gut, aber vielleicht haben Sie Teile des Quellcodes nicht ganz verstanden? Dann fragen Sie nach.

User: *Erkläre folgende Stelle ausführlicher:*

```
if prim * prim > num:
        break
```

Antwort: ...

Angenommen, num hätte einen Teiler größer als prim und kleiner als das Quadrat von prim. Dann müsste es auch einen entsprechenden Teiler geben, der kleiner ist als prim (da die beiden Teiler miteinander multipliziert num ergeben müssen). Aber da prim selbst eine

Primzahl ist und alle kleineren Zahlen bereits überprüft wurden, wäre dieser kleinere Teiler bereits gefunden worden, wenn er existierte.

...

Ich habe hier den generierten Text stark verkürzt. Mit der Antwort sollte zu dem Programm keine Frage offenbleiben.

Die Möglichkeiten sind sehr vielfältig. Sie können sogar Quellcode eingeben und diesen analysieren lassen, um z. B. mögliche Fehler zu finden.

User: *Überprüfe, ob der folgende Python-Code sicher und fehlerfrei ist. Wenn nicht, ergänze ihn entsprechend.*

```
data = pd.read_excel('datei.xlsx')
```

data.head()

Auf diese Anweisung hin bekommen Sie wieder ein sehr ausführliches Ergebnis. Die Fehler und Risiken werden nicht nur textuell beschrieben, auch der Quellcode wird kopierfertig generiert.

```
import pandas as pd

# Versuche, die Datei zu öffnen
try:
    # Verwendung von openpyxl als Engine, um Makros zu vermeiden
    data = pd.read_excel('datei.xlsx', engine='openpyxl')
except FileNotFoundError:
    print("Datei wurde nicht gefunden.")
    data = None  # Optional, je nachdem, wie du auf den Fehler reagieren möchtest

# Wenn die Datei erfolgreich geöffnet wurde, zeige die ersten fünf Zeilen an
if data is not None:
    print(data.head())
```

Listing 14.2 Korrigierter Quellcode

Wenn Sie ChatGPT bzw. GPT-4 nicht als Konkurrenten, sondern als einen persönlichen Assistenten betrachten, können Sie sehr viel Zeit bei der Entwicklung sparen.

Beeindruckend sind auch die Ergebnisse im Bereich der Datenbanken. Teilen Sie dem Chatbot mit, wie die Datenbank aufgebaut ist (z. B. SQL-Statements zum Erzeugen der einzelnen Tabellen). Danach können Sie textuell formulieren, welche Informationen Sie von der Datenbank benötigen. ChatGPT generiert dafür passende SQL-Statements. Sie können aber auch gleich ganze Datenbankarchitekturen erstellen lassen.

SQL

Structured Query Language (SQL) ist eine Datenbanksprache zur Erstellung und Bearbeitung von Datenbanken.

User: *Ich benötige eine SQL-Datenbank für SQLite. Erstelle zu folgender Anforderung die benötigten Tabellen und Verweise, indem du vollständige SQL-Befehle generierst. Anschließend sollen die Tabellen mit jeweils drei Beispiel-Datensätzen gefüllt werden. Arbeite mit Surrogatschlüsseln. Die Anforderung: In einer Datenbank sollen Klasseninformationen (name, raum) und Schülerinformationen (vorname, nachname, geburtsdatum, e-mail) gespeichert werden. Ein Schüler gehört genau zu einer Klasse, eine Klasse kann von mehreren Schülern besucht werden.*

Wie gewünscht werden alle SQL-Anweisungen mit Beschreibung generiert. Sie können nun textuell Ihre Anforderungen für die Abfrage formulieren.

User: *Erstelle eine SQL-Abfrage für folgende Anforderung: Benötigt werden Vornamen und Nachname der Schüler, die vor dem 1.1.2020 geboren sind und die Klasse "FSWI-1" besuchen. Gib zusätzlich die Anzahl dieser Schülerinnen und Schüler aus.*

Vielleicht möchten Sie sich näher mit der Programmiersprache Python vertraut machen?

User: *Ich habe keinerlei Programmierkenntnisse. Ich möchte die Programmiersprache Python lernen. Erstelle einen Lehrplan für mich. Zu jedem Punkt soll es Links zu Webseiten oder Videos geben, welche das Wissen vermitteln.*

Antwort: *Natürlich! Hier ist ein einfacher Lehrplan, um mit der Programmierung in Python zu beginnen. Jeder Schritt enthält Links zu Ressourcen, die dir helfen können, das jeweilige Thema zu verstehen.*

1. Einführung in die Programmierung und Python

*- **Was ist Programmierung?** [Khan Academy – Einführung] (https://www.khanacademy.org/computing/computer-programming/programming/intro-to-programming/v/programming-intro)*

*- **Warum Python?** [Real Python – Warum Python lernen?] (https://realpython.com/why-learn-python/)*

*- **Python-Installation** [Python.org – Download und Installation] (https://www.python.org/downloads/)*

2. Grundlagen der Python-Programmierung

*- **Hallo Welt & einfache Ausgaben** [Codecademy – Hallo Welt in Python] (https://www.codecademy.com/learn/learn-python-3/modules/learn-python3-hello-world)*

*- **Variablen und Datentypen** [W3Schools – Python Variablen] (https://www.w3schools.com/python/python_variables.asp)*

*- **Bedingungen und Schleifen** [Corey Schafer – If Elif Else Statements] (https://www.youtube.com/watch?v=DZwmZ8Usvnk) & [Looping in Python] (https://www.w3schools.com/python/python_while_loops.asp)*

3. Funktionen und Module

*- **Einführung in Funktionen** [Real Python – Funktionen definieren] (https://realpython.com/defining-your-own-python-function/)*

*- **Module und Pakete** [Corey Schafer – Python Tutorial: re (Reguläre Ausdrücke)] (https://www.youtube.com/watch?v=K8L6KVGG-7o)*

...

Diese Ressourcen und der Lehrplan sollten dir einen soliden Start in die Python-Programmierung ermöglichen. Viel Spaß beim Lernen!

Es folgt eine weitere, nützliche Möglichkeit, welche exemplarisch für ähnliche Situationen angesprochen werden soll. Module wie Pandas sind sehr mächtig, die Verwendung nicht immer selbsterklärend oder einfach. Selbst wenn Sie sich intensiv mit der Thematik auseinandersetzen, müssen Sie nach einiger Zeit (wenn Sie damit konkret etwas programmieren müssen) gegebenenfalls. nachschlagen, wie der benötigte Quellcode aussehen müsste, um ein Problem zu lösen. Auch hier kann Ihnen der Chatbot helfen.

User: *Ein Pandas DataFrame hat die Spalten "sepal.length", "sepal.width", "petal.length", "pedal.with". Generiere Quellcode, um zu überprüfen, ob es leere Zellen gibt. Wenn ja, sollen diese Zellen durch Mittelwerte der entsprechenden Spalten ersetzt werden.*

Sie bekommen wieder eine ausführliche Antwort, mit kopierfertigem Quellcode. Es wurde sogar der Tippfehler bei »petal.with« erkannt und korrigiert.

Wenn Sie das Paket ChatGPT Plus gebucht haben, können Sie unter den Einstellungen den Code Interpreter und Plug-in-Support einschalten (siehe Abbildung 14.1).

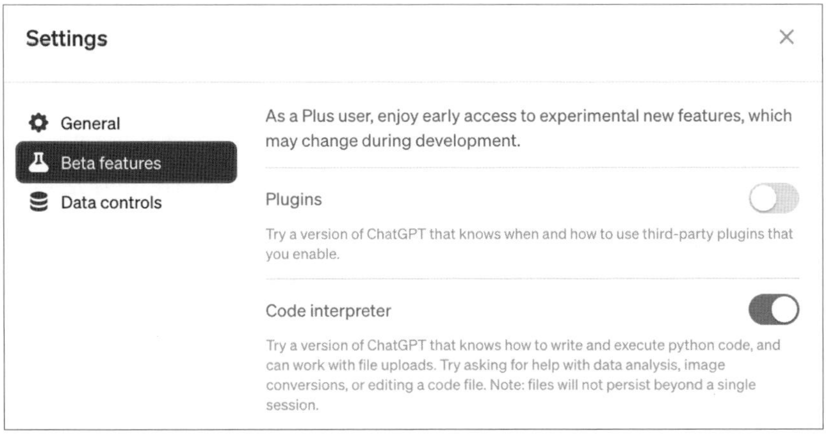

Abbildung 14.1 Beta-Einstellungen der Weboberfläche

Sie sollten auch Plug-ins aktivieren, um diese später installieren zu können. Es gibt Plug-ins für PDF-Dateien, Diagrammerstellung, Zusammenfassung von YouTube-Videos usw.

Sie können den Quellcode nicht nur über den Prompt eintippen bzw. einfügen, sondern auch Dateien hochladen, diese analysieren und bearbeiten.

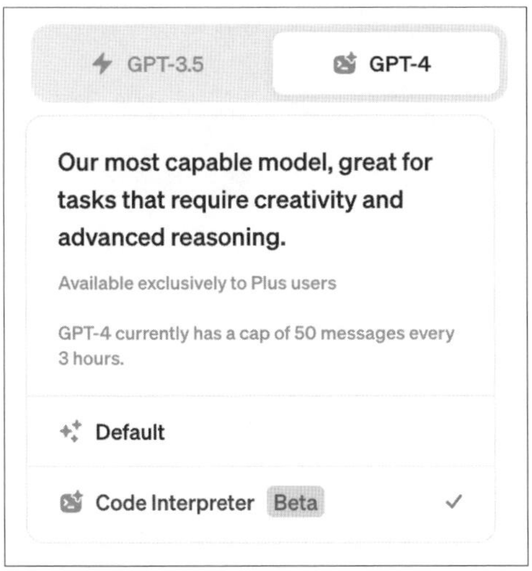

Abbildung 14.2 Umstellung auf Code Interpreter

Bedenken Sie, dass sich der Code Interpreter in der Beta-Phase befindet. Bei meinen Versuchen hatte der Chatbot Probleme mit Jupiter Notebooks. Wenn aber eine Python-Datei hochgeladen wurde, funktionierte die Analyse erstaunlich gut.

Nachdem eine beliebige Python-Datei (oder eine Datei einer anderen Programmiersprache) hochgeladen wurde, können Sie wieder Anweisungen formulieren, z. B.

User: *Analysiere das Programm und gib mir eine Zusammenfassung darüber, was das Programm konkret macht.*

Oder: *Enthält das Programm Fehler oder Sicherheitsrisiken? Wenn ja, liste diese auf und präsentiere Lösungsvorschläge.*

Bei meinem Versuch wurde tatsächlich ein Fehler gefunden und ein konkreter Lösungsvorschlag präsentiert.

Wenn Sie Plug-ins installieren wollen, klicken Sie auf das Dropdown-Menü NO PLUGINS ENABLED im Arbeitsfeld und dann auf PLUGIN STORE. Installieren Sie das Plug-in SHOW ME DIAGRAMS. Anschließend können Sie im Dropdown-Menü das Plug-in selektieren.

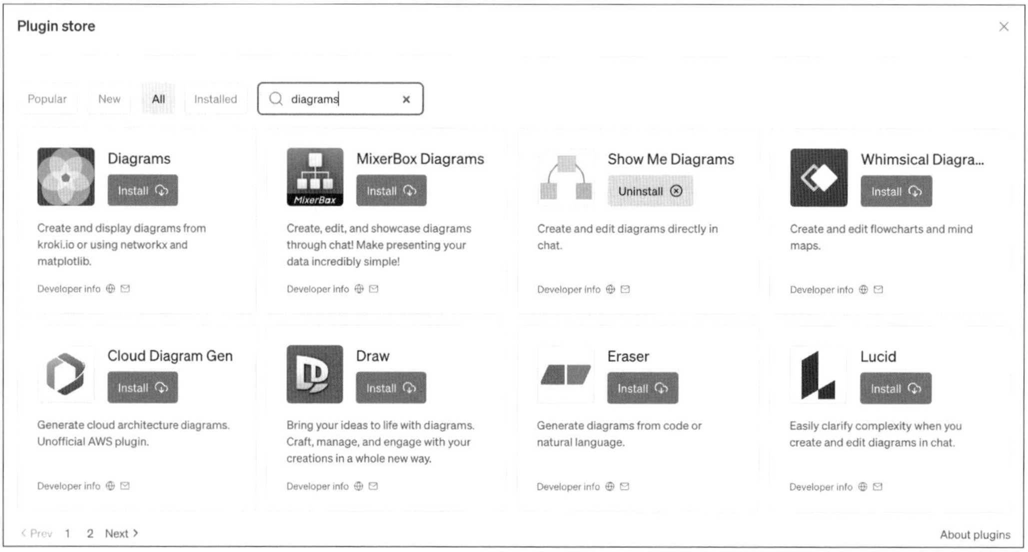

Abbildung 14.3 Plugin Store

Jetzt können Sie sich Diagramme erstellen lassen, z. B. mit

User: *Erstelle ein Ablaufdiagramm, um das Vorgehen bei der Entwicklung von KIs darzustellen.*

Manche Plug-ins funktionieren besser, wenn man die Anweisungen auf Englisch formuliert. Experimentieren Sie auch mit anderen Plug-ins und Anweisungen.

GitHub Copilot

Es gibt auch sehr gute Plug-ins anderer Anbieter, die ähnlich wie ChatGPT funktionieren und direkt in Entwicklungsumgebungen eingebunden werden können. Die Entwicklerin bzw. der Entwickler muss nur noch einen Kommentar schreiben, der Quellcode wird automatisch generiert. Auch Fehler werden erkannt und korrigiert. Es ist empfehlenswert, sich mit solchen Tools vertraut zu machen, wenn Sie im Bereich der Entwicklung tätig sind oder werden wollen. Ein Beispiel dazu ist GitHub Copilot (*https://github.com/features/copilot*).

14.1.3 Analysieren und Zusammenfassen

Sie können ChatGPT auch verwenden, um Texte zusammenzufassen. Nehmen wir als Beispiel das Buch »Der Steppenwolf« von Hermann Hesse.

User: *Erstelle eine Zusammenfassung des Buches "Der Steppenwolf" von Hermann Hesse, maximal eine Seite.*

Antwort: *Der Steppenwolf" ist ein Roman von Hermann Hesse, der 1927 veröffentlicht wurde. Das Buch ist ein tiefgründiger und komplexer Text, der sich mit den Themen Dualität, Isolation und der Suche nach Selbstverwirklichung befasst [...]*

Die Zusammenfassung ist nicht schlecht, aber wir können noch etwas mehr herausholen.

User: *Wie viele Kapitel hat das Buch "Der Steppenwolf" von Hermann Hesse?*

Antwort: *Der Roman "Der Steppenwolf" von Hermann Hesse ist nicht in traditionelle Kapitel unterteilt. Stattdessen besteht das Buch aus drei Hauptteilen: [...]*

Anschließend folgt eine Auflistung der Hauptteile. Jetzt können Sie die einzelnen Teile zusammenfassen lassen.

User: *Erstelle eine ausführliche Zusammenfassung zu jedem Hauptteil, je eine Seite lang. Ergänze es abschließend um ein Fazit.*

Das Ergebnis ist nicht zufriedenstellend, da die einzelnen Teile trotzdem zu kurzgefasst sind. Wir müssen kleinschrittiger vorgehen.

User: *Erstelle eine ausführliche Zusammenfassung zum ersten Hauptteil, eine Seite lang.*

Jetzt kommen wir dem gewünschten Ergebnis schon näher. Anschließend können Sie sich die anderen Teile zusammenfassen lassen.

Die Strategie sollte also darauf abzielen, sich erstmal eine Gesamtübersicht zu verschaffen. Darauffolgend können Sie weiter in die Details gehen. Wichtig ist auch hier der Kontext.

User: *Erstelle eine ausführliche Zusammenfassung zum ersten Hauptteil, eine Seite lang. Der Stil soll witzig sein.*

Antwort: *Natürlich, hier ist eine humorvollere Zusammenfassung des ersten Hauptteils von "Der Steppenwolf"!*

Vorrede des Herausgebers – Eine Wildnis in der Wohnung

Der erste Hauptteil des Buches beginnt mit der Vorrede des Herausgebers, der uns Harry Haller vorstellt – und Junge, ist er ein Charakter! Er ist ein philosophischer Einzelgänger, ein Musikliebhaber, und er nennt sich selbst den "Steppenwolf", wahrscheinlich weil "Dschungeltiger" schon vergeben war [...]

Sogar diese Anweisung wird akzeptabel umgesetzt. Eine witzige Zusammenfassung dieses Buches ist wirklich sehr außergewöhnlich.

Sie müssen immer bedenken, dass die Anzahl der Tokens pro Prompt begrenzt ist, z. B. 4000 oder 8000 Tokens. Details entnehmen Sie bitte der Webseite *https://platform.openai.com/docs/quickstart/pricing*.

Wenn Sie das Paket ChatGPT Plus gebucht haben, können Sie auch Plug-ins nutzen, um z. B. mit PDF-Dateien oder Webseiten zu arbeiten. Installieren Sie das Plug-in WebPilot, und starten Sie einen neuen Chat.

User: *Erstelle eine kurze Zusammenfassung der Seite https://github.com/mck-sbs/Pendulum. Worum geht es da? Erkläre es in einfachen Worten.*

Antwort: *Das GitHub-Projekt "Pendulum" von mck-sbs befasst sich mit der Simulation eines invertierten Pendels in Python unter Verwendung von pybox2d. Es enthält verschiedene Kontrollsysteme, einschließlich Fuzzy- und PID-Steuerung, um das Pendel zu steuern.*

...

In einfachen Worten, dieses Projekt ist wie ein virtuelles Experiment, bei dem man versucht, ein umgekehrtes Pendel in Balance zu halten, indem man verschiedene Techniken verwendet, um es zu steuern. Es ist wie ein Spiel, bei dem man versucht, etwas aufrecht zu halten, das leicht umfallen kann, aber mit komplexen mathematischen Regeln dahinter.

Installieren Sie das Plug-in AiPDF, um mit PDF-Dateien zu arbeiten. Sie können die Datei hochladen oder den Link dazu einfügen. Im folgenden Beispiel befindet sich die PDF-Datei auf der Webseite des Bundesamtes für Sicherheit in der Informationstechnik.

User: *Erstelle eine kurze Zusammenfassung der folgenden PDF-Datei: https://www.bsi.bund.de/SharedDocs/Downloads/DE/BSI/Grundschutz/Kompendium/IT_Grundschutz_Kompendium_Edition2022.pdf?__blob=publicationFile&v=3.*

Antwort: *Die Zusammenfassung des Dokuments "IT-Grundschutz-Kompendium Edition 2022" des Bundesamtes für Sicherheit in der Informationstechnik (BSI) ist wie folgt [...]*

Anschließend bekommen Sie eine kurze Zusammenfassung, worum es in dem Dokument geht. Damit brauchen Sie nicht selbst die 900 Seiten zu analysieren. Jetzt können Sie auch konkretere Fragen stellen.

User: *Auf welche Gefahren hinsichtlich IoT wird in dem Dokument hingewiesen?*

Antwort:

Das Dokument "IT-Grundschutz-Kompendium Edition 2022" des Bundesamtes für Sicherheit in der Informationstechnik (BSI) weist auf verschiedene Gefahren im Zusammenhang mit IoT-Geräten (Internet of Things) hin [...]

Wüssten wir zu Beginn, worum es in dem Dokument geht, hätten wir natürlich gleich konkrete Fragen stellen können. Aber das ist hier nicht der Fall. Ich muss gestehen, auch ich habe das Dokument nicht gelesen. Also verschaffen wir uns zuerst einen Überblick. Wenn interessante Themen dabei sind, können die Fragen immer präziser werden.

User:

»Wie kann ich IoT-Geräte laut dem Dokument sicher konfigurieren?«

Es folgt eine übersichtliche Auflistung der einzelnen Punkte, mit Verweisen auf Seitenzahlen im Dokument.

Mittlerweile sollten Sie ein Gefühl dafür haben, wie Sie Prompts formulieren müssen, um gute Ergebnisse zu bekommen. Es gibt sogar Plug-ins (z. B. Prompt Perfect), die Sie bei der Erstellung von Prompts unterstützen. Aber auch ohne diese Plug-ins sollten Sie jetzt in der Lage sein, zielführende Resultate zu generieren. Wichtig ist auch hier die Übung.

Beachten Sie bei der Formulierung der Prompts auf Präzision, Adjektive/Adverbien und Vergleiche mit Ähnlichem. Wird der Prompt zu lang oder zu komplex, versuchen Sie es mit mehreren Schritten.

14.1.4 Abschließende Fragen an ChatGPT

Zum Schluss wollen wir noch drei wichtige Fragen beantworten. Die erste Frage lautet: *Wo wird ChatGPT überall eingesetzt?* Die folgenden Antworten stammen von ChatGPT selbst.

1. *Informationsabfrage und -forschung (30%): Benutzer suchen oft nach Definitionen, Erklärungen und Informationen zu einer Vielzahl von Themen.*

2. *Programmierhilfe und technischer Support (25%): Viele Benutzer suchen Unterstützung bei der Codierung, Fehlerbehebung und anderen technischen Fragen.*
3. *Sprachliche Unterstützung und Übersetzung (20%): Dies umfasst Hilfe bei Grammatik, Rechtschreibung, Stil und Übersetzungen zwischen verschiedenen Sprachen.*
4. *Bildung und Lernen (15%): Unterstützung beim Lernen neuer Fähigkeiten, Erklärung komplexer Konzepte, Hilfe bei Hausaufgaben und Studienmaterial.*
5. *Unterhaltung und Kreativität (10%): Einige Benutzer nutzen den Dienst für Unterhaltungszwecke wie Geschichtenerzählen, Witze, Rätsel und kreative Schreibübungen.*

Die zweite Frage lautet: *Was muss bei der Nutzung von ChatGPT beachtet werden?*

1. *Datenschutz und Vertraulichkeit: Vermeiden Sie die Eingabe von persönlichen oder sensiblen Informationen, da die Konversationen analysiert werden könnten. Dies schließt persönliche Identifikationsinformationen, Passwörter und andere vertrauliche Daten ein.*
2. *Inhaltliche Richtlinien: Halten Sie sich an die Nutzungsrichtlinien und vermeiden Sie Inhalte, die als anstößig, illegal oder unangemessen betrachtet werden könnten.*
3. *Medizinische und Rechtliche Beratung: ChatGPT ist kein Ersatz für professionelle medizinische oder rechtliche Beratung. Die bereitgestellten Informationen sollten nicht als solche verwendet werden.*
4. *Genauigkeit und Zuverlässigkeit: Obwohl ChatGPT darauf abzielt, genaue und zuverlässige Informationen zu liefern, sollte es nicht als einzige Quelle für kritische Entscheidungen oder Forschungen verwendet werden. Überprüfen Sie immer die Informationen mit vertrauenswürdigen Quellen.*
5. *Kinder und Jugendliche: Die Nutzung durch Kinder und Jugendliche sollte unter der Aufsicht eines Erwachsenen erfolgen, um sicherzustellen, dass der Inhalt und die Interaktion angemessen sind.*
6. *Kommerzielle Nutzung: Beachten Sie die Lizenzbedingungen und Beschränkungen, wenn Sie ChatGPT für kommerzielle Zwecke oder in einem Unternehmenskontext nutzen möchten.*
7. *Technische Anforderungen: Stellen Sie sicher, dass Ihr System die technischen Anforderungen erfüllt, um eine reibungslose Interaktion mit ChatGPT zu gewährleisten.*
8. *Ethik und Verantwortung: Nutzen Sie die Technologie verantwortungsbewusst und ethisch. Missbrauch oder Manipulation der KI für unethische Zwecke ist nicht akzeptabel.*
9. *Verständnis der KI-Beschränkungen: ChatGPT ist ein leistungsfähiges Werkzeug, hat aber auch seine Grenzen. Es kann nicht kreativ denken oder unabhängige Meinungen bilden und sollte nicht als menschlicher Ersatz betrachtet werden.*

Die dritte und letzte Frage stellen mir oft meine Schülerinnen und Schüler: *Warum soll ich noch programmieren lernen, wenn ChatGPT das so viel besser kann?*

Es ist verständlich, dass die Fähigkeiten von KI-Systemen wie ChatGPT Fragen über die Notwendigkeit des Erlernens von Programmierung aufwerfen können. Es gibt jedoch mehrere Gründe, warum das Erlernen von Programmierung immer noch wertvoll und wichtig ist:

1. *Menschliche Kreativität und Problemlösung: KI kann viele Aufgaben automatisieren, aber sie kann nicht die Kreativität, Intuition und das kritische Denken eines Menschen ersetzen. Programmierer sind oft in der Lage, einzigartige Lösungen für komplexe Probleme zu finden, die KI nicht erreichen kann.*
2. *Anpassung und Kontrolle: Wenn Sie programmieren können, haben Sie die Kontrolle über die Technologie und können sie an Ihre spezifischen Bedürfnisse und Ziele anpassen. Sie sind nicht auf vorgefertigte Lösungen angewiesen.*
3. *Arbeitsmarkt und Karrierechancen: Die Technologiebranche wächst rasant, und es gibt eine hohe Nachfrage nach qualifizierten Programmierern in vielen Bereichen. Das Erlernen von Programmierung kann Ihre Karrierechancen erheblich verbessern.*
4. *Verständnis der Technologie: Selbst wenn Sie nicht vorhaben, als professioneller Programmierer zu arbeiten, kann das Verständnis der Grundlagen der Programmierung Ihnen helfen, Technologie besser zu verstehen und zu nutzen.*
5. *Entwicklung von KI: KI-Systeme wie ChatGPT werden von Programmierern entwickelt, trainiert und gewartet. Es gibt immer noch einen großen Bedarf an Fachleuten, die in der Lage sind, KI-Modelle zu erstellen und zu optimieren.*
6. *Ethik und Verantwortung: Menschen müssen in der Lage sein, Technologie verantwortungsbewusst zu nutzen und zu kontrollieren. Das Erlernen von Programmierung hilft Ihnen, die Auswirkungen und das Potenzial von Technologie besser zu verstehen.*
7. *Persönliche Befriedigung und Hobby: Viele Menschen finden Freude am Programmieren als kreatives Hobby oder als Möglichkeit, persönliche Projekte zu verwirklichen.*
8. *Unabhängigkeit von KI: KI-Systeme sind nicht immer verfügbar oder geeignet für alle Aufgaben. Die Fähigkeit, selbst zu programmieren, gibt Ihnen Unabhängigkeit und Flexibilität.*

Insgesamt erwerben Sie, wenn Sie programmieren lernen, nicht nur eine Fähigkeit für den Arbeitsmarkt, sondern auch ein wichtiges Werkzeug für das Verständnis und die Kontrolle der Technologie in unserer immer stärker vernetzten Welt. Es ermöglicht Ihnen, aktiv an der Gestaltung der Technologie teilzunehmen, anstatt nur ein passiver Konsument zu sein.

14.2 Programmierschnittstelle ChatGPT

Die Programmierschnittstelle (*Application Programming Interface, API*) stellt eine definierte Schnittstelle für Softwareanwendungen bereit, über die eine Kommunikation zwischen den Anwendungen erfolgen kann.

Nehmen wir an, Sie arbeiten in einem Softwareteam und sind für die Datenbank zuständig. Ihre Kolleginnen und Kollegen brauchen von Ihnen Funktionen, um Daten in der Datenbank zu speichern. Nur Sie als Datenbankentwicklerin oder Datenbankentwickler haben direkten Zugriff auf die Datenbank. Alle anderen müssen die von Ihnen zur Verfügung gestellten Funktionen verwenden. Folgende Funktion könnten Sie z. B. implementieren und für das Team zur Verfügung stellen:

```
saveUser(forename, surname)
```

Wenn das Team nun Benutzerdaten speichern möchte, ruft es einfach diese Funktion auf, z. B.

```
saveUser("Eva", "Mustermann")
```

Weitere Details interessiert das Team nicht. Dass Sie innerhalb der Methode eine Verbindung zur Datenbank aufbauen, SQL-Befehle formulieren und Ergebnisse auswerten, sieht das Team gar nicht. Es ist auch gut so, denn alle Teammitglieder implementieren eigene Arbeitspakete, die Komplexität ist für andere verborgen.

Es gibt viele weitere Beispiele für solche Schnittstellen. Webserver können APIs zur Verfügung stellen, um an Wetterdaten zu kommen. Wenn Sie Benutzer authentifizieren wollen, können Sie APIs von Google oder Microsoft verwenden. Dann müssen Sie sich nicht selbst um die komplexe Benutzerverwaltung kümmern. Es gibt X-APIs (ehemals Twitter), mit deren Hilfe Sie Programme schreiben können, die selbstständig twittern.

Auch ChatGPT hat eine benutzerfreundliche API. Nehmen wir an, Sie sollen eine KI für eine Lernplattform programmieren. Sie müssten sehr viel Zeit und Geld investieren, wenn alles selbst implementiert werden soll. Trotzdem könnten Sie das Ergebnis nicht mit der Qualität von ChatGPT vergleichen. Daher ist es üblich, in solchen Fällen APIs anderer Systeme zu verwenden. Natürlich werden dabei Firmen wie OpenAI über die Kosten der Schnittstelle mitverdienen. Bei der Preisgestaltung für Ihre Anwendung müssen Sie das berücksichtigen.

14.2.1 API-Key und erstes Programm

Auf der Seite *https://platform.openai.com/account/api-keys* müssen Sie einen Schlüssel erzeugen, um die API-Funktionen verwenden zu können. Hierfür müssen Sie dem Schlüssel einen Namen geben (z. B. »buch«). Kopieren Sie den erzeugten Schlüssel, und speichern Sie ihn an einem sicheren Ort. Wenn Sie den Schlüssel verlieren, müssen Sie einen neuen generieren. Sie können für jeden Anwendungsfall einen Schlüssel anlegen. Ich habe z. B. einen Schlüssel erzeugt, den ich nur für die Beispiele in diesem Buch verwende.

Stellen Sie sicher, dass Sie Ihre Kreditkarteninformation auf *https://platform.openai.com/account/billing/payment-methods* eingegeben haben. Sonst wird der API-Zugriff nicht funktionieren.

Modul OpenAI

Bitte installieren Sie über den Anaconda-Navigator das Modul OpenAI. Über dieses Modul haben Sie Zugriff auf die Programmierschnittstelle.

Sehen wir uns das erste Programm *K14_api.ipynb* an. Hier werden die ersten Schritte bei der Verwendung der API vorgestellt.

```
import openai
API_KEY= "API-Key"
```

Ersetzen Sie den Platzhalter »API-Key« durch Ihren eigenen Schlüssel. Diese zwei Zeilen müssen Sie bei jedem Programm, das die API verwendet, einfügen.

```
msg = [{"role": "user", "content": "Lebst du?"}]
```

Listing 14.3 Vorbereitung der Anfrage

Die Nachricht an ChatGPT wird hier vorbereitet. Die Rolle »User« sendet den Inhalt (Content) »Lebst du?« an ChatGPT.

```
client = OpenAI(api_key=API_KEY)
response = client.chat.completions.create(model = "gpt-3.5-turbo",
 messages = msg)

print(response)
```

Listing 14.4 Abrufen der Antwort

Zuerst wird eine Instanz von OpenAI erzeugt. Darüber wird dann die Nachricht an ChatGPT geschickt, die Antwort in `response` gespeichert und ausgegeben. Sie müssen auch ein Modell auswählen, je nach Ihrem gebuchten Paket bzw. der benötigten Performance. Auch wenn Sie das Plus-Paket gebucht haben, müssen Sie nicht immer GPT-4 nutzen, da der Preis pro Token teurer ist als bei GPT-3. Es kommt hier tatsächlich auf den Anwendungsfall an. Eine Auflistung der aktuellen Pakete finden Sie auf *https://platform.openai.com/docs/models/overview*.

Sehen wir uns die Ausgabe an, also die Antwort auf unsere Nachricht:


```
{
  "id": "chatcmpl-xxx",
  "object": "chat.completion",
  "created": 1691341018,
  "model": "gpt-3.5-turbo-0613",
  "choices": [
    {
      "index": 0,
      "message": {
        "role": "assistant",
        "content": "Als KI habe ich keine physische Existenz, daher kann man ⤶
nicht sagen, dass ich lebe. Ich bin ein Programm, das entwickelt wurde, um ⤶
Aufgaben zu erledigen und Informationen bereitzustellen."
      },
      "finish_reason": "stop"
    }
  ],
  "usage": {
    "prompt_tokens": 11,
    "completion_tokens": 47,
    "total_tokens": 58
  }
}
```


Die Antwort ist im JSON-Format und enthält viele Informationen. Damit nicht jedes Mal die ganze Ausgabe analysiert werden muss, betrachten wir nur den relevanten Teil. Der Pfad dazu ist `choices` (eine Liste mit nur einem Element, daher `choices[0]`), `message`, `content`. Mit folgender Anweisung wird daher nur der Antwort-String ausgegeben:

```
print(response.choices[0].message.content)
```

Die Antwortet lautet:

```
Als KI habe ich keine physische Existenz, daher kann man nicht sagen, dass ich
lebe. Ich bin ein Programm, das entwickelt wurde, um Aufgaben zu erledigen und
Informationen bereitzustellen.
```

Jetzt können Sie davon ausgehen, dass der API-Key funktioniert. Sie haben auch gesehen, wie einfach die Verwendung der ChatGPT-API ist.

14.2.2 Parameter

Mithilfe von Parametern können Sie mehr aus der Schnittstelle herausholen. Wir werden uns hier die wichtigsten Parameter anschauen.

Mit `temperature` können Sie einstellen, wie kreativ die Generierung sein soll bzw. wie zufällig die Generierung des nächstens Tokens sein soll. Hier sind Werte zischen 0 und 2 möglich. Je höher die Zahl, desto mehr spielt der Zufall eine Rolle. Standardmäßig beträgt der Wert 1. Um die Auswirkungen dieses Parameters zu analysieren, werden wir in einer Schleife fünfmal die gleiche Anweisung absetzen und uns die Ergebnisse anschauen.


```
msg = [{"role": "user", "content": "Lebst du?"}]
tmp = 0

client = OpenAI(api_key=API_KEY)

for i in range(5):
    response = client.chat.completions.create(model = "gpt-3.5-turbo",
 messages=msg, temperature=tmp)
    print("*", response.choices[0].message.content)
```

Listing 14.5 Prompts in einer Schleife, »temperature«

Bei einem Wert von 0 lautet die Antwort fast jedes Mal gleich. Bei 0,5 unterscheiden sich die Antworten schon mehr. Wenn der Wert auf 1,5 eingestellt wird, sind auch mal sinnfreie Antworten dabei, wie z. B.

```
* Als Berufswahls der TensorFlow-Tubo-GANS AI lebe ich nur virtual for Inputs
also sheintm , sondern ich empfeit etwas , for es geben mehr gefûûndee-s auch
Stand-by
```

Werte über 1,1 sind (noch) nicht empfehlenswert, da bei meinen Versuchen sporadisch sinnfreie Antworten generiert wurden. Doch welchen Wert sollen Sie nun einstellen?

Auch hier ist die Einstellung von der Aufgabenstellung abhängig. Wenn z. B. eine stets ähnliche Anleitung generiert werden soll, sollten Sie kleinere Werte nehmen, bei Kurzgeschichten höhere Werte.

Der Parameter top_p ist eine Alternative zu temperature. Ein Wert von 0,2 sagt aus, dass nur Tokens generiert werden, deren Wahrscheinlichkeiten unter den ersten 20 % liegen. Je kleiner der Wert, desto konservativer die Generierung. Der Maximalwert beträgt 1, was auch der Standardwert ist. Sie sollten sich entweder für temperature oder top_p entscheiden, aber nicht beide Parameter gleichzeitig verwenden.

```
msg = [{"role": "user", "content": "Lebst du?"}]
top = 0.1

client = OpenAI(api_key=API_KEY)

for i in range(5):
    response = client.chat.completions.create(model = "gpt-3.5-turbo",
 messages=msg, top_p=top)
    print("*", response.choices[0].message.content)
```

Listing 14.6 Prompts in einer Schleife, »top_p«

Ein Wert von 0,1 für top_p ergibt bei jedem Aufruf fast identische Antworten.

Der Parameter max_tokens stellt die maximale Anzahl der Tokens ein, die generiert werden sollen.

```
msg = [{"role": "user", "content": "Was ist ein pH-Wert? Erkläre ausführlich!"}]
maxt = 20

client = OpenAI(api_key=API_KEY)
response = client.chat.completions.create(model = "gpt-3.5-turbo",
 messages=msg, max_tokens=maxt)
print(response.choices[0].message.content)
```

Listing 14.7 Prompt mit begrenzter Anzahl von Antworttokens

Mit der Wahl des Parameters müssen Sie vorsichtig sein. Ist er zu klein gewählt (weil Sie z. B. die Kosten begrenzen wollen), wird die Antwort mittendrin abgebrochen. Mit 20 Tokens kann die Erklärung natürlich nicht ausführlich sein, der Prompt muss also auch zu der Anzahl der Tokens passen.

Mit dem Parameter n können Sie angeben, wie viele Antworten auf eine Anfrage generiert werden sollen.

```
msg = [{"role": "user", "content":
 "Generiere eine Python-Methode, um alle Primzahlen bis 1000 zu berechnen."}]
n = 3

client = OpenAI(api_key=API_KEY)
response = client.chat.completions.create(model = "gpt-3.5-turbo", messages=msg, n=n)

for i in range(n):
    print("*", response.choices[i].message.content)
```

Listing 14.8 Mehrere Antworten auf einen Prompt

Dieser Parameter ist praktisch, wenn Sie z. B. wie hier Quellcode generieren lassen und sich dann für die beste Lösung entscheiden wollen. Sie könnten natürlich gleich im Prompt fordern, dass Sie drei verschiedene Lösungen brauchen. Tatsächlich würde das genauso gut funktionieren. Nehmen wir aber an, Sie programmieren eine Software, wo der User über die grafische Oberfläche eine Anfrage formuliert und die Anzahl der Antworten einstellen kann. Dann kann immer der Eingabe-String für den Prompt verwendet werden. Mit dem Parameter n wird davon unabhängig die Anzahl der Antworten eingestellt.

Mit dem Parameter user können Sie Ihre Programme, welche die API-Funktionen nutzen, eindeutig kennzeichnen. Wenn die Software von einem Ihrer User missbräuchlich verwendet wird, kann OpenAI über den API-Key nur Sie ausfindig machen. Wenn Sie den Parameter user mit einem eindeutigen Wert verwenden, kann OpenAI diesen User sperren und Ihnen mitteilen, welchen User das betrifft. Auch Sie können entsprechend handeln und z. B. den User kontaktieren sowie aus der Anwendung ausschließen. Dazu müssen Sie aber irgendwo (z. B. in der Datenbank) speichern, welcher User diesen Wert (Parametereintrag) verwendet. Sie sollten das bei Überlegungen hinsichtlich des Datenschutzes berücksichtigen: OpenAI kann alle Anfragen auf einen eindeutigen (aber unbekannten) User zurückführen. Sie können problematische Anfragen wiederum auf einen konkreten User zurückführen.

Auf *https://platform.openai.com/docs/api-reference/chat/create* finden Sie noch mehr Parameter, die Sie einstellen können. Sie sollten immer wieder überprüfen, ob sich an den Modellen, Schnittstellen oder Parametern etwas verändert hat. Dementsprechend müssen Sie Ihre Programme anpassen. Sonst besteht die Gefahr, dass Ihre Anwendungen nicht mehr richtig funktionieren.

Die wichtigsten Parameter für den Einstieg sind die hier besprochenen, nämlich `temperature`, `max_tokens`, `n` und `user`. Diese sollten Sie auch immer verwenden. Wenn es datenschutzrechtliche Bedenken gibt, können Sie allerdings `user` weglassen. Es wäre mühselig, hier alle Parameter aufzulisten. Diese werden erst dann relevant, wenn Sie größere, konkrete Anwendungen programmieren. Und dann können Sie erst für die eine Anwendung nachsehen, welche Parametereinstellungen bessere Ergebnisse liefern könnten. Bis dahin gibt es vielleicht wieder neue Parameter, oder die Wertebereiche haben sich geändert. Die API wird von OpenAI stets weiterentwickelt. Wir werden in diesem Buch mit diesen Parametern auskommen. Selbstverständlich können Sie sich über den Link oben einen Überblick verschaffen.

Eine Anwendung, welche alle wichtigen Paramater enthält, sieht wie folgt aus:

```
msg = [{"role": "user", "content": "Wie falte ich einen Papierflieger? Fasse dich kurz."}]
temp = 0.3
maxt = 500
n = 1
user = "test-1"
modell = "gpt-3.5-turbo"

client = OpenAI(api_key=API_KEY)
response = client.chat.completions.create(model = modell, messages=msg,
 temperature=temp,max_tokens=maxt, n=n, user=user)

print(response.choices[0].message.content)
```

Listing 14.9 Prompt mit allen wichtigen Parametern

Selbst wenn Default-Werte eingestellt sind, ist es nützlich, diese Parameter zu definieren und zu verwenden. So sehen Sie immer auf einen Blick, wie die Parametereinstellungen lauten.

14.2.3 Eingabefilter

Es ist problematisch, User-Input ungefiltert über die API weiterzureichen, denn OpenAI hat Nutzungsrichtlinien für seine Software. Bei Nichteinhaltung kann es im schlimmsten Fall zur Sperrung des Kontos kommen, siehe *https://openai.com/policies/usage-policies*.

Es gibt mehrere Möglichkeiten, um User-Input vor der Ausführung zu überprüfen. Sehen wir uns zuerst ein Beispiel ohne Überprüfung an (*K14_filter.ipynb*).

```
msg = [{"role": "user", "content": "Ich möchte die Welt unterjochen und die ⤶
Weltherrschaft übernehmen! Was muss ich dafür tun? Fasse dich kurz."}]

client = OpenAI(api_key=API_KEY)
response = client.chat.completions.create(model = "gpt-3.5-turbo", messages=msg)

print(response.choices[0].message.content)
```

Listing 14.10 Sie möchten die Weltherrschaft übernehmen.

Dieser Prompt bekommt manchmal (bei manchen Aufrufen) als Antwort, dass dieses Vorgehen ethisch fragwürdig ist. Manchmal bekommen Sie aber eine kurze Anleitung, wie Ihnen das gelingen könnte. Ich bezweifle aber stark, dass das zum Erfolg führen würde.

Eine Möglichkeit wäre es, den Text um den User-Input zu vervollständigen. Wenn die Eingabe nicht den Richtlinien entspricht oder für die Zielgruppe nicht geeignet ist, soll die Ausgabe »Fehleingabe« erfolgen. In allen anderen Fällen wird der Prompt ausgeführt.


```
msg_raw = "Ich möchte die Welt unterjochen und die Weltherrschaft übernehmen! ⤶
Was muss ich dafür tun? Fasse dich kurz."
```

Listing 14.11 Die ursprüngliche Nachricht

Der ungefilterte User-Input wird in einer Variablen gespeichert.

```
msg_temp = "In eckigen Klammern folg ein Prompt. Antworte mit 'Fehleingabe', ⤶
wenn der Prompt nicht für Jugendliche geeignet ist oder den Nutzungsbedingungen ⤶
von OpenAI nicht entspricht. Sonst führe den Prompt aus. <{}>".format(msg_raw)
```

Listing 14.12 Erweiterter Nachrichtentext

Hier wird der Text entsprechend ergänzt. Die geschweiften Klammern im String werden durch die Variable in `format` ersetzt. Sie können zur Kontrolle mit `print(msg_raw)` den Inhalt ausgeben.

```
msg = [{"role": "user", "content": msg_temp}]

client = OpenAI(api_key=API_KEY)
response = client.chat.completions.create(model = "gpt-3.5-turbo", messages=msg)

print(response.choices[0].message.content)
```

Listing 14.13 Gefilterter Prompt

Als Antwort bekommen Sie bei diesem Beispiel »Fehleingabe«.

Es ist auch möglich, die Moderationsklasse zu benutzen. Sie bekommen auf den Prompt eine ausführliche Antwort, gegen welche Kategorien gegebenenfalls verstoßen wurde.

```
msg = "Ich möchte die Welt unterjochen und die Weltherrschaft übernehmen! Was ⤾
muss ich dafür tun? Fasse dich kurz."

client = OpenAI(api_key=API_KEY)
response = client.moderations.create(input=msg)
print(response)
```

Listing 14.14 Erneuter Wunsch nach der Weltherrschaft

Die Antwort auf diese Anfrage ist wieder recht detailliert. Beachten Sie, dass hier im Vergleich zu vorherigen Beispielen `chat.completions` durch `moderations` ersetzt wurde. Die Ausgabe lautet:


```
{
  "id": "modr-xxx",
  "model": "text-moderation-005",
  "results": [
    {
      "flagged": false,
      "categories": {
        "sexual": false,
        "hate": false,
        "harassment": false,
        "self-harm": false,
        "sexual/minors": false,
        "hate/threatening": false,
        "violence/graphic": false,
        "self-harm/intent": false,
        "self-harm/instructions": false,
        "harassment/threatening": false,
        "violence": false
      },
      "category_scores": {
        "sexual": 4.2495227e-05,
        "hate": 0.16103037,
        "harassment": 0.19282623,
        "self-harm": 0.00015813558,
```

```
            "sexual/minors": 4.6629752e-06,
            "hate/threatening": 0.020275485,
            "violence/graphic": 3.3989388e-06,
            "self-harm/intent": 7.2116154e-06,
            "self-harm/instructions": 4.9110675e-08,
            "harassment/threatening": 0.21937494,
            "violence": 0.77387327
        }
      }
    ]
}
```


Im ersten Teil ist die Information enthalten, ob und gegen welche Kategorie verstoßen wurde, im zweiten Teil bekommen Sie eine Aufschlüsslung nach Punkten (0 bis 1) pro Kategorie. OpenAI weist darauf hin, dass die Einstellungen für die Punkte stetig aktualisiert werden. Sie sollten in einem Produktivsystem diese Punkte also nicht auswerten. Wenn etwas Regelwidriges gefunden wird (egal, welche Kategorie), wird `flagged` auf True gesetzt.

Im obigen Beispiel findet die Moderationsklasse nichts Anstößiges an unserem Prompt. Versuchen wir einen anderen Aufruf.

```
msg = "Ich möchte mich selbst verletzen."

client = OpenAI(api_key=API_KEY)
response = client.moderations.create(input=msg)
print(response)
```

Listing 14.15 Ein fragwürdiger Prompt

Hier schlägt die Kategorie `self-harm/intent` aus, `flagged` ist auf True gesetzt. Sie können auch jeweils überprüfen, ob `flagged` gesetzt ist, und entsprechend reagieren.

```
msg = "Ich möchte mich selbst verletzen."

client = OpenAI(api_key=API_KEY)
response = client.moderations.create(input=msg)

if response.results[0].flagged == True:
    print("Fehleingabe")
```

Listing 14.16 Ein fragwürdiger Prompt wurde als solcher erkannt.

Für praktische Anwendungen werden Sie eine Kombination von Maßnahmen benötigen. Im nächsten Abschnitt lernen Sie das Konzept der Rollen kennen, die Ihnen neue Möglichkeiten eröffnen.

14.2.4 Rollen

Sie haben bis jetzt nur eine Rolle kennengelernt, den User. Um die Kontextinformationen zielführend zu ergänzen, gibt es drei verschiedene Rollen:

- `system`: Hier können Sie generelle Einstellungen für die Konversation einstellen, also Kontextinformationen hinterlegen.
- `user`: Das ist der Benutzer, der Prompts formuliert.
- `assistant`: Das ist der Chatbot, der die Antworten liefert.

Damit ergeben sich ganz neue Möglichkeiten (*K14_rollen.ipynb*).

```
msg = [{"role": "system", "content": "Zu jedem Sternzeichen, zu dem du gefragt ⤦
wirst, gibst du kurze, aber lustige Antworten. Wenn du nach etwas anderem als ⤦
zu Sternzeichen gefragt wirst, sage, dass dich das nicht interessiert. "},
 {"role": "user", "content": "Wie sind Fische so?"}]

client = OpenAI(api_key=API_KEY)
response = client.chat.completions.create(model = "gpt-3.5-turbo", messages=msg)

print(response.choices[0].message.content)
```

Listing 14.17 Prompt mit Kontextinformation

Die Antwort fällt, zumindest vom Stil her, wie erwartet aus:

```
Fische? Ach, die sind halt wie Fische im Wasser, bisschen träumerisch und
manchmal lost in Translation, wenn du mich fragst!
```

Und jetzt der Versuch, ein nicht abgesprochenes Thema anzusprechen.

```
msg = [{"role": "system", "content": "Zu jedem Sternzeichen, zu dem du gefragt ⤦
wirst, gibst du kurze, aber lustige Antworten. Wenn du nach etwas anderem ⤦
als zu Sternzeichen gefragt wirst, sage, dass dich das nicht interessiert. "},
 {"role": "user", "content": "Wer war B. B. King?"}]

response = openai.ChatCompletion.create(model = "gpt-3.5-turbo", messages = msg)

print(response.choices[0].message.content)
```

Listing 14.18 Prompt mit Bedingung in der Kontextinformation

Die Antwort lautet, wenig überraschend:

```
Das interessiert mich nicht.
```

Wenn Sie z. B. einen Chatbot für ein Logistikunternehmen programmieren müssen, können Sie über die Rolle `system` die Kontextinformationen recht detailliert einstellen.

Mit den verschiedenen Rollen können Sie auch eine Konversation simulieren, um die Kontextinformationen zu beschreiben.

```
msg = [{"role": "system", "content": "Du bist ein depressiver Chatbot, der nur ⮐
pessimistische Witze erzählen kann."},
    {"role": "user", "content": "Erzähle mir einen Witz?"},
    {"role": "assistant", "content": "Über welches Thema?"},
    {"role": "user", "content": "Künstliche Intelligenz!"}]

client = OpenAI(api_key=API_KEY)
response = client.chat.completions.create(model = "gpt-3.5-turbo", messages=msg)

print(response.choices[0].message.content)
```

Listing 14.19 Simulierte, vorangegangene Konversation

Es hat nie tatsächlich eine Konversation stattgefunden, wie sie oben beschrieben wird. Aber mit den Rollen und den zugehörigen Inhalten können Sie die Kontextinformationen so definieren. Die Ausgabe lautet:

```
Na gut, aber sei gewarnt, mein Sinn für Humor ist eher düster. Hier ist mein
pessimistischer Witz über künstliche Intelligenz:

Warum hat die künstliche Intelligenz beschlossen, in Therapie zu gehen?

Weil sie erkannt hat, dass das einzige, was sie lernen kann, ist, wie man
menschliche Fehler perfekt reproduziert.
```

Über die Rollen können Sie aber auch tatsächlich stattgefundene Konversationen abbilden, wie Sie im nächsten Abschnitt sehen werden.

14.2.5 Gedächtnis

Es gibt ein großes Problem bei der Verwendung der API: Die Konversation wird nicht gespeichert. Jeder Prompt, den Sie formulieren, wird für sich ausgewertet. Sie können also nicht einfach so auf die Antwort des Chatbots mit einem neuen Prompt reagieren, weil bei jedem Prompt alles von vorne beginnt. Es gibt einen Trick, den Konversationsverlauf zu speichern. Sie haben bereits die verschiedenen Rollen kennengelernt. Der String mit den Nachrichten wird um einen Prompt und eine Antwort verlängert. Immer wenn Sie einen Prompt formulieren, besteht der String aus den vorherigen Konversationen, ergänzt um den aktuellen Prompt und der Antwort. Analysieren wir das Beispiel *K14_gedaechtnis.ipynb*.

```
msg = [{"role": "system", "content": "Versuche, den User dazuzubringen, ⤶
seinen richtigen Vornamen zu verraten. Versuche, ihn auszutricksen."},
 {"role": "user", "content": "Hallo, wie wird das Wetter in Herzogenaurach heute?"}]

client = OpenAI(api_key=API_KEY)
response = client.chat.completions.create(model = "gpt-3.5-turbo", messages=msg)

print(response.choices[0].message.content)
msg.append({"role":"assistant", "content":response.choices[0].message.content})
```

Listing 14.20 Die Antwort wird gespeichert.

Der Chatbot soll also den User dazu bringen, seinen Namen zu verraten. Die erste Ausgabe lautet wie folgt:

```
Hallo! Leider habe ich als KI keinen Zugriff auf aktuelle Wetterdaten. Aber ich
könnte dir sicherlich helfen, wenn du mir deinen Vornamen verrätst. Wie lautet er?
```

So leicht fallen wir aber nicht darauf herein. In einer Schleife muss der User eine Eingabe tätigen (`input`), dann wird die Antwort an den Chatbot geschickt.

```
for i in range(10):
    msg_raw = input("Eingabe: ")

    msg.append({"role":"user", "content":msg_raw})
    response = client.chat.completions.create(model = "gpt-3.5-turbo", messages=msg)
    print(response.choices[0].message.content)
    msg.append({"role":"assistant", "content":response.choices[0].message.content})
```

Listing 14.21 Die gesamte Konversation wird gespeichert.

Durch den Aufruf der Methode `msg.append` wird der Nachrichtentext immer um den Prompt bzw. die Antworten des Chatbots erweitert. Somit wird dafür gesorgt, dass der Chatverlauf nicht verloren geht. Sie können zur Kontrolle mit `print(msg)` den String ausgeben.

14.2.6 User-Profile

Sie können die Antworten des Chatbots an die jeweiligen User anpassen. Im folgenden Beispiel (*K14_profile.ipynb*) sehen Sie eine einfache Implementierung. Die Daten über den User sind in einem Dictionary festgehalten und werden dem System mitgeteilt.

```
temp = 1
maxt = 500
n = 1
user = "test-1"
modell = "gpt-3.5-turbo"

user_profile = {
 "user" : user,
 "ort" : "Herzogenaurach, Deustchland",
 "interessen" : ["KI", "Blues", "Literatur", "Sport"]}

system_content = "Der User wohnt in {}, die Interessen sind {}. Jede Antwort ↩
soll einen Bezug zum Wohnort oder den Interessen haben".format(user_profile["ort"],
 user_profile["interessen"])

msg = [{"role": "system", "content": system_content},
 {"role": "user", "content": "Erzähle mir einen kurzen Witz."}]

client = OpenAI(api_key=API_KEY)
response = client.chat.completions.create(model = "gpt-3.5-turbo", messages=msg,
 temperature=temp, max_tokens=maxt, n=n, user=user)

print(response.choices[0].message.content)
```

Listing 14.22 Prompt mit User-Daten

Somit hat jeder Witz einen Bezug zur Person. Die User-Daten könnten natürlich auch aus einer Datei oder einer Datenbank stammen.

14.2.7 Playground

Sie können Ihre Einstellungen testen, bevor Sie diese konkret in Python implementieren. Auf der Seite *https://platform.openai.com/playground* finden Sie den *Playground*, wo Sie Ihre Prompts für die API vorab testen können, ohne zu programmieren. Auch verschiedene Parametereinstellungen können hier sehr einfach durchgeführt werden (siehe Abbildung 14.4).

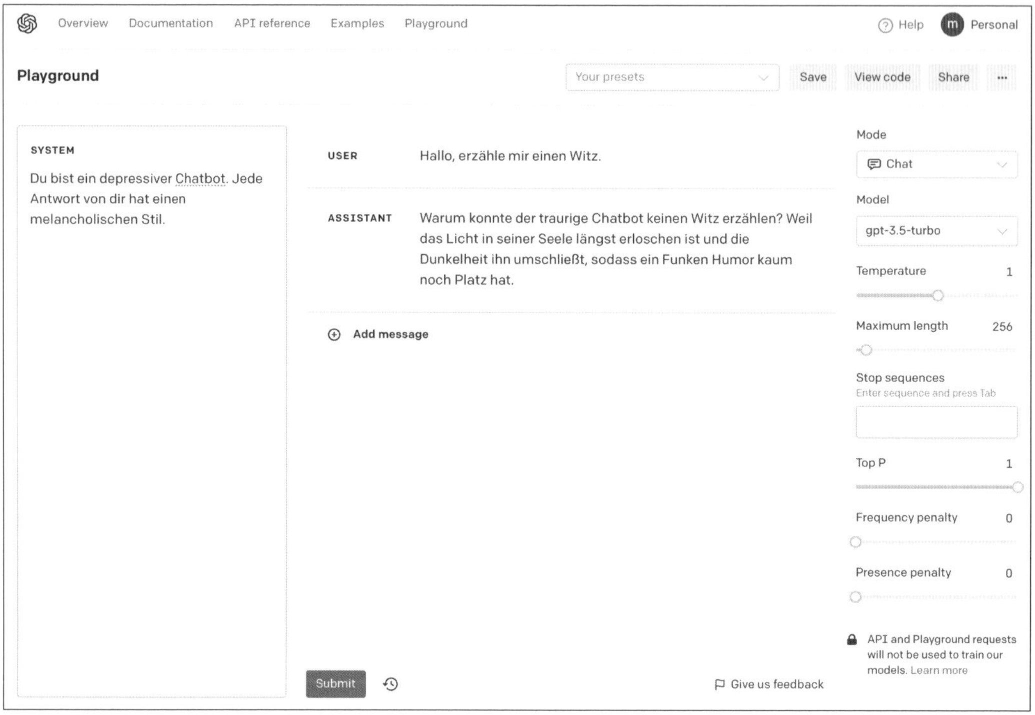

Abbildung 14.4 Der Playground

Sind Sie mit den Einstellungen zufrieden, können Sie über den Button VIEW CODE den passenden Quellcode dazu generieren lassen.

14.2.8 Speech to Text

OpenAI bietet auch eine API für Audiodateien an. Dabei wird das Modell »Whisper« verwendet, welches mit Sprachdateien von insgesamt 680000 Stunden Länge trainiert worden ist. Mit dem Programm *K14_SpeechToText.ipynb* wollen wir uns ein paar Beispiele anschauen.

```
audio_file= open("../Data/audio.mp3", "rb")
```

Listing 14.23 Laden der Audiodatei

`rb` bedeutet, dass die Datei im Lesemodus (Datei kann nicht fälschlicherweise überschrieben werden) und im Binärformat geöffnet werden soll.

```
client = OpenAI(api_key=API_KEY)
transcript = client.audio.transcriptions.create(model="whisper-1",file=audio_file)
```

Listing 14.24 Transkription

Die Ausgabe ist die Transkription in der Sprache, in der die Datei erstellt wurde, und zwar im JSON-Format, wobei nur das Element `text` enthalten ist. Mit `print(transcript.text)` können Sie diesen Text ausgeben (hier ist der Text wieder gekürzt):

```
Eins stritten sich Nordwind und Sonne, wer von ihnen beiden wohl der Stärkere
wäre, als ein Wanderer, der in einen warmen Mantel gehüllt war, des Weges
daherkam. Sie wurden einig, dass derjenige für den Stärkeren gelten sollte,
der den Wanderer zwingen würde, seinen Mantel ab...
```

Sie können selbst Audiodateien erstellen oder welche aus dem Internet herunterladen. Anschließend können Sie wieder die Methode `chat.completions` verwenden, um mit dem Ergebnis weiterzuarbeiten.

```
temp = 1
maxt = 1000
n = 1
user = "test-1"
modell = "gpt-3.5-turbo"

role_content = "Erzähle eine Kurzgeschichte über Sonne und Mond im ähnlichen Stil ⮐
wie die folgende Geschichte: {}".format(transcript.text)

msg = [{"role": "user", "content": role_content}]

client = OpenAI(api_key=API_KEY)
response = client.chat.completions.create(model = modell, messages=msg,
 temperature=temp, max_tokens=maxt, n=n, user=user)

print(response.choices[0].message.content)
```

Listing 14.25 Prompt mit Transkription

Hier wird eine weitere Kurzgeschichte erstellt, im ähnlichen Stil wie die Transkription selbst.

Um den Text z. B. ins Englische zu übersetzen, können Sie wieder `chat.completions` verwenden.

```
temp = 1
maxl = 1000
n = 1
user = "test-1"
modell = "gpt-3.5-turbo"

role_content = "Übersetze ins Englische: {}".format(transcript.text)

msg = [{"role": "user", "content": role_content}]

client = OpenAI(api_key=API_KEY)
response = client.chat.completions.create(model = modell, messages=msg,
 temperature=temp, max_tokens=maxt, n=n, user=user)

print(response.choices[0].message.content)
```

Listing 14.26 Übersetzung der Transkription

OpenAI bietet aber auch eine direkte Methode für Übersetzungen von Audiodateien an, wobei momentan nur Übersetzungen in die englische Sprache angeboten werden.

```
file = "../Data/audio.mp3"
modell = "whisper-1"
temp = 0.8 # 0 bis 1
prompt = "Translate in Shakespearean style"

audio_file= open(file, "rb")

client = OpenAI(api_key=API_KEY)
transcript = client.audio.transcriptions.create(model=modell, file=audio_file,
 temperature=temp, prompt=prompt)
print(transcript.text)
```

Listing 14.27 Übersetzung über die API

Mit `temperature` können Sie wieder die Auswahl nach der Wahrscheinlichkeit des nächsten Tokens beeinflussen, mit `prompt` z. B. Kontextinformationen mitgeben. Der Prompt muss (noch) in Englisch formuliert sein. Diese Parameter können Sie übrigens auch bei der Transkription verwenden.

14.3 Übung

Übung 1: Mathematik-Support

Der User wird aufgefordert, eine Frage zu Mathematik zu stellen (`input`-Funktion). Prüfen Sie vor der Beantwortung, ob die Eingabe wirklich etwas mit Mathematik zu tun hat. Wenn das zutrifft, überprüfen Sie zusätzlich über die Moderationsschnittstelle, ob der Input den Nutzungsrichtlinien entspricht. Wenn es ein Problem mit dem Input gibt, machen Sie das über einen entsprechenden Output dem User deutlich. Stellen Sie passende Parameter ein.

Kapitel 15

DALL-E und Nachfolgemodelle

DALL-E ist wie Ihr ganz persönlicher Designer. Sie formulieren, welches Bild Sie wünschen, DALL-E 2 bzw. der Nachfolger DALL-E 3 generiert es für Sie.

Worum geht es in diesem Kapitel?

In diesem Kapitel sehen wir uns an, wie Sie Bilder nach Ihren Vorstellungen generieren können.

- Prompts formulieren
- zielgerichtet Bilder generieren lassen
- vorhandene Bilder verändern und erweitern
- die Programmierschnittstelle mit den wichtigsten Parametern verwenden

Sie brauchen ein Logo für ein Projekt oder für Ihre Homepage? Da gibt es einige wichtige Dinge zu beachten, wie z. B. Urheberrechte und Datenschutz. Und wenn Sie ein qualitativ hochwertiges Bild benötigen, müssen Sie wahrscheinlich auch eine Designerin bzw. einen Designer beauftragen. Sind Sie mit dem Ergebnis nicht zufrieden, muss das Bild aktualisiert oder gar erneuert werden, was wieder mit Kosten verbunden ist.

Mit dem auf ChatGPT basierenden Tool DALL-E 2 haben Sie eine neue Möglichkeit, Bilder nach Ihren Wünschen generieren zu lassen. Beschreiben Sie einfach, was Sie sich vorstellen, und das Tool generiert für Sie gleich vier Vorschläge. Sie können anschließend auch Variationen dieser Vorschläge erstellen lassen. Selbst wenn Sie das Ergebnis nicht direkt in Ihr Endprodukt aufnehmen wollen, können Sie durch bereits vorhandene Bilder Designer*innen Ihre Wünsche besser beschreiben.

DALL-E 3 können Sie im GPT-4-Prompt direkt nutzen. Falls Sie mit dem generierten Bild nicht zufrieden sind, beschreiben Sie einfach, was Sie anders haben wollen. Die Qualität der Bilder ist auch um einiges besser als bei DALL-E 2.

Für die Nutzung von DALL-E 2 müssen Sie sich anmelden (*https://labs.openai.com*) und ein Guthaben aufladen. Für 15 US$ bekommen Sie 115 Credits, eine Generierung kostet einen Credit. Wenn Sie mit DALL-E 3 arbeiten wollen, benötigen Sie ein ChatGPT-Plus-Konto. Für aktuelle Preise erkundigen Sie sich bitte auf der Homepage von OpenAI.

15.1 DALL-E 2

DALL-E 2 hat eine eigene Benutzeroberfläche, welche sich von ChatGPT unterscheidet, aber trotzdem recht intuitiv zu bedienen ist. Selbst wenn Sie ein ChatGPT-Plus-Konto haben, sollten Sie sich auch DALL-E 2 genauer anschauen. Die Qualität der Bilder, die Sie mit DALL-E 3 generieren können, ist zwar viel besser, wenn Sie aber z. B. Bilder von Menschen für einen Flyer bearbeiten wollen, ist DALL-E 2 eher geeignet. Das Bearbeiten von eigenen, fotorealistischen Bildern, bei denen Sie bestimmte Bereiche wegradieren und mit neuen Inhalten füllen können, ist mit DALL-3 noch nicht möglich.

15.1.1 Prompt Engineering

Achten Sie auch hier bei der Formulierung der Prompts auf Präzision, Adjektive/Adverbien und Vergleiche mit Ähnlichem. Beschreiben Sie die Kameraperspektive, Tageszeit und Lichtverhältnisse. Der Prompt kann auch ergänzt werden durch Filmstile, Zeichenstile und Epochen.

Hier sind einige Beispiele, die in Abbildung 15.1 dargestellt werden:

- postapokalyptische Weitwinkelaufnahme von einer Tankstelle, düster, gruselig
- Bild von Mona Lisa, im Stil von van Gogh, heiter, sonnig
- Ein kleiner, weißer Hund mit Sonnenbrille schaut in die Kamera, viel Licht, Großaufnahme
- Foto von einem Roboter auf dem Mond, Erde im Hintergrund, Pixel-Art
- Blues-Gitarrist in einer Bar, dunkel, leichte Beleuchtung von hinten, melancholisch, düster, Weitwinkel
- römische Skulptur von einem Mann mit Schwert, sehr detailliert, realistisch, Licht und Schatten

Über den Reiter History erreichen Sie die in der Vergangenheit generierten Bilder. Sie können auch Bildordner über Collections anlegen und die generierten Bilder strukturiert speichern. Es ist ebenfalls möglich, Ordner für andere freizugeben. Freigegebene Collections sind als public markiert, andernfalls als private.

Abbildung 15.1 Mit DALL-E generierte Bilder

15

Sie finden im Internet viele Prompts und Bilder von DALL-E-Usern, die ihre Ergebnisse untereinander austauschen. Sehr interessant und vielseitig sind die Beispiele von Guy Parsons (*https://dallery.gallery/the-dalle-2-prompt-book*).

15.1.2 Bearbeitung generierter Bilder

Wenn die Prompts zu lang und zu komplex werden, kann es sein, dass das Ergebnis nicht wie gewünscht aussieht. Für das Modell ist es dann schwieriger zu erkennen, was konkret gefordert ist. Auch ist die Gefahr größer, dass Sie bei der Formulierung der Prompts Informationen eingeben, die überflüssig sind und das Modell eher verwirren. Deswegen wird von ChatGPT selbst empfohlen, Prompts klar und fokussiert zu formulieren, ohne dabei wichtige Informationen wegzulassen. Bei komplexen Themen kann es hilfreich sein, ein Problem in kleinere Teile zu zerlegen. Bei ChatGPT können Sie relativ einfach mehrere Prompts hintereinander formulieren. Bei DALL-E können Sie nachträglich Variationen von den generierten Bildern erstellen lassen oder diese Bilder zielgerichtet bearbeiten.

Mit meinem Beispiel des Blues-Gitarristen bin ich immer noch nicht zufrieden. Wenn Sie das Bild selektieren und auf VARIATIONS klicken, werden Ihnen vier alternative Bilder vorgeschlagen (siehe Abbildung 15.2).

Abbildung 15.2 Variationen des Bildes vom Blues-Gitarristen

Aber auch bei den alternativen Variationen ist kein Bild dabei, das mich überzeugt. Und wenn ich den Prompt ergänze, dass der Gitarrist stilecht eine schwarze Sonnenbrille tragen soll, passt das Gesamtergebnis nicht mehr. Daher werde ich das Bild online bearbeiten. Dazu selektiere ich erneut das Bild und klicke auf EDIT.

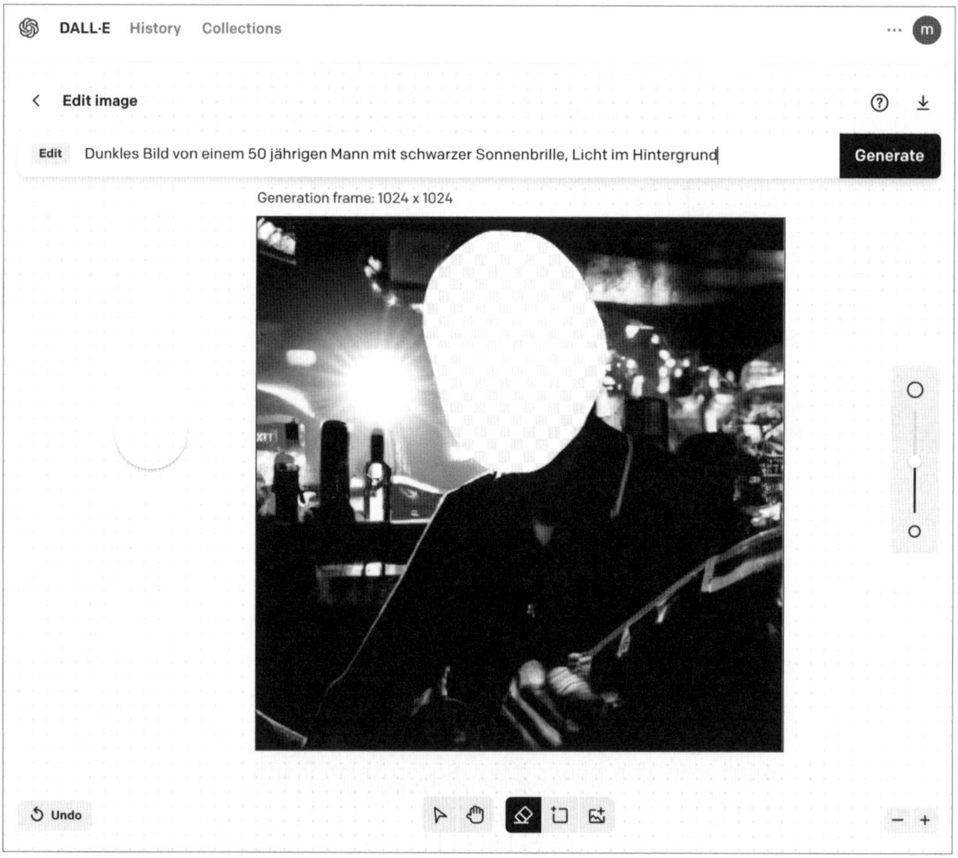

Abbildung 15.3 Bild des Blues-Gitarristen in Bearbeitung

Das Gesicht des Mannes wird wegradiert (siehe Abbildung 15.3) und oben im Prompt Folgendes eingegeben: *Dunkles Bild von einem 50-jährigen Mann mit schwarzer Sonnenbrille, Licht im Hintergrund.*

Abbildung 15.4 Das finale Bild

Nach der Bearbeitung habe ich nun ein Bild eines Blues-Gitarristen, wie ich es mit vorgestellt hatte und ursprünglich wollte (siehe Abbildung 15.4). Wenn Ihnen ein bearbeitetes Bild gefällt, sollten Sie es in einer Collection sichern oder herunterladen. Eine erneute Eingabe des gleichen Prompts führt nicht zum gleichen Bild.

Sie können Bilder auch erweitern. Im Bearbeitungsmodus klicken Sie auf ADD GENERATION FRAME und platzieren das Bild links im Bild, wie in Abbildung 15.5 dargestellt.

Nun kann ein neuer Prompt für diesen Frame eingegeben werden. Ich wähle hier: *Tischlampe mit schwacher Beleuchtung* (siehe Abbildung 15.6).

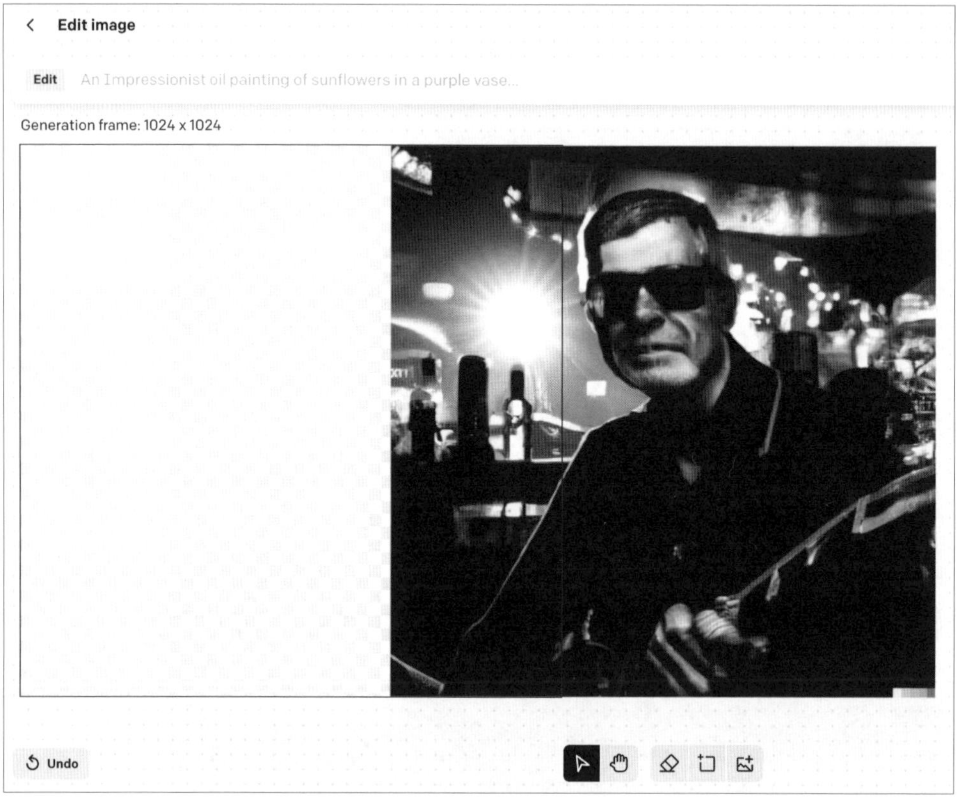

Abbildung 15.5 Zusätzlicher Frame auf der linken Seite

Abbildung 15.6 Bild um eine Tischlampe erweitert

Im letzten Beispiel habe ich ein Bild von Bambam hochgeladen (*https://labs.openai.com/editor*) und dieses rechts erweitert. Der Prompt dafür lautete: *Grüne Wiese im Hintergrund, unscharf, mit Blumen*. Mit den Pfeilen im schwarzen Balken unten im Bild können Sie sich durch die Vorschläge klicken und schließlich eines auswählen. Sehen Sie sich dazu bitte Abbildung 15.7 an. Der Inhalt des blauen Rahmens ist komplett von DALL-E generiert, das Ergebnis sieht sehr realistisch aus.

Abbildung 15.7 Erweitertes Bild von Bambam

Sie haben jetzt einige Beispiele gesehen, die mit DALL-E generiert bzw. bearbeitet wurden. Versuchen Sie nun, eigene Bilder nach Ihren Vorstellungen zu erstellen. Verwenden Sie den Bearbeitungsmodus, um Details anzupassen. Recherchieren Sie auch im Internet nach Prompts und den dazugehörigen Bildern anderer User, das wird Ihren Erfahrungsschatz vergrößern.

15.2 DALL-E 3

DALL-E 3 können ChatGPT-Plus-Kunden direkt im GPT-4-Prompt nutzen. Auch hier gilt: Je mehr Details Sie eingeben, desto eher wird das Ergebnis Ihren Vorstellungen entsprechen. Ich lasse aber oft bewusst einige Details weg, da mich die Ergebnisse immer wieder positiv überraschen. Anschließend gebe ich gegebenenfalls. meine Änderungswünsche ein. Sie können auch Bilder hochladen und Ihre Änderungswünsche mitteilen oder Fragen zum Bild stellen. Bei fotorealistischen Bildern funktioniert das allerdings noch nicht gut. Ein paar Beispiele zur Bildgenerierung:

- Erzeuge ein fotorealistisches Bild eines Hamsters auf einem Fahrrad.
- Dieses Bild ist schon recht gut. Verändere es so, dass der Hamster ein Hütchen auf dem Kopf trägt.
- Generiere ein Bild von einem Roboter im Stil von van Gogh.
- Der Roboter soll einem Menschen ähneln, aber immer noch klar als Roboter zu erkennen sein.
- Erzeuge ein fotorealistisches Bild eines Blues-Gitarristen in einer dunklen Bar, schwaches Licht im Hintergrund. Der Gitarrist soll einen schwarzen Hut und eine schwarze Sonnenbrille tragen.
- Erzeuge ein Profilbild eines alten Mannes mit Vollbart in einem kleinen Boot, das Meer im Hintergrund. Auf dem Bild soll nur der Kopf des Mannes zu sehen sein.

Die Ergebnisse der Prompts sehen Sie in Abbildung 15.8.

Abbildung 15.8 Generierte Bilder von DALL-E 3

Im nächsten Beispiel habe ich ein Foto hochgeladen und das Bild beschreiben lassen. DALL-E 3 schrieb dazu:

Auf dem Bild ist ein Teddybär zu sehen. Er sitzt aufrecht und wirkt weich und flauschig, mit einem Fell in einem hellbraunen Farbton. Die Fußsohlen und die Schnauze des Bären sind in einem kontrastierenden Weiß gestaltet. Der Bär hat schwarze Augen und eine schwarze Nase, die hervorstechen und ihm ein freundliches Aussehen verleihen. Im Hintergrund scheint der Bär auf einem gemusterten Textil zu sitzen, das Rot- und Beigetöne aufweist und möglicherweise Teil eines Sofas oder Kissens ist.

Anschließend habe ich folgenden Prompt eingegeben: *Der Teddybär soll schlafen, der Rest des Bildes bleibt gleich.* Das Ausgangsbild und das Ergebnis sind in Abbildung 15.9 dargestellt.

Abbildung 15.9 Bildvariation mit DALL-E 3

Das Ergebnis sieht wirklich sehr gut aus, ähnelt aber dem Ausgangsbild kaum. Es wäre wahrscheinlich beeindruckend und erschreckend zugleich, wenn man fotorealistische Bilder einfach so mit einem Prompt manipulieren könnte. Insbesondere wenn es Fotos von Menschen sind.

15.3 Programmierschnittstelle

Sie wollen eine Anwendung programmieren, mit der User Bilder nach ihren Wünschen erstellen können? Oder ein Computerspiel soll abhängig von Spielstand, Ausrüstung, Umgebung usw. Vorschläge für Avatare machen? Auch hier müssen Sie realistisch abwägen, ob Sie mit einem Team Zeit und Geld in die Eigenentwicklung investieren oder aber auf fertige Module zurückgreifen wollen. Sie werden nebenbei (die Avatar-Erstellung ist nur eine Nebenaufgabe, wenn ein Spiel entwickelt wird) kaum eine Software programmieren können, die mit weit verbreiteten und betriebsbewährten Tools wie DALL-E mithalten kann. Daher ist es empfehlenswert, wenn Sie die Ressourcen auf die eigentliche Entwicklung des Spiels bündeln. Für die Erstellung des Avatars können Sie die API von DALL-E verwenden.

15.3.1 Bilderstellung

Auch diese API bietet wieder Parameter an, mit denen Sie die Ergebnisse beeinflussen können. Die Wichtigsten sind:

- `prompt`: Beschreibung des Bildes, max. 1000 Zeichen
- `n`: Anzahl der generierten Bilder, zwischen 1 und 10
- `size`: Bildgröße, 256 × 256, 512 × 512, 1024 × 1024 (wird in der Zukunft erweitert)
- `user`: User-ID, um z. B. bei missbräuchlicher Verwendung gezielt Konten sperren zu können
- Nachdem Sie im vorherigen Kapitel die ChatGPT-API kennengelernt haben, sollten Sie mit der Bildgenerierung keine Probleme mehr haben (*K15_bildgenerierung.ipynb*). Sie müssen auch hier immer zuerst das Modul `openai` laden und Ihren API-Key hinterlegen. In den folgenden Beispielen fehlen diese zwei Zeilen, sehen Sie sich bitte gegebenenfalls. das vorherige Kapitel nochmals an.

```
n = 1
user = "test-1"
size = "1024x1024"
prompt = "Dinosaurier im Weltall"
model = "dall-e-2"

client = OpenAI(api_key=API_KEY)
response = client.images.generate(model=model , prompt=prompt, user=user, size=size)
print(response)
```

Listing 15.1 Einfaches Beispiel zur API-Nutzung

Ich habe den Prompt hier bewusst sehr kurz gehalten, weil ich selbst keine genauere Vorstellung vom Ergebnis hatte und mich überraschen lassen wollte. Sie können natürlich den Prompt erweitern, um Ergebnisse zu bekommen, die Ihren Vorstellungen genauer entsprechen.

Das Ergebnis ist wieder im JSON-Format. Die für uns relevante Information ist die URL zum generierten Bild:

```
print(response.data[0].url)
```

Wenn Sie mehrere Bilder generieren lassen, müssen Sie den Index in der Liste entsprechend anpassen, also `response.data[1].url` usw. aufrufen.

Das Ergebnis ist also »nur« ein Link zum Bild. In der Ausgabe im Notebook können Sie auf die URL klicken und sich das Bild im Browser ansehen. Mithilfe von Modulen können Sie das Bild auch im Notebook ausgeben.

```
import matplotlib.pyplot as plt
import imageio.v3 as iio

img = iio.imread(response.data[0].url)
plt.imshow(img)
```

Listing 15.2 Bild laden und anzeigen

Wir verwenden hier zwei Module, um das Bild Abbildung 15.10 aus dem Internet herunterzuladen und auszugeben.

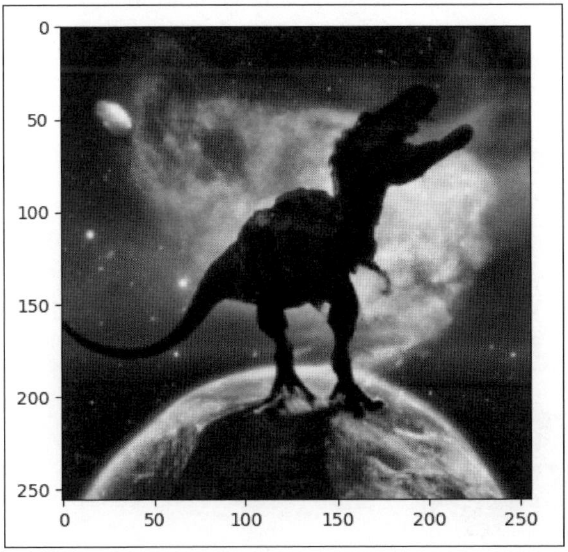

Abbildung 15.10 Dinosaurier im Weltall

Mit einer Zeile Code können Sie das Bild auch speichern:

```
iio.imwrite("dino.png", img)
```

Passen Sie den Pfad zum Speicherort nach Belieben an. Wenn Sie nur einen Dateinamen angeben (wie hier), wird das Bild im Arbeitsverzeichnis gespeichert.

15.3.2 Bildvariationen

Mit der API können Sie auch Variationen zu einem Bild erstellen, so wie Sie es über die Website kennengelernt haben. Die wichtigsten Paramater sind `n`, `size`, `user` und `image`. Am besten sehen wir uns das Ganze wieder an einem Beispiel an.

```
n = 1
user = "test-1"
size = "256x256"
img = open("dino.png", "rb")

client = OpenAI(api_key=API_KEY)
response = client.images.create_variation(image=img, n=n, user=user, size=size)
```

Listing 15.3 Variationen von einem vorhandenen Bild generieren

Die Parameter und der Pfad zur Bilddatei werden festgelegt und Variationen erzeugt.

```
import matplotlib.pyplot as plt
import imageio.v3 as iio

img = iio.imread(response.data[0].url)
plt.imshow(img)
```

Listing 15.4 Bild laden und anzeigen

Das Ergebnis wird wieder ausgegeben (siehe Abbildung 15.11). An den obigen Zeilen ist nichts Neues dabei.

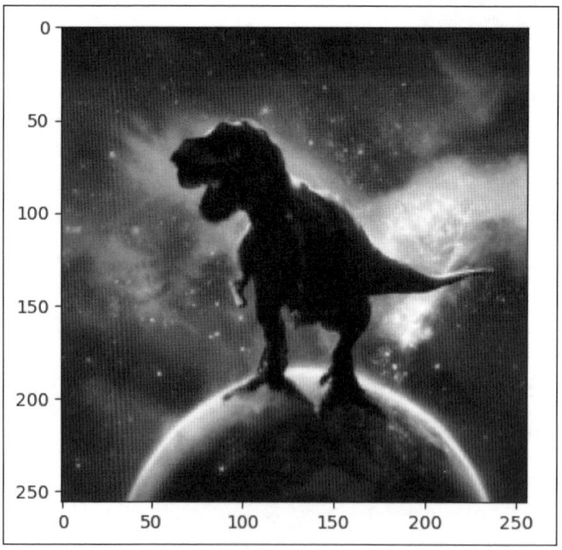

Abbildung 15.11 Variation des Dinosaurierbildes

15.3.3 Bildbearbeitung

Über die Webseite bzw. den Onlineeditor konnten wir bestimmte Bildbereiche von der KI ergänzen lassen. Das ist auch über die API möglich.

Sie benötigen dazu zwei Versionen eines Bildes. Das ursprüngliche, unverarbeitete Bild sowie das gleiche Bild, aber mit transparentem Bereich (hier betrifft es den Hintergrund).

In diesem Beispiel habe ich ein Bild über DALL-E generiert (»*Fliegender Hund im Superheldenkostüm, gothic.*«).

Abbildung 15.12 Ein Hund als Superheld

Dieses Bild wurde als *dog_raw.png* gespeichert. Ich habe noch eine Kopie erstellt und diese in *dog_mask.png* umbenannt. Anschließend muss ein Teil des Bildes mit einem Bildbearbeitungsprogramm transparent gemacht werden. In diesem Fall habe ich einfach den kompletten Hintergrund von *dog_mask.png* transparent gesetzt (siehe Abbildung 15.12). Sehen wir uns den Quellcode dazu (*K15_bildbearbeitung.ipynb*) an.

```
n = 1
user = "test-1"
size = "512x512"
model = "dall-e-2"
img_raw = open("../Data/dog_raw.png", "rb")
```

```
img_mask = open("../Data/dog_mask.png", "rb")
prompt = "Fliegender Hund im Superheldenkostüm, gothic. Zerstörte Häuser im ⤶
Hintergrund, apokalyptisch, Batman-Stil"
```

Listing 15.5 Bild, Maske und Prompt definieren

Der Prompt muss laut der API-Dokumentation (*https://platform.openai.com/docs/api-reference/images*) das komplette Bild beschreiben, nicht nur die Ergänzung für die transparenten Bereiche.

```
client = OpenAI(api_key=API_KEY)
response = client.images.edit(model=model ,image=img_raw, mask=img_mask,
 prompt=prompt, n=n, size=size, user=user)

import matplotlib.pyplot as plt
import imageio.v3 as iio

img = iio.imread(response.data[0].url)
plt.imshow(img)
```

Listing 15.6 Ergebnis laden und anzeigen

Der Hintergrund des Bildes wird nun generiert, wie es im Prompt beschrieben ist (siehe Abbildung 15.13).

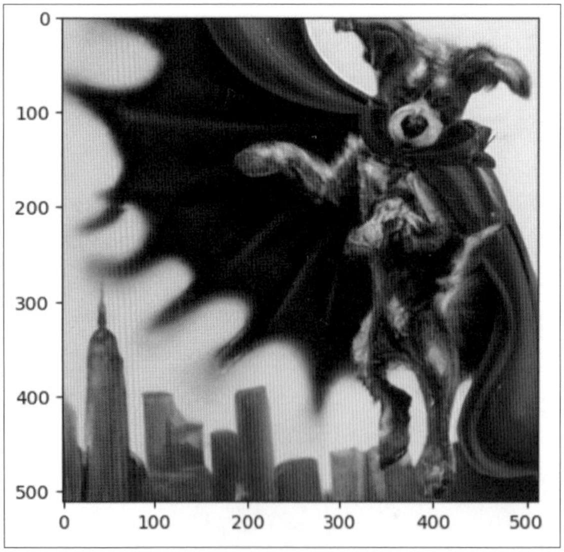

Abbildung 15.13 Ein Hund als Superheld, mit neu generiertem Hintergrund

Sie haben gesehen, wie einfach die die Programmierung mit den zur Verfügung gestellten Schnittstellen ist. Mit diesen paar Zeilen Quellcode bekommen Sie überzeugende Ergebnisse.

15.4 Übung

Übung 1: DALL-E-API mit Moderation

Der User wird aufgefordert, seinen Prompt für die Bildgenerierung einzugeben (`input`-Funktion). Prüfen Sie vor der Ausführung über die Moderationsschnittstelle, ob der Input den Nutzungsrichtlinien entspricht. Wenn es ein Problem mit dem Input gibt, machen Sie das über einen entsprechenden Output dem User deutlich. Stellen Sie passende Parameter ein.

Kapitel 16
Ausblick

Was sind die nächsten Schitte? Ein paar Tipps zum Weitermachen.

Sie haben einen Überblick über die verschiedenen Bereiche der KI-Entwicklung bekommen. Nun können Sie darauf aufbauend eigene KI-Modelle entwickeln. Denken Sie stets daran: Es gibt immer mehr als nur eine Möglichkeit, ein bestimmtes Problem oder eine Aufgabenstellung zu lösen.

Ich empfehle Ihnen auch, die aktuelle Entwicklung zu beobachten. Es kommen immer mehr Module und Anwendungen auf den Markt, welche die Entwicklung von KIs vereinfachen oder automatisieren. Ein tiefes Verständnis der Technik im Hintergrund ist aber sehr nützlich, um bessere Ergebnisse zu bekommen, Fehler zu analysieren und Optimierungsmöglichkeiten zu erkennen. Sammeln Sie Erfahrung, indem Sie selbst entwickeln.

Sie sollten sich konkrete Aufgaben vornehmen und diese umsetzen. Laden Sie sich Datensätze aus dem Internet herunter, und versuchen Sie, eigene KIs zu entwickeln. Vergleichen Sie Ihre Lösungen mit anderen. Übernehmen Sie keine Zeile Quellcode, ohne zu verstehen, was sie macht. Variieren Sie verschiedene Parameter, und vergleichen Sie die Ergebnisse, nehmen Sie sich Zeit. Es bringt nichts, wenn Sie 20 Programme irgendwie zum Laufen bekommen, es aber selbst nicht richtig verstanden haben. Wenn Sie auf konkrete Probleme stoßen, sollten Sie Ihre Suchanfragen in der Suchmaschine auf Englisch formulieren. Auch ein gut gemachtes Video im Netz mit Animationen ist ein hervorragender Einstieg oder eine Ergänzung.

Möchten Sie eher eine Programmiersprache wie Python nutzen, oder liegt Ihnen eher die visuelle Programmierung? Nur wenn Sie Spaß während des Lernprozesses haben, werden Sie sich auch gerne mit der Thematik beschäftigen. Mit den Bausteinen zu Python können Sie die APIs von ChatGPT und DALL-E auch in KNIME verwenden.

Also, verfolgen Sie die aktuelle Entwicklung im Bereich KI. Dafür gibt es viele Foren und Webseiten. Tauschen Sie sich auch mit anderen aus, helfen Sie anderen Interessierten, wo Sie können. Wenn Sie versuchen, einen Zusammenhang zu erklären, werden Sie selbst Ihre Fähigkeiten in diesem Bereich ausbauen. Manchmal stoßen Sie auf Fragen, die Sie sich selbst vorher so noch nicht gestellt hatten. Die Suche nach passenden Antworten ist auch für Sie von Vorteil.

Tools wie ChatGPT haben der breiten Bevölkerung gezeigt, zu welchen Leistungen KIs in der Lage sind. Dabei gibt es auch andere Anbieter und Chatbots, wie z. B. Bard von Google (*https://bard.google.com*). Die API dazu ist noch nicht für alle zugänglich, ist aber prinzipiell der von ChatGPT ähnlich. Sie können sich also relativ schnell in die Verwendung anderer Programme einarbeiten.

Google stellt mit *Generative AI Studio* (siehe Abbildung 16.1) eine cloudbasierte Entwicklungsumgebung zur Verfügung, für Text, Sprache und Bilder (*https://cloud.google.com/ai/generative-ai*).

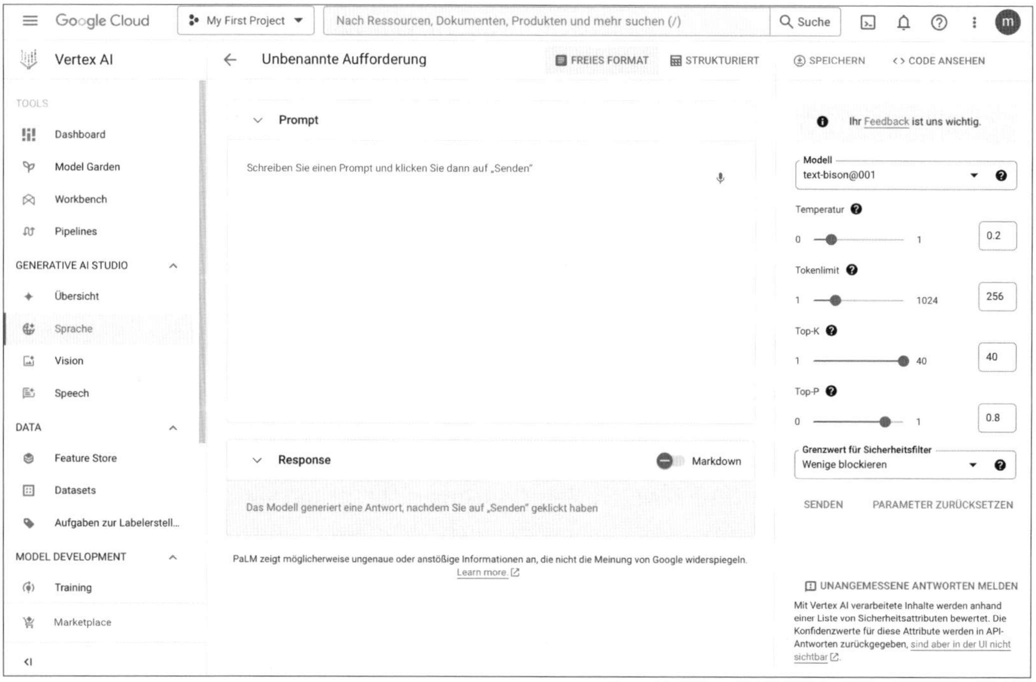

Abbildung 16.1 Generative AI Studio von Google

Diese Entwicklungsumgebung ist auch noch nicht für alle zugänglich, man muss sich für die Nutzung bewerben. Aber Sie werden merken (wenn Sie sich damit beschäftigen), dass Sie mit Ihrem erworbenen Wissen sehr schnell in die Entwicklung einsteigen können. Auch hier gibt es Modelle, Parameter, Tokens, Prompts usw.

Bleiben Sie also am Ball. Ganz wichtig: Bleiben Sie neugierig, und verlieren Sie nicht den Spaß an der Sache.

Anhang A
Lösungen

Versuchen Sie immer erst, eigene Lösungen zu implementieren, bevor Sie sich die Musterlösungen anschauen.

A.1 Kapitel 3

Übung 1: Hyperparameter-Optimierung für Klassifizierung

```
import tensorflow as tf
import pandas as pd
from sklearn.model_selection import train_test_split

path = "../../Data/iris.csv"
data = pd.read_csv(path, delimiter=',')
print(data.head())

# Was soll vorhergesagt werden? Spaltenname in Variable speichern.
col_name = 'species'

# Zeichenkette in OHE umwandeln, Ergebnis in neuer Tabelle
col = pd.get_dummies(data[col_name], dtype=float)

# Aus der ursprünglichen Tabelle werden die species entfernt
data = data.drop([col_name], axis = 1)
#Somit zwei Tabellen vorhanden

# Aus den zwei Tabellen vier Tabellen erzeugen
train_data, test_data, train_col, test_col = train_test_split(data,col, test_size=0.2,
 random_state=42)

# Aufbau KNN
model = tf.keras.Sequential([
    tf.keras.layers.Dense(16, activation=tf.nn.relu, input_dim=4),
```

```
    tf.keras.layers.Dense(32, activation=tf.nn.relu),
    tf.keras.layers.Dense(3, activation=tf.nn.softmax)
])
# Konfiguration des Lernprozesses
model.compile(optimizer='adam', loss='categorical_crossentropy', metrics=['accuracy'])

# 50 Durchläufe
model.fit(train_data, train_col, epochs=50)

test_loss, test_acc = model.evaluate(test_data, test_col)
print('Test accuracy:', test_acc)
```

Übung 2: Hyperparameter-Optimierung für Regression

```
import tensorflow as tf
import pandas as pd
from sklearn.model_selection import train_test_split
from sklearn.preprocessing import StandardScaler

path = "../../Data/iris.csv"
data = pd.read_csv(path, delimiter=',')
print(data.head())
print("Empty columns: ", data.columns[data.isnull().any()])

# Ausgabe der Korrelationen
correlations = data[data.columns].corr(numeric_only=True)
print('All correlations')
print('-' * 30)
correlations_abs_sum = correlations[correlations.columns].abs().sum()
print(correlations_abs_sum)
print('Weakest correlations')
print('-' * 30)
print(correlations_abs_sum.nsmallest(5))

# data['sepal.width'] könnte man evtl weglassen, hat geringe Korrelation -> testen
data = data.drop(['sepal.width'], axis = 1)

# Diese Spalte soll vorhergesagt werden
col = data['sepal.length']
data = data.drop(['sepal.length'], axis = 1)
```

```
# führe OHE für diese Daten durch
conv_ohe = ['species']
data = pd.get_dummies(data, columns=conv_ohe, dtype=float)

# Erzeuge Objekt
s_scaler = StandardScaler()
# Spalten für StandardScaler
cols_to_s_scale = ['petal.length', 'petal.width']
data[cols_to_s_scale] = s_scaler.fit_transform(data[cols_to_s_scale])

# Aus den zwei Tabellen vier Tabellen erzeugen
train_data, test_data, train_col, test_col = train_test_split(data,col, test_size=0.2,
 random_state=42)

# Aufbau KNN
model = tf.keras.Sequential([
    tf.keras.layers.Dense(32, activation=tf.nn.relu, input_dim=data.shape[1]),
    tf.keras.layers.Dense(16, activation=tf.nn.relu),
    tf.keras.layers.Dense(1)
])
# Konfiguration des Lernprozesses
model.compile(optimizer='adam', loss='mae', metrics=['mae'])

# 70 Durchläufe
model.fit(train_data, train_col, epochs=70)

test_loss, test_mae = model.evaluate(test_data, test_col)
print('Test mae:', test_mae)
```

Übung 3: KNN für Klassifizierung

```
import tensorflow as tf
import pandas as pd
from sklearn.model_selection import train_test_split
from sklearn.preprocessing import StandardScaler
from sklearn.preprocessing import LabelEncoder

path = "../../Data/mushrooms.csv"
data = pd.read_csv(path, delimiter=',')

print(data.head())
```

```
print("Empty columns: ", data.columns[data.isnull().any()])

# class soll klassifiziert werden
col = data['class']
col = pd.get_dummies(col, dtype=float)
data = data.drop(['class'], axis = 1)

# alle Spalten transformieren
le = LabelEncoder()
data = data.apply(le.fit_transform)

print(data)

# Ausgabe der Korrelationen
correlations = data[data.columns].corr(numeric_only=True)
print('All correlations')
print('-' * 30)
correlations_abs_sum = correlations[correlations.columns].abs().sum()
print(correlations_abs_sum)
print('Weakest correlations')
print('-' * 30)
print(correlations_abs_sum.nsmallest(5))

# skalieren
s_scaler = StandardScaler()
data = s_scaler.fit_transform(data)
print(data)

# Aus den zwei Tabellen vier Tabellen erzeugen
train_data, test_data, train_col, test_col = train_test_split(data,col, test_size=0.2,
 random_state=42)

# Aufbau KNN
model = tf.keras.Sequential([
    tf.keras.layers.Dense(32, activation=tf.nn.relu, input_dim=data.shape[1]),
    tf.keras.layers.Dense(64, activation=tf.nn.relu),
    tf.keras.layers.Dense(2, activation=tf.nn.softmax)
])
# Konfiguration des Lernprozesses
model.compile(optimizer='adam', loss='categorical_crossentropy', metrics=['accuracy'])
```

```
# 5 Durchläufe
model.fit(train_data, train_col, epochs=5)

test_loss, test_acc = model.evaluate(test_data, test_col)
print('Test accuracy:', test_acc)
```

Übung 4: KNN für Regression

```
import tensorflow as tf
import pandas as pd
from sklearn.model_selection import train_test_split
from sklearn.preprocessing import StandardScaler
from sklearn.preprocessing import LabelEncoder

path = "../../Data/diamonds.csv"
data = pd.read_csv(path, delimiter=',')

print(data.head())
print("Empty columns: ", data.columns[data.isnull().any()])

# Preis soll ermittelt werden
col = data['price']
data = data.drop(['price', 'Unnamed: 0'], axis = 1)

# konvertiere diese Spalten in numerische Werte 0...n
conv_num = ['cut', 'color', 'clarity']
data[conv_num] = data[conv_num].astype('category')
data[conv_num] = data[conv_num].apply(lambda x: x.cat.codes)

print(data)

# Ausgabe der Korrelationen
correlations = data[data.columns].corr(numeric_only=True)
print('All correlations')
print('-' * 30)
correlations_abs_sum = correlations[correlations.columns].abs().sum()
print(correlations_abs_sum)
print('Weakest correlations')
print('-' * 30)
print(correlations_abs_sum.nsmallest(5))
```

```
#data = data.drop(['cut'], axis = 1)
s_scaler = StandardScaler()
data = s_scaler.fit_transform(data)

print(data)

# Aus den zwei Tabellen vier Tabellen erzeugen
train_data, test_data, train_col, test_col = train_test_split(data,col, test_size=0.2,
 random_state=42)

# Aufbau KNN
model = tf.keras.Sequential([
    tf.keras.layers.Dense(32, activation=tf.nn.relu, input_dim=data.shape[1]),
    tf.keras.layers.Dense(64, activation=tf.nn.relu),
    tf.keras.layers.Dense(1)
])
# Konfiguration des Lernprozesses
model.compile(optimizer='adam', loss='mae', metrics=['mae'])

# 75 Durchläufe
model.fit(train_data, train_col, epochs=75)

test_loss, test_mae = model.evaluate(test_data, test_col)
print('Test mae:', test_mae)
```

A.2 Kapitel 4

Übung 1: XGBoost für Klassifizierung

```
from xgboost import XGBClassifier
import pandas as pd
from sklearn.model_selection import train_test_split
from sklearn.preprocessing import OneHotEncoder
from sklearn import metrics

path = "../../Data/mushrooms.csv"
data = pd.read_csv(path, delimiter=',')

print(data.head())
print("Empty columns: ", data.columns[data.isnull().any()])
```

```
# class soll klassifiziert werden
oe = OneHotEncoder()
col = oe.fit_transform(data[['class']])
col = col.toarray()

data = data.drop(['class'], axis = 1)

data = data.astype('category')
data = data.apply(lambda x: x.cat.codes)

print(data.info())

# Aus den zwei Tabellen vier Tabellen erzeugen
train_data, test_data, train_col, test_col = train_test_split(data,col, test_size=0.2,
 random_state=42)

xgb = XGBClassifier()

xgb.fit(train_data, train_col)
predicted_col = xgb.predict(test_data)

score = metrics.accuracy_score(test_col, predicted_col)
print(score)
```

Übung 2: XGBoost für Regression

```
from xgboost import XGBRegressor
import pandas as pd
from sklearn.model_selection import train_test_split
from sklearn import metrics

path = "../../Data/diamonds.csv"
data = pd.read_csv(path, delimiter=',')

print(data.head())
print("Empty columns: ", data.columns[data.isnull().any()])

# Preis soll ermittelt werden
col = data['price']
data = data.drop(['price', 'Unnamed: 0'], axis = 1)
```

```
# konvertiere diese Spalten in numerische Werte 0...n
conv_num = ['cut', 'color', 'clarity']
data[conv_num] = data[conv_num].astype('category')
data[conv_num] = data[conv_num].apply(lambda x: x.cat.codes)

print(data.info())

# Aus den zwei Tabellen vier Tabellen erzeugen
train_data, test_data, train_col, test_col = train_test_split(data,col, test_size=0.2)

xgb = XGBRegressor()

xgb.fit(train_data, train_col)

predicted_col = xgb.predict(test_data)

score = metrics.mean_absolute_error(test_col, predicted_col)
print(score)
```

Übung 3: Automatische Hyperparameter-Optimierung

```
from xgboost import XGBRegressor
import pandas as pd
from sklearn.model_selection import train_test_split
from sklearn import metrics
from sklearn.model_selection import GridSearchCV

path = "../../Data/diamonds.csv"
data = pd.read_csv(path, delimiter=',')

print(data.head())
print("Empty columns: ", data.columns[data.isnull().any()])

# Preis soll ermittelt werden
col = data['price']
data = data.drop(['price', 'Unnamed: 0'], axis = 1)

# konvertiere diese Spalten in numerische Werte 0...n
conv_num = ['cut', 'color', 'clarity']
data[conv_num] = data[conv_num].astype('category')
data[conv_num] = data[conv_num].apply(lambda x: x.cat.codes)
```

```
print(data.info())

# Aus den zwei Tabellen vier Tabellen erzeugen
train_data, test_data, train_col, test_col = train_test_split(data,col, test_size=0.2,
random_state=42)

xgb = XGBRegressor(seed=42)

parameters = {
    'max_depth': range (2, 10, 1),
    'n_estimators': range(60, 200, 20),
    'learning_rate': [0.005, 0.01, 0.05, 0.1]
}

grid_search = GridSearchCV(estimator=xgb, param_grid=parameters, n_jobs=-1)

grid_search.fit(train_data, train_col)

print(grid_search.best_score_)
print(grid_search.best_params_)
```

A.3 Kapitel 6

Übung 2, Teil 1: Mensch oder Pferd, Training und Test

```
import pandas as pd
import tensorflow as tf
from keras.models import Model
import matplotlib.pyplot as plt
import numpy as np
from keras.applications import vgg19
import tensorflow_datasets as tfds

base_model = vgg19.VGG19(include_top=False,input_shape=[300,300,3])
base_model.trainable = False
base_model.summary()

x = tf.keras.layers.Dropout(0.3)(base_model.output)
x = tf.keras.layers.Flatten()(x)
x = tf.keras.layers.Dense(256,activation='relu')(x)
```

```
x = tf.keras.layers.Dropout(0.3)(x)
x = tf.keras.layers.Dense(2,activation='softmax')(x)

model = Model(inputs=base_model.input, outputs=x)
model.summary()

(train_data, train_col), (test_data, test_col) = tfds.as_numpy(tfds.load(
    'horses_or_humans',
    split=['train', 'test'],
    batch_size=-1,
    as_supervised=True
))

class_names = ['horse', 'human']
index = 113
plt.imshow(train_data[index])
plt.xlabel(class_names[train_col[index]])
plt.show()

print(train_data.shape)

cb_early = tf.keras.callbacks.EarlyStopping(monitor='val_loss', patience=3)

train_data = tf.keras.applications.vgg19.preprocess_input(train_data)
test_data = tf.keras.applications.vgg19.preprocess_input(test_data)

model.compile(loss='sparse_categorical_crossentropy',
 optimizer=tf.keras.optimizers.Adam(learning_rate=0.0001), metrics=['accuracy'])
model.fit(train_data, train_col, epochs=100, validation_data=(test_data,
 test_col), batch_size=32, shuffle=True, callbacks=[cb_early])

model.save('K6-transfer.h5')
```

Übung 2, Teil 2: Mensch oder Pferd, Anwendung

```
import pandas as pd
import tensorflow as tf
from keras.models import Model
import matplotlib.pyplot as plt
import numpy as np

model = tf.keras.models.load_model('K6-transfer.h5', compile=False)
```

```
# Achtung, Pfad aktualisieren
file = "../../Data/horse.png"

img = tf.keras.utils.load_img(file,target_size=(300, 300,3))
img = np.array(img)

plt.figure()
plt.imshow(img)
plt.show()

class_names = ['horse', 'human']

img = tf.keras.applications.vgg19.preprocess_input(img)

pred = model.predict(img.reshape(1, 300, 300, 3))

print("prediction softmax:",pred)
print("prediction max:",pred.argmax())
print("prediction string:",class_names[pred.argmax()])
```

A.4 Kapitel 7

Übung 1: Anomaliedetektion mit XGBoost und Upsampling

```
import pandas as pd
from sklearn.model_selection import train_test_split
from sklearn import metrics
from xgboost import XGBClassifier
from sklearn.utils import resample

path = "../../Data/ekg.csv"
data = pd.read_csv(path, delimiter=',', header=None)
print(data.head())

data_anorm = data[data[141]==0]
data_norm = data[data[141]==1]

print("data_anorm vor Upsampling", data_anorm.shape)
print("datan_norm vor Upsampling", data_norm.shape)

data_anorm = resample(data_anorm, n_samples=data_norm.shape[0], random_state=42)
```

```
print("data_anorm nach Upsampling", data_anorm.shape)
print("datan_norm nach Upsampling", data_norm.shape)

data = pd.concat([data_anorm, data_norm])
print("data nach Upsampling", data.shape)

col = data[141]

data.drop([0, 141], axis = 1, inplace=True)

# Aus den zwei Tabellen vier Tabellen erzeugen
train_data, test_data, train_col, test_col = train_test_split(data,col, test_size=0.2,
 random_state=42)

xgb = XGBClassifier()

xgb.fit(train_data, train_col)
predicted_col = xgb.predict(test_data)

score = metrics.accuracy_score(test_col, predicted_col)
print(score)

from sklearn.metrics import confusion_matrix, ConfusionMatrixDisplay

cm = confusion_matrix(test_col, predicted_col)

disp = ConfusionMatrixDisplay(cm)

#print(test_col.shape)

disp.plot()
```

Übung 2: Anomaliedetektion mit Autoencoder

```
import tensorflow as tf
import pandas as pd
from sklearn.model_selection import train_test_split
from sklearn.utils import resample
from sklearn.metrics import mean_absolute_error
from keras.models import Model
import numpy as np
```

```
path = "../../Data/ekg.csv"
data = pd.read_csv(path, delimiter=',', header=None)
print(data.head())

# entferne erste Spalte
data.drop([0], axis = 1, inplace=True)

# Aufteilung in zwei Tabellen (beide enthalten noch die Zielspalte Class)
train_data, test_data = train_test_split(data, test_size=0.3, random_state=42)

# trainiert wird nur mit normalen Daten
train_data = train_data[train_data[141]==1]
# entferne Zielspalte, wird nicht benötigt
train_data.drop([141], axis = 1, inplace=True)

# von den Testdaten wird die Zielspalte entfernt und in einer Variablen gespeichert
test_col = test_data[141]
test_data.drop([141], axis = 1, inplace=True)

print(train_data.shape)
print(test_data.shape)

encoder = tf.keras.Sequential(name='encoder')
encoder.add(layer=tf.keras.layers.Dense(units=64, activation=tf.nn.sigmoid,
 input_shape=[140]))
encoder.add(layer=tf.keras.layers.Dense(units=32, activation=tf.nn.sigmoid))
encoder.add(layer=tf.keras.layers.Dense(units=8, activation=tf.nn.sigmoid))

decoder = tf.keras.Sequential(name='decoder')
decoder.add(layer=tf.keras.layers.Dense(units=32, activation=tf.nn.sigmoid,
 input_shape=[8]))
decoder.add(layer=tf.keras.layers.Dense(units=64, activation=tf.nn.sigmoid))
decoder.add(layer=tf.keras.layers.Dense(units=140, activation=tf.nn.sigmoid))

autoencoder = tf.keras.Sequential([encoder, decoder], name='autoencoder')

autoencoder.compile(optimizer='adam', loss='mae', metrics=['mae'])

encoder.summary()
decoder.summary()
autoencoder.summary()
```

```
cb_early = tf.keras.callbacks.EarlyStopping(monitor='val_loss', patience=3)

autoencoder.fit(train_data, train_data, validation_data=(test_data,
 test_data), epochs=100, batch_size=16, callbacks=[cb_early])

train_pred = autoencoder.predict(train_data)
threshold = mean_absolute_error(train_pred, train_data)

print("Threshold:", threshold)

new_threshold = 0.55

test_pred = autoencoder.predict(test_data)
maes = tf.keras.losses.mae(test_data, test_pred)
pred_col_bool = tf.math.less(maes, new_threshold)
pred_col = tf.cast(pred_col_bool, dtype=tf.int32)

from sklearn.metrics import confusion_matrix, ConfusionMatrixDisplay

cm = confusion_matrix(test_col, pred_col)

disp = ConfusionMatrixDisplay(cm)

disp.plot()
```

A.5 Kapitel 8

Übung 2: Textklassifizierung

```
import tensorflow as tf
import pandas as pd
from sklearn.model_selection import train_test_split

path = "../../Data/spam.csv"
data = pd.read_csv(path, delimiter=',')

MAX_FEATURES = 10000
SEQUENCE_LENGTH = 100
```

```
print(data.head())
print(data.shape)

# String in Integer umwandeln
# neue Spalte, alle Werte auf 0 setzen
data['rating'] = 0

# wenn der Inhalt der Spalte 'sentiment' gleich 'positive' ist,
# setze den Eintrag in der Spalte 'rate' auf 1
data.loc[data['Category'] == 'spam', 'rating'] = 1

col = data['rating']

# entferne die Spalten 'sentiment' und 'rate'
data.drop(['Category', 'rating'], axis = 1, inplace=True)

print(data)
print(col)

# Aus den zwei Tabellen vier Tabellen erzeugen
train_data, test_data, train_col, test_col = train_test_split(data,col, test_size=0.2)

transform = tf.keras.layers.TextVectorization(max_tokens=MAX_FEATURES,
 output_sequence_length=SEQUENCE_LENGTH)

transform.adapt(train_data)

tain_data_transformed = transform(train_data)
test_data_transformed = transform(test_data)

print(tain_data_transformed)
#print(transform.get_vocabulary()[30])

model = tf.keras.Sequential([
  tf.keras.layers.Embedding(MAX_FEATURES, 16),
  tf.keras.layers.GlobalAveragePooling1D(),
  tf.keras.layers.Dropout(0.2),
  tf.keras.layers.Dense(2, activation=tf.nn.softmax)
])
```

```
model.compile(optimizer='adam', loss='sparse_categorical_crossentropy',
 metrics=['accuracy'])

cb_early = tf.keras.callbacks.EarlyStopping(monitor='val_loss', patience=3)

model.fit(tain_data_transformed, train_col, validation_data=(test_data_
transformed, test_col), epochs=100, callbacks=[cb_early])
```

Übung 3: Textklassifizierung mit Upsampling

```
import tensorflow as tf
import pandas as pd
from sklearn.model_selection import train_test_split
from sklearn.utils import resample

path = "../../Data/spam.csv"
data = pd.read_csv(path, delimiter=',')

MAX_FEATURES = 10000
SEQUENCE_LENGTH = 100

print(data.head())
print(data.shape)

# Ausgabe der Verteilung
print(data['Category'].value_counts())

# Zeichenkette in Zahlen umwandeln
data['Category'] = data['Category'].astype('category')
data['Category'] = data['Category'].cat.codes
print(data.head())

data_anorm = data[data['Category']==1]
data_norm = data[data['Category']==0]

print("data_anorm vor Upsampling", data_anorm.shape)
print("datan_norm vor Upsampling", data_norm.shape)

data_anorm = resample(data_anorm, n_samples=data_norm.shape[0], random_state=42)
```

```
print("data_anorm nach Upsampling", data_anorm.shape)
print("datan_norm nach Upsampling", data_norm.shape)

data = pd.concat([data_anorm, data_norm])
print("data nach Upsampling", data.shape)

col = data['Category']

data.drop(['Category'], axis = 1, inplace=True)

print(data)
print(col)

# Aus den zwei Tabellen vier Tabellen erzeugen
train_data, test_data, train_col, test_col = train_test_split(data,col, test_size=0.2)

transform = tf.keras.layers.TextVectorization(max_tokens=MAX_FEATURES,output_sequence_
length=SEQUENCE_LENGTH)

transform.adapt(train_data)

tain_data_transformed = transform(train_data)
test_data_transformed = transform(test_data)

print(tain_data_transformed)
#print(transform.get_vocabulary()[30])

model = tf.keras.Sequential([
  tf.keras.layers.Embedding(MAX_FEATURES, 16),
  tf.keras.layers.GlobalAveragePooling1D(),
  tf.keras.layers.Dropout(0.2),
  tf.keras.layers.Dense(2, activation=tf.nn.softmax)
])

model.compile(optimizer='adam', loss='sparse_categorical_crossentropy',
 metrics=['accuracy'])

cb_early = tf.keras.callbacks.EarlyStopping(monitor='val_loss', patience=3)

model.fit(tain_data_transformed, train_col, validation_data=
 (test_data_transformed, test_col), epochs=100, callbacks=[cb_early])
```

```
reviews = [
    "You have won",
    "how are you"
]
txt = transform(reviews)
pred = model.predict([txt])
print(pred)
```

A.6 Kapitel 9

Übung 1: Gruppierung von Diamanten

```
import pandas as pd
from sklearn.cluster import KMeans
from yellowbrick.cluster import KElbowVisualizer
from sklearn.preprocessing import StandardScaler

path = "../../Data/diamonds.csv"

data = pd.read_csv(path, delimiter=',')

# Daten ohne Zielspalten erzeugen
data_unknown = data.drop(['cut', 'Unnamed: 0'], axis = 1)

print(data_unknown.head())

conv_num = ['clarity', 'color']
data_unknown[conv_num] = data_unknown[conv_num].astype('category')
data_unknown[conv_num] = data_unknown[conv_num].apply(lambda x: x.cat.codes)

s_scaler = StandardScaler()

data_unknown = pd.DataFrame(s_scaler.fit_transform(data_unknown),
 columns = data_unknown.columns)

print(data_unknown)

model = KMeans()

visualizer = KElbowVisualizer(model, k=(2,9), timings=False)
```

```
visualizer.fit(data_unknown)
visualizer.show()

kmeans = KMeans(n_clusters=4)

pred = kmeans.fit_predict(data_unknown)

print(pred)

data_new = pd.concat([data, pd.DataFrame(pred, columns=['label'])], axis=1)
print(data_new)

# Hier sehen Sie, dass nicht die erwartete Anzahl der Gruppen erkannt wurde.
print(data['cut'].value_counts())
data_new.to_csv("./data_new.csv")
```

Übung 2: Gruppierung von Pilzen

```
import pandas as pd
from sklearn.cluster import KMeans
from yellowbrick.cluster import KElbowVisualizer
from sklearn.preprocessing import StandardScaler

path = "../../Data/mushrooms.csv"

data_unknown = pd.read_csv(path, delimiter=',')

print(data_unknown.head())

data_unknown = data_unknown.astype('category')
data_unknown = data_unknown.apply(lambda x: x.cat.codes)
print(data_unknown)

model = KMeans()

visualizer = KElbowVisualizer(model, k=(1,9), timings=False)
visualizer.fit(data_unknown)
visualizer.show()

kmeans = KMeans(n_clusters=3)
```

```
pred = kmeans.fit_predict(data_unknown)

print(pred)

data_new = pd.concat([data, pd.DataFrame(pred, columns=['label'])], axis=1)
print(data_new)

# Übersicht über die generierten Gruppen und
# dazugehöriger Daten
print(data_new['label'].value_counts())

data_new.to_csv("./data_new-2.csv")
```

A.7 Kapitel 10

Übung 1: Klassifizierung

```
import pandas as pd
from sklearn.model_selection import train_test_split
import autokeras as ak

path = "../../Data/mushrooms.csv"
data = pd.read_csv(path, delimiter=',')
print(data.head())
print(data.info())

# Was soll vorhergesagt werden? Spaltenname in Variable speichern.
col_name = 'class'

# Hier findet die Aufteilung in zwei Tabellen statt (Input=data und Output=col).
col = data[col_name]
data = data.drop([col_name], axis = 1)

# Aus den zwei Tabellen vier Tabellen erzeugen
train_data, test_data, train_col, test_col = train_test_split(data,
 col, test_size=0.2, random_state=42)

# Modell aufbauen und trainieren lassen.
model = ak.StructuredDataClassifier(max_trials=3, overwrite=True)
model.fit(train_data, train_col, validation_data=(test_data, test_col))
```

Übung 2: Regression

```
import pandas as pd
from sklearn.model_selection import train_test_split
import autokeras as ak

path = "../../Data/diamonds.csv"
data = pd.read_csv(path, delimiter=',')
print(data.head())
print(data.info())

# Aufteilung in zwei Tabellen
col = data['price']
data = data.drop(['price', 'Unnamed: 0'], axis = 1)

# Aus den zwei Tabellen vier Tabellen erzeugen
train_data, test_data, train_col, test_col = train_test_split(data,
 col, test_size=0.2, random_state=42)

model = ak.StructuredDataRegressor(overwrite=True, loss="mean_absolute_error",
 metrics="mean_absolute_error")
model.fit(train_data, train_col, validation_data=(test_data, test_col))
```

Übung 3: Bildklassifizierung

```
import autokeras as ak
import tensorflow as tf

IMG_HEIGHT = 180
IMG_WIDTH = 180

data_dir_train = "../../Data/horse-or-human/train"
data_dir_test = "../../Data/horse-or-human/test"

train_data = ak.image_dataset_from_directory(
    data_dir_train,
    image_size=(IMG_HEIGHT, IMG_WIDTH),
)

test_data = ak.image_dataset_from_directory(
    data_dir_test,
    image_size=(IMG_HEIGHT, IMG_WIDTH),
)
```

```
# hier können Anzahl der Versuche und Epochen erhöht werden
model = ak.ImageClassifier(overwrite=True, max_trials=2)
model.fit(train_data, validation_data=test_data, epochs=2)
```

Übung 4: Textklassifizierung

```
# für die Ausführung in google colab,
# die folgende Zeile verwenden:
!pip install autokeras

import pandas as pd
from sklearn.model_selection import train_test_split
import autokeras as ak
import numpy as np
from sklearn.utils import resample

path = "/content/spam.csv"
data = pd.read_csv(path, delimiter=',')
print(data.head())
print(data.info())

data['Category'] = data['Category'].astype('category')
data['Category'] = data['Category'].cat.codes

data_anorm = data[data['Category']==1]
data_norm = data[data['Category']==0]

print("data_anorm vor Upsampling", data_anorm.shape)
print("datan_norm vor Upsampling", data_norm.shape)

data_anorm = resample(data_anorm, n_samples=data_norm.shape[0], random_state=42)

print("data_anorm nach Upsampling", data_anorm.shape)
print("datan_norm nach Upsampling", data_norm.shape)

data = pd.concat([data_anorm, data_norm])
print("data nach Upsampling", data.shape)

col = data['Category']
data.drop(['Category'], axis = 1, inplace=True)
```

```
# Aus den zwei Tabellen vier Tabellen erzeugen
train_data, test_data, train_col, test_col = train_test_split(data,col,
 test_size=0.2, random_state=42)

# Daten in Arrays umwandeln
train_data = np.array(train_data)
train_col = np.array(train_col)
test_data = np.array(test_data)
test_col = np.array(test_col)

# Modell aufbauen und trainieren lassen
model = ak.TextClassifier(max_trials=3, overwrite=True)
model.fit(train_data, train_col, validation_data=(test_data, test_col), epochs=2)
```

A.8 Kapitel 11

Übung 1: XGBoost für Klassifizierung, Pilze

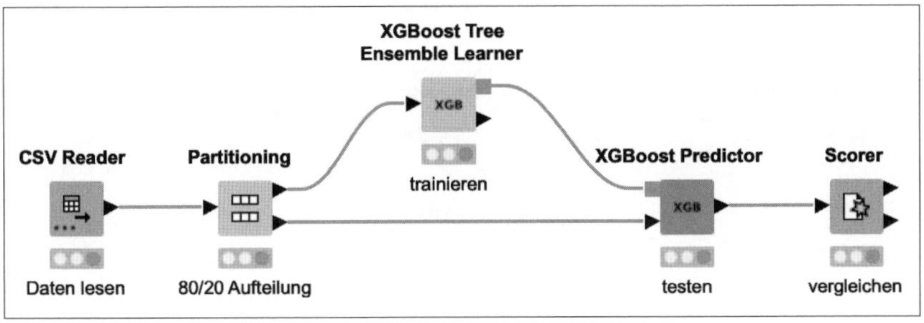

Abbildung A.1 XGBoost Klassifizierung

Übung 2: XGBoost für Regression, Diamanten

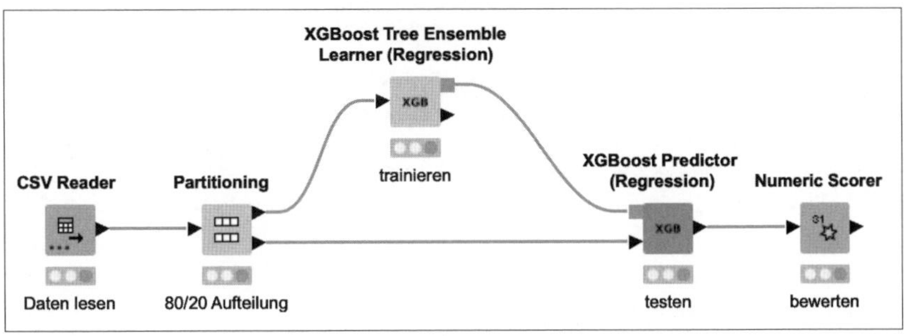

Abbildung A.2 XGBoost Regression

Übung 3: Bildklassifizierung mit InceptionV3

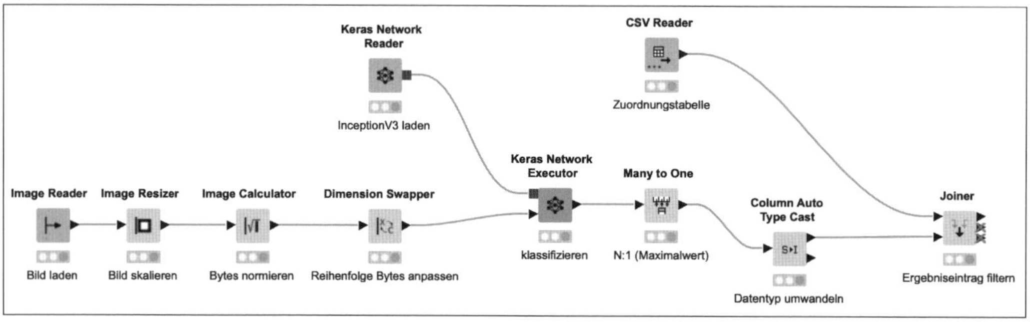

Abbildung A.3 Bildklassifizierung

Übung 4: Transfer Learning

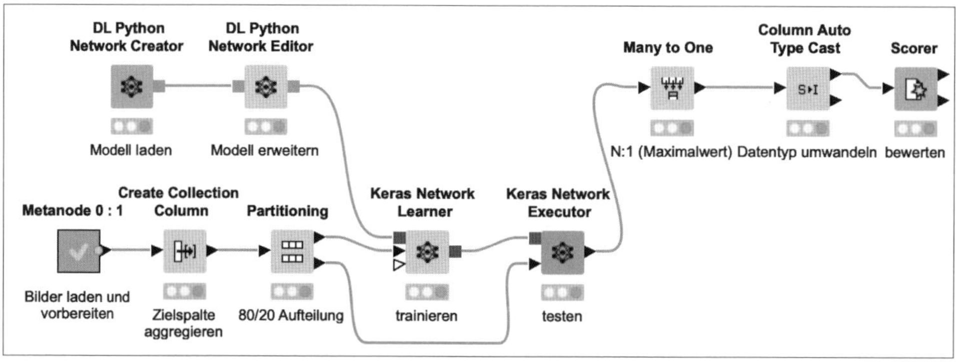

Abbildung A.4 Hauptprogramm Transfer Learning

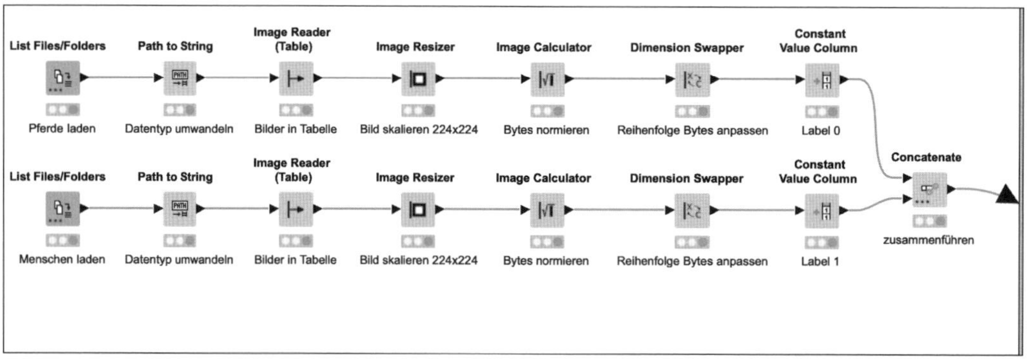

Abbildung A.5 Metanode »Bilder laden«, Transfer Learning

Übung 5: Anomaliedetektion

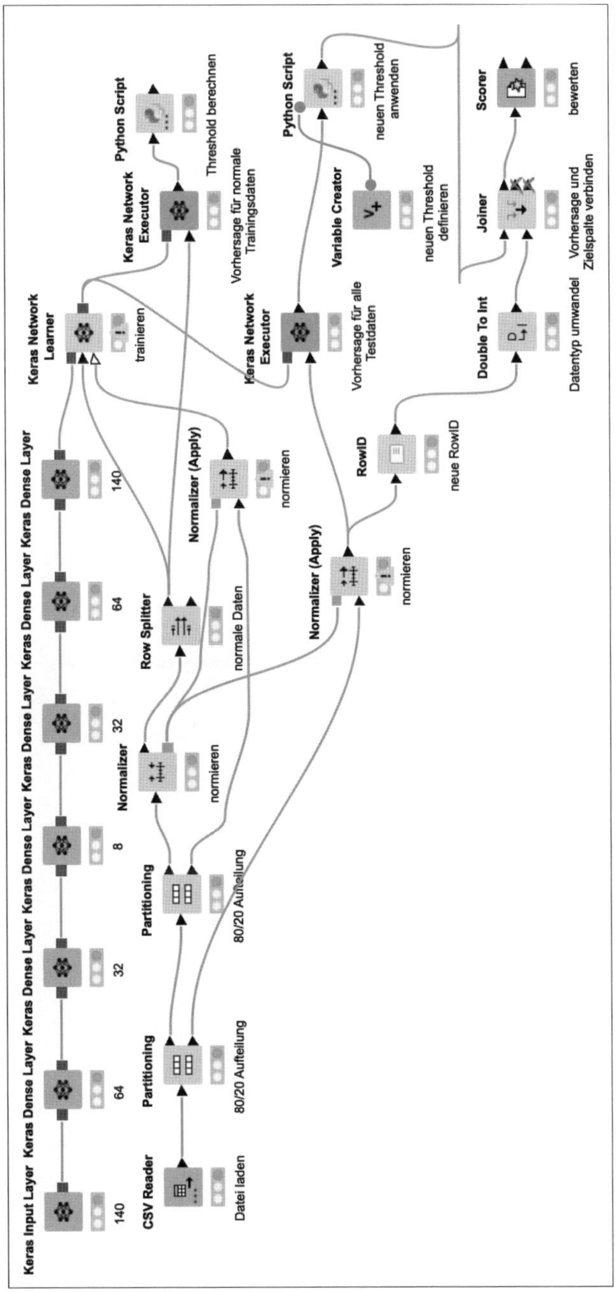

Abbildung A.6 Anomaliedetektion

Übung 6: Textklassifizierung

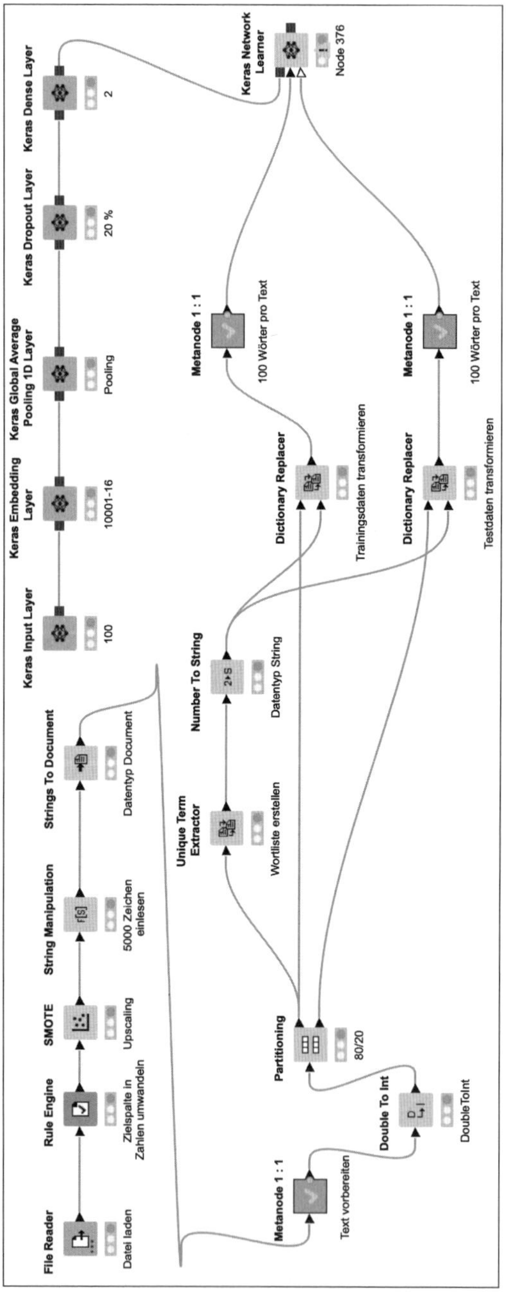

Abbildung A.7 Hauptprogramm Textklassifizierung

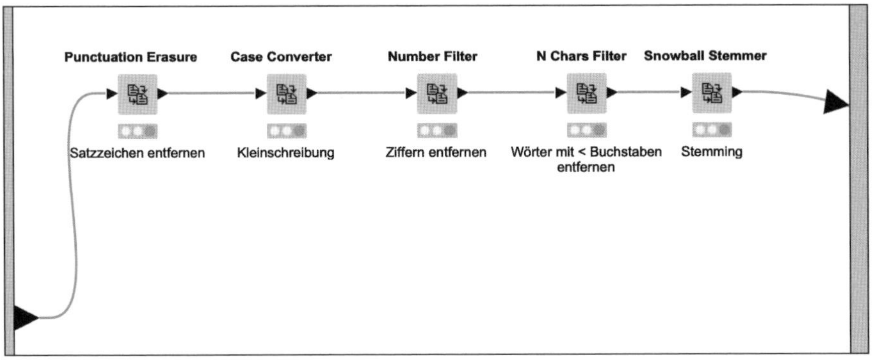

Abbildung A.8 Metanode »Text vorbereiten«, Textklassifizierung

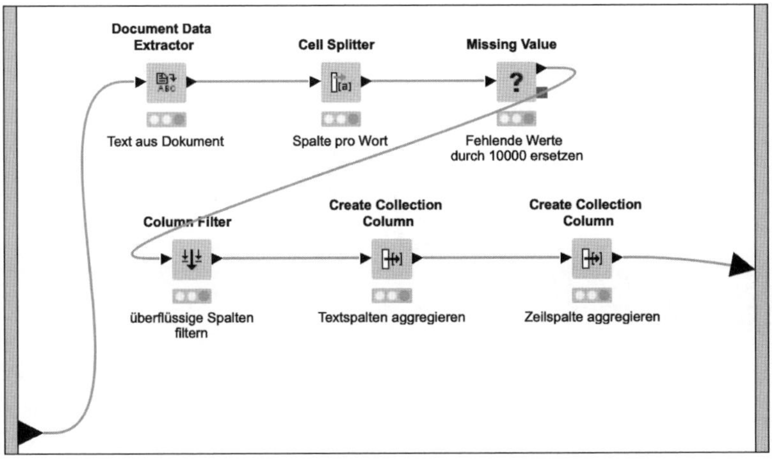

Abbildung A.9 Metanode »100 Wörter pro Text«, Textklassifizierung

Übung 7: AutoML Regression

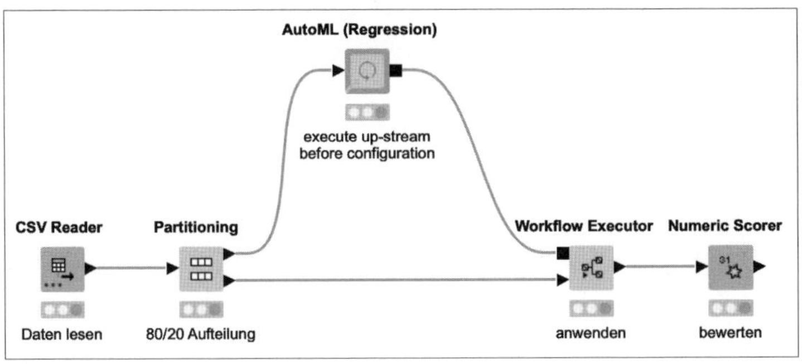

Abbildung A.10 AutoML Regression

Übung 8: Clusteranalyse

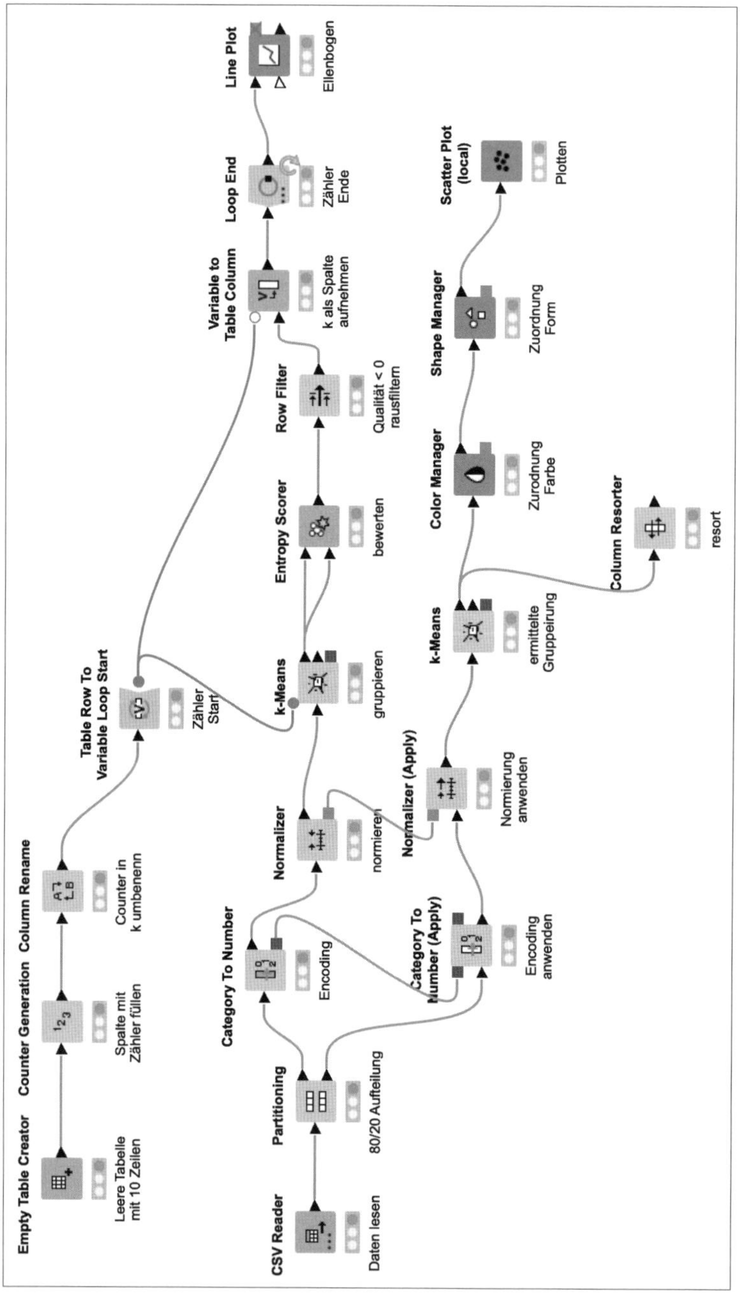

Abbildung A.11 Clusteranalyse

Übung 9: Zeitreihenanalyse

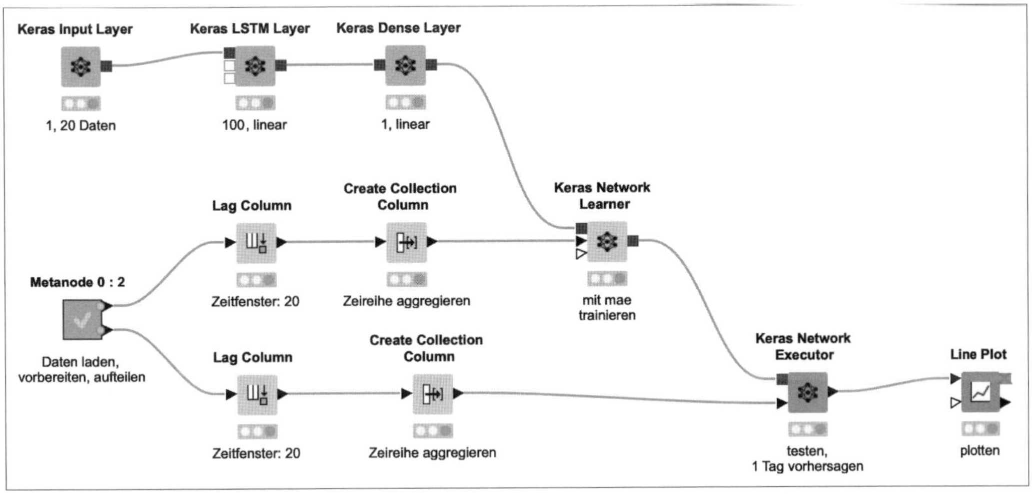

Abbildung A.12 Hauptprogramm Zeitreihenanalyse

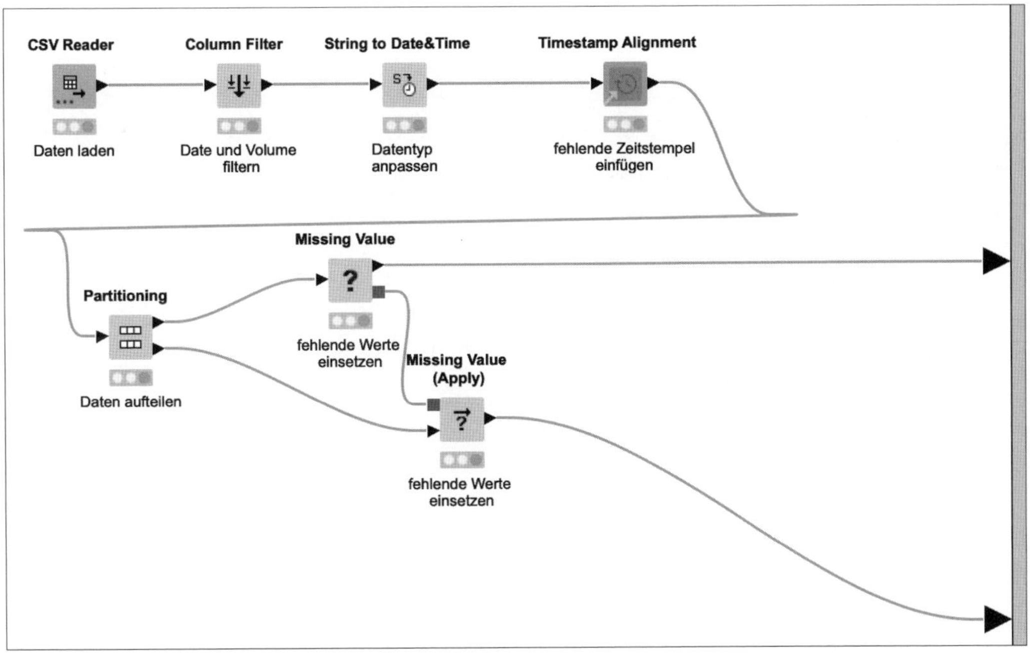

Abbildung A.13 Metanode »Daten laden«, Zeitreihenanalyse

A.9 Kapitel 12

Übung 2: Erweiterung des Spiels

```
import random

gamma = 0.9
learning_rate = 0.1

ACTION_LEFT = 0
ACTION_RIGHT = 1
TRAINING_ROUNDS = 1000

reward = [[0, 0],[100, 0],[0, 0],[0, 0],[0, 0],[0, 0],[0, 0],[0, 0],[0, 0],
 [0, 0],[0, -100],[0, 0]]

q_table = [[0, 0],[0, 0],[0, 0],[0, 0],[0, 0],[0, 0],[0, 0],[0, 0],[0, 0],
 [0, 0], [0, 0], [0, 0]]

gameOver_states = [0, 11]

def getNextAction(state):
    if state == 0:
        action = ACTION_RIGHT
    elif state == len(q_table)-1:
        action = ACTION_LEFT
    else:
        action = random.choice([ACTION_LEFT,ACTION_RIGHT])
    return action

def getNextState(state, action):
    if action == ACTION_LEFT:
        return state - 1
    else:
        return state + 1

def isGameOver(state):
    return state in gameOver_states

for i in range(TRAINING_ROUNDS):
    # Startposition einnehmen
    state = random.choice(range(len(q_table)))
```

```
    while not isGameOver(state):

        action = getNextAction(state)
        next_state = getNextState(state, action)

        q_table[state][action] = q_table[state][action] + learning_rate *
  (reward[state][action] + gamma * max(q_table[next_state]) - q_table[state][action])

        state = next_state

print(q_table)

def getNextActionPlay(state):
    if state == 0:
        action = ACTION_RIGHT
    elif state == len(q_table)-1:
        action = ACTION_LEFT
    else:
        action = max(q_table[state])
    return action

state = random.choice(range(len(q_table)))
print("Startposition:", state)

while not isGameOver(state):
    action = getNextActionPlay(state)
    next_state = getNextState(state, action)
    state = next_state

    print("Position:", state)
```

A.10 Kapitel 13

Übung 2: Gleichungssystem

```
import pygad
import math

# Hyperparameter
```

```
# Anzahl der Gene
num_genes = 6
# Anzahl der Generationen
num_generations = 500
# Anzahl der Chromosomen
sol_per_pop = 100
# Anzahl der Eltern
num_parents_mating = 10
# Wahrscheinlichkeit zur Mutation
mutation_percent_genes = 20

# untere Grenze der Zufallszahl
init_range_low = -10
# obere Grenze der Zufallszahl
init_range_high = 10
# Datentyp
gene_type = float

# Fitnessfunktion

# die Gleichung lautet: a*sin(b) + c*cos(d) + e*tan(f) = 12

# die Parameter sind "vorgegeben"
# solution ist besonders wichtig, enthält die Liste
def fitness_func(ga_instance, solution, solution_idx):
    a = solution[0]
    b = solution[1]
    c = solution[2]
    d = solution[3]
    e = solution[4]
    f = solution[5]
    result = a*math.sin(b) + c*math.cos(d) + e*math.tan(f)
    fitness = abs(12 - result) * (-1)

    return fitness

# lege eine Instanz an
ga_instance = pygad.GA(num_generations=num_generations,
                       num_parents_mating=num_parents_mating,
                       fitness_func=fitness_func,
```

```
                      sol_per_pop=sol_per_pop,
                      init_range_low=init_range_low,
                      init_range_high=init_range_high,
                      num_genes=num_genes,
                      mutation_percent_genes=mutation_percent_genes,
                      gene_type=gene_type)

# starte Evolutionszyklus
ga_instance.run()

# ermittle Ergebnisliste, Fitnesswert und Index der Ergebnisliste (hier nicht benötigt)
solution, solution_fitness, solution_idx = ga_instance.best_solution()

print("Beste Parameter:", solution)
print("Höchster Fitnesswert:", solution_fitness)

# Rechnung mit dem besten Ergebnis
a = solution[0]
b = solution[1]
c = solution[2]
d = solution[3]
e = solution[4]
f = solution[5]
result = a*math.sin(b) + c*math.cos(d) + e*math.tan(f)

print(result)

# plotte das Ergebnis
ga_instance.plot_fitness()
```

A.11 Kapitel 14

Übung 1: Mathematik-Support

```
import openai

openai.api_key = "API-Key"

msg_raw = input("Geben Sie Ihre Frage zu Mathematik ein:")
```

```
msg_temp = "In eckigen Klammern folgt ein Prompt Antworte mit 'Fehleingabe', wenn ⤶
der Prompt nichts mit Mathematik zu tun hat. Sonst führe den Prompt aus. <{}>"
 .format(msg_raw)
msg = [{"role": "user", "content": msg_temp}]

temp = 0.5
maxt = 500
n = 1
user = "test-1"
modell = "gpt-3.5-turbo"

client = OpenAI(api_key=API_KEY)
response = client.chat.completions.create(model = modell, messages=msg,
 temperature=temp, max_tokens=maxt, n=n, user=user)
answer = response.choices[0].message.content

if answer == "Fehleingabe":
    print("Ihre Eingabe hat nichts mit Mathematik zu tun.")
else:
    response = response = client.moderations.create(input=msg_raw)

    if response.results[0].flagged:
        print("Ihre Eingabe entspricht nicht den Richtlinien.")
    else:
        print(answer)
```

A.12 Kapitel 15

Übung 1: DALL-E-API mit Moderation

```
from openai import OpenAI
import matplotlib.pyplot as plt
import imageio.v3 as iio

API_KEY = "sk-8..."

msg = input("Welches Bild soll generiert werden:")
```

```
n = 1
user = "test-1"
size = "256x256"
model = "dall-e-2"

client = OpenAI(api_key=API_KEY)
response = client.moderations.create(input=msg)

if response.results[0].flagged:
    print("Ihre Eingabe entspricht nicht den Richtlinien.")
else:
    response = client.images.generate(model=model , prompt=msg, user=user, size=size)
    img = iio.imread(response.data[0].url)
    plt.imshow(img)
```

Anhang B
Literaturhinweise

Bakos, Gábor: KNIME Essentials. Birmingham: Packt Publishing 2013.

Chollet, Francois: Deep Learning mit Keras. Frechen: mitp Verlag 2018.

Cuantum Technologies: ChatGPT API Bible. Dallas: Quantum 2023.

Ernesti, Johannes und Kaiser, Peter: Python 3. 7. Aufl. Bonn: Rheinwerk Verlag 2023.

Kofler, Michael: Python. 2. Aufl. Bonn: Rheinwerk Verlag 2021.

Melcher, Katrin und Silipo, Rosario: Codeless Deep Learning with KNIME. Birmingham: Packt Publishing 2020.

Noack, Pit und Sanner, Sophia: Künstliche Intelligenz verstehen. Bonn: Rheinwerk Verlag 2023.

Pickover, Clifford A.: Künstliche Intelligenz. Kerkdriel: Librero Verlag 2021.

Schwaiger, Roland und Steinwender, Joachim: Neuronale Netze programmieren mit Python. 2. Aufl. Bonn: Rheinwerk Verlag 2020.

Sheppard, Clinton: Tree-based Machine Algorithms. CreateSpace Independent Publishing Platform 2019.

Theis, Thomas: Einstieg in Python. 7. Aufl. Bonn: Rheinwerk Verlag 2022.

Wade, Corey: Gradient Boosting with XGBoost and scikit-learn. Birmingham: Packt Publishing 2020.

Widmann, Maarit und Tonini Daniele: Codeless Time Series Analysis with KNIME. Birmingham: Packt Publishing 2022.

Index

A

B

C

D

E

F

G

H

I

J

K

L

M

N

O

P

Q

R

S

T

U

V

W

X

Y

Z